Gunther Maier
Franz Tödtling

Regional- und Stadtökonomik
2

Regionalentwicklung und
Regionalpolitik

Zweite, erweiterte Auflage

Springers Kurzlehrbücher der
Wirtschaftswissenschaften

SpringerWienNewYork

Univ.-Doz. Dr. Gunther Maier
Univ.-Doz. Dr. Franz Tödtling
Abteilung für Stadt- und Regionalentwicklung
Wirtschaftsuniversität Wien
Wien, Österreich

Das Werk ist urheberrechtlich geschützt.
Die dadurch begründeten Rechte, insbesondere die der Übersetzung, des Nachdruckes, der Entnahme von Abbildungen, der Funksendung, der Wiedergabe auf photomechanischem oder ähnlichem Wege und der Speicherung in Datenverarbeitungsanlagen, bleiben, auch bei nur auszugsweiser Verwertung, vorbehalten.
Produkthaftung: Sämtliche Angaben in diesem Fachbuch (wissenschaftlichen Werk) erfolgen trotz sorgfältiger Bearbeitung und Kontrolle ohne Gewähr. Insbesondere Angaben über Dosierungsanweisungen und Applikationsformen müssen vom jeweiligen Anwender im Einzelfall anhand anderer Literaturstellen auf ihre Richtigkeit überprüft werden. Eine Haftung des Autors oder des Verlages aus dem Inhalt dieses Werkes ist ausgeschlossen.
Die Wiedergabe von Gebrauchsnamen, Handelsnamen, Warenbezeichnungen usw. in diesem Buch berechtigt auch ohne besondere Kennzeichnung nicht zu der Annahme, dass solche Namen im Sinne der Warenzeichen- und Markenschutz-Gesetzgebung als frei zu betrachten wären und daher von jedermann benutzt werden dürfen.
© 1996 und 2002 Springer-Verlag/Wien
Printed in Austria

Reproduktionsfertige Vorlage von den Autoren
Druck: Ferdinand Berger & Söhne Gesellschaft m.b.H., A-3580 Horn
Gedruckt auf säurefreiem, chlorfrei gebleichtem Papier – TCF
SPIN 10849545

Mit 37 Abbildungen

Die Deutsche Bibliothek – CIP-Einheitsaufnahme
Ein Titeldatensatz für diese Publikation ist bei Der Deutschen Bibliothek erhältlich.

ISSN 0937-6836
ISBN 3-211-83716-7 Springer-Verlag Wien New York
ISBN 3-211-82856-7 1. Aufl. Springer-Verlag Wien New York

Vorwort

Vier Jahre nach dem ersten Band von „Regional- und Stadtökonomik", „Standorttheorie und Raumstruktur", können wir nun endlich den zweiten Band, „Regionalentwicklung und Regionalpolitik", vorlegen. Aufgrund längerer Auslandsaufenthalte beider Autoren und anderer Verpflichtungen ist die Frist zwischen dem Erscheinen der beiden Bände länger geworden, als ursprünglich geplant. Jene Leser des ersten Bandes, die auf die dort enthaltene Ankündigung hin auf diesen zweiten Band gewartet haben, bitten wir um Entschuldigung, daß wir sie so lange warten haben lassen. Andererseits konnten wir die für die Regionalentwicklung und Regionalpolitik besonders wichtigen Veränderungen der neunziger Jahre durch diese Verzögerung besser berücksichtigen, sodaß wir hoffen, dadurch ein besseres und interessanteres Buch vorzulegen.

Bei der Entstehung dieses Manuskripts hat uns Prof. Johannes Bröcker, Technische Universität Dresden, unterstützt, der die Kapitel 4 und 6 sehr sorgfältig gelesen und uns viele nützliche Hinweise gegeben hat. Wertvolle Anregungen erhielten wir auch von Prof. Franz-Josef Bade, Universität Dortmund. Dafür sei ihnen an dieser Stelle sehr herzlich gedankt. Natürlich soll damit nicht die Verantwortung für verbliebene Fehler und Unzulänglichkeiten abgeschoben werden. Sie sind einzig und alleine unser Werk und liegen daher ausschließlich in unserer Verantwortung.

Herzlich bedanken möchten wir uns auch beim Verlag, der uns bei der Erstellung des druckreifen Manuskripts maßgeblich unterstützt hat, sowie bei unseren Kolleginnen und Kollegen am Institut für Raumplanung und Regionalentwicklung der Wirtschaftsuniversität Wien, die zum Teil die Externalitäten dieses Produktionsprozesses zu tragen hatten.

„Last but not least" geht unser Dank an unsere Familien, die des öfteren auf uns verzichten mußten, damit dieses Projekt zu Ende gebracht werden konnte.

Gunther Maier, Franz Tödtling

Vorwort zur zweiten Auflage

Fünf Jahre nach der ersten Auflage dieses Buches können wir nun eine Neuauflage vorlegen. Neben kleineren Änderungen waren für die zweite Auflage des vorliegenden Bandes drei wesentliche Anpassungen notwendig:

1. Die Ökonomik hat in den letzten Jahren eine sehr lebhafte Diskussion über Ballungseffekte und die regionale Verteilung wirtschaftlicher Aktivitäten erlebt. Diesem oft als „New Economic Geography" bezeichneten Strang der Theorie haben wir in Kapitel 6 einen eigenen Abschnitt gewidmet.
2. Mit dem Jahr 2000 hat eine neue Programmperiode der EU-Regionalpolitik begonnen, die neue Förderinstrumente, neue Kriterien und neue Verteilungsschlüssel mit sich gebracht hat. Daher haben wir Kapitel 10 vollkommen überarbeitet, um allen diesen Änderungen gerecht zu werden.
3. Auch an der rasanten Entwicklung des Internet in den letzten Jahren konnten und wollten wir nicht vorübergehen. Dieses Medium bietet in der Aktualität und in bestimmten Formen der Darstellung Vorteile, mit denen ein gedrucktes Werk nicht mithalten kann. Um auch diese Vorteile zu nutzen, haben wir eine Web-Seite zur Unterstützung dieses Lehrbuchs eingerichtet. Dort wollen wir ergänzende Informationen zum Material in diesem Buch, Korrekturen, zusätzliches Material, die Möglichkeit zu Feedback etc. bereitstellen. Sie finden diese Seite unter http://www-sre.wu-wien.ac.at/lehrbuch.

Auch für diese Neuauflage gilt unser Dank den im Vorwort zur ersten Auflage erwähnten Personen. Darüber hinaus wollen wir uns noch besonders herzlich bei Patrick Lehner und bei Herta Tödtling-Schönhofer bedanken, die uns bei der Überarbeitung der Kapitel 6 und 10 sehr geholfen haben. Für die Fehler, die Sie in diesen Kapiteln finden, sind allerdings nicht sie, sondern die Autoren verantwortlich.

Gunther Maier, Franz Tödtling

Inhaltsverzeichnis

1 Einleitung   **1**
   1.1 Problemhintergrund 1
   1.2 Problemstellung und Aufbau des Buches 9
   1.3 Zusammenfassung 12
   1.4 Übungsaufgaben und Kontrollfragen 13

2 Grundlagen   **15**
   2.1 Region und Regionalisierung 15
   2.2 Entwicklung und Wirtschaftswachstum 19
   2.3 Entwicklungsdeterminanten 24
   2.4 Zusammenfassung 34
   2.5 Übungsaufgaben und Kontrollfragen 36

3 Nachfrageorientierte Ansätze zur Erklärung von Regionalentwicklung   **37**
   3.1 Exportbasistheorie 37
   3.2 Regionale Input-Output-Analyse 46
   3.3 Zusammenfassung 59
   3.4 Übungsaufgaben und Kontrollfragen 60

4 Neoklassische Theorie   **61**
   4.1 Wachstum in einer Region – das Grundmodell der neoklassischen Wachstumstheorie 62
   4.2 Wachstumsausgleich durch Faktorwanderung 69
   4.3 Wachstumsausgleich durch interregionalen Handel 72
   4.4 Einschätzung der neoklassischen Theorie 78
   4.5 Zusammenfassung 82
   4.6 Übungsaufgaben und Kontrollfragen 84

5 Polarisationstheorie   **85**
   5.1 Grundzüge der Polarisationstheorie 85
      5.1.1 Sektorale Polarisation 87
      5.1.2 Regionale Polarisation 88
      5.1.3 Ausbreitungs- und Entzugseffekte 92
      5.1.4 Polarisation und Entwicklung 93
      5.1.5 Einschätzung des Polarisationsansatzes 94

5.2	Weiterentwicklungen	95
	5.2.1 Wachstumspolkonzepte und Wachstumszentren	95
	5.2.2 Zentrum-Peripherie-Modelle	98
5.3	Zusammenfassung	100
5.4	Übungsaufgaben und Kontrollfragen	101

6 Endogene Wachstumstheorie und „New Economic Geography" 103

6.1	Grundlagen	104
	6.1.1 Die Produktion technischen Fortschritts	104
	6.1.2 Starretts räumliches Unmöglichkeitstheorem	106
	6.1.3 Das Dixit-Stiglitz-Modell der monopolistischen Konkurrenz	108
6.2	Endogene Wachstumstheorie	111
	6.2.1 Varianten der endogenen Wachstumstheorie	111
	6.2.2 Implikationen der endogenen Wachstumstheorie	115
6.3	„New Economic Geography"	118
6.4	Einschätzung von endogener Wachstumstheorie und „New Economic Geography"	120
6.5	Zusammenfassung	122
6.6	Übungsaufgaben und Kontrollfragen	124

7 Innovationsansatz 125

7.1	Charakteristika des Innovationsprozesses	125
	7.1.1 Definition und Ablauf von Innovationsprozessen	125
	7.1.2 Technologische Systeme, Paradigmen und Pfade	128
	7.1.3 Netzwerke im Innovationsprozeß	132
7.2	Regionale Innovationsunterschiede – Konzeptueller Rahmen	135
7.3	Regionales Umfeld und Innovation	138
7.4	Regionale Betriebsstruktur und Innovation	141
	7.4.1 Branchenspezialisierung	141
	7.4.2 Betriebsgröße	142
	7.4.3 Innovationsrelevante Funktionen	144
	7.4.4 Organisatorischer Status von Betrieben	144
7.5	Unternehmensstrategie und Innovation	146
	7.5.1 Strategie- und Verhaltenstypen von Unternehmen	147
	7.5.2 Arbeitsbeziehungen und Einsatz neuer Technologien	149
7.6	Empirische Ergebnisse zu regionalen Innovationsunterschieden	150
7.7	Zusammenfassung	153
7.8	Übungsaufgaben und Kontrollfragen	155

8 Von fordistischer Arbeitsteilung zu flexibler Produktion? 157

8.1	Regulationstheorie	157

  8.1.1 Liberale Wirtschaftsordnung des 19. Jahrhunderts . . 159
  8.1.2 Fordismus 160
  8.1.3 Postfordismus (flexible Akkumulation) 163
 8.2 Flexible Spezialisierung im „industrial district" 169
 8.3 Zusammenfassung 173
 8.4 Übungsaufgaben und Kontrollfragen 175

9 Regionalpolitik 177
 9.1 Grundlagen 177
  9.1.1 Definition und Akteure 177
  9.1.2 Begründung regionalpolitischer Intervention 178
  9.1.3 Instrumente 182
 9.2 Strategien der Regionalpolitik 187
  9.2.1 Mobilitätsorientierte Strategien 187
  9.2.2 Endogene Strategien 192
 9.3 Zusammenfassung 199
 9.4 Übungsaufgaben und Kontrollfragen 200

10 Praxis der Regionalpolitik 201
 10.1 Regionalpolitik in Österreich 201
  10.1.1 Mobilitätsorientierte Regionalpolitik der fünfziger und
     sechziger Jahre 202
  10.1.2 Siebziger Jahre: Umfassende Regionalprogramme zur
     Bekämpfung regionaler Krisen 204
  10.1.3 Achtziger und neunziger Jahre: Endogene Regional-
     entwicklung und Innovationsorientierung 206
 10.2 Regionalpolitik der Europäischen Union 212
  10.2.1 Entwicklung der europäischen Regionalpolitik 213
  10.2.2 Programmperioden 1989–93 und 1994–99 215
  10.2.3 Programmperiode 2000–2006 222
  10.2.4 Einschätzung der EU-Regionalpolitik 227
 10.3 Die Beteiligung Österreichs in den Strukturfonds 230
  10.3.1 Programmperiode 1995–1999 230
  10.3.2 Programmperiode 2000–2006 232
  10.3.3 Einschätzung der EU-Regionalpolitik für Österreich . 234
 10.4 Zusammenfassung 235
 10.5 Übungsaufgaben und Kontrollfragen 237

Literatur 239

Namen- und Sachverzeichnis 253

Kapitel 1
Einleitung

1.1 Problemhintergrund

„Täglich begegnen wir unterschiedlichen räumlichen Strukturen. Vielfach sind sie uns so vertraut, daß wir sie gar nicht mehr bewußt wahrnehmen." Mit diesen Sätzen begannen wir den Band 1 dieses Lehrbuchs der „Regional- und Stadtökonomik", der den Untertitel „Standorttheorie und Raumstruktur" trägt (Maier und Tödtling 1992). Wir beschrieben die Verteilung der wirtschaftlichen Aktivitäten im Raum und analysierten, welche Mechanismen für diese Verteilung verantwortlich gemacht werden können.

Einer der Gründe für die Vertrautheit der räumlichen Strukturen, die uns in unserem täglichen Leben begegnen, ist der, daß sie sich im Zeitablauf normalerweise nur langsam ändern. Wien war schon vor hundert Jahren die größte Stadt des heutigen Österreich und wird es wahrscheinlich auch in weiteren hundert Jahren noch sein. Die Industrieregion der „Mur-Mürz-Furche" in der Obersteiermark existierte bereits am Ende des vorigen Jahrhunderts, und das heute landwirtschaftlich dominierte Marchfeld war auch damals schon bäuerlich geprägt.

Das heißt nicht, daß sich diese Gebiete nicht verändert hätten. Auch in Wien fährt man heute statt mit Kutsche und Pferdetramway mit dem Auto und mit der U-Bahn. Die Stadt hat seit dem Beginn des 20. Jahrhunderts rund ein Viertel ihrer Bevölkerung verloren und ihre Wirtschaftsstruktur grundlegend gewandelt. Die Schwerindustrie der Obersteiermark erzeugt anstelle von Rohstahl technologisch anspruchsvolle Zwischenprodukte, und die Bauern des Marchfeldes bestellen ihre Felder nicht mehr in Handarbeit, sondern mit teuren Spezialmaschinen. Alle Sektoren der Wirtschaft haben ihre Arbeitsproduktivität gewaltig erhöht. Sowohl die Industriebetriebe der Obersteiermark als auch die Landwirte des Marchfeldes können heute mit dem gleichen Arbeitseinsatz ein Vielfaches des Wertes von vor hundert Jahren erzeugen.

Obwohl der Strukturwandel so gewaltig ist, daß sich wahrscheinlich weder ein Bewohner Wiens noch ein steirischer Industriearbeiter oder ein Marchfelder Bauer der Jahrhundertwende in seinem Gebiet heute problemlos zurechtfinden würde, blieben die jeweiligen Funktionen der Region und ihre Positionen zueinander weitgehend erhalten.

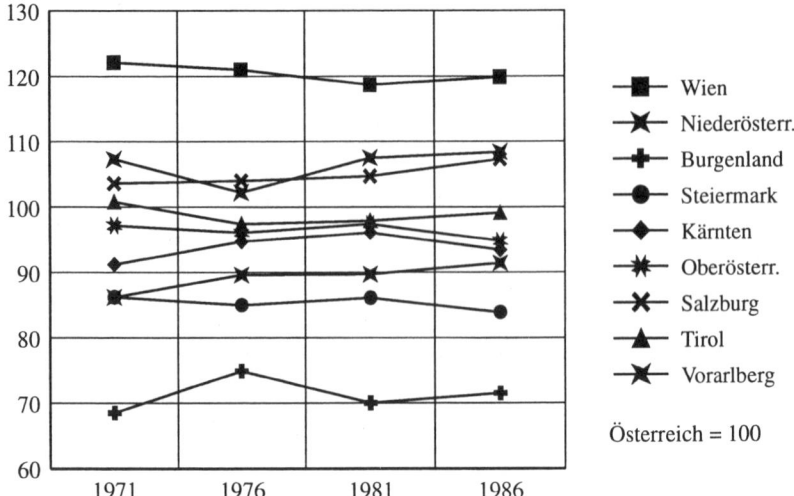

Abbildung 1.1: Netto-Regionalprodukt je Beschäftigten der österreichischen Bundesländer 1971–1986. Quelle: Jeglitsch (1989)

Daß sich räumliche Unterschiede im Zeitablauf normalerweise nur langsam ändern, läßt sich auch an einigen Zahlen zeigen. Betrachten wir etwa die Netto-Regionalprodukte pro Beschäftigten für die österreichischen Bundesländer[1] für den Zeitraum 1971 bis 1986 (Abb. 1.1), so sehen wir nur wenig Veränderung. Obwohl im Ausgangsjahr Wien um mehr als 20% über und das Burgenland um mehr als 30% unter dem österreichischen Durchschnitt liegt, verringert sich dieser Abstand in den darauffolgenden eineinhalb Jahrzehnten kaum. Zwar tauschen Vorarlberg und Salzburg in einem Jahr vorübergehend die Plätze, am Ende des Zeitraumes ist aber anscheinend alles beim Alten geblieben. Die Bundesländer nehmen die gleiche Reihenfolge ein wie am Anfang.

Auch auf der Ebene kleinerer Gebietseinheiten, der Bezirke, zeigt sich ein ähnliches Bild. Wegen der kleineren Gebietseinheiten bleibt die Reihenfolge zwar nicht konstant, errechnen wir allerdings den Rangkorrelationskoeffizienten[2] zwischen der Reihung von 1971 und jener von 1986, so erhalten wir mit 0,84 einen sehr hohen Wert. Das heißt, daß Bezirke, die schon 1971 ein hohes Netto-Regionalprodukt pro Beschäftigten erreichten, auch fünfzehn Jahre später noch eher vorne lagen und die meisten der Nachzügler Nachzügler blieben.

---

[1] Die Abbildung stellt Indexwerte der einzelnen Jahre dar, wobei der Österreichdurchschnitt auf 100 gesetzt wurde.
[2] Diese Maßzahl vergleicht die Rangreihungen zweier Jahre. Wie beim normalen Korrelationskoeffizienten liegen die Werte zwischen −1 und +1, wobei die Extremwerte einen

1.1 Problemhintergrund

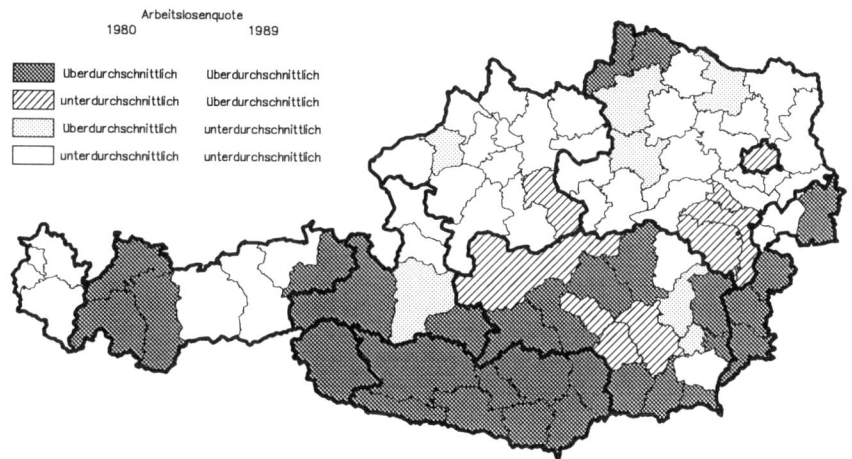

Abbildung 1.2: Arbeitslosenquoten 1980 und 1989. Quelle: Richter (1994)

Daß ähnliches auch für den regionalen Arbeitsmarkt Österreichs gilt, zeigt eine Untersuchung von Ulrike Richter. Obwohl sich die Arbeitslosenquote in Österreich in den achtziger Jahren mehr als verdoppelte, hat „sich das räumliche Muster der Verteilung der Arbeitslosen nicht wesentlich verändert" (Richter 1994, S. 168). Wie Abb. 1.2 zeigt, wiesen Bezirke mit über- oder unterdurchschnittlicher Arbeitslosenquote im Jahr 1980 auch 1989 meistens über- bzw. unterdurchschnittliche Werte auf. Der Rangkorrelationskoeffizient der beiden Reihungen erreicht mit 0,78 wiederum einen sehr hohen Wert.

Diese Ergebnisse beschreiben allerdings keine österreichische Besonderheit. Regionale Disparitäten, so der Fachausdruck für regionale Unterschiede, treten in allen Ländern auf und erweisen sich überall als recht zählebig. In der Europäischen Union sind die regionalen Disparitäten bei der Wirtschaftskraft etwa doppelt und bei der Arbeitslosigkeit etwa dreimal so hoch wie in den USA (Kommission der EG 1987). Das Gefälle zwischen den reichsten und den ärmsten Regionen der Gemeinschaft ist daher beträchtlich (Abb. 1.3). 1991 lag beispielsweise das Pro-Kopf-Einkommen der zehn reichsten Regionen um etwa das 3,5fache über jenem der zehn ärmsten Regionen, 1996 um das 3,1fache (Europäische Kommission 1999). Bezieht man die neuen deutschen Länder mit ein, so wächst dieses Verhältnis 1991 auf das 4,5fache (Europäische Kommission 1994). Wie Abb. 1.4 zeigt, sind die Einkommensdisparitäten in Europa in den letzten Jahren nur leicht zurückgegangen.

---

perfekten negativen bzw. positiven Zusammenhang beschreiben.

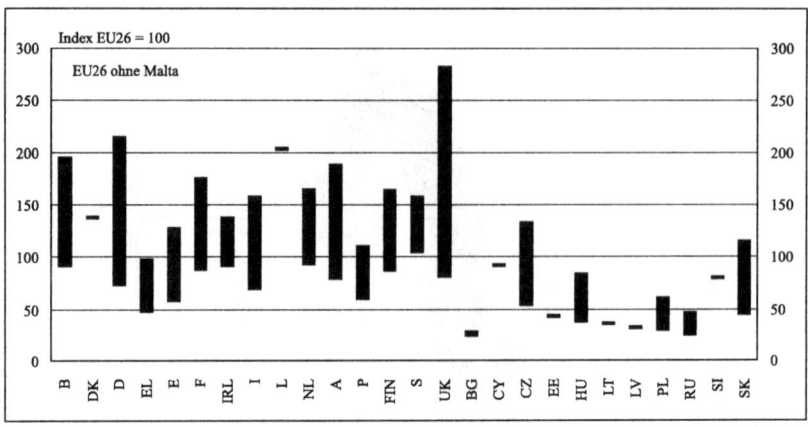

Abbildung 1.3: Regionale Unterschiede im Pro-Kopf-BIP in den Mitgliedstaaten der EU, 1998. Quelle: Europäische Kommission (2001)

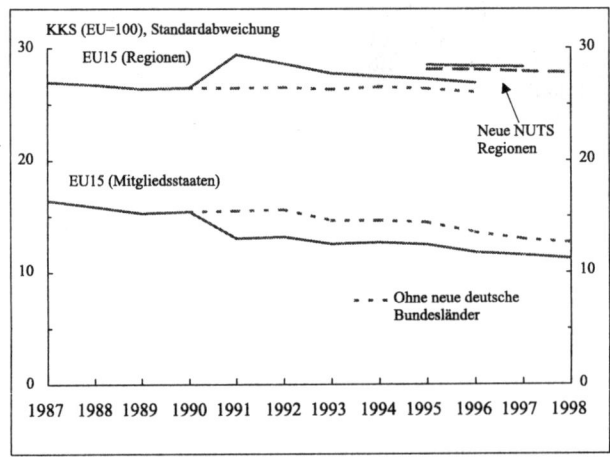

Abbildung 1.4: Entwicklung der regionalen Unterschiede im Pro-Kopf-BIP in den Mitgliedstaaten der EU. Quelle: Europäische Kommission (2001)

Auch an der räumlichen Verteilung, die in Abb. 1.5 für die EU- und Beitrittskandidatenländer 1998 dargestellt ist, hat sich kaum etwas geändert. Die EU-Regionen mit den niedrigsten Werten des Pro-Kopf-BIP liegen am Rande in Irland, Portugal, Spanien, Griechenland und Süditalien. Für sie sind neben dem niedrigen Einkommensniveau vielfach eine hohe Arbeitslo-

1.1 Problemhintergrund

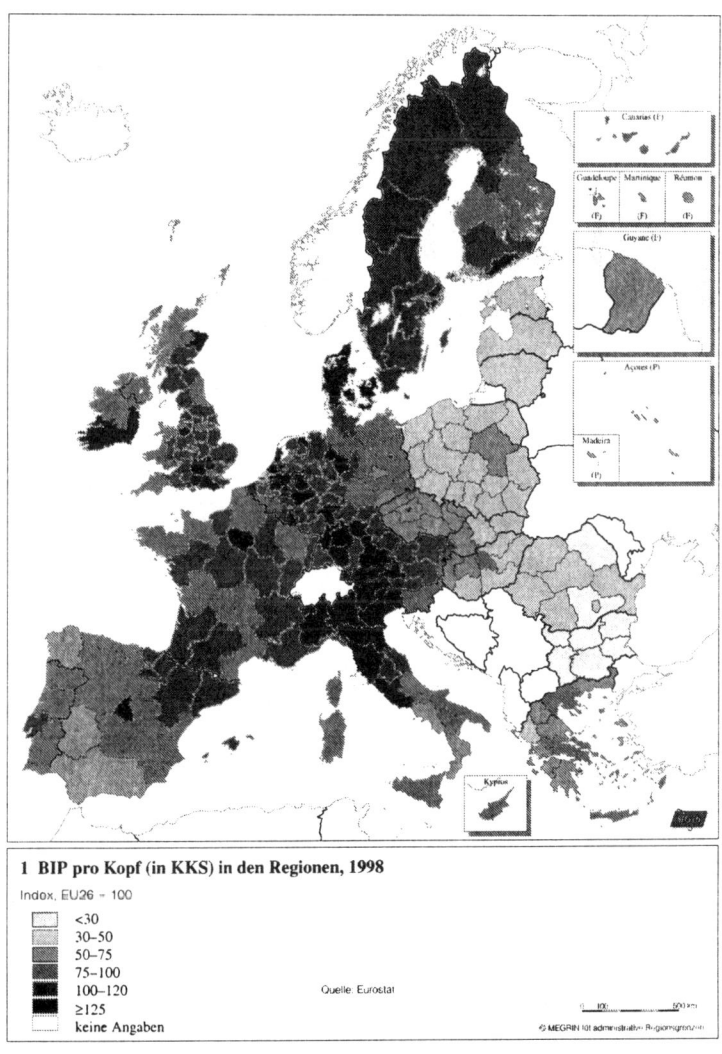

Abbildung 1.5: Pro-Kopf-BIP (in Kaufkraftparitäten) in den Mitgliedstaaten der EU, 1998. Quelle: Europäische Kommission (2001)

sigkeit, starke Abhängigkeit von der Landwirtschaft und eine unzulängliche Infrastruktur charakteristisch. In bezug auf die Arbeitslosigkeit sind die regionalen Unterschiede in Europa noch ausgeprägter als beim Einkommen. So betrug 1997 die durchschnittliche Arbeitslosenquote in den zehn Regionen mit den niedrigsten Quoten 3,6%, in den zehn Regionen mit den höchsten

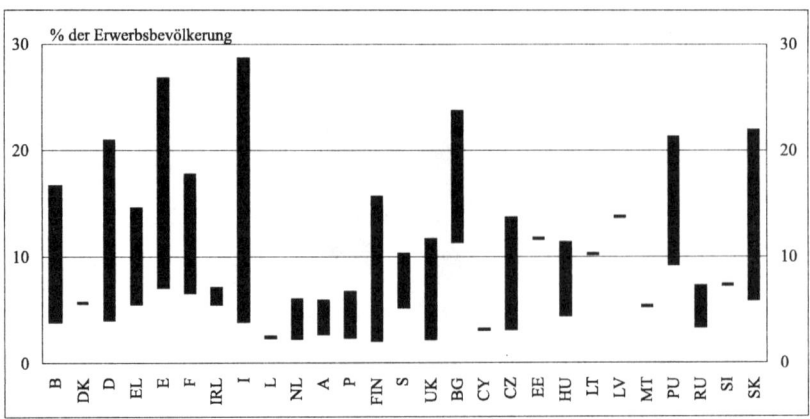

Abbildung 1.6: Regionale Unterschiede der Arbeitslosenquoten in den Mitgliedstaaten der EU, 1999. Quelle: Europäische Kommission (2001)

Quoten hingegen 28,1% (Abb. 1.6) (Europäische Kommission 1999). Letztere lagen typischerweise in den einkommensschwachen Gebieten am Rande der Europäischen Union.

Sehen wir allerdings genauer und aus einem etwas anderen Blickwinkel hin, so zeigen sich trotz der weitgehenden Konstanz der Disparitäten im Zeitablauf doch auch Ausreißer. So zählten beispielsweise einige spanische Regionen in den achtziger Jahren auch relativ zum Gemeinschaftsdurchschnitt zu den Gewinnern. Die Kanarischen Inseln konnten beispielsweise ihr Pro-Kopf-BIP (in Kaufkraftparitäten) von 64,9% des EU-Durchschnitts (1983) auf 73,0% (1988), also um den Faktor 1,12 erhöhen. Einen ähnlichen Anstieg erreichte auch die Region „Estremadura", deren Wert von 44,1% (1983) auf 49,7% (1988) angewachsen ist (Kommission der Europäischen Gemeinschaften 1991).

Beide Regionen zählen zu den Ziel-1-Fördergebieten der EU (s. Kap. 10), sind also Empfänger der Regionalförderung der Europäischen Union. Allerdings kann dies allein den Anstieg nicht erklären, denn andere Ziel-1-Gebiete haben im gleichen Zeitraum stark verloren – etwa Korsika und die Regionen Süditaliens –, und im Durchschnitt sind die Ziel-1-Gebiete sogar leicht hinter den EU-Schnitt zurückgefallen. Ihr durchschnittliches Pro-Kopf-BIP ist von 67,9% des EU-Durchschnitts auf 66,9% zurückgegangen.

Aber auch am anderen Ende des Entwicklungsspektrums der EU, etwa in der Bundesrepublik Deutschland, zeigen sich deutliche Unterschiede und Verschiebungen. In einer Analyse der Beschäftigungstrends in den alten Bundesländern 1978 bis 1992 kommt ein deutliches Süd-Nord-Gefälle der Beschäftigungsentwicklung zum Ausdruck. „Während sich nahezu alle

1.1 Problemhintergrund

Regionen in Bayern und die Mehrzahl der Regionen in Baden-Württemberg positiv entwickeln, weist der Trend der großen Verdichtungsräume im Norden stetig nach unten. Lediglich Bremen ist es gelungen, mit dem Jahr 1987 eine positive Trendwende für die Gesamtregion einzuleiten. Das Ruhrgebiet und das Saarland büßen stetig Beschäftigungsanteile ein" (Eltges et al. 1993, S. 837).

Mit dem Ruhrgebiet und dem Saarland unterliegen zwei Regionen einem negativen Beschäftigungstrend, die lange Zeit zu den Gewinnern der Regionalentwicklung gezählt haben. Aufgrund von Kohlevorkommen und guter verkehrsmäßiger Erreichbarkeit konnte sich Schwerindustrie ansiedeln, die vom lange anhaltenden Bedarf an Eisen und Stahl profitierte. Die Schwerindustrie expandierte in diesen Regionen und beanspruchte immer höhere Anteile der Beschäftigten. Wirtschafts- und Infrastruktur paßten sich mehr und mehr an den dominierenden Sektor an und machten die Regionen damit attraktiver für weitere Investitionen in die Eisen- und Stahlindustrie.

In den siebziger Jahren geriet die Eisen- und Stahlindustrie aus verschiedenen Gründen in die Krise und mit ihr auch die auf diesen Sektor ausgerichteten Regionen. Was früher von Vorteil war, nämlich eine spezialisierte Regionalstruktur, für die Bedürfnisse des Sektors ausgebildete Arbeitskräfte, spezielle Wertvorstellungen und Organisationsformen etc., stellte sich nun als erheblicher Nachteil heraus. Diese Strukturen machten eine Umstrukturierung der Regionen besonders schwierig und führten schließlich zu den angeführten stetigen Verlusten an Beschäftigungsanteilen. Ruhrgebiet und Saarland sind dabei keine Einzelfälle, sondern nur zwei Beispiele für ähnlich strukturierte Regionen in vielen industrialisierten Ländern, die häufig als „alte Industriegebiete" bezeichnet werden.

Während die alten Industriegebiete in den verschiedenen Ländern mit der Krise kämpften, erlebten andere Regionen einen gewaltigen Boom. Das bekannteste Beispiel dafür ist wohl „Santa Clara County" in Kalifornien, besser bekannt unter dem Namen „Silicon Valley". Dieser etwa 3.000 km^2 große Landstrich an der Südspitze der Bucht von San Francisco zählte noch in den vierziger Jahren zu den bedeutendsten landwirtschaftlichen Gebieten der USA. Seine wirtschaftliche Zukunft schien in Landwirtschaft und Lebensmittelindustrie zu liegen.

Dreißig Jahre später war „Silicon Valley" das unbestrittene Zentrum der Halbleiterindustrie der USA.[3] „By 1970, five of the seven largest semiconductor firms in the United States had their main facilities in Silicon Valley, and clustered around them was the largest concentration of electronic communications, laser, microwave, computer, advanced instrument and equipment manufacturers in the world" (Saxenian 1985, S. 30f). Eine Reihe von Umständen, die zum Teil innerhalb, zum Teil außerhalb der Region gelegen

---

[3]Zahlreiche wissenschaftliche Beiträge beschäftigen sich mit Silicon Valley und seiner Entstehung, beispielsweise Malecki (1986), Saxenian (1983, 1985, 1994), Scott (1988).

waren, hatten zu dieser Veränderung geführt. Sie war begleitet von einem dramatischen Anstieg der Bevölkerung und der industriellen Beschäftigung. So erhöhte sich die Bevölkerung von „Santa Clara County" zwischen 1940 und 1980 von 175.000 auf mehr als das Siebenfache, nämlich 1,25 Millionen. Die Beschäftigung wuchs zwischen 1960 und 1975 um 156 Prozent, mehr als das Dreifache der prozentuellen Zunahme in Kalifornien insgesamt. Und in der ersten Hälfte der siebziger Jahre nahm die Industriebeschäftigung noch um 21,6% zu, während sie in Kalifornien um 1,6% und in den USA um 8,8% zurückging. Das einst landwirtschaftlich strukturierte „Santa Clara County" wurde damit zu einer der reichsten Regionen Kaliforniens.

Begleitet und unterstützt wurde diese Entwicklung der Halbleiterindustrie in „Silicon Valley" vom Entstehen spezialisierter Infrastruktur z.B. im Verkehrs- und Bildungsbereich und von der Ansiedlung vor- und nachgelagerter Industrie- und Serviceunternehmen, wie sie, in etwas anderer Form, auch in alten Industriegebieten zu finden sind.[4] „Laut Census of Manufactures waren 1987 im Santa Clara County 431 Betriebe mit ca. 63.100 Beschäftigten im Bereich elektronische Komponenten und Zubehör (SIC 367) tätig, dessen tragende Branche die Halbleiterproduktion (SIC 3674) ist. Bezogen auf alle High-Tech-Betriebe (-Beschäftigte) des Counties entspricht dies einem Anteil von 42,3% (33,2%)." (Sternberg, 1995, S. 102).

Veränderungen wie in den alten Industriegebieten einerseits oder in „Silicon Valley" und anderen High-Tech-Regionen andererseits gehen natürlich mit massiven Verschiebungen der Rahmenbedingungen für Bevölkerung und Wirtschaft einher. Veränderungen bei Mieten und Bodenpreisen, Überlastung oder Verfall von Infrastruktur, soziale Segregation sind nur einige der Prozesse, die die Lebensumstände der Bevölkerung betreffen. Die Bevölkerung von „Silicon Valley" ist vor allem durch Zuwanderung wegen der rasch wachsenden Zahl attraktiver und gut bezahlter Arbeitsplätze rasant angewachsen. Der Beschäftigungsverlust des Ruhrgebiets wird andererseits von einer Abwanderung von Bevölkerung begleitet.

Für die Wirtschaft eröffnen sich durch derartige Veränderungen neue Chancen. In rasch wachsenden Regionen etwa im Bereich der Dienstleistungen und der Zulieferindustrie, in schrumpfenden Regionen werden durch Rationalisierungsmaßnahmen Nischen frei, die von neuen Unternehmen besetzt werden können. Je früher Unternehmen diese Veränderungen und die damit verbundenen Chancen erkennen und je besser sie sie einschätzen können, umso besser können sie sie nutzen. Um Fehlinvestitionen zu vermeiden, ist es allerdings notwendig, beginnende Entwicklungstrends von kurzfristigen Ereignissen zu unterscheiden. Dies erfordert neben Erfahrung und Intuition auch ein fundiertes Verständnis des Regionalentwicklungsprozesses, zu dem dieses Buch beitragen soll.

---

[4]Wenig überraschend wurde „Silicon Valley" von den Strukturkrisen der Halbleiterindustrie in den achtziger und neunziger Jahren besonders hart getroffen.

Allerdings laufen Regionalentwicklungsprozesse nicht ohne äußere Einflußnahme ab. Seit den fünfziger Jahren zählt Regionalpolitik zu den anerkannten Aufgaben der staatlichen Politik in Europa und den USA, seit den siebziger Jahren ist auch die Europäische Gemeinschaft in diesem Bereich aktiv. Sowohl die EU als auch die einzelnen Mitgliedstaaten versuchen, durch entsprechende Maßnahmen die Entwicklungsunterschiede zwischen ihren Regionen zu verringern oder deren Vergrößerung entgegenzuwirken. Die Regionalpolitik beeinflußt damit die Rahmenbedingungen, unter denen regionale Entwicklungsprozesse ablaufen und Unternehmen und Haushalte ihre Entscheidungen treffen.

Für die politischen Instanzen stellt sich dabei die Frage, wie eine adäquate Regionalpolitik zu gestalten ist. Die Antwort hängt jedoch in beträchtlichem Umfang davon ab, von welchen Vorstellungen vom regionalen Entwicklungsprozeß dabei ausgegangen wird. Die Regionalökonomik kennt nicht nur eine, sondern eine Reihe konkurrierender Theorien der Regionalentwicklung, die verschiedene Aspekte der regionalen Entwicklung in den Vordergrund rücken, dabei jedoch zu teilweise konträren Schlußfolgerungen für die Regionalpolitik gelangen.

1.2 Problemstellung und Aufbau des Buches

Im ersten Band haben wir die Zeitdimension wenig beachtet und uns auf einzelne Standorte und die Beziehungen zwischen ihnen konzentriert. Im vorliegenden Band steht nun eben diese Dimension im Mittelpunkt des Interesses. Dafür abstrahieren wir hier weitgehend von den standortbezogenen, kleinräumigen Aspekten. Wie in Abb. 1.7 skizziert, fassen wir mehrere Raumpunkte (Standorte, Städte, Siedlungsgebiete etc.) zu Regionen zusammen, deren Entwicklung wir im Zeitablauf verfolgen, ohne ihre interne räumliche Struktur zu berücksichtigen.

Obwohl wir Standort und Raumstruktur einerseits und Regionalentwicklung und Regionalpolitik andererseits in verschiedenen Bänden behandeln, sind sie nicht voneinander unabhängig. Wie schon die einleitende Diskussion im vorangegangenen Abschnitt gezeigt hat, hängen sie eng zusammen: die vorhandene Raumstruktur beeinflußt die möglichen Richtungen der Entwicklung, während durch die Entwicklung andererseits die Struktur verändert wird. Dieselben Faktoren[5], die gemeinsam die Struktur einer Region prägen, wirken auch in dynamischer Weise zusammen und beeinflussen ihre Entwicklung.

Versuchten wir, alle diese Zusammenhänge zugleich zu erforschen, würden wir wohl sehr bald an der Komplexität der Aufgabe scheitern. Daher ist es notwendig, durch entsprechende Annahmen und Vereinfachungen die

---

[5]Beispielsweise ihre Wirtschaftsstruktur, die räumlichen Gegebenheiten, die sozioökonomische Struktur der Bevölkerung, die gesellschaftlichen Normen.

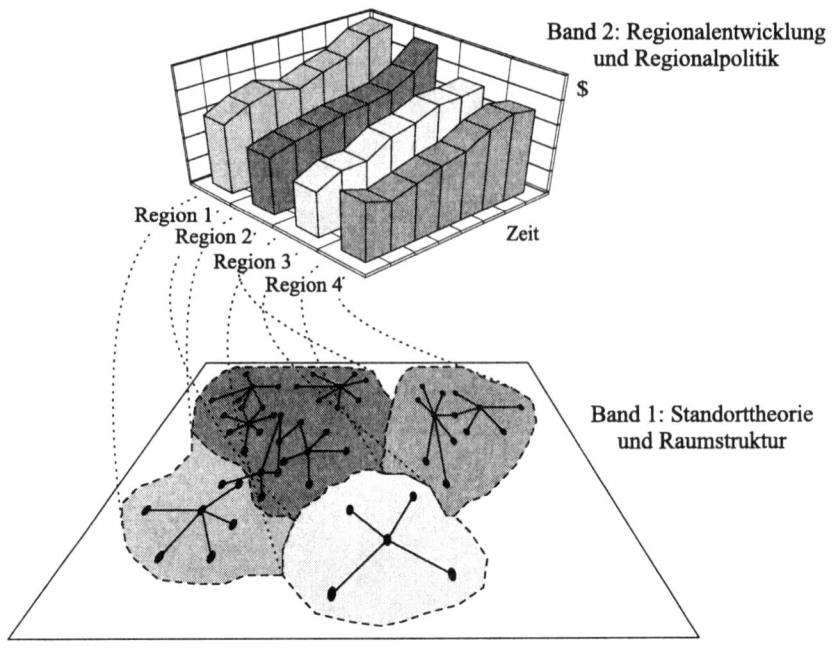

Abbildung 1.7: Raumstruktur und Entwicklung

Komplexität derart zu reduzieren, daß sie ein handhabbares Niveau erreicht. Zugleich müssen wir aber auch darauf achten, daß die für unsere Fragestellung wichtigsten Zusammenhänge auch in unserem vereinfachten Bild der Wirklichkeit – unserem „Modell" – erhalten bleiben.

Wir werden in den folgenden Kapiteln verschiedene Modelle der Regionalentwicklung besprechen, die aus unterschiedlichen vereinfachenden Annahmen hervorgehen. Der Grund dafür liegt nicht darin, daß wir uns nicht entscheiden können, sondern darin, daß diese Modelle aufgrund der unterschiedlichen Annahmen und Zugangsweisen verschiedene Aspekte des regionalen Entwicklungsprozesses darstellen, also verschiedene Ausschnitte einer komplexen Wirklichkeit. Welches Modell nun „das richtige" ist, hängt also in erster Linie davon ab, welche Fragen damit beantwortet werden sollen. Während das Exportbasismodell (s. Abschn. 3.1) zum Beispiel die kurzfristigen Reaktionen auf Nachfrageänderungen in einer Region recht gut beschreibt, kann es die Frage nach längerfristigen Strukturveränderungen nicht beantworten. Dafür wäre ein Modell notwendig, das Anpassungsprozesse über längere Zeiträume betrachtet, wie etwa die in Kap. 8 diskutierte Regulierungstheorie. Diese kann wiederum keinerlei Aussagen zur kurzfristigen Reaktion auf Nachfrageänderungen treffen. Die einzelnen in den nach-

1.2 Problemstellung

folgenden Kapiteln dargestellten Modelle der Regionalentwicklung stehen also nebeneinander und ergänzen einander. Gemeinsam ergeben sie ein Bild des komplexen Prozesses regionaler Entwicklung.

Thema dieses Buches sind also die grundlegenden Aspekte des regionalen Entwicklungsprozesses und der Regionalpolitik. Dabei sind Kap. 3 bis 8 der Darstellung von Regionalentwicklung und der verschiedenen theoretischen Zugänge zu ihrer Erklärung gewidmet, Kap. 9 und 10 beschäftigen sich mit Regionalpolitik. Diesen Teilen vorangestellt, in Kap. 2, diskutieren wir einige grundsätzliche Aspekte, nämlich die Fragen, was unter „Region" und was unter „Entwicklung" zu verstehen ist.

Bei der Darstellung der theoretischen Zugänge zu Regionalentwicklung beginnen wir mit einigen nachfrageorientierten Ansätzen (Kap. 3). Sie sehen die Ursache für regionales Wirtschaftswachstum in Änderungen der Nachfrage. Wir besprechen die *Exportbasistheorie* (Abschn. 3.1) und *regionale Input-Output-Modelle* (Abschn. 3.2).

In Kap. 4 wenden wir uns der *neoklassischen Theorie* der Regionalentwicklung zu, der regionalen Version der ökonomischen Standard-Theorie. Dabei werden die Konzepte und Annahmen der neoklassischen volkswirtschaftlichen Theorie auf die regionale Ebene übertragen und deren Implikationen für den regionalen Entwicklungsprozeß analysiert. Im Gegensatz zu den in Kap. 3 besprochenen Ansätzen knüpft die neoklassische Theorie an der Produktion an, ist also angebotsorientiert. Im Zentrum der Betrachtung stehen dabei Gleichgewichtszustände und Mechanismen, die diese stabilisieren.

Die in Kap. 5 dargestellte *Polarisationstheorie* stellt in gewissem Sinne einen Kontrapunkt zur neoklassischen Theorie dar und ist auch als Gegenargument zu dieser entstanden. Während die Argumente der Neoklassik auf einen Ausgleich regionaler Entwicklungsunterschiede hinauslaufen, rückt die Polarisationstheorie jene Mechanismen in den Vordergrund, die eine divergierende Entwicklung implizieren: Externalitäten und wachsende Skalenerträge, partielle Immobilitäten, Selektivität von Mobilitätsprozessen.

In der *endogenen Wachstumstheorie* und der „New Economic Geography" (Kap. 6) wird das erste Argument der Polarisationstheorie, nämlich Externalitäten und wachsende Skalenerträge, im Zusammenhang mit dem Innovationsprozeß aufgegriffen und in eine grundsätzlich neoklassische Modellstruktur integriert. Infolge dieser Erweiterung bricht das Ausgleichsargument der Neoklassik zusammen. Unterschiedliche – etwa räumliche – Strukturen können zu divergierenden Entwicklungspfaden führen und diese Strukturunterschiede damit auf Dauer verfestigen.

In Kap. 7, *Innovationsansatz*, diskutieren wir ausführlich einen Aspekt des Entwicklungsprozesses, der bereits in Kap. 6 von zentraler Bedeutung war, nämlich den Innovationsprozeß. Seine Behandlung in einem eigenen Kapitel begründet sich auch in der zunehmenden Bedeutung, die Innovation und Innovationsprozesse sowohl in der theoretischen als auch in der regionalpolitischen Diskussion in den letzten Jahren gewonnen haben. Innovation wird in den Industrieländern heute als entscheidender Faktor für längerfristige wirtschaftliche Entwicklung angesehen. In Kap. 7 konzentrieren wir uns vor allem auf die regionalen Aspeke, wie typische regionale Unterschiede im Innovationsprozeß und ihre Ursachen.

Kapitel 8 betrachtet wirtschaftliche Entwicklungen und deren regionale Ausformung aus einer längerfristigen Perspektive. Dabei geht es um Phasen und Phasenübergänge der Organisation von Produktion und Regulation, im Konkreten um den Übergang *von fordistischer Arbeitsteilung zu flexibler Produktion*. Dieser grundlegende Wandel in der Organisationsform der Wirtschaft geht natürlich mit einer Veränderung der räumlichen Organisation einher. Die wirtschaftliche Dynamik verlagert sich von den Zentren der fordistischen Produktion hin zu neuen Regionen, wie etwa „industrial districts" (Regionen mit dichten Firmennetzwerken) oder Hochtechnologieregionen.

In den letzten beiden Kapiteln wenden wir uns der *Regionalpolitik* zu. Dabei besprechen wir in Kap. 9 die Grundlagen, wie etwa die wichtigsten Akteure, Strategien und Instrumente der Regionalpolitik. In Kap. 10 hingegen beschäftigen wir uns mit der *Praxis der Regionalpolitik*, wobei wir ihre konkreten Ausformungen in Österreich und auf Ebene der EU darstellen.

1.3 Zusammenfassung

Dieses Kapitel diente der Einführung in das Thema dieses Buches und auch dazu, die Beziehung zwischen diesem zweiten Band von „Regional- und Stadtökonomik" und dem ersten Band darzustellen und zu erläutern. Im Unterschied zum ersten Band, der sich mit den räumlichen Gegebenheiten zu einem bestimmten Zeitpunkt beschäftigt hat, konzentrieren wir uns in diesem Band auf die Veränderung im Zeitablauf.

Bei einem Blick in die empirische Evidenz in Abschn. 1.1 zeigt sich, daß trotz beträchtlicher Veränderungen im Zeitablauf sich die Relationen vieler Regionen zueinander oft nur wenig ändern. Wirtschaftlich dominante Regionen bleiben üblicherweise bestimmend, schwach entwickelte Regionen bleiben meist Nachzügler.

In manchen Fällen wird dieses Muster allerdings durchbrochen. Wir diskutieren in diesem Kapitel zwei Beispiele, nämlich die von Schwerindustrie dominierten „Alten Industriegebiete" und „Silicon Valley", das Zentrum der Elektronikindustrie in Kalifornien. An diesen Beispielen erläutern wir auch einige wichtige Mechanismen des regionalen Entwicklungsprozesses und weisen auch auf die Querbeziehungen zu den im ersten Band diskutierten Standortfaktoren hin.

Abschnitt 1.2 begründet die unterschiedlichen Blickwinkel der beiden

Bände und gibt einen kurzen Abriß über den Inhalt der weiteren Kapitel dieses Buches.

1.4 Übungsaufgaben und Kontrollfragen

1. *Erläutern Sie den Unterschied zwischen räumlicher Struktur und regionaler Entwicklung. Wie stehen diese beiden Konzepte in Verbindung?*
2. *Versuchen Sie Beispiele für Regionen zu finden, die sich in den letzten Jahren besonders gut oder besonders schlecht entwickelt haben. Worauf sind diese Entwicklungen zurückzuführen?*
3. *Versuchen Sie, dynamische Regionen und Regionen mit Entwicklungsproblemen zu beschreiben.*

Kapitel 2
Grundlagen

Bevor wir verschiedene theoretische Vorstellungen darüber diskutieren, wie Regionalentwicklung abläuft und zu erklären ist, wollen wir in diesem Kapitel noch einige Grundlagen abhandeln. Es gilt, grundlegende Begriffe zu klären und fundamentale ökonomische Zusammenhänge in Erinnerung zu rufen. In den ersten beiden Abschnitten dieses Kapitels wird diskutiert, was wir überhaupt unter „Region" und unter „Entwicklung" verstehen können. Im dritten Abschnitt besprechen wir Entwicklungsdeterminanten, und zwar sowohl solche, die innerhalb, als auch solche, die außerhalb der betrachteten Region zu finden sind.

2.1 Region und Regionalisierung

Der Begriff der „Region" wird in der alltäglichen Diskussion und auch in der wissenschaftlichen Literatur recht unterschiedlich verwendet. Er kann grundsätzlich drei sehr verschiedene Arten von räumlichen Gebilden bezeichnen, nämlich *sub*-nationale, *supra*-nationale und *trans*-nationale Territorien. Bei subnationalen Territorien handelt es sich um Teilgebiete eines Staates, wie etwa die Länder der Bundesrepublik oder die Kantone der Schweiz. Regionen im Sinne supranationaler Territorien sind die Zusammenfassungen von Staaten, wie etwa Mittelamerika oder das Baltikum. Transnationale Territorien umfassen Teilgebiete von zwei oder mehr Staaten, reichen also über die Staatsgrenzen hinweg. Ein Beispiel dafür ist etwa die „Europaregion Tirol", die Teile Österreichs und Italiens umfaßt. Weitere Beispiele für diese Arten von Regionen sind in Tabelle 2.1 zusammengefaßt.

In allen Fällen stellen Regionen von einem staatlichen Hoheitsgebiet abweichende Gebietseinteilungen dar. Während supranationale und transnationale Regionen jedoch meist verschiedene Währungen, Zollregelungen, Gesetzessysteme u. dgl. beinhalten, zeichnen sich subnationale Regionen dadurch aus, daß sie diese Institutionen mit anderen Regionen des Landes teilen. Zwischen den Regionen eines Landes kann damit ein relativ ungehinderter[1] Austausch von Gütern, Menschen, Kapital und Wissen stattfinden. Wir haben es also mit sehr offenen ökonomischen Systemen zu tun

---

[1] Behindert wird er nur durch unterschiedliche wirtschaftliche und soziale Strukturen, kulturelle Unterschiede und die zu überbrückende Entfernung.

Tabelle 2.1: Beispiele für sub-, supra- und transnationale Regionen.

Regionstyp	Beispiele
subnational	Ruhrgebiet, Münchner Raum, Agglomeration Wien, Isle de France, Waldviertel, Randstad, Mittelwesten der USA
supranational	Mitteleuropa, SO-Asien, Skandinavien, Balkan, Naher Osten, Mittelmeer-Region, Benelux, Lateinamerika
transnational	ARGE Alp, Alpe-Adria, EUREGIO

und müssen erwarten, daß Impulse leicht von einer Region auf eine andere überspringen können. Da allerdings beim Übertritt von einer subnationalen Region zu einer anderen keine besonderen Verwaltungsakte notwendig sind, werden diese Übergänge auch meist nicht besonders registriert. Es gibt daher kaum Informationen über Lieferungen von einer Region in eine andere (regionale Exporte und Importe) entsprechend den Außenhandelsstatistiken oder kontinuierliche Messungen des regionalen Preisniveaus. Dieser Mangel an bestimmten, im nationalen Kontext selbstverständlichen Informationen hat Auswirkungen darauf, welche Faktoren in den Theorien der Regionalentwicklung berücksichtigt werden und welche nicht.

In der weiteren Folge der Darstellung wollen wir uns auf den ersten Typus von Region beziehen. Wenn wir also in diesem Buch den Begriff „Region" verwenden, so meinen wir eine subnationale Region, also ein Teilgebiet eines Staates oder einer Volkswirtschaft, das von dessen anderen Teilgebieten *nicht* durch formale Grenzen und die damit üblicherweise verbundenen ökonomischen Barrieren getrennt ist. Zugleich verstehen wir unter einer Region nicht einen einzelnen Raumpunkt, also eine Stadt, einen Ort oder einen bestimmten Standort, sondern eine Zusammenfassung von Raumpunkten. Wir gehen dabei nicht von vorgegebenen Gebietseinheiten – etwa Gemeinden, Bezirken, Landkreisen – aus, sondern fassen diese nach bestimmten inhaltlichen Kriterien zusammen. Region ist somit ein variables Konzept, das den jeweiligen Anforderungen entsprechend angepaßt und definiert werden muß. Die Unterteilung eines Landes in Regionen, die für eine bestimmte Aufgabe – etwa die Steuerung von Wirtschaftsförderung – adäquat ist, kann für andere Zwecke – etwa die Bestimmung des Nachfragepotentials für ein bestimmtes Produkt – ungeeignet sein. Die Regionsdefinition sollte immer dem jeweiligen Kontext entsprechen, sich also aus der Fragestellung herleiten.

Betrachten wir die in Tabelle 2.1 angeführten Beispiele von subnationalen Regionen, so sehen wir, daß sie sich ganz erheblich unterscheiden.

2.1 Region und Regionalisierung

Eine Region wie der Mittelwesten der USA ist, sowohl was seine Fläche als auch seine Bevölkerung und Wirtschaftskraft betrifft, größer als mancher europäische Staat.[2] Es sollte daher nicht verwundern, daß Untersuchungen, die auf derart großen Regionen basieren, wesentlich andere Ergebnisse erbringen als die entsprechenden Analysen für kleinere Gebiete, etwa die in der Tabelle erwähnte „Agglomeration Wien".

Die Größe ist allerdings nicht der einzige Unterschied zwischen den in Tabelle 2.1 angeführten subnationalen Regionen. Während „Agglomeration Wien" und „Münchner Raum" Gebiete mit einem klar erkennbaren Zentrum und darauf ausgerichteten wirtschaftlichen Verflechtungen bezeichnen, ist eine Region wie das „Waldviertel" oder der „Bayerische Wald" gerade durch das Fehlen eines derartigen Zentrums charakterisiert. „Ruhrgebiet" und „Randstad"[3] hingegen sind Gebiete, die mehrere, auch untereinander eng verflochtene derartige Zentren aufweisen.

Damit stellt sich die Frage, wie Regionen vernünftigerweise definiert und voneinander abgegrenzt werden sollten. Üblicherweise wollen wir solche Gebietseinheiten zu Regionen zusammenfassen, die „zusammenpassen", also wichtige Gemeinsamkeiten aufweisen. Diese Gemeinsamkeiten können in zwei Richtungen zielen, aus denen sich dann auch zwei Kriterien für die Regionsabgrenzung ergeben, nämlich

1. das Homogenitätskriterium und
2. das Funktionalitätskriterium.

Nach dem Homogenitätskriterium werden solche Gebietseinheiten zu *homogenen Regionen* zusammengefaßt, die einander nach bestimmten Indikatoren sehr ähnlich sind. Beispiele für derartige Indikatoren sind etwa Arbeitslosenquoten, Einkommensniveaus, hohe Beschäftigtenanteile bestimmter Wirtschaftszweige wie der Landwirtschaft, des Fremdenverkehrs oder der Schwerindustrie. Nach dem Funktionalitätskriterium fassen wir jene Gebietseinheiten zu *funktionalen Regionen* zusammen, die miteinander nach bestimmten Indikatoren besonders eng in Verbindung stehen. Hier liegt die Gemeinsamkeit also in der besonders hohen wechselseitigen Abhängigkeit. Besonders häufig wird zur Abgrenzung funktionaler Regionen ein Pendlerkriterium verwendet. Dabei werden alle jene Gebietseinheiten mit einer Kernstadt zusammengefaßt, aus denen mehr als ein bestimmter Prozentsatz der dort wohnhaft Beschäftigten in die Kernstadt auspendeln („Arbeitsmarktregion"). Es können aber auch andere Indikatoren wie Einkaufsfahrten („Markteinzugsbereiche"), Lieferverflechtungen, Telefongespräche etc. für die Abgrenzung funktionaler Regionen herangezogen werden.

---
[2] Die 49 zusammenhängenden Staaten der USA werden in Regionalstudien gerne zu wenigen Regionen zusammengefaßt (s. etwa Howe und Stabler 1992).
[3] Als „Randstad" wird der hoch verdichtete Zentralraum der Niederlande mit Städten wie Amsterdam, Rotterdam und Utrecht bezeichnet.

Die Wahl des Abgrenzungskriteriums sollte nicht willkürlich, sondern anhand der zu untersuchenden Problemstellung erfolgen. Wenn es etwa darum geht, die Zukunft Wiens in der europäischen Städtekonkurrenz abzuschätzen, so empfiehlt es sich, Wien nicht nur in seinen administrativen Grenzen zu betrachten, sondern eine funktionale Stadtregion nach dem Funktionalitätskriterium abzugrenzen. Geht es allerdings darum, die wirtschaftlichen und sozialen Auswirkungen des Tourismus zu untersuchen, so werden wir jene Gebiete, die besonders hohe Anteile dieses Sektors aufweisen, nach dem Homogenitätskriterium zusammenfassen.

Die beiden Kriterien schließen einander nicht aus, sondern können durchaus in Kombination verwendet werden. Stehen wir etwa vor der Aufgabe, besonders gut geeignete Standorte für ein neues Einkaufszentrum ausfindig zu machen, so werden wir einerseits einzelne Stadtregionen nach dem Funktionalitätskriterium abgrenzen, um deren Nachfragepotential und -struktur zu ermitteln und deren zukünftige Entwicklung abzuschätzen. Um geeignete Standorte innerhalb der Stadtregionen aufzuspüren, werden wir die Teilbereiche der Stadtregion nach Homogenitätskriterien – z.B. Gebiete mit besonders guter, Gebiete mit besonders schlechter Versorgung, Gebiete mit Einpendlerüberschuß, Gebiete mit Auspendlerüberschuß – identifizieren und untersuchen.

Gebietsabgrenzung und Regionalisierung zielen immer darauf ab, das komplexe Bild der Realität zu vereinfachen. Da damit zwangsläufig ein Verlust an Detailinformation einhergeht, sollten die Regionalisierungskriterien so gewählt werden, daß diese Verluste nicht gerade bei den für die aktuelle Fragestellung wichtigen Informationen eintreten. Oder, anders gesagt, durch die Zusammenfassung von räumlichen Einheiten zu Regionen soll ein komplexes Bild vereinfacht werden, ohne daß von der relevanten Information zu viel verloren geht. Eine Regionalisierung, die für eine Problemstellung – etwa Arbeitsmarktentwicklung – entwickelt wurde, kann für eine andere Fragestellung – etwa Technologietransfer – völlig ungeeignet sein. Allerdings können wir das Ausmaß des Informationsverlustes durch räumliche Aggregation nicht vollständig kontrollieren. Viele Informationen liegen erst ab einer bestimmten räumlichen Ebene vor und werden für kleinere Gebiete nicht ausgewiesen bzw. sind für kleinere Gebiete manchmal gar nicht bestimmbar. Die Grenzen derartiger Erhebungsgebiete, die meist mit administrativen Grenzen zusammenfallen, stellen eine wesentliche Randbedingung jeder Regionalisierung dar.

Zur Abgrenzung von Regionen nach dem Homogenitätskriterium bieten sich verschiedene formale Methoden an. Steht nur eine kontinuierliche Variable zur Verfügung, so eignet sich die Varianzanalyse besonders zur Regionsabgrenzung (s. etwa Iversen und Norpoth 1976). Dabei wird die vorgegebene Information derart zu einer zu definierenden Zahl von Gruppen zusammengefaßt, daß die Gruppen möglichst homogen sind, also ein möglichst großer Prozentsatz der Varianz der ursprünglichen Variablen zwischen den Gruppen aufscheint. Die Gebietseinheiten werden also so zu Regionen zusammengefaßt, daß sie einander möglichst ähnlich sind und sich von denen anderer Regionen möglichst stark unterscheiden. Ein ähnliches Kriterium verwendet die Clusteranalyse (s. etwa Aldenderfer und Blashfield 1984). Sie erlaubt die Verwendung mehrerer Variabler und und faßt sie anhand der „Entfernungen" zwischen die die einzelnen Gebietseinheiten repräsentierenden Punkten im Variablenraum zusammen. Die einzelnen Cluster werden so gebildet, daß ihre Mitglieder möglichst nahe beieinander, aber möglichst weit von den anderen Clustern entfernt liegen. Dabei tritt das Problem auf, daß die verschiedenen Variablen, die in die Regionalisierung eingehen sollen, gewichtet werden müssen. Je mehr Gewicht einer Variablen gegeben wird, umso stärker beeinflußt sie die Regionalisierung und damit das „Gesicht" der Region. Wie die Gewichte gewählt werden, läßt sich nicht wissenschaftlich bestimmen, sondern stellt ein Werturteil dar, das der Forscher oder sein Auftraggeber treffen, aber auch offenlegen muß. Sich auf nur eine Variable zur Regionalisierung zu beschränken, löst das Problem nicht wirklich. Denn damit verwendet man nur eine besonders extreme Form der Gewichtung.

2.2 Entwicklung und Wirtschaftswachstum

Auch bei der Diskussion des Begriffes Entwicklung stoßen wir sehr bald auf ähnliche Probleme, wie wir sie am Ende des vorangegangenen Abschnitts kennengelernt haben. Denn auch „Entwicklung" ist ein sehr vager Begriff, der nur auf der Grundlage von Werturteilen konkreter festgelegt werden kann.

In der Entwicklungstheorie und -politik wurde im Zusammenhang mit der Dritten-Welt-Problematik dieser Begriff natürlich sehr intensiv diskutiert. Nohlen und Nuscheler (1992, S. 56) fassen das Ergebnis dieser Debatte folgendermaßen zusammen: „,Entwicklung' ist ein in den verschiedenen Zusammenhängen verwendeter, entsprechend vieldeutiger, definitorisch kaum exakt faßbarer und dem Meinungs- und Ideologiestreit entrückbarer Begriff." Für Sachs (1989) ist „Entwicklung" zu einem „qualligen, amöben-gleichen Wort geworden. Es faßt nichts mehr, weil seine Konturen verschwimmen. ... Wer es ausspricht, benennt gar nichts, doch nimmt für sich alle guten Absichten dieser Welt in Anspruch. Zwar hat es keinen Inhalt, aber doch eine Funktion: es verleiht jedem beliebigen Eingriff die Weihe, im Namen eines höheren evolutionären Ziels vollzogen zu werden. ‚Entwicklung' ist ausgehöhlt bis auf ein leeres Plus." Ähnlich äußern sich auch Dirmoser et al. (1991, S. 31): „In ‚Entwicklung' klingt zu vieles an, daß noch etwas Bestimmtes damit benannt werden könnte. Entwicklung ist einer jener unsäglichen Konglomeratsbegriffe, die einen zur Weißglut treiben."

Außerhalb der emotionalisierten Sphäre des Nord-Süd-Konflikts, im Zusammenhang mit Regionen der Industrieländer, manifestieren sich die Probleme im Zusammenhang mit dem Entwicklungsbegriff zwar weniger scharf, die grundlegenden Fragen sind allerdings die gleichen. Dabei schließen wir uns der Meinung von Nohlen und Nuscheler (1992) an, daß eine radikale Ablehnung des Begriffs „Entwicklung" nicht sinnvoll ist, weil keine bessere Alternative zur Verfügung steht. Außerdem könnte auch ein alternativer Begriff nicht die grundlegenden Probleme überwinden, nämlich

- daß er einen Prozeß beschreibt, der auf ein bestimmtes Ziel hin ausgerichtet ist, das von den in Raum und Zeit variierenden Wertvorstellungen abhängt, und
- daß dieser Prozeß einer ständigen Veränderung unterliegt, die sich auch in einer Veränderung der Bedeutung des Begriffes auswirken muß.

Auch in der Entwicklungstheorie gibt es zwar über alle Fachgrenzen und ideologischen Lager hinweg Übereinstimmung darin, „daß Entwicklung mit der Beseitigung der schlimmsten Mangelerscheinungen, vor allem mit der Überwindung von Hunger und Krankheit, beginnen muß" (Nohlen und Nuscheler 1992, S. 57). Über diesen kleinsten gemeinsamen Nenner hinaus öffnet sich jedoch ein weites Feld an unterschiedlichen Definitionen und Konzepten.

Lange Zeit wurde Entwicklung mit wirtschaftlicher Entwicklung und hier vor allem mit Wirtschaftswachstum gleichgesetzt. In den Industriestaaten erklärt sich das auf gesamtwirtschaftlicher Ebene insbesondere daraus, daß die entsprechenden Maßzahlen der Volkswirtschaftlichen Gesamtrechnung in regelmäßigen Abständen berechnet und veröffentlicht werden. Außerdem sind diese Indikatoren in ein ökonomisches Theoriegebäude eingebunden und können mit Hilfe von über Jahre geeichten Rechenmodellen prognostiziert werden.

Allerdings weisen die Maßzahlen der Volkswirtschaftlichen Gesamtrechnung auch erhebliche Mängel auf, für die sie von verschiedenen Seiten heftig kritisiert wurden. So gehen etwa wichtige Arbeitsleistungen wie Hausarbeit und Selbstversorgung sowie der gesamte informelle Sektor nicht in die Berechnungen ein; Güter werden mit den Marktpreisen bewertet, die oft künstlich verzerrt sind; Schäden an der Gesundheit der Menschen sowie Raubbau an der Natur führen, obwohl sie ohne Zweifel negativ sind, zu höheren Werten. Manche dieser Einflüsse unterscheiden sich systematisch zwischen verschiedenen Ländern oder Regionstypen, sodaß sie zu systematischen Verzerrungen der erhobenen Werte führen.

Darüber hinaus messen das Bruttosozialprodukt pro Kopf und das Pro-Kopf-Einkommen und ihre prozentuelle Veränderung im Zeitablauf nur *einen* durchschnittlichen Wert für das gesamte Untersuchungsgebiet. Dahinter können also ganz verschiedene Verteilungen des wirtschaftlichen Ertrages stehen. Es kann also durchaus sein und ist für manche Länder auch charakteristisch, daß ein akzeptabler Wert des Pro-Kopf-Einkommens dadurch zustande kommt, daß einige Familien einen Großteil des Volkseinkommens zur Verfügung haben und der Rest der Bevölkerung in Armut lebt.

Trotz dieser Kritikpunkte sollte allerdings nicht der Fehler gemacht werden, Pro-Kopf-Einkommen, Wirtschaftswachstum und andere Kenngrößen der Volkswirtschaftlichen Gesamtrechnung als für Entwicklung nicht relevant zu betrachten. Das hieße, das Kind mit dem Bade auszuschütten. Obwohl wirtschaftliches Wachstum nicht mit Entwicklung gleichgesetzt werden kann, ist Entwicklung *ohne* Wirtschaftswachstum kaum denkbar.

Einkommen und Wachstum sind insbesondere in unserem Kontext, dem der Regionalentwicklung in industrialisierten Ländern, von besonderer Bedeutung. Zwar gelten die oben erwähnten Einwände grundsätzlich auch hier, doch sind sie in diesem Zusammenhang zum Teil weniger gravierend. So ist etwa der informelle Sektor in industrialisierten Ländern normalerweise weniger stark ausgeprägt, auch ist Lohnarbeit in diesen Ländern der Standard. Meßprobleme, die den Wert derartiger Maßzahlen in manchen Entwicklungsländern äußerst fragwürdig erscheinen lassen, sind in Industrieländern normalerweise weniger gravierend. Darüber hinaus leiten sich die Maßzahlen der Volkswirtschaftlichen Gesamtrechnung aus der ökonomischen Theorie her, sind also, im Gegensatz zu anderen Entwicklungsindikatoren, in ein umfangreiches theoretisches Gebäude eingebettet, das uns starke Hinweise darauf liefern kann, wie und warum Wachstum entsteht und von welchen Faktoren es beeinflußt wird. In den weiteren Kapiteln dieses Buches werden wir uns vor allem mit diesem Aspekt beschäftigen. Die Theorien der Regionalentwicklung, die wir nachfolgend diskutieren werden, knüpfen alle am Einkommens- und Wachstumsaspekt der Regionalentwicklung an, nur zum Teil berücksichtigen sie auch Aspekte von Entwicklung, die darüber hinausgehen.

Nachdem wir nun klargestellt haben, daß Wirtschaftswachstum zwar nicht mit Entwicklung gleichzusetzen ist, aber eine wichtige Komponente davon darstellt, stellt sich die Frage, welches die anderen Komponenten sind. Wie bereits erwähnt, ist eine definitive Antwort auf diese Frage nicht möglich, weil sie von den zugrundeliegenden Wertvorstellungen abhängt. Wir müssen uns daher darauf beschränken, beispielhaft derartige Komponenten aufzuzählen und kurz zu begründen, inwiefern sie Entwicklung repräsentieren.

Trotz der Abhängigkeit von Werturteilen treten einige Komponenten immer wieder auf. Todaro (1989) geht beispielsweise von drei Kernzielen aus, die seiner Meinung nach „Entwicklung" repräsentieren:

1. Befriedigung der Grundbedürfnisse,
2. Selbstachtung der Person und
3. Freiheit von innerer und äußerer Fremdbestimmung.

In ähnlicher Weise geht Seers (1979) von den Elementen „Nahrung", „Arbeit" und „soziale Gerechtigkeit" aus, sieht also Entwicklungspolitik als Bekämpfung von Hunger, Arbeitslosigkeit und Ungleichheit.

Nohlen und Nuscheler (1992) schlagen ein „magisches Fünfeck von Entwicklung" vor, das ähnliche Elemente umfaßt, nämlich:

1. Wachstum,
2. Arbeit,
3. Gleichheit/Gerechtigkeit,
4. Partizipation
5. Unabhängigkeit/Eigenständigkeit.

Diese Elemente wollen wir nachfolgend kurz diskutieren.

Die wichtigsten Fragen im Zusammenhang mit *Wachstum* wurden oben bereits angesprochen. Nohlen und Nuscheler sehen darin die Voraussetzung für die Bekämpfung von Armut und Hunger. Allerdings verknüpfen sie damit direkt die Frage der Verteilung und der Nachhaltigkeit: „Die Gretchenfrage lautet, wem Wachstum zugute kommt und auf welche Weise es zustande kommt" (Nohlen und Nuscheler 1992, S. 67).

Die Nachhaltigkeit oder Dauerhaftigkeit der Entwicklung („sustainable development") ist ein Aspekt, der vor allem vom „Brundtland-Bericht" (Hauff 1987) in das Zentrum des Interesses gerückt wurde. Darunter wird eine Entwicklung verstanden, „die den Bedürfnissen der heutigen Generation entspricht, ohne die Möglichkeiten künftiger Generationen zu gefährden" (Hauff 1987, S. XV). Nach dieser Vorstellung kann also Entwicklung nur dann wirklich als Entwicklung gelten, wenn sie nicht die eigene Ressourcenbasis zerstört, also über einen langen Zeitraum aufrecht erhalten werden kann (für eine ausführlichere Diskussion s. etwa Harborth 1992).

Arbeit im Sinne produktiver und ausreichend bezahlter Beschäftigung erfüllt mehrere zentrale Funktionen im Entwicklungsprozeß. Dadurch werden einerseits sonst brachliegende Ressourcen genutzt, was allein schon aus Effizienzgesichtspunkten wünschenswert ist. Weiters ermöglicht ein ausreichendes Einkommen die Überwindung der individuellen Armut im Sinne einer Hilfe zur Selbsthilfe und generiert auch gesamtwirtschaftlich Nachfrage für andere Unternehmen und Sektoren. Neben der materiellen Bedürfnisbefriedigung verbessert Arbeit auch die Chance auf eine Selbstverwirklichung des Menschen.

Die Aufnahme von *Gleichheit/Gerechtigkeit* in den Katalog der Kriterien für Entwicklung stellt „das notwendige qualitative Korrektiv zu Wachstum" (Nohlen und Nuscheler 1992, S. 70) dar. In diesem Sinne zielt das

Kriterium auf die Verteilung von Einkommen und Wohlstand ab, wobei allerdings die Ansichten darüber weit auseinander gehen, wie eine „gerechte" Einkommensverteilung auszusehen hat. Die Wissenschaft kann hier keine eindeutigen Anhaltspunkte liefern.

Obwohl die Einkommensverteilung den wichtigsten Maßstab in diesem Zusammenhang darstellt, zielt „Gleichheit/Gerechtigkeit" auch auf die Verteilung anderer wirtschaftlicher und sozialer Größen ab, wie etwa des Zugangs zu Bildung, zu Einrichtungen des Gesundheitswesens, zu Infrastruktur u. dgl.

Partizipation zielt darauf ab, daß Entwicklung nicht *für*, sondern nur *durch* die Betroffenen erfolgen kann. Nur wenn die Bedürfnisse und Vorstellungen des einzelnen sich in den politischen und sozialen Entscheidungsprozessen entsprechend ausdrücken können, kann, nach dieser Vorstellung, von Entwicklung gesprochen werden. Partizipation umfaßt aber auch Demokratie und die Achtung von Menschenrechten. Laut dem Nyerere-Bericht (South Commission 1990, S. 129) ist ein demokratisches Umfeld „sowohl wesentliches Ziel einer am Menschen orientierten Entwicklung als auch ein entscheidendes Mittel zu ihrer Beschleunigung".

Das Kriterium *Unabhängigkeit/Eigenständigkeit* wendet sich gegen politische Gängelung und ökonomische Bevormundung der Schwächeren durch die Stärkeren. Auf internationaler Ebene ist dieses Kriterium etwa durch die Auflagen bei der Vergabe von Entwicklungshilfekrediten ernstlich gefährdet. Aber auch in Industrieländern kann es auf regionaler Ebene dazu kommen, daß die Bevölkerung in wirtschaftlich schwach entwickelten Regionen passiv auf Hilfe von außen wartet. Diese Situation kann gerade infolge regionaler Entwicklungsprojekte eintreten und stellt einen wesentlichen Ausgangspunkt bei der Formulierung der regionalpolitischen Strategie einer „Entwicklung von unten" (Stöhr 1981) (s. Abschn. 9.2.2) dar.

Auch wenn wir uns darauf einigen könnten, daß (nur) die fünf von Nohlen und Nuscheler vorgeschlagenen Kriterien Entwicklung definieren, hätten wir noch keinen operationalen und damit für die Messung des Entwicklungsstandes und seinen Vergleich zwischen Regionen brauchbaren Entwicklungsbegriff. Denn die einzelnen Kriterien hängen auf komplexe Art zusammen, stehen zum Teil in komplementärer Beziehung, zum Teil in Konflikt. Es kommt daher wesentlich darauf an, für wie wichtig wir die einzelnen Kriterien halten, wie wir sie also gewichten. In diesen Gewichten drücken sich unsere Wertvorstellungen darüber aus, was wir unter Entwicklung verstehen. Diese Art der Gewichtung unterscheidet sich nicht grundsätzlich von der oben diskutierten Auswahl von Entwicklungskriterien. Denn mit jeder Auswahl setzen wir implizit die Gewichte für alle anderen möglichen Kriterien auf null. Dies trifft auch dann zu, wenn wir uns auf ein einziges Kriterium, etwa Wirtschaftswachstum, beschränken. Denn mit dieser Beschränkung bringen wir einfach unser Werturteil zum Ausdruck, daß wir alle anderen möglichen Kriterien für unwichtig erachten.

Wie wir es auch drehen und wenden, bei der Definition von Entwicklung führt kein Weg an Werturteilen vorbei. Entwicklung ist ein wertbeladener Begriff, über den zwar gewisse Vorstellungen bestehen, dessen exakten Inhalt aber im Prinzip jedermann selbst definieren muß. Im wissenschaftlichen Kontext ist das so lange kein Problem, solange die entsprechenden Werturteile offengelegt werden. Als problematisch erweisen sich allerdings aggregierte Entwicklungsindikatoren, deren Wertebasis nicht transparent gemacht wird. Sie täuschen eine zweifelsfreie Meßbarkeit vor, obwohl sie nur in Zahlen gegossene Wertvorstellungen sind.

2.3 Entwicklungsdeterminanten

Nachdem wir in den letzten beiden Abschnitten geklärt haben, was wir unter „Region" und unter „Entwicklung" verstehen, wollen wir nun einige grundlegende ökonomische Zusammenhänge darstellen, die jeden regionalen Entwicklungsprozeß wesentlich beeinflussen. Damit soll ein Rahmen geschaffen werden, in den die Regionalentwicklungstheorien der nachfolgenden Kapitel, die einzelne Aspekte des Entwicklungsprozesses besonders betonen, eingeordnet werden können.

Da wir, wie in Abschn. 2.1 besprochen, unter Regionen subnationale Territorien verstehen, haben wir es grundsätzlich mit ökonomisch offenen Gebietseinheiten zu tun. Der Austausch von Gütern, Ressourcen, Informationen etc. über Regionsgrenzen hinweg wird üblicherweise nicht reglementiert oder durch irgendwelche besonderen ökonomischen Barrieren behindert. Es gibt keine Zölle, kein Währungsrisiko, keine Aufenthaltsgesetze oder Arbeitsbewilligungen, die den Austausch zwischen den Regionen behindern.

Abbildung 2.1 stellt diese Situation schematisch dar. Die zentrale Region tauscht mit jeder anderen Güter und Dienstleistungen, Arbeitskräfte, Kapital und Informationen aus, wobei letztere zum Teil separat, zum Teil implizit mit den anderen Austauschbeziehungen transferiert werden.

Das heißt aber nicht, daß jeder interregionale Austausch völlig ungehindert ablaufen kann. Beim Transport von Gütern und Personen von einer Region in eine andere treten Transportkosten auf, manche Ressourcen, wie etwa Grund und Boden, sind überhaupt räumlich immobil, persönliche Dienstleistungen erfordern die Anwesenheit des Anbieters und des Nachfragers am selben Ort und erreichen daher oft nur ein kleines Einzugsgebiet. Diese Faktoren variieren zwischen den Gütern erheblich, was zur Herausbildung von Märkten mit unterschiedlicher Struktur und räumlicher Ausdehnung führt (Band 1, Kap. 7). Das Ergebnis sind räumlich unterschiedliche Ballungen von Aktivitäten, die durch ihre Agglomerationseffekte (Band 1, Kap. 5) neue Aktivitäten unterschiedlich stark anziehen oder abstoßen.

Die einzelnen Regionen weisen also durchaus unterschiedliche Stand-

2.3 Entwicklungsdeterminanten

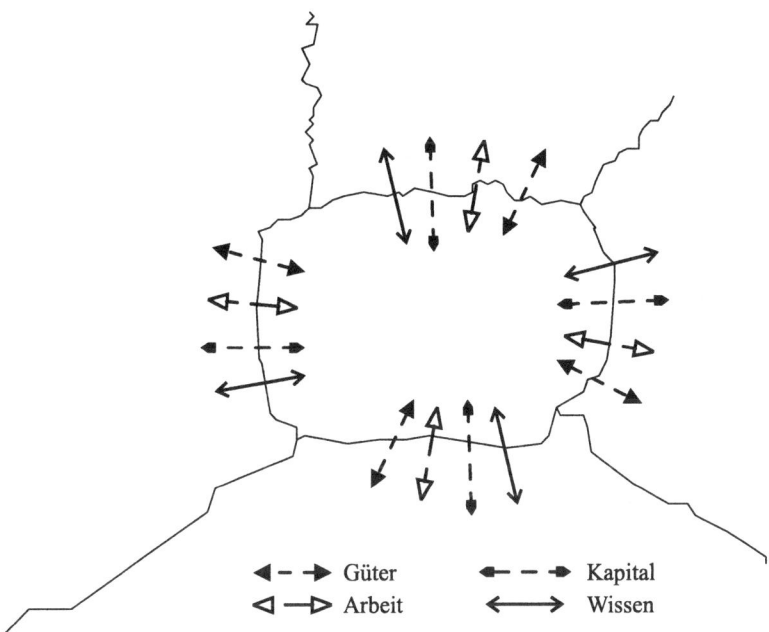

Abbildung 2.1: Wirtschaftlicher Austausch mit anderen Regionen

ortvoraussetzungen für wirtschaftliche Aktivitäten auf. Die entsprechenden Prozesse haben wir ausführlich in Band 1 diskutiert, müssen dies also hier nicht wiederholen. Im Zusammenhang mit Regionalentwicklung sind die Standortvoraussetzungen und räumlichen Strukturen jedoch insofern von Bedeutung, als sie die Voraussetzungen für die Entwicklung des Gebietes darstellen. Regionen mit günstigen Standortvoraussetzungen und Strukturen werden sich besser entwickeln können als solche mit ungünstigen[4], wobei Strukturen, die für bestimmte Rahmenbedingungen günstig sind, sich für andere als ungünstig erweisen können[5]. Der Entwicklungsprozeß seinerseits verändert die räumliche Struktur, sodaß wir es also mit einer wechselseitigen Abhängigkeit von räumlicher Struktur und regionaler Entwicklung zu tun haben.

Daß wir trotzdem in den folgenden Kapiteln weitgehend von der inter-

---

[4]Diese Zusammenhänge werden wir ausführlich in den nachfolgenden Kapiteln diskutieren.

[5]Als Beispiel dafür können etwa die alten Industriegebiete gelten, die aufgrund ihrer Ausrichtung auf Schwerindustrie jahrzehntelang prosperierten, deren spezialisierte Struktur aber ihre Anpassung an geänderte wirtschaftliche Bedingungen erheblich erschwerte (s. auch Kap. 1).

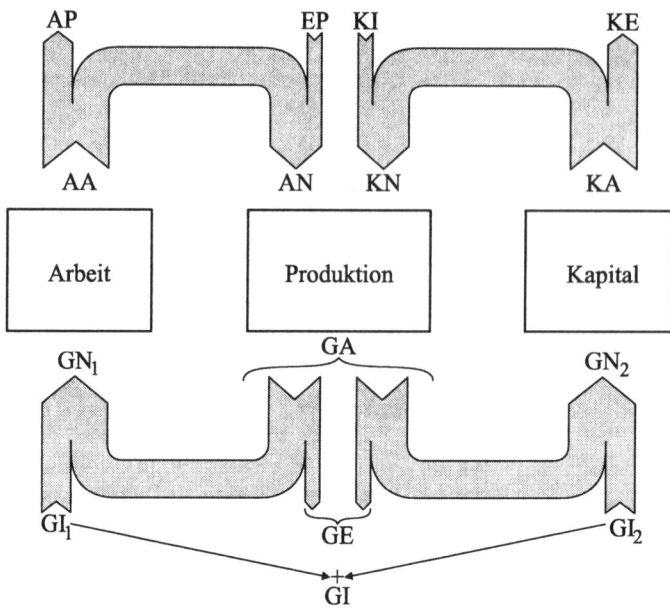

Abbildung 2.2: Wichtige Zusammenhänge der regionalen Wirtschaft (AP: Auspendler, EP: Einpendler, KI: Kapitalimport, KE: Kapitalexport, AA: Arbeitsangebot, AN: Arbeitsnachfrage, KN: Kapitalnachfrage, KA: Kapitalangebot, GN: Güternachfrage, GA: Güterangebot, GI: Güterimport, GE: Güterexport)

nen Struktur der Regionen abstrahieren, liegt an der Notwendigkeit von Vereinfachungen. Um die grundlegenden Elemente des wirtschaftlichen Entwicklungsprozesses herausarbeiten und verstehen zu können, müssen wir in anderen Bereichen die Betrachtungsweise möglichst einfach halten. Dies geschieht dadurch, daß wir die interne Struktur von Regionen ignorieren und sie als intern homogene Einheiten auffassen. Allerdings sollten wir uns im klaren sein, daß wir hier ziemlich radikal vereinfachen.

In Abb. 2.2 wird versucht, die wichtigsten Zusammenhänge der regionalen Wirtschaft darzustellen. Dabei werden nur die realen Ströme dargestellt. Ihnen entgegen fließen Zahlungsströme als Entgelte für die Bereitstellung von Gütern und Dienstleistungen sowie von Arbeit und Kapital.

Zentrales Element der Abbildung ist das Feld „Produktion". Es umfaßt alle wirtschaftlichen Einrichtungen der Region, die Güter oder Dienstleistungen produzieren. Auf der gesamtregionalen Ebene werden dafür die Produktionsfaktoren „Arbeit" und „Kapital" (Inputs) eingesetzt, symbolisiert durch die auf das Feld „Produktion" weisenden Pfeile, Ergebnis der

2.3 Entwicklungsdeterminanten

Produktion (Output) ist das Angebot an Gütern und Dienstleistungen, das durch die vom Feld ausgehenden Pfeile symbolisiert wird.

Der Zusammenhang zwischen Inputs und Output kann durch eine Produktionsfunktion beschrieben werden.

$$Y = F(K, L) \qquad (2.1)$$

Sie ordnet jeder Einsatzmenge an Kapital (K) und Arbeit (L) die damit zu einem bestimmten Zeitpunkt maximal produzierbare Menge (Y) an Gütern und Dienstleistungen zu. Die Produktionsfunktion stellt eine technische Grenze dar, die durch den technologischen Wissensstand bestimmt wird. Mehr als die von der Produktionsfunktion beschriebene Menge kann mit einem gegebenen Bestand an Arbeit und Kapital nicht hergestellt werden. Weniger herzustellen, ist technisch möglich, wenn auch nicht ökonomisch sinnvoll, weil damit die eingesetzten Produktionsfaktoren nicht voll ausgenutzt werden.

Die ökonomische Theorie kennt verschiedene Typen von Produktionsfunktionen, die sich durch besondere Eigenschaften auszeichnen (s. etwa Moritz et al. 1994). In Kap. 4 und 6 werden wir auf einige davon eingehen.

Durch technischen Fortschritt, also eine Erhöhung des technischen Wissenstandes, wird die Produktionsfunktion „hinausgeschoben", sodaß mit der gleichen Einsatzmenge an Produktionsfaktoren mehr Güter und Leistungen produziert werden können. Die eingesetzten Produktionsfaktoren werden dabei produktiver. Warum es zu systematischen Unterschieden zwischen Regionen in bezug auf den technischen Fortschritt kommen kann, wird ausführlich in Kap. 7 dargestellt.

Da wir in (2.1) die Produktionsfunktion einer Region beschreiben, haben wir es in allen Bereichen mit hochaggregierten Faktoren zu tun. Eine Region produziert normalerweise nicht nur ein Gut, sondern eine Vielzahl davon. Hinter dem Y in (2.1) steht also ein ganzer Warenkorb an Gütern und Dienstleistungen. Die Zusammensetzung dieses Warenkorbs bestimmt auch die Effizienz der Produktion in der Region mit. Da sich die Wirtschaftsstruktur einer Region nicht ohne jede Verzögerung an geänderte Rahmenbedingungen anpaßt, werden meist auch einige Güter und Dienstleistungen produziert, die in anderen Ländern oder Regionen effizienter hergestellt werden können, oder veraltete Produktionsverfahren verwendet. In diesen Produktionen und Sektoren werden Ressourcen gebunden, die in anderen Sparten besser zu verwenden wären. Der Abbau derartiger Bereiche und Aufbau geeigneterer führt die regionale Wirtschaft näher an die Produktionsfunktion heran, bedeutet also einen höheren Output bei gleichbleibendem Ressourceneinsatz.

Zugleich setzt eine effiziente Produktion bestimmte Rahmenbedingungen organisatorischer Art voraus, die in einzelnen Regionen mehr oder weniger vorliegen können. Dies betrifft verschiedene Verhaltensmuster, Normen und Werte genauso wie Kooperationsformen und Einrichtungen zur Unterstützung der Produktion, wie verschiedene Formen der Infrastruktur und öffentlicher Einrichtungen. Diese Institutionen machen vielfach eine Produktion erst möglich, weil sie die Basis für den räumlichen Güteraustausch und die Entwicklung von Märkten bilden, Unsicherheit reduzieren (z.B. rechtliche Institutionen) und ökonomische Beziehungen stabilisieren. Liegen diese Institutionen nicht in ausreichendem Umfang und in der notwendigen Form vor, so kann Produktion nicht effizient ablaufen, die Produktionsmenge der Region bleibt also unter dem von der Produktionsfunktion beschriebenen Wert. Allerdings können derartige Institutionen auch zum Hindernis für effiziente Produktion werden, wenn sie sich nicht rasch genug an veränderte Gegebenheiten anpassen. In diesem Fall behindert die Persistenz der Institutionen den Wandel der regionalen Wirtschaft (ausführlicher s. Kap. 8).

Damit stehen vier verschiedene Möglichkeiten offen, wie es zu einer Erhöhung der Produktionsmenge kommen kann:

1. durch mehr eingesetzte Arbeit,
2. durch mehr eingesetztes Kapital,
3. durch technischen Fortschritt und
4. durch das Eliminieren bestehender Ineffizienzen durch organisatorische oder institutionelle Änderungen, also dadurch, daß die tatsächliche Produktion näher an die von der Produktionsfunktion beschriebene maximale Produktionshöhe heranrückt.

Der Output des Produktionssektors stellt das Güterangebot der Region dar (in Abb. 2.2 mit GA bezeichnet). Dieses Güterangebot steht für die Endnachfrage zur Verfügung. Die Lieferungen von Gütern und Dienstleistungen eines Sektors der regionalen Wirtschaft an einen anderen (Input-Output-Verflechtungen) sind darin nicht enthalten. Entsprechend den Kriterien der ökonomischen Theorie werden sie als Teil des Produktionsprozesses angesehen und nicht extra ausgewiesen.[6] Die produzierten Güter und Leistungen können grundsätzlich für Konsum- oder für Investitionszwecke verwendet werden. Der erste Fall ist in Abb. 2.2 durch den Pfeil zum Feld „Arbeit", der zweite durch den Pfeil zum Feld „Kapital" symbolisiert.

Allerdings weist jeder dieser beiden Pfeile Zu- und Abflüsse auf, die die Verflechtungen mit den anderen Regionen und Ländern repräsentieren. Sie stellen die regionalen Güterexporte (GE) und Güterimporte (GI) dar, also Güter und Dienstleistungen, die an andere Gebiete abgegeben oder von diesen bezogen werden. Da die Exporte meist nicht gleich den Importen sind, unterscheidet sich damit das regionale Güterangebot (der Output der Produktion, GA) von der in der Region generierten Güternachfrage (GN). Dies betrifft nicht nur deren Umfang, sondern auch deren Struktur. Je nach

---

[6] Die Input-Output-Theorie geht auf diese Verflechtungen explizit ein (s. Abschn. 3.2).

Region werden manche Güter und Dienstleistungen (fast) zur Gänze importiert, andere (fast) zur Gänze exportiert. Manche Güter, die in der Region nachgefragt werden, werden großteils auch dort produziert, bei anderen wiederum ist ein umfangreicher Austausch mit anderen Regionen zu beobachten. Dies hängt von verschiedenen Faktoren ab, wie den Produktionsbedingungen in der Region, dem Standardisierungsgrad des Produktes, seiner Transportierbarkeit und Transportkostensensitivität, den bei der Produktion realisierbaren Skalenvorteilen, positiven und negativen Lokalisations- und Agglomerationseffekten des Produktes u.a. Durch regionale Güterexporte und Güterimporte ist die Produktion räumlich nicht an den Standort der Nachfrage gebunden, sodaß eine räumliche Spezialisierung der Produktion ermöglicht wird, die sich in größerer gesamtwirtschaftlicher Effizienz auswirkt.

Die in der Region generierte Güternachfrage für Konsum und Investition hängt von einer Reihe von Faktoren ab. Auf der Seite des Konsums (private Haushalte, in Abb. 2.2 durch das Feld „Arbeit" symbolisiert) wird sie vor allem vom verfügbaren Einkommen bestimmt, aber auch von Erwartungen über die zukünftige Entwicklung, die sich auf die Sparneigung auswirken, von Anspruchsniveaus, Normen und Traditionen. Die Investitionsnachfrage der regionalen Unternehmen (in Abb 2.2 durch das Feld „Kapital" symbolisiert) ist wiederum durch die verfügbare Liquidität und die Erwartungen in die Zukunft bestimmt. Weiters wirken sich auch die Konkurrenz- und die Innovationsverhältnisse im entsprechenden Sektor aus. Sowohl bei den Haushalten als auch bei den Unternehmen wirken sich natürlich auch Preise und Informationsstand auf die in der Region generierte Güternachfrage aus.

Wie aus Abb. 2.2 zu ersehen ist, muß eine Erhöhung der in der Region generierten Nachfrage nicht unbedingt die Produktion der Region stimulieren. Sie kann sich auch in einer Zunahme der Importe erschöpfen, wodurch die Nachfrageerhöhung in anderen Regionen wirksam wird. Andererseits kann die regionale Produktion aber auch durch einen Anstieg des Güterexports angeregt werden, wobei es durch die regionsinternen Verflechtungen der Wirtschaft zu einem zusätzlichen Stimulus kommen kann (ausführlicher s. Kap. 3).

Den interregionalen Verflechtungen am Gütermarkt stehen ähnliche Austauschbeziehungen bei den Produktionsfaktoren gegenüber. Auch Arbeit und Kapital können aus anderen Regionen zu- und in andere Regionen abfließen. Wir haben also auch hier entsprechende Zu- und Abflüsse und müssen zwischen Arbeitsangebot (AA in Abb. 2.2) und Kapitalangebot (KA) einerseits und Arbeitsnachfrage (AN) und Kapitalnachfrage (KN) andererseits unterscheiden. Bei beiden Produktionsfaktoren gibt es außerdem einen regionsinternen Prozeß, der ihren Bestand im Zeitablauf verändert.

Bevor wir auf diese Zusammenhänge und Prozesse etwas näher eingehen, muß aber noch betont werden, daß natürlich auch die Aggregate „Arbeit" und „Kapital" in vielen verschiedenen Formen auftreten. Sie werden im Produktionsprozeß unterschiedlich eingesetzt und sind – entgegen den üblichen Annahmen der ökonomischen Theorie – nur schwer gegeneinander austauschbar.

Arbeitskräfte unterscheiden sich unter anderem nach

- Geschlecht,
- Alter,
- Ausbildung,
- Berufserfahrung,
- Rasse.

Je nachdem, welche Merkmale Arbeitnehmer nach diesen – und anderen – Kriterien aufweisen, werden sie am Arbeitsmarkt unterschiedlich behandelt. Frauen verdienen in den meisten Berufen noch immer deutlich weniger als Männer mit vergleichbarer Qualifikation, ältere Arbeitnehmer haben heute nur mehr geringe Chancen, nach Arbeitslosigkeit in den Arbeitsprozeß zurückzukehren. Aber selbst bei veränderbaren Charakteristika wie Ausbildung und berufsspezifischen Kenntnissen sind Anpassungen nur mittelfristig und nur unter erheblichem Aufwand möglich. Akademikerarbeitslosigkeit und diverse Umschulungsprogramme haben gezeigt, wie spezifisch die Anforderungen des Arbeitsmarktes sind und wie schwer Arbeitskräften nachträglich diese Qualifikationen vermittelt werden können.

Für die Wirtschaft geht es also nicht nur um die Zahl der eingesetzten Arbeitskräfte und Arbeitsstunden, sondern um Arbeitsleistungen in sehr eng definierten Segmenten von Arbeitskräften mit ganz spezifischen Qualifikationen.[7] Diese Anforderungen variieren über Branchen, Unternehmensgröße, Unternehmenstyp, Position im Produktlebenszyklus u.a. Da diese Unternehmenscharakteristika über Regionen unterschiedlich verteilt sind, drückt sich die räumliche Spezialisierung der Wirtschaft auch in den Anforderungen aus, die an Arbeitskräfte gestellt werden. Dies wird noch durch die Tatsache verschärft, daß Ausbildung und Berufserfahrung zu den wichtigsten Anforderungen des Arbeitsmarktes zählen. Da Berufserfahrung direkt am Arbeitsplatz erworben wird und Ausbildungsentscheidungen von den Anforderungen der regionalen Wirtschaft mitgeprägt werden, verfestigen sie die regionale Differenzierung der Arbeitsmärkte.

Ähnliche Argumente lassen sich auch für den Faktor Kapital vorbringen. Auch die von der ökonomischen Theorie unterstellte perfekte Mobilität von Kapital stellt nur eine sehr grobe theoretische Annäherung an die Realität dar (Dornbusch und Fischer 1981). Nur selten lassen sich Maschinen,

---

[7]Dabei sind die geforderten Qualifikationen für die Unternehmen meist nicht direkt erkennbar, sodaß sie sich bei der Auswahl von Arbeitskräften oft an beobachtbare Indikatoren wie Geschlecht, Alter, formale Ausbildung, Rasse oder auch regionale Herkunft halten.

2.3 Entwicklungsdeterminanten

die für die Produktion eines bestimmten Gutes bestimmt sind, für andere Produktionen einsetzen. Erst mit der Entwicklung der Mikroelektronik sind flexiblere Typen von Maschinen möglich geworden (s. Kap. 8), doch sind der Mobilität auch hier enge Grenzen gesetzt. Auch Gebäude können nicht beliebig für andere Nutzungen adaptiert werden, ebensowenig wie Lagerbestände eines Gutes beliebig in ein anderes verwandelt werden können.

Die Struktur des Kapitalstocks einer Region gehört damit zu einem ihrer wichtigsten Charakteristika. Häufig wird diese sogar zur Beschreibung einer Region verwendet, wenn etwa von einer „Textilregion", einer „Stahlregion" oder einer „Tourismusregion" gesprochen wird. Obwohl es auch Beispiele für radikale Veränderungen gibt – etwa Pittsburgh, Pennsylvania, in den USA –, erweist sich die Struktur des Kapitalstocks einer Region doch meist als sehr stabil. Diese Stabilität wird durch Lokalisierungseffekte (externe Effekte, s. Band 1, Kap. 5) und die oben beschriebene Rückwirkung auf die Struktur der Arbeitskräfte verstärkt.

Daß auch die Produktionsfaktoren Arbeit und Kapital zwischen den Regionen ausgetauscht werden, haben wir bereits oben erwähnt. Damit kann sich das regionale Angebot an Arbeit und Kapital von der entsprechenden regionalen Nachfrage sowohl nach dem Gesamtumfang als auch nach der Struktur unterscheiden. Wegen der größeren relativen Bedeutung der interregionalen Verflechtung werden diese Unterschiede bei kleinen Regionen normalerweise ausgeprägter sein als bei großen.

Die interregionale Verschiebung von Kapital kann auf verschiedene Arten erfolgen. Etwa durch die Gründung von Zweigbetrieben in einer anderen Region, durch Betriebsverlagerungen über Regionsgrenzen hinweg oder durch die Neugründung eines Unternehmens in einer anderen Region. Aber auch Beteiligungen, Übernahmen und Joint-ventures über Regionsgrenzen hinweg fallen darunter.

Mit der Frage, an welchen Standorten Kapital angesiedelt, also investiert wird, haben wir uns im gesamten ersten Band, Standortentscheidung und Regionalstruktur, beschäftigt. Dort wurde der Prozeß der Standortentscheidung und seine Einbettung in andere Unternehmensentscheidungen und in die räumliche Struktur einer Region ausführlich diskutiert. Wir wollen daher hier nicht mehr näher darauf eingehen. Im Zusammenhang mit Regionalentwicklung ist nur zu erwähnen, daß Regionsgrenzen überschreitende Investitionen einerseits Kanäle entstehen lassen, durch die wirtschaftliche Besonderheiten der anderen Region (etwa Veränderungen der Konjunktur) in die eigene Region übertragen werden, und daß andererseits mit der Investition auch Kontrolle einhergeht. Wichtige Unternehmensentscheidungen werden damit außerhalb der Region getroffen oder zumindest von regionsexternen Akteuren und Zielsetzungen mitbestimmt. Dieser Aspekt wurde in den siebziger und achtziger Jahren im Zusammenhang mit Zweigwerksgründungen in peripheren Regionen heftig diskutiert.

Eine Verschiebung von Arbeitskräften zwischen den Regionen erfolgt durch zwei Mechanismen: durch Pendelwanderung und durch Migration. Sie sind in Abb. 2.2 durch AP (für Auspendler) und EP (Einpendler) einerseits und durch AW (Auswanderer) und ZW (Zuwanderer) andererseits symbolisiert. Der Unterschied zwischen Pendelwanderung und Migration besteht darin, daß ein Pendler seinen Standort nur vorübergehend verlagert, um an einem anderen Ort oder in einer anderen Region zu arbeiten, bei Migration handelt es sich hingegen um die (nicht nur temporäre) Verlagerung des Wohnortes von einer Region in eine andere. Die Migration zwischen den Regionen eines Landes wird üblicherweise als interne Migration bezeichnet, im Unterschied zur internationalen Migration über Ländergrenzen hinweg.

Während also Migration am Wohnort anknüpft, ohne den Arbeitsort überhaupt zu betrachten, setzt Pendelwanderung unterschiedliche Wohn- und Arbeitsorte voraus. Diese beiden sozioökonomischen Phänomene können zueinander sowohl in komplementärer als auch in substitutiver Beziehung stehen. Gehen wir von einer Situation aus, wo Wohn- und Arbeitsregion zusammenfallen, so kann der Akteur in einer anderen Region Arbeit suchen, seinen Wohnort beibehalten und so zum Pendler werden, oder Wohn- und Arbeitsort verlagern, also wandern (substitutive Beziehung). Andererseits kann der Akteur aber auch den Arbeitsort beibehalten und in einer anderen Region einen Wohnstandort suchen. In diesem Fall migriert er und wird zugleich auch zum Pendler (komplementäre Beziehung). Daß diese Unterscheidung von nennenswerter Bedeutung ist, setzt natürlich voraus, daß die Regionen entsprechend klein sind. Je größer die Regionen abgegrenzt sind, umso mehr an Migration wird sich innerhalb der Regionen abspielen und umso geringer wird die Bedeutung von Pendelwanderung sein im Vergleich zum regionalen Bestand an Arbeitskräften.

Migration und Pendelwanderung stehen damit, zumindest bei ausreichend kleinräumiger Regionsabgrenzung, in einem komplexen Zusammenhang, der eine genaue Trennung von Einflußfaktoren nicht zuläßt. Dennoch lassen sich einige allgemeine Aussagen über die Einflußfaktoren auf die interregionale Mobilität der Arbeit machen.

Da Pendelwanderung die unterschiedliche räumliche Verteilung von Arbeitskräften und Arbeitsplätzen überbrückt, ist sie relativ stark von ökonomischen Faktoren beeinflußt. Dies sind vor allem die Verfügbarkeit von Arbeitsplätzen in der Quell- und in der Zielregion, die entsprechenden Lohnniveaus und Aufstiegschancen sowie die Distanz zwischen den beiden Regionen. Da Pendler normalerweise[8] jeden Tag an ihren Wohnort zurückkehren, reicht Pendelwanderung meist nur über eine geringe Entfernung. Bei sonst gleichen Einflußfaktoren nimmt die Pendelbereitschaft mit der Entfernung rasch ab. Die Städte sind üblicherweise von einem Pendeleinzugsgebiet umgeben, aus dem sie Arbeitskräfte für die in der Stadt konzentrierten Ar-

---

[8] Üblicherweise unterscheidet man zwischen „Tagespendlern" und „Wochenpendlern".

2.3 Entwicklungsdeterminanten

beitsplätze anziehen (s. etwa Band 1, S. 5, Abb. 1.3).

Bei interner Migration läßt sich üblicherweise ein komplexeres Bündel an Einflußfaktoren beobachten. Distanz übt normalerweise auch einen starken Einfluß aus, allerdings nicht im selben Ausmaß wie bei der Pendelwanderung. Außer von ökonomischen ist Migration auch noch stark von sozialen, wohn-, lebensqualitäts- und informationsbezogenen Faktoren beeinflußt. Da hinter den Migrationsentscheidungen komplexe Arbeitsmarktprozesse (etwa Versetzungen oder Zugang zu Aufstiegschancen) stehen und soziale und familiäre Bindungen, fällt es in Untersuchungen zu Einflußfaktoren von interner Migration oft schwer, klare und eindeutige Zusammenhänge zu identifizieren. So können manche Untersuchungen beispielsweise keinen signifikanten Einfluß des Einkommens[9] nachweisen, wohl deshalb, weil das Durchschnittseinkommen der Region nur einen sehr schlechten Indikator für die Einkommensmöglichkeiten eines Migranten darstellt.

Sowohl was die Wanderungsbereitschaft als auch was die Einflußfaktoren betrifft, bestehen erhebliche Unterschiede zwischen verschiedenen Altersgruppen und Bildungsschichten (s. Kap. 5, Abb. 5.2). Zahlreiche Untersuchungen haben gezeigt, daß die Wanderungsbereitschaft von Menschen im Alter zwischen 20 und 30 wesentlich höher ist als jene von anderen Altersgruppen. Auch sind besser ausgebildete Personen räumlich wesentlich mobiler als weniger gebildete. Migration konzentriert sich also im wesentlichen auf gut ausgebildete junge Menschen und erfaßt nicht alle Menschen in ähnlicher Weise. Dies hat erhebliche Rückwirkungen auf die Bevölkerungsstruktur (und damit auch auf die Struktur der Arbeitskräfte) einer Region, weil Abwanderungsregionen damit zu relativ schlecht ausgebildeter und überalterter Bevölkerung tendieren.

Interregionaler Austausch durch Kapitaltransfer sowie Migration und Pendelwanderung ist nicht der einzige Prozeß, durch den sich der Bestand an Kapital und Arbeit einer Region verändert. Der interregionalen Verflechtung stehen auch noch regionsinterne Wachstumsprozesse gegenüber. Im Bereich des Faktors Kapital ist dies einerseits die regionsinterne Investition der regionalen Wirtschaft, andererseits die Abschreibung, also die Rate, mit der Kapital verbraucht und außer Dienst gestellt wird. Im Bereich des Faktors Arbeit wird der regionsinterne Wachstumsprozeß durch die natürliche Bevölkerungsbewegung beschrieben, die sich aus der Differenz der regionalen Geburtenrate und der regionalen Sterberate ergibt.

Alle diese Prozesse hängen allerdings wiederum mit der jeweiligen regionalen Struktur zusammen und werden daher von dieser beeinflußt. Da die Investitionsbereitschaft von Unternehmern von den Erwartungen in die Zukunft abhängt, werden die Investitionen in Regionen mit stagnierender oder rückläufiger Wirtschaftsentwicklung normalerweise niedriger ausfallen

---

[9]In dem Sinne, daß von Regionen mit niedrigem Einkommen in solche mit hohem Einkommen gewandert wird.

als in Regionen mit boomender Wirtschaft. Die Höhe der Abschreibungen wird außerdem von der Qualität und der Altersstruktur des Kapitalstocks abhängen. Ähnlich hängt die natürliche Bevölkerungsbewegung auch von den Anteilen der Bevölkerung im gebärfähigen Alter und der alten Bevölkerung ab. Da die oben angeführte Altersselektivität der Migration in den Abwanderungsregionen zu einem konstanten Abfluß an junger Bevölkerung führt, hat sie auch einen negativen Einfluß auf die natürliche Bevölkerungsbewegung.

Das Bild des Zusammenhangs zwischen der Produktion von Gütern und Dienstleistungen in einer Region, dem Güterexport und -import, dem regionalen Angebot an Arbeit und Kapital, deren regionsinternem Wachstumsprozeß und der Verflechtung mit anderen Regionen, das wir in diesem Abschnitt skizziert haben, ist zu komplex, um eine eingehendere Analyse zu erlauben. Dies gilt insbesondere, wenn wir die interne Struktur all dieser Faktoren berücksichtigen. Allerdings ist es uns hier in erster Linie darum gegangen, einen Rahmen aufzuspannen, in den die Argumente der nachfolgenden Theorien der Regionalentwicklung eingefügt werden können. Diese Theorien greifen einzelne Aspekte dieses Zusammenhanges heraus und beleuchten sie besonders. Üblicherweise geschieht dies unter starker Vereinfachung oder gar völliger Vernachlässigung anderer Einflußfaktoren und Zusammenhänge. In diesem Sinne zeichnet jede der nachfolgenden Theorien ein Element des Bildes genauer, sodaß sie gemeinsam – hoffentlich – zu einem umfassenderen Verständnis des regionalen Entwicklungsprozesses führen können.

2.4 Zusammenfassung

Bevor wir in den folgenden Kapiteln verschiedene Theorien der Regionalentwicklung vorstellen, haben wir in diesem Kapitel einige Grundlagen aufgearbeitet, die für die weitere Darstellung von besonderer Bedeutung sind. In Abschn. 2.1 gehen wir der Frage nach, was eigentlich unter einer „Region" zu verstehen ist und nach welchen Kriterien Regionen voneinander abgegrenzt werden können. Dabei zeigt sich, daß der Begriff „Region" sehr unscharf ist und für verschiedene räumliche Ebenen verwendet wird. Als „Regionen" werden sowohl Teilgebiete einzelner Staaten als auch Zusammenfassungen mehrerer Staaten oder von Teilgebieten mehrerer Staaten bezeichnet. Aber selbst wenn wir den Begriff „Region" auf Teilgebiete einzelner Staaten beschränken, können sich noch sehr unterschiedliche räumliche Einheiten ergeben. Dies sollte beim Vergleich von regionalökonomischen Untersuchungen immer berücksichtigt werden.

Zur Unterteilung eines Gebietes in Regionen können verschiedene Kriterien herangezogen werden. In Abschn. 2.1 haben wir zwei Kriterien, nämlich das „Funktionalitätskriterium" und das „Homogenitätskriterium", besprochen. Sie fassen räumliche Einheiten nach ihrer funktionalen Verflechtung oder nach ihrer Ähnlichkeit bezüglich bestimmter Merkmale zusammen. Die Wahl des Regionalisierungskriteriums und der für die Abgrenzung verwendeten Charakteristika sollte sich aus der zu untersuchenden Problemstellung ergeben.

Nach der Diskussion des Begriffs „Region" haben wir uns in Abschn. 2.2 dem zweiten zentralen Begriff dieses Buches zugewendet, dem der „Entwicklung". Auch dieser Begriff erweist sich bei genauerer Betrachtung als sehr vielschichtig. Er präsentiert sich als Konglomerat verschiedener wirtschaftlicher, sozialer, politischer usw. Aspekte, die je nach Wertvorstellung von verschiedenen Menschen unterschiedlich zusammengesetzt werden. Obwohl verschiedene Aspekte wie „Wachstum", „Gerechtigkeit" und „Unabhängigkeit" von vielen als Bestandteile von „Entwicklung" angesehen werden, ist es unmöglich, eine wertfreie Definition des Begriffes zu finden. Vielmehr ist es notwendig, seine Wertbeladenheit zu erkennen und die Bewertungen, die mit einer konkreten Anwendung des Entwicklungsbegriffs verbunden sind, explizit zu machen.

Eine sehr enge, aber deshalb nicht weniger wertbeladene Vorstellung von „Entwicklung" ist mit dem Begriff des „Wirtschaftswachstums" verbunden. Wir diskutieren in Abschn. 2.2 seine Stellung in der Entwicklungsdiskussion.

In Abschn. 2.3 haben wir Entwicklungsdeterminanten im Überblick diskutiert. Mit dieser Diskussion schaffen wir einen Rahmen, in den die Entwicklungstheorien der nachfolgenden Kapitel eingeordnet werden können. Ausgangspunkt der Überlegungen ist die aggregierte Produktionsfunktion, die es uns erlaubt, den Einfluß von Arbeit, Kapital, technischem Wissensstand und Organisationsform der Region zu diskutieren. Veränderungen dieser Einflußgrößen können sowohl aus der Region selbst als auch aus anderen Regionen kommen.

2.5 Übungsaufgaben und Kontrollfragen

1. Erläutern Sie die verschiedenen Bedeutungen des Begriffs „Region". Nennen Sie Beispiele für die verschiedenen Arten von Regionen.
2. Nach welchen Kriterien können Regionen abgegrenzt werden? Inwiefern ist die Wahl einen Abgrenzungskriteriums von Bedeutung? Nennen Sie Beispiele für nach verschiedenen Kriterien abgegrenzte Regionen.
3. Diskutieren Sie den Begriff „Entwicklung". Warum sprechen wir dabei von einem „wertbeladenen Begriff"?
4. Diskutieren Sie die Beziehung zwischen Entwicklung und Wirtschaftswachstum.
5. Welche wirtschaftlichen und sozialen Faktoren werden häufig mit Entwicklung in Verbindung gebracht? Beschreiben Sie die Probleme bei der Anwendung dieser Faktoren.
6. Beschreiben Sie die möglichen Austauschbeziehungen zwischen Regionen. Gehen Sie dabei insbesondere auf deren Auswirkungen auf die regionale Wirtschaftskraft ein.
7. Durch welche Faktoren kann es zu einer Erhöhung der Produktionsmenge einer Region kommen? Welche dieser Faktoren können wie beeinflußt werden?

Kapitel 3
Nachfrageorientierte Ansätze zur Erklärung von Regionalentwicklung

Wir beginnen unsere Darstellung regionaler Entwicklungstheorien mit zwei Ansätzen, die die Nachfrageseite der Wirtschaft besonders betonen. Es sind dies das Exportbasismodell und das regionale Input-Output-Modell. Beide Modelle stehen in enger Verwandtschaft zu parallelen Modellen der Volkswirtschaftslehre.

3.1 Exportbasistheorie

Als erste regionale Wachstums- und Entwicklungstheorie wollen wir die Exportbasistheorie besprechen. Ihre grundlegenden Überlegungen sind intuitiv leicht verständlich und begegnen uns auch in der wirtschaftspolitischen Diskussion immer wieder.

Das von der Exportbasistheorie beschriebene Phänomen ist bekannt: Wann immer die Nachfrage z.B. nach Eisen und Stahl am Weltmarkt zurückgeht, geraten von der Schwerindustrie dominierte Regionen wie früher das Ruhrgebiet oder Teile der Obersteiermark in die Krise. Die dominierenden Betriebe können ihre Produkte nicht mehr absetzen, entlassen Arbeitskräfte, versuchen die Lohnkosten zu drücken. Wegen der Unsicherheit und der stagnierenden Einkommen drehen die Arbeitskräfte den Schilling lieber zweimal um, bevor sie ihn ausgeben. Meist spüren dies zuerst die Anbieter gehobener Konsumgüter, wie Auto-, Elektrogeräte- und Möbelhändler. Wegen des geringeren Absatzes müssen auch sie nach Einsparungsmöglichkeiten suchen, Ausgaben kürzen, Personal entlassen. Mit der Zeit breitet sich dieser Effekt durch alle Branchen der regionalen Wirtschaft aus, die Krise hat eine gesamte Region erfaßt.

Natürlich ist auch der umgekehrte Effekt möglich und oft zu beobachten. Besondere Erfolge in einem dominanten Sektor breiten sich über die gleichen Mechanismen aus und lassen schließlich eine gesamte Region boomen.

Die Exportbasistheorie, die auf Arbeiten von Andrews (1953), Duesenberry (1950), North (1955) und anderen zurückgeht, versucht, diese Mechanismen modellhaft zu erfassen. Dabei wird unterstellt, daß die *wirtschaftliche Basis* einer Region von jenen Betrieben gebildet wird, die die Produkte der Region in andere Regionen und Volkswirtschaften exportieren. Sie bilden die *Exportbasis* der Region, oder den „*basic sector*", wie er in der englischsprachigen Literatur bezeichnet wird. Der nicht-exportierende Teil der Wirtschaft bildet den *lokalen Sektor*, den „*non-basic sector*", der in seiner Entwicklung vom „basic sector" abhängt. Diese Beziehung zwischen dem Exportsektor und dem lokalen Sektor der Wirtschaft führt dazu, daß ein Anstieg der Einkommen aus Exporten im lokalen Sektor einen Multiplikatoreffekt in Gang setzt, der schließlich dazu führt, daß der Einkommenszuwachs in der Region deutlich über dem Einkommenszuwachs des Exportsektors liegt. Im Prinzip basiert der Exportbasismultiplikator auf dem gleichen Konzept und dem gleichen Mechanismus wie der Keynessche Multiplikator, nur daß der Anstoß hier von den Exporten kommt und nicht von den Ausgaben des Staates[1].

Um das Prinzip des Exportbasismultiplikators darzustellen, verwenden wir ein sehr einfaches Modell (s. auch Buttler et al. 1977, Schätzl 1988): Unsere regionale Wirtschaft besteht aus zwei Sektoren, dem Exportsektor, der Einkommen in der Höhe von Y_X erwirtschaftet, und dem lokalen Sektor, dessen Einkommen wir mit Y_L bezeichnen. Das gesamte Einkommen der Region, Y, ergibt sich damit als

$$Y = Y_X + Y_L \ . \tag{3.1}$$

Da das Exporteinkommen von der Nachfrage der anderen Regionen und des Auslandes abhängt, betrachten wir es als exogen vorgegeben. Das Einkommen des lokalen Sektors hängt jedoch davon ab, wie hoch die Nachfrage in der Region ist und welcher Prozentsatz dieser Nachfrage in der Region verbleibt. Wir können diesen Zusammenhang in einfacher Form schreiben als

$$Y_L = (c - q)Y \ . \tag{3.2}$$

Dabei beschreibt c die marginale Konsumquote, also jenen Anteil an zusätzlichem Einkommen, den die Bewohner der Region für den Konsum ausgeben, und q die marginale Importquote, also jenen Teil davon, der für Importgüter aufgewendet wird. Je höher c ist, umso größer ist der Anteil des zusätzlichen Einkommens, der wiederum in die Wirtschaft (innerhalb und außerhalb der Region) zurückfließt. Je höher q, umso mehr fließt davon aus der Region ab, umso geringer ist daher der in der Region verbleibende Effekt.

Wie erwähnt wenden wir hier ein möglichst einfaches Modell an. Es berücksichtigt keine Investitionen, Staatsausgaben und sonstigen Kategorien der volkswirtschaftlichen Gesamtrechnung, die in realen Anwendungen zu berücksichtigen wären. Diese Erweiterungen würden allerdings nur die Darstellung verkomplizieren. Auf den grundlegenden Zusammenhang des Exportbasismultiplikators haben sie keinen Einfluß.

---

[1] Beide sind Teil der Endnachfrage der Wirtschaft.

3.1 Exportbasistheorie

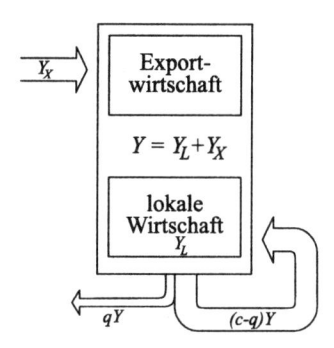

Abbildung 3.1: Die Entstehung des Exportbasismultiplikators

Die beiden Gleichungen (3.1) und (3.2) zusammen stellen einen Zusammenhang zwischen dem Exporteinkommen und dem Gesamteinkommen der Region her. Setzen wir (3.2) in (3.1) ein, so erhalten wir

$$Y = Y_X + (c - q)Y \ . \tag{3.3}$$

Bringen wir den zweiten Summanden auf der rechten Seite nach links und fassen Ausdrücke zusammen, so gibt dies

$$(1 - c + q)Y = Y_X \ . \tag{3.4}$$

Dividieren wir nun beide Seiten der Gleichung durch den Klammerausdruck auf der linken Seite, so stellen wir das Gesamteinkommen der Region als Funktion des Exporteinkommens dar:

$$Y = \frac{1}{1 - c + q} Y_X \ . \tag{3.5}$$

Der Ausdruck $1/(1 - c + q)$ in (3.5) wird als Exportbasismultiplikator bezeichnet. Sein Wert ist umso höher, je größer c und je kleiner q ist, also je höher der Anteil des Einkommens ist, der wiederum in die Wirtschaft der Region zurückfließt.

Abbildung 3.1 stellt die Situation schematisch dar. Wir sehen die beiden Teile, „Exportwirtschaft" und „lokale Wirtschaft", deren jeweilige Einkommen (Y_X und Y_L) gemeinsam das Gesamteinkommen der Region (Y) ausmachen. Links oben ist, mit Y_X bezeichnet, der Zufluß an Exportnachfrage dargestellt. Er stellt die einzige exogene Größe in dem Modell dar und bestimmt daher das Endergebnis. Die Rückkoppelungsschleife im rechten unteren Teil der Abbildung stellt die Basis für den Exportbasismultiplikator dar. Dadurch, daß ein Teil des Regionaleinkommens, nämlich $(c-q)Y$, wieder in

Tabelle 3.1: Zahlenbeispiel: Exportbasismultiplikator

$c = 0{,}7$
$q = 0{,}35$
Multiplikator $= 1{,}54$

Y_X	Y_R	Y
1.000	538,46	1.538,46
1.100	592,31	1.692,31
1.200	646,15	1.846,15

Tabelle 3.2: Entstehung des Exportbasismultiplikators durch den Einkommenskreislauf

t	ΔY	Y	t	ΔY	Y
1	1.000,00	1.000,00	8	0,64	1.538,12
2	350,00	1.350,00	9	0,23	1.538,34
3	122,50	1.472,50	10	0,08	1.538,42
4	42,88	1.515,38	11	0,03	1.538,45
5	15,01	1.530,38	12	0,01	1.538,46
6	5,25	1.535,63	13	0,00	1.538,46
7	1,84	1.537,47	14	0,00	1.538,46

die lokale Wirtschaft zurückfließt, wirkt sich die Erhöhung des Exporteinkommens und die damit einhergehende Erhöhung des Gesamteinkommens der Region auch auf die lokale Wirtschaft aus. Der mit qY bezeichnete Pfeil stellt den Einkommensabfluß für regionale Importe dar.

Wir wollen diese Zusammenhänge an einem Zahlenbeispiel illustrieren. Nehmen wir an, die marginale Konsumquote in einer Region sei 0,7, die marginale Importquote 0,35. Dies ergibt einen Exportbasismultiplikator von 1,54. Für 1.000 Geldeinheiten an Gütern und Dienstleistungen, die die Wirtschaft der Region exportiert, produziert sie Güter und Dienstleistungen im Wert von 538,46 für den lokalen Bedarf, zusammen also Produkte und Dienste im Gegenwert von 1.538,46 Geldeinheiten. Tabelle 3.1 faßt das Zahlenbeispiel zusammen und zeigt die Ergebnisse für andere Zahlen.

Der vom Exportbasismultiplikator beschriebene Zusammenhang zwischen Exporterlös und Regionaleinkommen stellt allerdings den Endzustand eines Prozesses dar, der in der Wirtschaft der Region abläuft. Um einen besseren Einblick in die Logik der Exportbasistheorie zu gewinnen, wollen wir diesen Prozeß etwas genauer betrachten. Dazu gehen wir von dem oben dargestellten Zahlenbeispiel aus, in dem die Wirtschaft für 1.000 Geldeinheiten exportiert.

Das Einkommen aus dem Export – 1.000 Geldeinheiten (GE) – steht den

3.1 Exportbasistheorie

Bewohnern der Region als Regionaleinkommen zur Verfügung. Von diesen 1.000 GE gehen 700 GE in den Konsum (Konsumquote 0,7), 350 GE davon fließen allerdings direkt für die Anschaffung von Importgütern aus der Region ab. Die verbleibenden 350 GE werden für lokale Güter ausgegeben und erhöhen damit das Regionaleinkommen auf 1.350 GE. Dieses höhere Regionaleinkommen fließt wiederum zu 35% in die lokale Wirtschaft, was zu einem Anstieg des Regionaleinkommens um 122,5 GE auf 1.472,5 GE führt. Auch dieses zusätzliche Regionaleinkommen fließt wiederum zu 35% in die regionale Wirtschaft und so weiter und so fort. Tabelle 3.2 zeigt die Zuwächse und die entsprechenden Werte des Regionalprodukts für die ersten vierzehn Runden. Wie wir sehen, erreicht das Regionaleinkommen erst mit der zwölften Runde jenen Wert, den wir bei direkter Verwendung des Exportbasismultiplikators errechnen. Dies ist auch nur deshalb der Fall, weil wir auf zwei Kommastellen runden. Genau genommen muß dieser Rückkoppelungsprozeß unendlich oft ablaufen, damit wir den über den Exportbasismultiplikator errechneten Wert erreichen.

Wir können den oben skizzierten Ablauf folgendermaßen darstellen:

$$Y = Y_X + Y_X(c-q) + Y_X(c-q)^2 + Y_X(c-q)^3 + \ldots \quad (3.6)$$
$$= Y_X[1 + (c-q) + (c-q)^2 + (c-q)^3 + \ldots] \,. \quad (3.7)$$

Das gesamte Einkommen der Region setzt sich zusammen aus dem Exporteinkommen plus dem davon induzierten Einkommensanstieg des lokalen Sektors plus dem davon induzierten Einkommensanstieg des lokalen Sektors und so weiter (Gl. (3.6)). Die Punkte am Ende der Gleichung zeigen an, daß dieser Ausdruck unendlich viele derartige Summanden enthält. In Tabelle 3.2 sind dies die Werte in der Spalte ΔY.

In Gl. (3.7) heben wir Y_X, das ja in allen Summanden enthalten ist, heraus und fassen die verbleibenden Termini zusammen. Der Ausdruck in eckiger Klammer ist jener Terminus, mit dem wir das Exporteinkommen multiplizieren müssen, um zum gesamten Regionaleinkommen zu gelangen. Nach unserer Behauptung sollte dieser Ausdruck gleich dem Exportbasismultiplikator sein. Bezeichnen wir diesen Ausdruck mit μ, so können wir schreiben:

$$\mu = 1 + (c-q) + (c-q)^2 + (c-q)^3 + \ldots \quad (3.8)$$
$$= 1 + (c-q)[1 + (c-q) + (c-q)^2 + \ldots] \quad (3.9)$$
$$= 1 + (c-q)\mu \,. \quad (3.10)$$

Zu Gl. (3.9) gelangen wir, indem wir aus jedem außer dem ersten Summanden in (3.8) den Ausdruck $(c-q)$ herausheben und die verbleibenden Teile in der eckigen Klammer zusammenfassen. Die letzte Gleichung ergibt

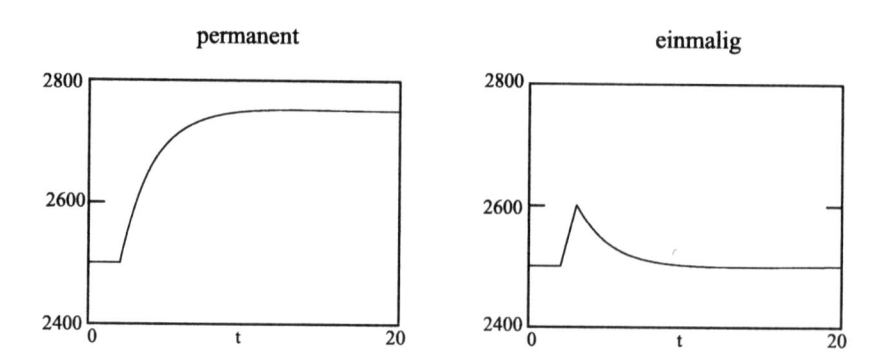

Abbildung 3.2: Permanenter und einmaliger Anstieg des Exporteinkommens

sich daraus, daß die Summe im Klammerausdruck in (3.9) wiederum bis unendlich läuft und damit ihrerseits gleich μ ist. Lösen wir (3.10) nach μ, so erhalten wir

$$\mu = \frac{1}{1-c+q}, \qquad (3.11)$$

sehen also, daß μ tatsächlich der Exportbasismultiplikator ist.

Der Exportbasismultiplikator ist also das Ergebnis einer unendlichen Reihe von Wiederholungen des Rückflusses von Einkommen in die regionale Wirtschaft. Nur wenn dieser Prozeß lang genug ablaufen kann, wird der Exportbasismultiplikator in seinem vollen Ausmaß wirksam. Wir können Gl. (3.6) nämlich auch so interpretieren, daß sich das regionale Einkommen, Y, aus dem Exporteinkommen der laufenden Periode plus dem Erstrundeneffekt des Exporteinkommens der Vorperiode plus dem Zweitrundeneffekt der vorletzten Periode plus dem Drittrundeneffekt der vorvorletzten Periode und so weiter zusammensetzt. Damit wird es allerdings wichtig, ob eine Veränderung des Exporteinkommens nur einmalig auftritt oder von Dauer ist. Im ersten Fall beeinflußt sie nur einen Summanden in (3.6), und der Effekt wandert im Lauf der Zeit durch die Gleichung. Im anderen Fall breitet sich die Veränderung im Lauf der Zeit auf alle Summanden aus. Der Unterschied zwischen einer permanenten und einer einmaligen Erhöhung des Exporteinkommens in unserem Rechenbeispiel ist in Abb. 3.2 zu sehen. Bei einer permanenten Erhöhung des Exporteinkommens von 1.000 auf 1.100 GE (linker Teil der Abb.) steigt das Regionaleinkommen mit abnehmenden Zuwächsen an, bis es den vom Exportbasismultiplikator beschriebenen Wert erreicht. Bei einer einmaligen Erhöhung des Exporteinkommens steigt das Regionaleinkommen in der ersten Periode zwar genauso an, anschließend fällt es aber dann langsam auf den ursprünglichen Wert zurück.

Die Exportbasistheorie siedelt den Motor für die Entwicklung einer Region außerhalb der Region an. Zugleich konzentriert sie sich auf die Nachfrageseite der Wirtschaft. Der regionalen Wirtschaft und der regionalen Nachfrage kommt nur die Aufgabe zu, auf die Exportnachfrage entsprechend zu reagieren.

Die Exportbasistheorie läßt damit eine Reihe wichtiger Einflußfaktoren unberücksichtigt. Die wichtigsten davon sind:

- Die Exportnachfrage selbst wird nicht erklärt.
- Das Modell setzt voraus, daß die regionale Wirtschaft ihre Produktionsmenge den Nachfrageänderungen anpassen kann.
- Das Modell vernachlässigt Preis- und daraus folgende Nachfrageänderungen sowie Veränderungen in der Wirtschaftsstruktur.

Die Exportbasistheorie gibt keinerlei Erklärung dafür, wie die Exportnachfrage eigentlich entsteht. Sie wird als gegeben vorausgesetzt. Damit bleibt der wichtigste Einflußfaktor des Modells unerklärt. Da die Exportnachfrage einer Region sich aus den entsprechenden Importen anderer Regionen zusammensetzt, müßte sie nach den Vorstellungen der Exportbasistheorie wiederum auf deren Exporteinkommen zurückgehen. Verbinden wir also diese Regionen zu einem geschlossenen System untereinander verflochtener Regionen, so bleibt kein Platz für externe Nachfrage, und die Exportbasistheorie kann das wirtschaftliche Wachstum dieses Systems von Regionen nicht erklären.

Ein weiterer, eng damit verbundener Einwand gegen die Exportbasistheorie ist der, daß ihre grundlegende Einflußgröße, nämlich die Exportnachfrage, davon abhängt, wie wir die Regionen abgrenzen. Ein und dieselbe Lieferverflechtung kann bei der einen Art der Regionsabgrenzung als regionaler Export erscheinen, bei einer anderen als regionsinterne Verflechtung. Abbildung 3.3 zeigt dies schematisch. Je nachdem, wie wir die Region abgrenzen, ändern sich aber die zentralen Parameter des Modells.

Die Exportbasistheorie berücksichtigt nicht, daß die regionale Wirtschaft nur über eine beschränkte Produktionskapazität verfügt und daher beim Versuch, die Nachfrage zu befriedigen, an diese Kapazitätsgrenze stoßen kann. Die Exportbasistheorie unterstellt damit implizit, daß die regionale Wirtschaft über ausreichend freie Produktionskapazitäten verfügt. Ist dies nicht der Fall, so werden die Preise steigen, und die Exportnachfrage wird zu Inflation anstatt Wirtschaftswachstum führen. Eine Regionalpolitik, die am Konzept des Exportbasismultiplikators aufbaut, wird früher oder später an diese Grenze stoßen, ist daher nicht auf Dauer erfolgversprechend.

Die Exportbasistheorie stellt die wichtigsten Beziehungen einer Regionalwirtschaft mit anderen Regionen dar. Ist die Region auf den Export einer bestimmten Produktgruppe spezialisiert, so werden Veränderungen in der Nachfrage nach diesen Produkten auf das wirtschaftliche Wohlergehen der gesamten regionalen Wirtschaft durchschlagen. Dies wird umso stärker

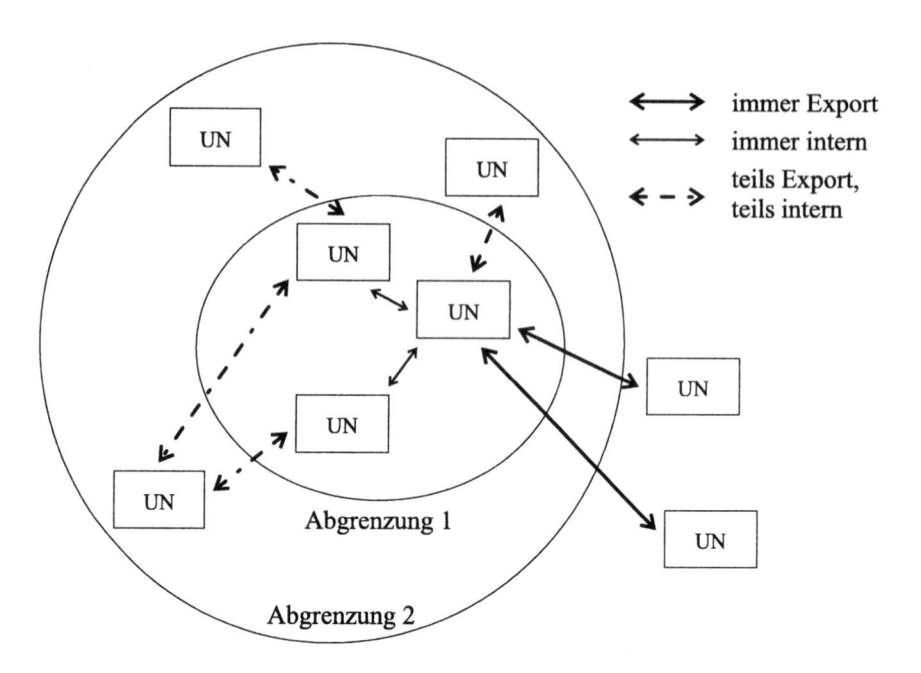

Abbildung 3.3: Die Abhängigkeit des Exporteinkommens von der Regionsabgrenzung

der Fall sein, je intensiver der entsprechende Sektor der Wirtschaft mit der übrigen regionalen Wirtschaft verflochten ist. Dabei darf aber nicht übersehen werden, daß wichtige Aspekte des Exportmarktes von der Exportbasistheorie nicht berücksichtigt werden. Dies betrifft vor allem die Preise der Exportgüter und die damit verbundenen Fragen der Konkurrenzfähigkeit der Region auf den Exportmärkten. Da sie die Exportnachfrage als exogen gegeben betrachtet und damit die Funktionsweise der Exportmärkte außer Betracht läßt, kann die Exportbasistheorie keine Aussagen darüber machen, wie sich Veränderungen auf den Exportmärkten auf die Region auswirken werden. Verlust an Konkurrenzfähigkeit, das Auftreten neuer Konkurrenten, die Auswirkungen neuer Produkte, Innovationen und Preisänderungen bei Konkurrenzprodukten am Exportmarkt u. dgl. haben in der Exportbasistheorie keinen Platz. Ebensowenig kann sie Aussagen machen über entsprechende Strukturveränderungen in der Region selbst. Da die Exportbasistheorie von einer gegebenen Wirtschaftsstruktur ausgeht, haben Innovationen und eine Veränderung der Wirtschaftsstruktur in diesem Konzept keinen Platz.

Die Exportbasistheorie eignet sich damit vor allem für kurzfristige Prognosen über die wirtschaftliche Entwicklung relativ kleiner Regionen. Die

Kurzfristigkeit ergibt sich daraus, daß das Exportbasiskonzept von einer gegebenen Struktur ausgeht. Für längerfristige Vorhersagen, wo Veränderungen der Wirtschaftsstruktur von besonderer Bedeutung sind, ist sie daher nicht geeignet. Für Aussagen über kleine Regionen – etwa Stadtregionen – ist die Exportbasistheorie deshalb besonders geeignet, weil in diesem Fall der Einfluß der außerregionalen Faktoren im Vergleich zu den innerregionalen relativ groß ist. Die Schwäche der Exportbasistheorie, innerregionale Entwicklungsfaktoren nicht zu berücksichtigen, fällt bei kleinen Regionen nicht besonders ins Gewicht.

Da die Exportbasistheorie auf der Unterscheidung zwischen dem „basic"- und dem „non-basic"-Sektor aufbaut, stehen empirische Anwendungen der Theorie vor dem methodischen Problem, diese beiden Teilbereiche der regionalen Wirtschaft zu identifizieren. Wie oben bereits erwähnt, hängt die Antwort auf die Frage, ob eine bestimmte wirtschaftliche Aktivität dem Exportsektor oder dem lokalen Sektor zuzuordnen ist, auch von der Regionsabgrenzung ab. Außerdem gibt es in einer Region wohl selten Betriebe – und schon gar nicht Sektoren –, die ausschließlich exportieren und nicht auch den lokalen Markt versorgen. Damit verläuft die Grenze zwischen dem „basic"- und dem „non-basic"-Sektor quer durch die Betriebe, sodaß eine klare Abgrenzung zwischen den beiden Sektoren meist nicht möglich ist. Da Lieferungen, die Regionsgrenzen überschreiten, im Unterschied zu den die Ländergrenzen überschreitenden Lieferungen üblicherweise keinen besonderen Verwaltungsaufwand verursachen, werden sie normalerweise nicht gesondert erfaßt. Dies bringt mit sich, daß für die Anwendung des Exportbasismodells entweder umfangreiche Erhebungen der Lieferverflechtungen der Betriebe notwendig sind, oder man von Schätzungen zweifelhafter Qualität ausgehen muß. In praktischen Anwendungen des Exportbasismodells wird daher vielfach anstelle von Einkommen von Beschäftigtenzahlen – Exportbeschäftigte; für den lokalen Bedarf Beschäftigte – ausgegangen. Diese sind zwar meist leichter zu erheben, doch bleiben bei dieser Vorgehensweise Unterschiede in der Arbeitsproduktivität unberücksichtigt.

Trotz dieser Einwände stellt die Exportbasistheorie einige wichtige ökonomische Zusammenhänge dar, die von erheblicher praktischer Bedeutung sind. Sie zeigt die potentiell hohe Bedeutung bestimmter „Leitsektoren" einer regionalen Wirtschaft auf, die besonders bei stark spezialisierten Regionen sehr wichtig sein können. Außerdem zeigt die Exportbasistheorie auch, daß die einzelnen Sektoren der regionalen Wirtschaft untereinander in Beziehung stehen und daß Veränderungen in den Leitsektoren sich letztlich auf die gesamte Wirtschaft der Region auswirken.

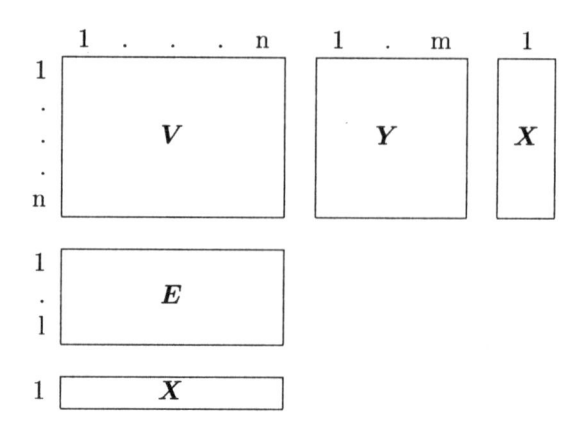

Tabelle 3.3: Struktur einer Input-Output-Tabelle

```
        1 . . . n      1 . m      1
    1  ┌─────────┐   ┌───────┐  ┌───┐
    .  │         │   │       │  │   │
    .  │    V    │   │   Y   │  │ X │
    .  │         │   │       │  │   │
    n  └─────────┘   └───────┘  └───┘

    1  ┌─────────┐
    .  │    E    │
    l  └─────────┘

    1  ┌─────────┐
       │    X    │
       └─────────┘
```

3.2 Regionale Input-Output-Analyse

Das Modell der Exportbasistheorie, das wir im letzten Abschnitt dargestellt haben, ist seiner Struktur nach eng mit dem Modell der Input-Output-Theorie (IO-Theorie) verwandt. Das Exportbasismodell kann sogar als Sonderfall des Input-Output-Modells dargestellt werden. Allerdings enthält das Input-Output-Modell eine Menge an zusätzlichen Aspekten und bildet auch ökonomische Zusammenhänge ab, die weit über die Strukturen des einfachen Exportbasismodells hinausgehen.

Während die Exportbasistheorie auf den Rückkoppelungsprozessen über den Einkommenskreislauf aufbaut, rückt die IO-Theorie die Interdependenzen *zwischen* den einzelnen Sektoren der Wirtschaft in den Vordergrund. Bevor wir allerdings auf die regionalökonomischen Aspekte der IO-Theorie eingehen können, müssen wir einige ihrer grundlegenden Elemente und Konzepte erläutern.

Ausgangspunkt jedes IO-Modells ist die IO-Tabelle, eine detaillierte Beschreibung der Struktur der Wirtschaft eines Landes oder einer Region und ihrer Interdependenzen und Beziehungen zu Nachfragern und Anbietern. Tabelle 3.3 stellt die grundlegende Struktur einer IO-Tabelle dar. Sie ist in zumindest drei Teile unterteilbar, nämlich die *Verflechtungsmatrix* (V), die *Matrix der Endnachfrage* (Y) und die *Matrix der Primärinputs* (E). Jede beschreibt – unterteilt nach Sektoren sowie Endnachfrage- und Primärinputkategorien – die Lieferverflechtungen der Wirtschaft in einem bestimmten Jahr. Da große IO-Tabellen in dreihundert und mehr Sektoren unterteilt sind und auch die Endnachfrage und die Primärinputs in viele Teile diffe-

Tabelle 3.4: Beispiel einer Input-Output-Tabelle

	L	S	M	Y	X
L	200	20	20	400	640
S	20	230	500	50	800
M	300	320	130	50	800

I	120	230	150

X	640	800	800

renzieren, weisen die drei Matrizen eine entsprechend große Dimension[2] auf und beschreiben die wirtschaftlichen Verflechtungen damit auf sehr detaillierte Weise.

Tabelle 3.4 zeigt eine sehr einfache, hypothetische IO-Tabelle mit drei Sektoren („Landwirtschaft" – L –, „Schwerindustrie" – S – und „Maschinen" – M) und jeweils nur einer Endnachfrage- und Primärinputkategorie.

Betrachten wir zum Beispiel die Zeile der „Schwerindustrie" und die Spalte des „Maschinenbaus". Das Element der Verflechtungsmatrix am Schnittpunkt dieser beiden Sektoren gibt nun an, um welchen Wert die Schwerindustrie (Zeile) Güter an die Maschinenbauindustrie (Spalte) geliefert hat, nämlich um 500 Geldeinheiten. Die Verflechtungsmatrix beschreibt diese Lieferungen für alle möglichen Kombinationen von Sektoren, inklusive der Lieferungen jedes Sektors an sich selbst (Elemente der Hauptdiagonale).

Betrachten wir die Zeile der Schwerindustrie, so können wir innerhalb der Verflechtungsmatrix ablesen, in welchem Umfang dieser Sektor seine Produkte an die anderen Sektoren der Wirtschaft ausgeliefert hat. Allerdings wird die Schwerindustrie nicht nur an andere Sektoren der Wirtschaft unserer Region ausliefern, sondern einen Teil seiner Produkte auch z.B. an private Nachfrager, staatliche Investoren oder Abnehmer in anderen Regionen liefern. Diese Abnehmer gelten als Endnachfrager, die entsprechenden Lieferungen scheinen daher in der Matrix der Endnachfrage auf. In einer stärker differenzierten IO-Tabelle könnten wir etwa die Exportspalte der Endnachfragematrix herausgreifen und in deren Schnittpunkt mit der Zeile der Schwerindustrie ablesen, um welchen Wert dieser Sektor Produkte nach außerhalb der Region verkauft hat. Auf gleiche Art könnten wir in dieser Zeile auch ablesen, in welchem Wert die Schwerindustrie an andere Endnachfrager geliefert hat.

---

[2] Die aktuelle IO-Tabelle für Österreich unterteilt beispielsweise in 177 Sektoren, 13 Endnachfragekategorien und 12 Primärinputs.

Betrachten wir die gesamte Zeile – Verflechtungsmatrix und Matrix der Endnachfrage – der Schwerindustrie, so können wir daraus die Lieferstruktur dieses Sektors ablesen. Wir sehen, welche anderen Sektoren und Endnachfragekategorien seine Hauptabnehmer sind, an wen der Sektor nicht liefert etc. Nachdem der Sektor nur liefern kann, was er auch erzeugt hat, können wir den Wert der gesamten Jahresproduktion des Sektors – genannt: *Bruttoproduktionswert* (X) – einfach als Summe aller Werte der Zeile errechnen.

Betrachten wir nun die Spalte für die Maschinenbauindustrie. Wir haben bereits festgestellt, daß das Element am Schnittpunkt mit der Zeile der Schwerindustrie angibt, um welchen Wert die Schwerindustrie an den Maschinenbau liefert. Aus der Sicht der Maschinenbauindustrie betrachtet, beschreibt dieses Element, um welchen Wert der Maschinenbau Güter von der Schwerindustrie bezieht. Über die gesamte Spalte der Verflechtungsmatrix betrachtet sehen wir also, von welchen anderen Sektoren der Maschinenbau Produkte in welchem Wert benötigt, um seine Maschinen produzieren zu können. Wir sehen, von welchen anderen Sektoren der Maschinenbau besonders abhängig ist und von welchen nicht.

Genausowenig wie die Schwerindustrie nur an andere Sektoren der Wirtschaft liefert, kommt der Maschinenbau nur mit den Vorleistungen anderer Sektoren aus. Er benötigt auch die Arbeitsleistungen der privaten Haushalte, staatliche Leistungen, Importgüter u.a., um Maschinen zu produzieren. Alle diese Leistungen werden als *Primärinputs* bezeichnet und in der Matrix der Primärinputs zusammengefaßt. Über die gesamte Maschinenbauspalte betrachtet sehen wir also, welche Inputs dieser Sektor benötigt, um seine Outputs zu produzieren. Die Spalte beschreibt also die Produktionstechnologie der Maschinenbauindustrie, quasi das „Kochrezept", nach dem der Sektor Maschinen herstellt. Wegen der Konsistenzbedingungen der IO-Theorie ergibt die Summe aller Elemente der Spalte eines Sektors wiederum dessen Bruttoproduktionswert.

Bezeichnen wir die Elemente der Verflechtungsmatrix mit v, der Endnachfragematrix mit y, der Primärinputs mit e und den Bruttoproduktionswert mit x, so lassen sich folgende grundlegende Beziehungen aufstellen:

$$x_i = \sum_j v_{ij} + \sum_k y_{ik} \qquad (3.12)$$

$$x_j = \sum_i v_{ij} + \sum_l e_{lj} \qquad (3.13)$$

In Matrixnotation[3]:

---

[3] Für die mathematische Darstellung des IO-Modells sind Matrixnotation und Matrizenrechnung von besonderer Bedeutung. Einführende Darstellungen finden sich etwa in Bosch (1989) und Hackl und Katzenbeisser (1995).

3.2 Input-Output-Analyse

$$X = VI + YI \qquad (3.14)$$
$$X' = I'V + I'E \qquad (3.15)$$

Anhand der Zahlen in Tabelle 3.4 können die dargestellten Beziehungen nachgerechnet werden.

Obwohl es sich bei der IO-Tabelle um eine relativ einfache, wenn auch sehr detaillierte Beschreibung der Struktur der Wirtschaft handelt, bildet sie den Ausgangspunkt für ein umfangreiches Analyseinstrument. Dieser Analyseteil der IO-Theorie wird als Input-Output-Analyse (IO-Analyse) bezeichnet.

Wie wir oben gesehen haben, beschreiben die einzelnen Spalten der IO-Tabelle, wie die einzelnen Sektoren die Primärinputs und Outputs anderer Sektoren einsetzen, um ihre eigenen Produkte herzustellen. Unterstellen wir, daß die verschiedenen Inputs immer in den gleichen Verhältnissen eingesetzt werden, so können wir aus den Spalten leicht ermitteln, wieviel der einzelnen Inputs für die Produktion einer Outputeinheit eines Sektors notwendig ist. Dazu dividieren wir einfach jedes Element der Spalte durch den Bruttoproduktionswert der Spalte:

$$a_{ij} = v_{ij}/x_j \qquad \text{bzw.} \qquad b_{ij} = e_{ij}/x_j \; . \qquad (3.16)$$

Dabei bezeichnen wir mit a die Verflechtungskoeffizienten, mit b die Primärinputkoeffizienten. Diese Koeffizienten zeigen, wieviel an Inputs vom eigenen und von den anderen Sektoren sowie an Primärinputs notwendig ist, damit der entsprechende Sektor eine Einheit seines Endprodukts produzieren kann. Führen wir diese Berechnung für jeden Sektor durch, so erhalten wir eine Matrix von *Inputkoeffizienten*. Sie setzt sich wiederum aus dem Verflechtungsteil und dem Primärinputteil der IO-Tabelle zusammen. Die sich aus unserem Beispiel ergebenden Koeffizienten sind in Tabelle 3.5 zu sehen. Die Verflechtungskoeffizienten fassen wir zur Matrix A zusammen, die Primärinputkoeffizienten zur Matrix B.

Der Wert 0,47 in der dritten Zeile und ersten Spalte der Matrix zeigt also, daß der Sektor „Landwirtschaft" vom Sektor „Maschinen" Inputs im Wert von fast 0,5 Geldeinheiten benötigt, damit er eine Wert-Einheit seines Produktes herstellen kann. Zugleich benötigt die „Landwirtschaft" für diese Aufgabe Primärinputs von rund 0,19 Geldeinheiten. Die übrigen Koeffizienten in Tabelle 3.5 sind auf die gleiche Art zu interpretieren.

Allerdings beschreibt dieser Wert nur den sogenannten *direkten* Effekt. Damit der Sektor „Maschinen" an die „Landwirtschaft" die benötigte Menge an Produkten liefern kann, muß er sie erst einmal produzieren. Dazu benötigt der Sektor seinerseits Vorleistungen, in erster Linie von der Schwerindustrie (0,625 pro produzierter Einheit), aber auch von sich selbst und in

Tabelle 3.5: Inputkoeffizienten: Beispiel

	L	S	M
L	0,31	0,03	0,03
S	0,03	0,29	0,63
M	0,47	0,40	0,16
E	0,19	0,29	0,19

geringem Umfang von der Landwirtschaft. Damit die „Landwirtschaft" eine Wert-Einheit produzieren kann, muß also nicht nur die „Maschinenindustrie" für 0,47 Geldeinheiten mehr produzieren (und die übrigen Sektoren entsprechend der Tabelle), sondern in einer zweiten Runde die „Landwirtschaft" um 0,01 (= 0,47∗0,025), die „Eisenindustrie" um 0,29 (= 0,47∗0,625) und der „Maschinenbau" um 0,08 (= 0,47 ∗ 0,16) Geldeinheiten mehr produzieren. Ähnlich wie beim Exportbasismultiplikator läßt sich dieses Argument beliebig oft fortsetzen. Der Gesamteffekt einer Änderung ergibt sich als Summe der Effekte der einzelnen Runden.

Da die Verbindungen zwischen den Sektoren, wie sie sich in der Verflechtungsmatrix ausdrücken, nur die Reaktionen der einzelnen Sektoren aufeinander darstellen, kann eine Änderung nur von der Endnachfrage ausgehen. Der oben beschriebene Mechanismus beschreibt damit auch die Antwort auf die Frage:

„Wieviel müssen die einzelnen Sektoren insgesamt produzieren, damit eine bestimmte Menge an Gütern an die Endnachfrage ausgeliefert werden kann?"

Die Antwort auf diese Frage läßt sich dadurch ermitteln, daß man den oben beschriebenen Mechanismus möglichst viele Runden lang nachvollzieht und die Erfordernisse der einzelnen Runden addiert. Einfacher und eleganter erhalten wir sie, indem wir folgende Matrixgleichung lösen:

$$\boldsymbol{X} = \boldsymbol{A}\boldsymbol{X} + \boldsymbol{Y} \qquad (3.17)$$

Dies ist im Prinzip die gleiche Beziehung, die wir bereits in Gl. (3.14) dargestellt haben. Hier haben wir nur die Zeilensumme über die Verflechtungsmatrix ($\boldsymbol{VI}$ in (3.14)) als Produkt der Matrix der Verflechtungskoeffizienten ($\boldsymbol{A}$) und des Vektors der Bruttoproduktionswerte ($\boldsymbol{X}$) dargestellt. Zur Vereinfachung der Notation betrachten wir die Endnachfrage als Vektor und ersparen uns damit die Multiplikation mit dem Einheitsvektor wie in (3.14).

Bringen wir die beiden Summanden in (3.17), die $\boldsymbol{X}$ enthalten, auf eine Seite, so erhalten wir:

$$X - AX = Y \quad \text{bzw.} \quad (3.18)$$
$$(I - A)X = Y \quad (3.19)$$

Nach den Rechenregeln der Matrizenrechnung[4] ergibt sich daraus:

$$X = (I - A)^{-1} Y \; . \quad (3.20)$$

Der Ausdruck $(I - A)^{-1}$ wird nach dem Entwickler der Input-Output-Analyse als *Leontieff-Inverse* bezeichnet. Ihre Werte geben an, wieviel der Zeilen-Sektor aufgrund von direkten *und indirekten* Effekten mehr produzieren muß, damit der Spalten-Sektor eine Einheit seines Produktes an die Endnachfrage liefern kann. Für unsere hypothetische IO-Tabelle ergeben sich dabei die in Tabelle 3.6 dargestellten Zahlen.

In der Leontieff-Inversen sehen wir, wie stark die einzelnen Sektoren untereinander verflochten sind und auf Nachfrageänderungen reagieren. In unserem Beispiel zeigt sich, daß eine Erhöhung der Nachfrage nach Maschinen nicht nur beim Machinenbau eine starke Nachfrageerhöhung nach sich zieht – nämlich um 2,2 Einheiten –, sondern auch bei der Schwerindustrie (1,9 Einheiten). Die Landwirtschaft hingegen bleibt in unserem hypothetischen Beispiel von diesem Nachfragezuwachs weitgehend unberührt. Sie muß die Produktion nur um 0,15 Einheiten ausweiten. Ganz anders stellt sich die Situation im Falle einer Nachfrageerhöhung nach landwirtschaftlichen Produkten dar. Wie wir in der ersten Spalte von Tabelle 3.6 sehen, verursacht diese bei allen drei Sektoren einen Produktionsanstieg von ungefähr dem gleichen Umfang.

Interessiert uns der Produktionsanstieg insgesamt, den eine Nachfrageerhöhung bei einem der Sektoren auslöst, so müssen wir die Werte in den einzelnen Spalten der Leontieff-Inversen addieren. Tabelle 3.7 zeigt, daß in unserem Beispiel eine Nachfrageerhöhung bei der Landwirtschaft den größten gesamtwirtschaftlichen Effekt verursacht. Ein Wirtschaftspolitiker, der das Ziel verfolgt, durch eine Erhöhung der staatlichen Nachfrage die Wirtschaft anzukurbeln, wäre in unserer hypothetischen Wirtschaft also gut beraten, die Budgetmittel für landwirtschaftliche Produkte auszugeben. Damit erzielt er den höchsten gewünschten Effekt.

Zielt der Wirtschaftspolitiker allerdings darauf ab, die Beschäftigung zu erhöhen, so stellt sich das Problem in etwas anderer Form. Arbeitskräfte

---

[4]Das I in (3.19) und (3.20) stellt die Einheitsmatrix dar, eine Matrix mit der gleichen Anzahl an Zeilen und Spalten wie die Matrix A und mit Einsen in der Hauptdiagonale und Nullen sonst. Das hochgestellte -1 in (3.20) beschreibt die Invertierung dieser Matrix. Diese Operation entspricht in ihrer Funktion der Division beim Rechnen mit Zahlenwerten. Genaueres zu Matrixoperationen kann den Lehrbüchern der Mathematik für Wirtschaftswissenschafter (z.B. Bosch 1989, Hackl und Katzenbeisser 1995) entnommen werden.

Tabelle 3.6: Leontieff-Inverse: Beispiel

	L	S	M
L	1,5637	0,1396	0,1508
S	1,4292	2,5439	1,9414
M	1,5627	1,2931	2,2057

Tabelle 3.7: Gesamteffekte: Beispiel

L	S	M
4,5556	3,9766	4,2979

werden von den Sektoren in unterschiedlichem Umfang eingesetzt; in welchem, drückt sich in der entsprechenden Zeile der Matrix der Primärinputkoeffizienten aus. Um zu ermitteln, wie sich der Einsatz von Primärinputs bei einer Erhöhung der Nachfrage der Sektoren um eine Einheit verändert, müssen wir die Leontieff-Inverse noch mit der Matrix der Primärinputkoeffizienten prämultiplizieren:

$$\Delta E = B(I - A)^{-1} \ . \tag{3.21}$$

Die Matrix ΔE beschreibt, wie stark die einzelnen Primärinputs (Zeilen) stärker beansprucht werden, wenn sich die Nachfrage nach dem Produkt eines Sektors (Spalten) erhöht. In unserem Zahlenbeispiel ergeben sich dabei zufällig für die drei Sektoren fast identische Werte (1,008; 1,010; 1,011).

Wie zu sehen ist, lassen sich mit Hilfe der Input-Output-Analyse viele verschiedene ökonomische Fragen beantworten. Ausgangspunkt für alle diese Antworten ist die Annahme einer konstanten Koeffizientenmatrix. Das bedeutet, daß die Vorprodukte und Primärinputs in den einzelnen Sektoren unabhängig von der Produktionshöhe immer in den gleichen Verhältnissen eingesetzt werden. Das impliziert eine besondere Form einer Produktionsfunktion, nämlich eine *limitationale Produktionsfunktion*, deren Isoquanten die in Abb. 3.4 dargestellte Form aufweisen. Diese Produktionsfunktion hat die Eigenschaft, daß es unabhängig von den Preisen der Produktionsfaktoren und Vorprodukte für jede Produktionshöhe immer nur eine effiziente Kombination an Produktionsfaktoren und Vorprodukten gibt; den Eckpunkt der entsprechenden Isoquanten. Bei allen anderen Punkten auf der Isoquanten wird die gleiche Produktionsmenge mit höherem Ressourceneinsatz erzeugt. Sie sind also dem Eckpunkt der Isoquanten ökonomisch unterlegen.

Die Annahme einer limitationalen Produktionsfunktion stellt einen we-

3.2 Input-Output-Analyse

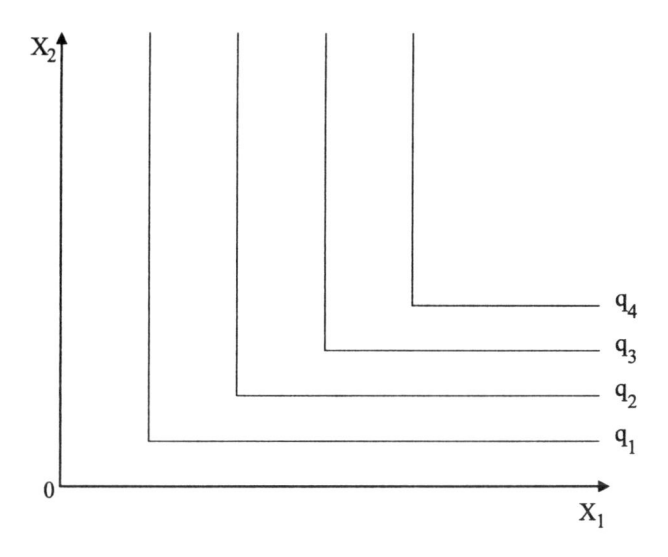

Abbildung 3.4: Isoquanten einer limitationalen Produktionsfunktion

sentlichen Schwachpunkt des IO-Modells dar. Da diese Funktion keinen Platz für eine Veränderung der Einsatzverhältnisse der Faktoren und Vorprodukte läßt, kann das IO-Modell keine Substitutionseffekte und keine endogenen Strukturverschiebungen[5] beschreiben. Das Modell erlaubt auch nicht die Berücksichtigung von Agglomerations- und Skaleneffekten.

Diese Tendenz, von einer gegebenen Struktur auszugehen, sowie der dem Modell innewohnende Multiplikatormechanismus weisen das IO-Modell als engen Verwandten des Exportbasismodells aus. Wie bereits erwähnt, können die Mechanismen des Exportbasismodells sogar als IO-Modell dargestellt werden (Romanoff 1974; Hewings 1985), sodaß sich das Exportbasismodell als Spezialfall des IO-Modells präsentiert.

Trotz der formalen Beziehung zwischen dem Exportbasismodell und dem allgemeinen IO-Modell bestehen allerdings Unterschiede darin, wie wir den Multiplikatoreffekt begründet haben: beim Exportbasismodell haben wir mit den Einkommen der Beschäftigten des Exportsektors und deren höheren Ausgaben für Produkte des lokalen Sektors argumentiert, während sich der Multiplikator beim IO-Modell aus der Abhängigkeit des Exportsektors von den Vorprodukten des lokalen Sektors ergibt. Beim Exportbasismodell basiert der Multiplikatoreffekt also auf dem Einkommenskreislauf, beim IO-Modell auf der Intermediärverflechtung.

---
[5] Natürlich gibt es Modelle, bei denen die Werte der Koeffizientenmatrix den veränderten wirtschaftlichen Gegebenheiten angepaßt werden. Diese Anpassung muß allerdings außerhalb des eigentlichen IO-Modells erfolgen.

Da die beiden Elemente des Einkommenskreislaufs, die Faktoreinkommen und die private Nachfrage, beim IO-Modell in der oben skizzierten Art in der Matrix der Primärinputs und in der Endnachfragematrix aufscheinen, stehen sie untereinander nicht in Verbindung. Allerdings ist es relativ leicht, den Einkommenskreislauf in das IO-Modell zu integrieren. Dazu müssen wir nur die Haushalte als eigenen Industriezweig auffassen und die entsprechende Zeile und Spalte der Primärinputs und der Endnachfrage als zusätzliche Zeile und Spalte in die Verflechtungsmatrix übertragen. In vielen IO-Modellen wird diese modifizierte Form verwendet, deren Multiplikator neben der Intermediärverflechtung auch den Einkommenskreislauf berücksichtigt.

Bisher haben wir das IO-Modell in seiner grundlegenden Form diskutiert, wie es auch auf gesamtwirtschaftlicher Ebene verwendet wird. Dies war für das grundlegende Verständnis dieses Ansatzes notwendig. Nun wollen wir uns allerdings jenen Aspekten zuwenden, die bei einer regionalen Anwendung des IO-Modells auftreten. Sie fallen im wesentlichen in zwei Kategorien:

1. die Fragen der Datenerhebung, die im Zusammenhang mit der Konstruktion einer regionalen IO-Tabelle auftreten, und
2. die Art der Berücksichtigung der Verflechtungen zwischen den Regionen.

Bei der Konstruktion einer regionalen IO-Tabelle geht man meistens von einer bestehenden nationalen Tabelle aus. Sie wird anhand bestehender Informationen über die regionale Wirtschaftsstruktur und zusätzlicher Annahmen auf die regionale Ebene „heruntergerechnet". Dabei treten natürlich jede Menge an Detailproblemen auf, mit denen wir uns hier nicht beschäftigen wollen. Häufig sind auch zusätzliche Datenerhebungen auf regionaler Ebene notwendig, was die Erstellung einer regionalen Tabelle erheblich verteuert.

Bei der Anwendung des IO-Modells auf regionaler Ebene müssen natürlich auch die grundlegenden Annahmen des Modells auf diese räumliche Ebene übertragen werden. Dies betrifft vor allem die Annahme fixer Inputkoeffizienten, die in einem kleineren Wirtschaftsraum wesentlich problematischer ist. Sie besagt nämlich nun, daß ein Sektor die Vorprodukte von den anderen Sektoren *der Region* in fixen Relationen bezieht. Damit dürfte es also nicht passieren, daß Unternehmen in systematischer Weise regionale Lieferanten durch solche von außerhalb der Region – oder umgekehrt – ersetzen. Sonst würde diese grundlegende Annahme verletzt. Bei einer regionalen Anwendung des IO-Modells wird man sich also mit derartigen Problemen eher auseinandersetzen müssen.

Besondere Aufmerksamkeit bei regionalen IO-Modellen gebührt natürlich den regionalen Importen und Exporten. Je nach der Art, wie diese regionalen Verflechtungen berücksichtigt werden, ergeben sich recht unterschiedliche Arten von Modellen.

Bei gesamtwirtschaftlichen IO-Modellen werden Importe und Exporte meistens nur als eine Zeile in der Matrix der Primärinputs (Importe) und eine Spalte in der Endnachfragematrix (Exporte) berücksichtigt. Bei regionalen Modellen ist dies unbefriedigend, weil sich die regionalen Importe und Exporte ja aus zwei Komponenten mit unterschiedlichen Einflußfaktoren zusammensetzen, nämlich

1. aus den Lieferungen aus den und in die anderen Regionen der Volkswirtschaft, die normalerweise keinen besonderen Restriktionen unterliegen, und
2. aus den Lieferungen aus dem und in das Ausland, also dem Anteil der Region an den nationalen Exporten und Importen, die den nationalen Zoll-, Einfuhr- und Kontingentbestimmungen unterliegen.

Zugleich ist die Datenbasis für diese beiden Komponenten der regionalen Exporte und Importe sehr verschieden, sodaß sich die Qualität der Informationen oft erheblich unterscheidet. Aus diesen Gründen werden in regionalen IO-Modellen diese beiden Komponenten häufig getrennt behandelt. Die Modelle weisen also *zwei* Import- und *zwei* Exportvektoren auf, einen für den interregionalen und einen für den internationalen Teil.

Bei IO-Modellen für eine Region vermittelt diese Trennung nur ein klareres Bild darüber, woher Nachfrageimpulse kommen. Die grundlegende Struktur des Modells verändert sich damit aber nicht. Liegen allerdings IO-Modelle für *mehrere* Regionen vor, so eröffnet sich mit dieser Trennung die Möglichkeit, die Modelle zu einem *multiregionalen* oder *interregionalen IO-Modell* zu verknüpfen. Dabei wird berücksichtigt, daß die interregionalen Importe einer Region in einer anderen Region als interregionale Exporte aufscheinen müssen. Erhöht sich die Nachfrage nach interregionalen Importen in einer Region, so muß diese Nachfrage aus anderen Regionen exportiert werden. Die erhöhte Exportnachfrage der anderen Regionen kurbelt über den IO-Multiplikator die Produktion an, die ihrerseits wieder zu erhöhter Nachfrage nach (internationalen und interregionalen) Importen führen wird. Mit derartigen Modellen, die die IO-Modelle für mehrere Regionen verknüpfen, ist es also möglich, die indirekten, über die Regionsgrenzen hinausgehenden Effekte einer Nachfrageänderung mitzuerfassen.

Der Unterschied zwischen multiregionalen und interregionalen IO-Modellen besteht darin, wie sie diese Verbindung zwischen den Regionen modellieren. Bei einem multiregionalen IO-Modell (z.B. Leontieff und Strout 1963, Polenske 1972, Kim et al. 1983) wird die Verbindung zwischen den einzelnen regionalen IO-Modellen außerhalb des Schemas der Input-Output-Analyse modelliert. Die Importnachfragen der einzelnen Regionen werden so behandelt, als flössen sie in eine Warenbörse, wo sie zwar nach Sektoren,

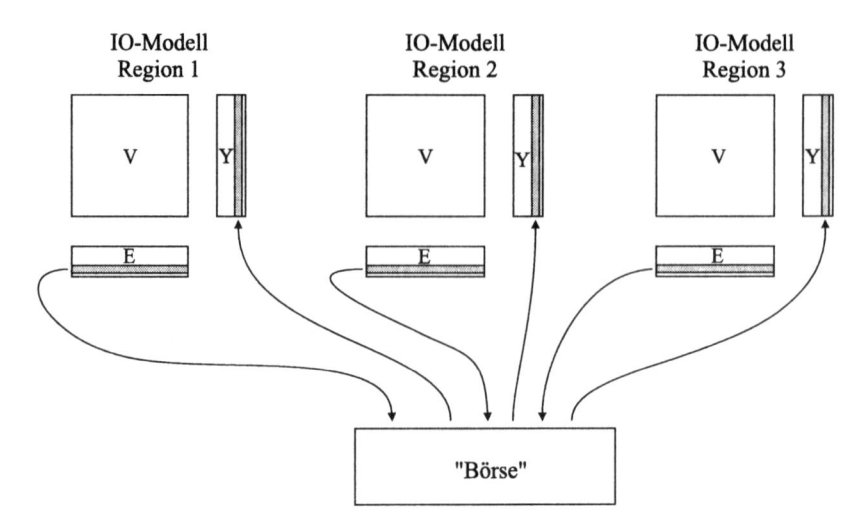

Abbildung 3.5: Struktur des multiregionalen IO-Modells

aber nicht nach ihrer regionalen Herkunft differenziert werden. In dieser Börse wird der Bedarf auf die einzelnen Regionen aufgeteilt, wo er als Exportnachfrage wirksam wird. Wegen der zwischengeschalteten Börse ist eine Zuordnung zur Quellregion nicht mehr möglich.

Abbildung 3.5 stellt die Struktur des multiregionalen IO-Modells schematisch dar. Für jede Region gibt es ein IO-Modell, das die Exporte und Importe in die interregionale und die internationale Komponente trennt. Die Nachfrage nach interregionalen Importen der einzelnen Regionen, symbolisiert durch die schraffierte Zeile in der Primärinputmatrix E, wird in die „Börse" eingebracht, wo sie aggregiert und nach irgendeinem Schema wieder auf die Regionen aufgeteilt wird. Das Ergebnis wird in jeder der Regionen als interregionale Exportnachfrage – schraffierte Spalten in der Endnachfragematrix Y – wirksam.

Multiregionale IO-Modelle unterscheiden sich vor allem dadurch, wie sie den Übergang zwischen interregionalen Exporten und Importen in der „Börse" modellieren. Da sie mit dem formalen Konzept des IO-Modells am besten zusammenpassen, werden auch für diesen Schritt normalerweise Übergangsraten errechnet. Diese berücksichtigen Faktoren wie die Bedeutung der Sektoren in den einzelnen Regionen, die Entfernung zwischen den Regionen, die Preisverhältnisse u. dgl. Bei der Konstruktion der Übergangsraten muß natürlich sichergestellt werden, daß zwischen den Regionen gleich viel importiert wie exportiert wird.

Während bei multiregionalen IO-Modellen die IO-Modelle für einzelne Regionen durch einen Güterflußmechanismus verbunden werden, wird bei

3.2 Input-Output-Analyse

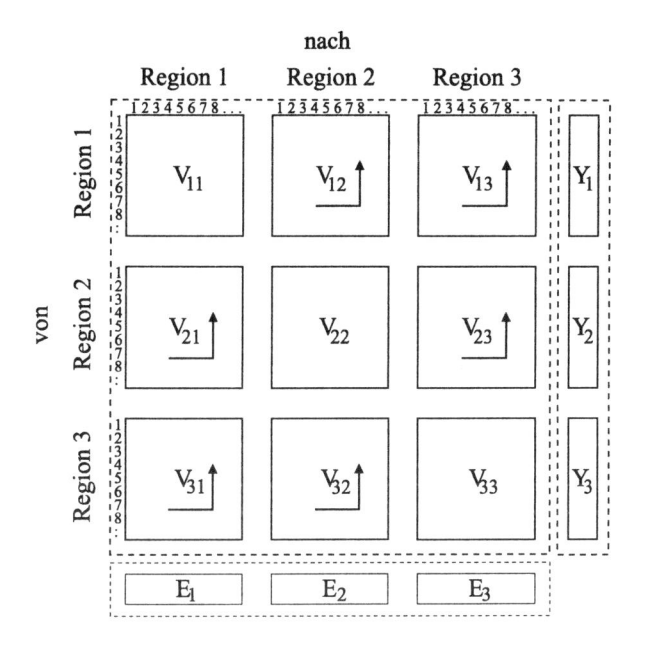

Abbildung 3.6: Struktur des interregionalen IO-Modells

interregionalen IO-Modellen auch der interregionale Handel dem Konzept des IO-Modells entsprechend behandelt. Die Güterflüsse zwischen den Sektoren der einzelnen Regionen werden nach Quell- und Zielregion *und* nach Quell- und Zielsektor differenziert erfaßt und dargestellt.

Abbildung 3.6 stellt diesen Modelltyp schematisch dar. Die mit V_{ii} bezeichneten Felder entlang der Hauptdiagonale stellen die Verflechtungsmatrizen dar, wie sie sich aus den IO-Modellen für die einzelnen Regionen ergeben. Die mit den Pfeilen und mit V_{ij} markierten Felder abseits der Hauptdiagonale beinhalten die nach Quell- und Zielsektoren differenzierten interregionalen Güterströme zwischen Region i und Region j. Das Feld in der fünften Zeile und achten Spalte der Matrix V_{21} enthält also den Wert der Lieferung von Sektor 5 in Region 2 an den Sektor 8 in Region 1. Da diese Matrizen in die gleiche Zahl von Sektoren untergliedert sind, haben sie die gleiche Dimension wie die Verflechtungsmatrizen.

Zusammen weisen die Matrizen V in Abb. 3.6 alle Verflechtungen zwischen den Sektoren und Regionen aus. Gemeinsam ergeben sie daher die Verflechtungsmatrix des interregionalen IO-Modells. Auf gleiche Weise können wir auch die Primärinput- und die Endnachfragematrizen der einzelnen Regionen zusammenfassen. Dies soll durch den strichlierten Rahmen ausgedrückt werden. Das interregionale IO-Modell hat damit die bekannte Struktur des IO-Modells mit einer Verflechtungs-, einer Primärinput- und einer Endnachfragematrix. Obwohl sie in die in Abb. 3.6 dargestellten regionalen Komponenten partitioniert sind, werden sie analytisch nicht anders behandelt, als oben für eine Volkswirtschaft und eine regionale Wirtschaft diskutiert. Dadurch, daß die interregionalen Güterströme direkt in der Verflechtungsmatrix berücksichtigt werden, gehen die oben erwähnten indirekten Effekte nun direkt in die Berechnung des IO-Multiplikators ein. Änderungen bei der Nachfrage in einer Region pflanzen sich in die anderen Regionen fort und wirken bei entsprechender Struktur der IO-Tabelle auch wieder auf die Ausgangsregion zurück.

Das größte Problem bei der Konstruktion interregionaler IO-Modelle ist der enorme Informationsbedarf. Um die IO-Tabelle mit den entsprechenden Werten zu füllen, müssen die Verflechtungen zwischen allen Sektoren und Regionen ermittelt werden. Dies geht erheblich über die Informationserfordernisse eines multiregionalen IO-Modells hinaus. Ein weiteres Problem besteht darin, daß die Annahme konstanter Koeffizienten nun neben den Sektoren auch auf die Regionen angewandt werden muß. Während sich diese Annahme bei der intersektoralen Verflechtung mit einer limitationalen Produktionsfunktion begründen läßt, gibt es kein vernünftiges Argument dafür, daß ein Sektor die Vorprodukte eines anderen Sektors in fixen Proportionen von den verschiedenen Regionen beziehen sollte. Während es dem Maschinenbau schwerfallen dürfte, die Vorleistungen der Schwerindustrie durch jene der Landwirtschaft zu substituieren, gelingt es ihm sicher leicht, Eisen und Stahl aus der eigenen Region durch den aus der Nachbarregion zu ersetzen. Durch dieses Argument wird allerdings eine grundlegende Annahme des IO-Modells in Frage gestellt, auf der die gesamte Analyse beruht. Bei empirischen Anwendungen eines interregionalen IO-Modells wird man versuchen, diesem Problem durch entsprechende Anpassung einzelner Koeffizienten Rechnung zu tragen.

In allen seinen Ausprägungen baut das IO-Modell auf einer detaillierten Beschreibung der Interdependenzen der Wirtschaft auf und liefert in empirischen Anwendungen daher eine Fülle an Informationen. Doch trotz der verschiedenen möglichen Strukturen und der Vielzahl an Zusammenhängen, die in einem IO-Modell berücksichtigt werden, gehen ebenso wie beim Exportbasismodell alle Veränderungen auf Änderungen der Nachfrage zurück. Nur Veränderungen in der Nachfrage spiegeln sich in diesen Modellen wider. Änderungen der Wirtschaftsstruktur, der Produktionstechnologie, der Menge oder Qualität der Produktionsfaktoren u. dgl. bleiben sowohl im Exportbasismodell als auch im IO-Modell unberücksichtigt.

3.3 Zusammenfassung

Gegenstand dieses Kapitels waren nachfrageorientierte Ansätze zur Erklärung von Regionalentwicklung, also Modelle, die die Auswirkungen einer Veränderung der Nachfrage nach Gütern und Dienstleistungen auf die wirtschaftliche Stellung einer Region untersuchen. Wir haben zwei derartige Modelle etwas genauer dargestellt, nämlich das Modell der Exportbasistheorie und eine regionale Variante der Input-Output-Analyse.

Abschnitt 3.1 ist der Exportbasistheorie gewidmet. Sie sieht im Güter- und Dienstleistungsexport einer Region den Motor für ihre wirtschaftliche Prosperität. Jener Teil der Wirtschaft, der für den regionalen Export produziert, der „basic sector" der Region, bringt zusätzliches Einkommen in die Region, das zum Teil als Nachfrage nach Gütern des lokalen Sektors, des „non-basic sector", wirksam wird. Der ausgelöste Produktionsanstieg führt zu weiterem zusätzlichem Einkommen, das wiederum zusätzliche Nachfrage nach sich zieht. Auf diese Art kommt ein Multiplikatoreffekt in Gang, sodaß die Erhöhung des Regionaleinkommens stärker ausfällt als der sie auslösende Anstieg der Exporttätigkeit.

Die Exportbasistheorie gibt eine sehr einfache, kurzfristige Erklärung der wirtschaftlichen Entwicklung. Sie kann bei kleinen Regionen, deren regionaler Exportanteil naturgemäß sehr hoch ist, einen relativ guten Erklärungsbeitrag liefern. Bei großen Regionen, oder wenn es darum geht, längfristige Entwicklungen zu erklären, stößt die Exportbasistheorie an ihre Grenzen.

Abschnitt 3.2 stellt die regionale Input-Output-Analyse dar. Sie ergänzt die normale IO-Analyse, die auf einer detaillierten Beschreibung der Wirtschaftssektoren einer Volkswirtschaft und ihrer Verflechtung aufbaut, um derartige Zusammenhänge auf regionaler Ebene. Da für das Verständnis der regionalen Erweiterung grundlegende Kenntnisse des normalen IO-Modells erforderlich sind, ist ein Gutteil des Abschnitts der Beschreibung der Grundstruktur dieses Modells gewidmet. Erst nach dieser Beschreibung können wir die regionalen Erweiterungen darstellen.

Das IO-Modell geht zwar von einer wesentlich komplexeren Unterteilung der Wirtschaftsstruktur aus als das Exportbasismodell, in ihrer grundlegenden Logik sind einander die beiden Modelle allerdings sehr ähnlich. Im IO-Modell wird die wirtschaftliche Entwicklung von Veränderungen der Endnachfrage getrieben, zu der auch die Exportnachfrage gezählt wird. Da jeder Sektor zur Produktion seiner Güter und Dienste typischerweise Vorleistungen anderer Sektoren benötigt, setzen sich die von der Endnachfrage ausgehenden Impulse durch die gesamte Wirtschaft fort, und es entsteht wiederum ein Multiplikatoreffekt. In der Standardversion des IO-Modells entsteht dieser allerdings nicht durch den Einkommenskreislauf, sondern durch die Vorleistungsverflechtung der Wirtschaft.

Die regionalen Erweiterungen, nämlich das multiregionale und das interregionale IO-Modell, verwenden das IO-Schema, um die interne Struktur der Wirtschaft einer oder mehrerer Regionen zu beschreiben. Deren Verflechtung drückt sich in den regionalen Exporten und Importen aus. Das multiregionale IO-Modell sammelt die Nachfrage der einzelnen regionalen Modelle und teilt sie in einem speziellen Modellteil auf die Importe der Regionen auf. Im interregionalen IO-Modell werden die interregionalen Lieferverflechtungen wie Vorleistungen behandelt, wodurch ein großes IO-Modell entsteht, das neben der sektoralen auch noch eine regionale Gliederung aufweist.

Trotz der gewaltigen Datenerfordernisse von IO-Modellen weisen sie ähnliche Schwächen auf wie das Exportbasismodell. Auch sie eignen sich nur für die Analyse kurzfristiger Wirkungen von Nachfrageänderungen, weil sie zwar die bestehende Wirtschaftsstruktur sehr genau beschreiben, aber deren Konstanz unterstellen.

3.4 Übungsaufgaben und Kontrollfragen

1. *Erläutern Sie den Exportbasismultiplikator und beschreiben Sie, wie er entsteht.*
2. *Welche theoretische Schwächen weist das Exportbasiskonzept auf?*
3. *Diskutieren Sie Parallelen und Unterschiede zwischen Exportbasis- und Input-Output-Modell.*
4. *Beschreiben Sie den Unterschied zwischen einem interregionalen und einem multiregionalen IO-Modell.*
5. *Interpretieren Sie die Koeffizienten in Tabelle 3.6.*

Kapitel 4
Neoklassische Theorie

Die neoklassische Theorie der Regionalentwicklung verwendet die grundlegenden Strukturen der neoklassischen ökonomischen Theorie und wendet sie auf die Fragen der Regionalentwicklung an. Sie fügt sich damit widerspruchsfrei in das umfassende Theoriegebäude der neoklassischen Ökonomik ein und erlaubt es uns damit auch, umfassendere theoretische Zusammenhänge zu untersuchen, als dies bei anderen Regionalentwicklungstheorien der Fall ist.

Die Grundidee der Neoklassik ist denkbar einfach: Treten in einer Wirtschaft irgendwo Knappheiten auf, so kommt es zu Preisunterschieden, die Möglichkeiten für Investitionen, gewinnbringenden Handel oder nutzenerhöhende Verlagerungen von Produktionsfaktoren signalisieren. Da die Wirtschaftssubjekte solche Möglichkeiten nicht ungenutzt lassen, reagieren sie auf die Preisunterschiede so lange, bis diese und die sie verursachenden Knappheiten wieder ausgeglichen sind.

Dieser Mechanismus, der die gesamte neoklassische Ökonomik durchzieht, kann nur dann funktionieren, wenn ihre grundlegenden Annahmen erfüllt sind. Diese Annahmen[1] sind:

1. *Die Wirtschaftssubjekte trachten danach, ihren Nutzen zu maximieren.* Für die Unternehmen ist dies gleichbedeutend mit Gewinnmaximierung. Die Unternehmen und Haushalte der neoklassischen Welt werden also nutzenerhöhende Möglichkeiten, die sich ihnen bieten, sofort nützen.
2. *Die Wirtschaftssubjekte sind über alle relevanten Preise perfekt informiert.* Damit wird – in der Theorie – sichergestellt, daß die Wirtschaftssubjekte die sich ihnen bietenden Möglichkeiten auch erkennen.
3. *Alle Preise sind flexibel.* Sie passen sich unmittelbar der Situation auf dem jeweiligen Markt an, signalisieren also Knappheiten. Dies gilt auch für die Löhne auf dem Arbeitsmarkt.
4. *Auf allen Märkten herrscht atomistische Konkurrenz.* Es stehen einander immer so viele Anbieter und Nachfrager gegenüber, daß keiner den Marktpreis beeinflussen kann.

---
[1] Wir betrachten hier eine „Lehrbuchversion" der neoklassischen Theorie. In der wissenschaftlichen Literatur existieren zahlreiche Beiträge, die versuchen, einzelne dieser Annahmen abzuschwächen oder gar zu vermeiden.

Eine unmittelbare Konsequenz aus diesen Annahmen ist, daß auf allen Märkten Gleichgewicht herrscht, sich Angebot und Nachfrage also ausgleichen. Wäre dies nicht der Fall, so würde sofort der entsprechende Preis steigen oder fallen, bis ein Marktgleichgewicht erreicht ist. Dies gilt auch für den Arbeitsmarkt; in einer neoklassischen Wirtschaft gibt es also keine unfreiwillige Arbeitslosigkeit. Eine weitere Konsequenz ist die, daß die Produktionsfaktoren nach dem Wert ihres Grenzproduktes entlohnt werden. Jede Arbeits- und Kapitaleinheit erhält also soviel an Lohn bzw. Kapitalzins, wie die letzte davon eingesetzte Einheit zur Produktion beiträgt. Auf weitere Implikationen dieser Annahmen werden wir etwas später eingehen.

Nachfolgend werden wir verschiedene Aspekte der neoklassischen Theorie aus der Sicht der Regionalentwicklung diskutieren. In Abschn. 4.1 stellen wir das Grundmodell der neoklassischen Wachstumstheorie dar und interpretieren es als Wachstumsmodell für eine Region. Im Mittelpunkt steht dabei der endogene Wachstumsprozeß durch Kapitalakkumulation. Wenn wir dieses Modell auf mehrere identische Regionen anwenden, diese also unverbunden nebeneinander stellen, so kommt es trotzdem, wie sich zeigt, zu einem Ausgleich von Wachstum und Kapitalintensität zwischen den Regionen.

In Abschn. 4.2 und 4.3 betrachten wir die Verbindungen zwischen den Regionen, einmal über die Mobilität von Produktionsfaktoren (Abschn. 4.2), dann über den interregionalen Handel (Abschn. 4.3). Beide Mechanismen unterstützen die Ausgleichstendenzen des Grundmodells der neoklassischen Wachstumstheorie.

4.1 Wachstum in einer Region – das Grundmodell der neoklassischen Wachstumstheorie

Das Grundmodell der neoklassischen Wachstumstheorie, wie wir es hier verwenden wollen, geht auf Solow (1956) zurück. Ausgangspunkt ist die aggregierte Produktionsfunktion, die wir bereits in Kap. 2 kennengelernt haben,

$$Y = F(K, L) \ . \tag{4.1}$$

Diese Funktion gibt an, welche Menge an Gütern Y mit den vorhandenen Mengen an Kapital K und Arbeitseinsatz L mit der derzeitigen Produktionsweise maximal produziert werden kann.

Die neoklassische Theorie nimmt üblicherweise an, daß die Produktionsfunktion bezüglich des Arbeits- und Kapitaleinsatzes konstante Skalenerträge aufweist. Das heißt, daß allein die Größe einer Produktionseinheit oder Region keinen wirtschaftlichen Vorteil ergibt.[2]

---

[2]Formal betrachtet heißen konstante Skalenerträge, daß für jedes $k > 0$ gilt, $F(kK, kL) = kF(K, L)$.

4.1 Wachstum in einer Region

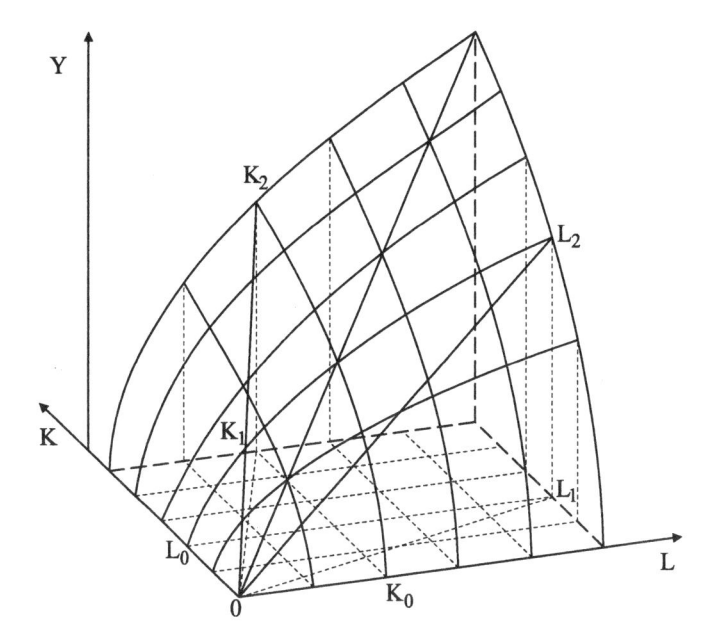

Abbildung 4.1: Eine den Annahmen entsprechende (Cobb–Douglas-)Produktionsfunktion

Während Skalenerträge sich auf gleichzeitige proportionale Veränderung von Kapital *und* Arbeit beziehen, ergeben marginale Änderungen nur eines Produktionsfaktors das Grenzprodukt dieses Faktors. Hier nimmt die neoklassische Theorie an, daß das Grenzprodukt positiv ist, aber mit zunehmender Menge des eingesetzten Faktors abnimmt.[3]

Eine häufig verwendete Funktion, die diesen Annahmen entspricht, ist die Cobb–Douglas-Produktionsfunktion:

$$Y = K^\alpha L^{1-\alpha} \; . \tag{4.2}$$

Abbildung 4.1 stellt diese Funktion graphisch dar. Dabei ist zu beachten, daß wir einerseits aus dem Ursprung des Koordinatensystems Gerade auf die Oberfläche der Funktion legen können (z.B. 0, L_1, L_2 und 0, K_1, K_2) und daß wir bei Schnitten parallel zu den von der K- bzw. L- und der Y-Achse aufgespannten Koordinatenebenen (z.B. K_0, K_1, K_2 und L_0, L_1, L_2) immer Kurven mit positiver, aber abnehmender Steigung erhalten. Die erste Eigenschaft ergibt sich aus der Annahme konstanter Skalenerträge, die zweite aus jener des abnehmenden Grenzprodukts der Produktionsfaktoren.

---

[3] Formal: $\partial Y/\partial K > 0$, $\partial Y/\partial L > 0$ und $\partial^2 Y/\partial K^2 < 0$, $\partial^2 Y/\partial L^2 < 0$.

Technischer Fortschritt wird in der neoklassischen Theorie als exogen gegeben angesehen. Er wird außerhalb des Wirtschaftssystems bestimmt, fällt also „wie Manna vom Himmel". Formal drückt sich dies dadurch aus, daß der Stand des technischen Wissens im Grundmodell der neoklassischen Wachstumstheorie als Funktion der Zeit spezifiziert wird.[4] Natürlich ist diese Art der Einbeziehung des technischen Fortschritts recht unbefriedigend. Sie stellt einen wesentlichen Kritikpunkt an der neoklassischen Theorie dar. Einige neuere theoretische Konzepte haben sich gerade auf den technischen Fortschritt konzentriert und versucht herauszuarbeiten, welche Einflußfaktoren für sein Entstehen wichtig sind. Wir werden auf diese Konzepte in Kap. 6 und 7 genauer eingehen.

Da alle Wirtschaftssubjekte perfekt informiert sind und trachten, ihren Gewinn oder Nutzen zu maximieren, schöpfen sie immer alle Möglichkeiten aus, produzieren also immer den von der Produktionsfunktion angegebenen Wert. Daher gibt es in der neoklassischen Theorie nur drei Faktoren, die zu einer Erhöhung des Output, also zu Wachstum führen können:

1. eine Erhöhung des Kapitaleinsatzes,
2. eine Erhöhung des Arbeitseinsatzes und
3. technischer Fortschritt.

Nachdem wir die Rolle des technischen Fortschritts in der neoklassischen Theorie bereits kurz angesprochen haben (s. auch Kap. 6), wollen wir uns nun auf die beiden anderen Faktoren konzentrieren. Da das Grenzprodukt beider Produktionsfaktoren positiv ist, steigt das Produktionsniveau sowohl bei einer Erhöhung von K als auch bei einer von L. Ändert sich allerdings nur ein Faktor, beispielsweise der Arbeitseinsatz, so ist zu bedenken, daß sich damit das Einsatzverhältnis der beiden Produktionsfaktoren verschiebt. Wie oben angeführt, nimmt die neoklassische Theorie an, daß bei Erhöhung nur eines Faktors das Grenzprodukt dieses Faktors sinkt. Das heißt, daß, wenn nur die eingesetzte Arbeitsmenge zunimmt, der Kapitaleinsatz aber unverändert bleibt, die Arbeitskräfte pro Arbeitsstunde weniger Lohn erhalten. Geht die Erhöhung der Arbeitsleistung ausschließlich auf einen Zuwachs der Zahl der Arbeitskräfte zurück, sodaß also die Arbeitsleistung pro Arbeitskraft unverändert ist, so geht das Wachstum an Wirtschaftsleistung mit einem Rückgang des Pro-Kopf-Einkommens einher.

Das konträre Ergebnis erhalten wir, wenn sich nur der Kapitaleinsatz erhöht, L jedoch unverändert bleibt. In diesem Fall erhöht sich die Kapitalintensität des einzelnen Arbeitsplatzes (d.h. K/L) und das Grenzprodukt

---

[4] Es gibt verschiedene Möglichkeiten, technischen Fortschritt in die formale Darstellung des Modells zu integrieren. In manchen Fällen haben sie verschiedene Implikationen und führen im Detail zu unterschiedlichen Schlußfolgerungen. Für unsere Darstellung sind diese Unterschiede allerdings nicht von Bedeutung.

des Faktors Arbeit steigt. Nachdem die Produktionsfaktoren gemäß den Annahmen der neoklassischen Theorie entsprechend dem Wert ihres Grenzprodukts entlohnt werden, können sich die einzelnen Arbeitskräfte über höhere Löhne freuen.

Im Grundmodell der neoklassischen Wachstumstheorie wird nicht nur das technische Wissen als exogen determiniert angesehen, sondern auch das Angebot an Arbeit. Nur der Kapitalbestand wird innerhalb des Modells, also endogen, bestimmt. Um die Darstellung möglichst einfach zu halten, gehen wir von konstantem technischem Wissen und konstantem Arbeitsangebot aus und konzentrieren uns auf den Prozeß der Kapitalakkumulation. Um den Kapitalbestand zu erhöhen, muß die Wirtschaft investieren. Investiert werden kann aber nur, was zuerst produziert und nicht konsumiert, sondern gespart wurde. Gehen wir von einer konstanten Sparquote s aus, so ergeben sich die Investitionen als fixer Prozentsatz der Produktionshöhe.

Allerdings erhöhen nicht alle Investitionen den Kapitalbestand der Wirtschaft. Investitionen sind auch dazu notwendig, um jenen Teil des Kapitalbestandes zu ersetzen, der in einer bestimmten Periode veraltet und damit unbrauchbar wird. Wieviel Kapital in einer Periode abzuschreiben ist, hängt von vielen Faktoren ab, etwa davon, welche neuen Investitionsgüter auf den Markt gekommen sind, ob sie für die Produktionsweise eines Unternehmens eingesetzt werden können u. dgl. Im Modell nimmt man üblicherweise eine konstante Abschreibungsrate δ an, das heißt also, daß in jeder Periode ein bestimmter Prozentsatz des vorhandenen Kapitalbestandes abgeschrieben wird. Für die Nettoinvestition, I, gilt daher:

$$I = sY - \delta K \ . \tag{4.3}$$

Erhöht sich nun, so wie oben diskutiert, der Kapitalbestand unserer Wirtschaft (bei konstantem Arbeitseinsatz und ohne technischen Fortschritt), so geht mit der Zunahme des Kapitalbestandes auch ein Anstieg der Abschreibungen einher. Da das Grenzprodukt der zusätzlichen Kapitaleinheit mit dem Anstieg des Kapitalbestandes allerdings abnimmt, flacht sich einerseits der Anstieg der Produktionshöhe, andererseits wegen der fixen Sparquote aber auch jener der Ersparnisse ab. Damit wächst zwar mit zunehmendem Kapitalbestand der Bedarf an Ersatzinvestitionen, wegen des beschränkten Sparkapitals können aber die Investitionen damit ab einem bestimmten Punkt nicht mithalten. Damit ist ein Punkt erreicht, ab dem der Kapitalbestand und damit das Pro-Kopf-Einkommen der Arbeitskräfte nicht mehr weiter wachsen kann.

Dieser Zusammenhang ist in Abb. 4.2 dargestellt. Dabei sind auf der horizontalen Achse die Höhe des Kapitalbestandes und auf der vertikalen Achse Produktion, Sparen und Abschreibungen aufgetragen. Die Funktion Y repräsentiert den Schnitt durch die Produktionsfunktion bei gegebenem Arbeitseinsatz und technischem Wissen. Wegen der oben diskutierten An-

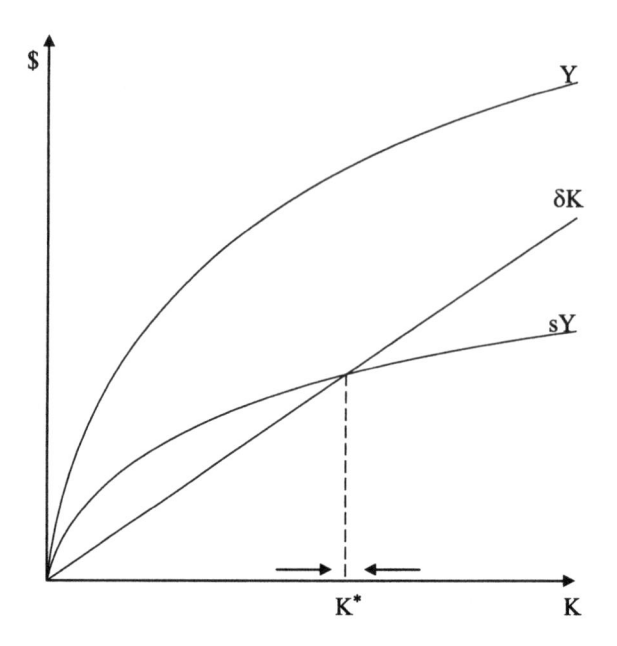

Abbildung 4.2: Gleichgewicht des Kapitalbestandes

nahme des abnehmenden Grenzprodukts weist diese Funktion abnehmende Steigung auf. Die Funktion sY repräsentiert jenen Teil der Produktion, der gespart und damit auch investiert wird. Da sie sich aus der Funktion Y einfach durch Multiplikation mit der konstanten Sparquote s ergibt, weist auch die Funktion sY abnehmende Steigung auf. Die Funktion δK andererseits gibt die Höhe der Abschreibung bei verschiedenen Werten von K an. Wegen der konstant angenommenen Abschreibungsrate repräsentiert sie eine Gerade durch den Ursprung mit Steigung δ. Beim Punkt K^* kommt der Kapitalzuwachs zum Stillstand. An diesem Punkt wird gerade so viel investiert (Funktion sY), daß die Abschreibungen (Funktion δK) ersetzt werden. Der Netto-Kapitalzuwachs ist damit gleich null. Aus (4.3) ist leicht herzuleiten, daß an diesem Punkt

$$\frac{K}{Y} = \frac{s}{\delta} \qquad (4.4)$$

gelten muß. An diesem Gleichgewichtspunkt muß also der Kapitalanteil an der Produktion gleich dem Verhältnis zwischen Sparquote und Abschreibungsrate sein.

Es ist auch leicht zu sehen, daß die Wirtschaft bei zufälligen Abweichungen von K^* automatisch wieder zu diesem Punkt zurückkehrt. Bei einem kleineren Kapitalbestand als K^* übersteigen die Investitionen die Abschrei-

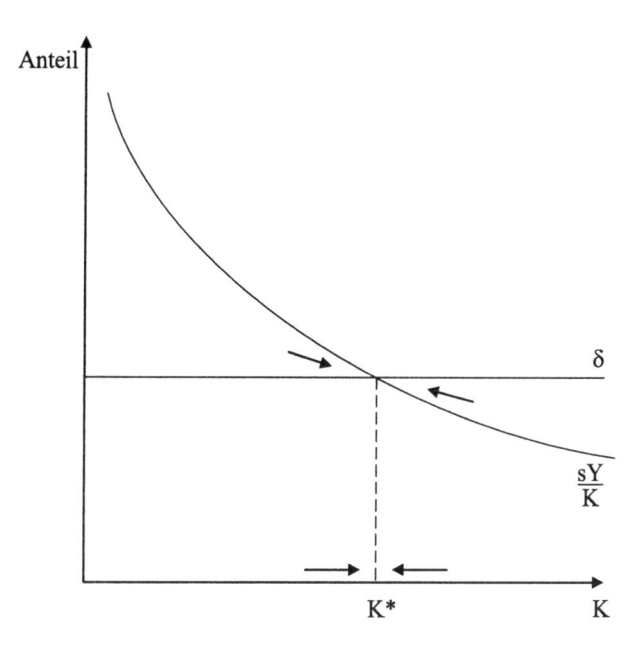

Abbildung 4.3: Gleichgewicht des Kapitalbestandes – Ratendarstellung

bungen, sodaß der Kapitalbestand wächst. Liegt der Kapitalbestand über K^*, so reichen die Investitionen nicht mehr aus, um die Abschreibungen zu ersetzen, sodaß der Kapitalbestand sinkt. Wirtschaften mit einem Kapitalbestand unter K^* wachsen also, und zwar tendenziell umso stärker, je weiter sie unter diesem Gleichgewichtspunkt liegen. Wirtschaften mit einem Kapitalbestand über K^* schrumpfen hingegen, weil die Bevölkerung weniger spart als für Ersatzinvestitionen notwendig ist.

Zusätzlichen Einblick in diesen Zusammenhang liefert Abb. 4.3. Sie stellt die beiden Kurven sY und δK aus Abb. 4.2 *relativ zum Kapitalbestand* dar. Die Kurve δ zeigt uns, welcher Anteil des Kapitalbestandes in einer Periode veraltet – dieser Anteil ist annahmegemäß konstant. Die Kurve sY/K gibt an, um wieviel Prozent der Kapitalbestand durch Investition erhöht werden kann. Wegen der fallenden Grenzproduktivität nimmt dieser Anteil mit wachsendem Kapitalbestand ab. Der Gleichgewichts-Kapitalbestand K^* ist wiederum durch den Schnittpunkt der beiden Kurven gegeben. Der Vorteil der Abb. 4.3 gegenüber der Abb. 4.2 liegt darin, dass sich in letzterer die – positive oder negative – Wachstumsrate des Kapitalbestandes leichter ablesen läßt; nämlich als vertikale Differenz zwischen den beiden Kurven. Analog zu Abb. 4.2 nimmt links von K^* der Kapitalbestand zu, rechts von K^* ab.

Dieser Mechanismus impliziert eine Ausgleichstendenz des neoklassischen Modells. Zwei identisch ausgestattete Regionen[5], von denen eine aus irgendwelchen Gründen einen von K^* abweichenden Kapitalbestand aufweist, werden durch diesen Prozeß der endogenen Bestimmung des Kapitalbestandes wieder einander angeglichen. Dies obwohl die beiden Regionen völlig unverbunden nebeneinander stehen. Das Grundmodell der neoklassischen Wachstumstheorie geht von geschlossenen räumlichen Einheiten aus, es werden also weder Güter noch Produktionsfaktoren zwischen Regionen ausgetauscht. Der Ausgleich ergibt sich einfach aus dem regionsinternen Mechanismus, daß nämlich in einer Region mit relativ niedrigem Kapitalbestand dieser rascher wächst als in einer Region mit relativ hohem Kapitalbestand. Dadurch tendiert jede Region auf jenen Punkt zu, der durch den Gleichgewichtskapitalbestand K^* beschrieben wird, und zwar umso rascher, je weiter sie davon entfernt ist.

Wenn es keinen technischen Fortschritt gibt, so kann Kapitalzuwachs alleine keinen dauerhaften Wachstumsprozeß in der Wirtschaft bewirken. Er kommt wegen des fallenden Grenzprodukts des Kapitals und der steigenden Abschreibungen zum Stillstand. Verbessert sich allerdings die Produktionstechnologie der Wirtschaft, so schiebt der technische Fortschritt die Produktionsfunktion – und damit auch die Funktion sY – kontinuierlich nach oben bzw. den K^* bestimmenden Schnittpunkt der beiden Kurven in Abb. 4.2 nach rechts. Mit dem technischen Fortschritt wachsen auch Kapitaleinsatz, Arbeitsproduktivität und Pro-Kopf-Einkommen. Dieser Wachstumsprozeß wird nun nicht mehr von internen Faktoren des Modells zum Stillstand gebracht.[6] Er kann kontinuierlich ablaufen.

Lange Zeit wurde dieses Ergebnis in der Ökonomik und insbesondere in der Wirtschaftspolitik unkritisch verallgemeinert. Dabei wurde allerdings übersehen, daß es auf den stark vereinfachenden und sehr restriktiven Annahmen des neoklassischen Modells basiert und sich außerdem nur auf jene Faktoren beziehen kann, die im Modell enthalten sind. Seit den frühen siebziger Jahren wissen wir allerdings, daß auch dieser Entwicklungsprozeß durch knappe natürliche Ressourcen und durch Rückwirkungen über das ökologische System beschränkt werden kann. Diese Mechanismen sind nicht Gegenstand unserer Diskussion und seien daher nur am Rande angeführt. Der interessierte Leser sei auf Wicke (1982) und Kneese und Sweeney (1982a,b, 1993) verwiesen.

---

[5]Diese Regionen weisen also identische Kurven sY und δK auf.
[6]Allerdings wird der Wachstumsprozeß von einem Mechanismus angetrieben, der *außerhalb* des Modells liegt. Streng genommen kann damit das neoklassische Wachstumsmodell den Wachstumsprozeß nicht erklären. Ausführlicher werden wir auf diesen Punkt in Kap. 6 eingehen.

4.2 Wachstumsausgleich durch Faktorwanderung

Bisher haben wir uns in unserer Diskussion des neoklassischen Modells nur mit dem Wachstumsprozeß innerhalb einer Volkswirtschaft, also etwa einer Region, beschäftigt. Zu welchen Ergebnissen führt das neoklassische Modell im Fall von mehreren Regionen? Welche Beziehungen ergeben sich zwischen diesen, und wie wirkt sich das Wachstum einer Region auf die anderen Regionen aus? Mit diesen Fragen wollen wir uns in diesem und dem nächsten Abschnitt beschäftigen. In diesem Abschnitt konzentrieren wir uns dabei auf die Seite der Produktionsfaktoren, im nächsten Abschnitt wollen wir diese Fragen dann von der Seite des Gütermarktes aus betrachten.

In dem einfachen neoklassischen Modell haben wir zwei Produktionsfaktoren unterschieden: Arbeit und Kapital. Wegen der grundlegenden Annahmen der Neoklassik werden beide Produktionsfaktoren nach dem Wert ihres Grenzprodukts entschädigt. Im Falle des Faktors Arbeit ist dies der Lohnsatz, im Fall des Kapitals der Kapitalzins. Da alle Wirtschaftssubjekte danach trachten, ihren Nutzen zu maximieren, fließen Arbeit und Kapital immer in jene Nutzung, die ihnen den höchsten Lohnsatz oder Kapitalzins bietet.[7]

Zusätzlich zu den oben angeführten Annahmen wollen wir nun auch unterstellen, daß die Produktionsfaktoren zwischen den Regionen vollkommen mobil sind.[8] Vollkommene Mobilität zwischen den Regionen bedeutet, daß keine Transportkosten anfallen, wenn die Produktionsfaktoren von einer Region in eine andere verfrachtet werden. Damit ignoriert dieses einfache Modell der Neoklassik nicht nur die räumliche Dimension innerhalb der Regionen, sondern eliminiert durch ihre Annahmen auch die Distanzen zwischen den Regionen aus dem Modell.

Um zu sehen, wie sich diese Annahmen auf den Entwicklungsprozeß beider Regionen auswirken, nehmen wir zwei Regionen (Region 1 und 2) an, die die gleiche Produktionstechnologie verwenden, wobei aber aufgrund einer exogenen Störung eine Region – sagen wir Region 1 – kapitalintensiver produziert als die andere (Abb. 4.4). Da also Region 1 relativ mehr Kapital einsetzt als Arbeitskräfte, wird in dieser Region der Lohnsatz über jenem in Region 2 liegen, der Kapitalzins darunter. Dies ergibt sich daraus, daß das Grenzprodukt des Kapitals aufgrund des höheren Kapitaleinsatzes niedriger sein muß als in Region 2, jenes des Faktors Arbeit aus dem gleichen Grund höher. Damit besteht nun allerdings ein Anreiz für die Arbeitskräfte, von Region 2 in Region 1 zu wandern. Da sich das Kapital am Kapitalzins orientiert, wird es in umgekehrter Richtung, nämlich von Region 1 in die Region 2, wandern.

---

[7] Also in jene Nutzung, in der sie am produktivsten sind.
[8] Die Güter nehmen wir weiterhin als immobil an. Es gibt also keinen Handel zwischen den Regionen.

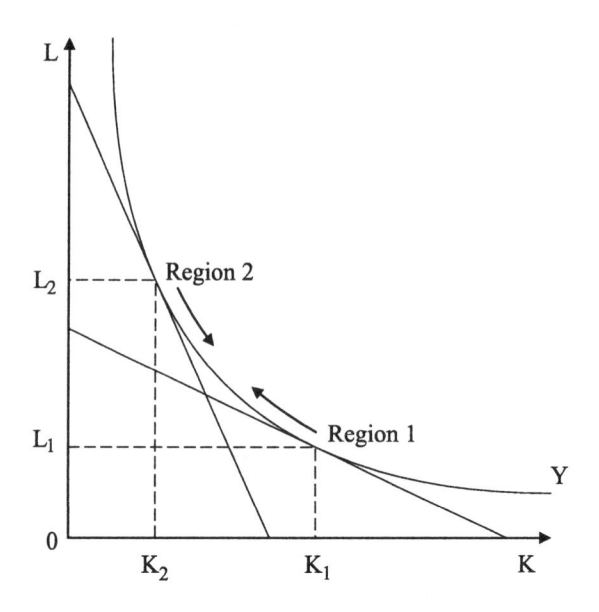

Abbildung 4.4: Faktorwanderung bei interregionalen Unterschieden

Diese Wanderungsbewegungen führen aber nun dazu, daß sich die Einsatzverhältnisse von Kapital und Arbeit in den beiden Regionen verschieben. Region 1, die ursprünglich kapitalintensivere, wird weniger kapitalintensiv (Kapital wandert ab, Arbeitskräfte wandern zu), Region 2 mehr (Kapital wandert zu, Arbeitskräfte wandern ab). Damit beginnen sich die Kapitalintensitäten der beiden Regionen anzugleichen. Dieser Prozeß kommt erst zum Stillstand, wenn keine Unterschiede in Lohnhöhe und Kapitalzins mehr zwischen den beiden Regionen bestehen. Die ungehinderte Faktorwanderung führt also im neoklassischen Modell zu einem Ausgleich von Lohn- und Zinsunterschieden zwischen den Regionen.

Abbildung 4.5 stellt diesen Prozeß graphisch dar. Auf der X-Achse tragen wir die Kapitalintensität (K/L) auf. Auf der Y-Achse messen wir nach oben das Grenzprodukt des Kapitals, nach unten das Grenzprodukt der Arbeit. Die beiden Kurven zeigen, welche Werte bei unterschiedlicher Kapitalintensität erreicht werden. Da die Produktionsfaktoren nach dem Wert ihres Grenzprodukts entlohnt werden, bezeichnen wir die Kurven mit w und r für den Lohnsatz bzw. den Kapitalzins. Die oben diskutierten beiden Regionen sind durch die Punkte R_1 und R_2 repräsentiert. Auf den beiden Kurven sehen wir die Unterschiede in Lohnhöhe und Kapitalzins. Wegen der davon ausgelösten Faktorwanderung bewegen sich R_1 und R_2 aufeinander zu, bis sie sich in einem Punkt – z.B. R – treffen. An diesem Punkt weisen

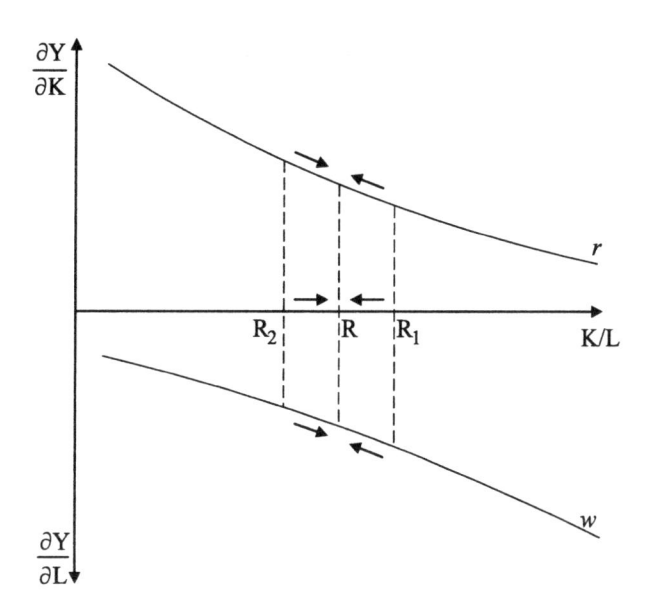

4.2 Wachstumsausgleich durch Faktorwanderung

Abbildung 4.5: Ausgleich der Kapitalintensität durch Faktorwanderung

beide Regionen die gleiche Kapitalintensität auf und entlohnen Arbeit und Kapital gleich.

Diese Vorstellung des Ausgleichs durch Faktorwanderung läßt sich in folgendem, auf Borts und Stein (1964) basierenden Satz von Gleichungen veranschaulichen (s. auch Richardson 1969, 1973; Buttler et al. 1977; Schätzl 1988);

$$\Delta K_i = s_i Y_i + \sum_j K_{ji} , \qquad (4.5)$$

$$\Delta L_i = N_i + \sum_j M_{ji} , \qquad (4.6)$$

$$K_{ji} = k(r_i - r_j) \quad \text{mit} \quad k(0) = 0,\ k' > 0 , \qquad (4.7)$$

$$M_{ji} = m(w_i - w_j) \quad \text{mit} \quad m(0) = 0,\ m' > 0 . \qquad (4.8)$$

Dabei bezeichnet ΔK_i die Veränderung des Kapitals in Region i, ΔL_i jene der Arbeit, N_i ist die natürliche Bevölkerungsveränderung[9] in Region i. Mit K_{ji} und M_{ji} wird der Nettostrom an Kapital bzw. Arbeit von Region

---

[9]Zur Vereinfachung unterstellen wir, daß die gesamte Bevölkerung in den Arbeitsprozeß integriert ist. Genau genommen muß es sich natürlich immer um die Bevölkerung im erwerbsfähigen Alter handeln.

j nach Region i bezeichnet. Die Größen r und w stellen Kapitalzins und Lohnsatz dar, die ja entsprechend den Annahmen des Modells gleich den Wert-Grenzprodukten von Arbeit und Kapital sind.

Gleichungen (4.5) und (4.6) sind Identitäten, die die bereits in Kap. 2 beschriebenen Verflechtungen zwischen den Regionen darstellen. Arbeit oder Kapital kann entweder aus der Region selbst kommen (N_i bzw. $s_i Y_i$) oder aus anderen Regionen zu- oder in diese abfließen. Die Summenausdrücke in (4.5) und (4.6) beschreiben also die Netto-Verflechtung der Region i mit allen anderen Regionen. Erleidet die Region i einen Netto-Abfluß von Kapital oder Arbeitskräften, so ist die entsprechende Summe negativ.

Gleichungen (4.7) und (4.8) sind Verhaltensgleichungen und repräsentieren die Annahme, daß Faktorwanderungen durch Unterschiede in deren Entlohnung ausgelöst werden und daß die Faktoren dorthin wandern, wo sie besser entlohnt werden. Die angeführten Eigenschaften bedeuten,

1. daß die Faktorwanderung bei ausgeglichenen Faktorpreisen zum Erliegen kommt ($k(0) = m(0) = 0$) und
2. daß bei positiver Differenz der Faktorpreise ($r_i > r_j$ bzw. $w_i > w_j$) Faktoren zu-, bei negativer Differenz abwandern ($k' > 0$, $m' > 0$).

Insgesamt ergeben diese Gleichungen wiederum den bereits in Abb. 4.5 dargestellten Prozeß: Ist ein Produktionsfaktor in einer Region knapp, so wird er dort entsprechend seinem höheren Wert-Grenzprodukt höher entlohnt als in anderen Regionen. Dies löst einen Netto-Zustrom dieses Produktionsfaktors aus, wodurch der Bestand dieses Faktors stärker wächst und die Knappheit eliminiert wird.

Dieser Ausgleichsprozeß durch Faktorwanderung läuft zusätzlich zu dem in Abschn. 4.1 beschriebenen Ausgleichsprozeß durch Kapitalakkumulation ab und verstärkt diesen. Dadurch daß Kapital in die relativ arbeitsintensivere Region fließt, wird das ohnehin stärkere Kapitalwachstum dort weiter beschleunigt. Der umgekehrte Mechanismus bremst die Kapitalakkumulation in der kapitalintensiveren Region zusätzlich ein.

4.3 Wachstumsausgleich durch interregionalen Handel

Nachdem wir im vorangegangenen Abschnitt der Frage nachgegangen sind, wie sich Faktorwanderungen auf das regionale Wachstum auswirkt, wollen wir nun die Auswirkungen von interregionalem Handel untersuchen. Dabei knüpfen wir an der außenhandelstheoretischen Analyse von Heckscher und Ohlin (1991) an. Während wir in Abschn. 4.2 davon ausgegangen sind, daß zwischen den Regionen kein Handel getrieben wird, unterstellen wir nun, daß sie keine Produktionsfaktoren austauschen. Wir nehmen also an, daß Güter vollkommen mobil, Produktionsfaktoren hingegen vollkommen immobil sind. Dies entspricht zwar ebensowenig der Realität wie die Annahmen

4.3 Wachstumsausgleich durch interregionalen Handel 73

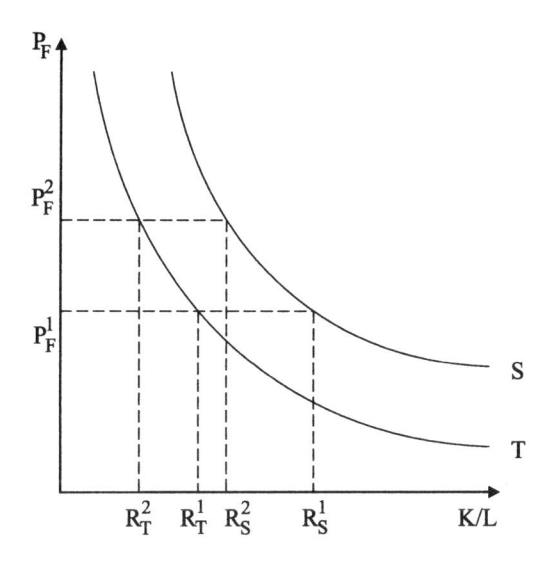

Abbildung 4.6: Auswirkungen des Handels: Ausgangssituation

in Abschn. 4.2, beide Bündel von Annahmen sind aber notwendig, um die Effekte sauber untersuchen zu können.

Wie im vorangegangenen Abschnitt gehen wir wiederum von zwei Regionen aus (Region 1 und 2), die die gleiche Produktionstechnologie verwenden, sich aber in der Ausstattung mit Arbeit und Kapital unterscheiden. Region 1 verfüge über relativ mehr Kapital, Region 2 über relativ mehr Arbeit. Um die Auswirkungen interregionalen Handels herauszuarbeiten, benötigen wir zwei Güter, wobei eines – nennen wir es „Textilien" – arbeitsintensiv produziert wird, das andere – sagen wir „Stahl" – kapitalintensiv (s. auch Armstrong und Taylor 1993).

Wir gehen von der Situation aus, in der kein Handel betrieben wird. Diese Ausgangssituation ist in Abb. 4.6 dargestellt. Auf der X-Achse haben wir die Kapitalintensität (K/L) aufgetragen, auf der Y-Achse den Preis von Kapital relativ zu dem für Arbeit ($P_F = P_K/P_L$). Nachdem Region 1 über mehr Kapital verfügt, wird der relative Preis von Kapital (P_F^1) dort niedriger sein als in Region 2 (P_F^2).

Da sich die Produktionstechnologien zwischen den Regionen nicht unterscheiden, können die Industrien in beiden Regionen auf gleiche Weise Arbeit gegen Kapital und umgekehrt substituieren. Dies drückt sich in Abb. 4.6 in den beiden Kurven T (für die Textilindustrie) und S (für die Stahlindustrie) aus. Sie geben an, mit welcher Kapitalintensität die beiden Industrien bei den verschiedenen Faktorpreisverhältnissen produzieren. Da die Stahlindustrie annahmegemäß kapitalintensiver ist, wird sie bei einem gegebenen

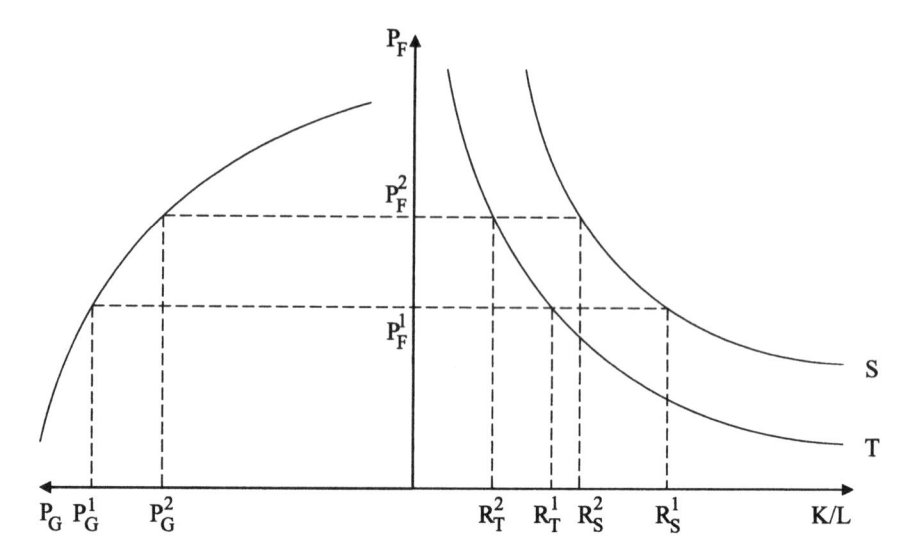

Abbildung 4.7: Auswirkungen des Handels: Faktor- und Güterpreisrelationen

relativen Preis für Kapital immer kapitalintensiver produzieren als die Textilindustrie. Die Kurve S liegt daher rechts von T.

Da Kapital in Region 1 leichter verfügbar und damit billiger ist als in Region 2, wird jede der beiden Industrien in Region 1 relativ mehr Kapital einsetzen (d.h. kapitalintensiver produzieren) als die entsprechende Industrie in Region 2. R_T^1 liegt also rechts von R_T^2 und R_S^1 rechts von R_S^2. In beiden Regionen liegt allerdings die Kapitalintensität der Stahlindustrie über jener der Textilindustrie ($R_S^1 > R_T^1$ und $R_S^2 > R_T^2$).

Die unterschiedlichen Faktorpreise und die Unterschiede in der Faktorintensität der beiden Sektoren wirken sich auf die Güterpreise in den beiden Regionen aus. Da die Textilindustrie in Region 1 mehr von dem dort knappen Faktor Arbeit benötigt als die Stahlindustrie, können Textilien dort nur relativ teuer produziert werden. Gleiches gilt für die Stahlindustrie in Region 2. In Region 1 wird daher der Preis für Textilien relativ zum Stahlpreis hoch sein, in Region 2 niedrig. Abbildung 4.7 erweitert Abb. 4.6 um diesen Aspekt. Wir tragen auf der X-Achse nach links den Preis von Textilien relativ zum Stahlpreis auf ($P_G = P_T/P_S$). Die Kurve G transferiert das auf der Y-Achse aufgetragene Faktorpreisverhältnis in das Güterpreisverhältnis P_G.

Lassen wir in dieser Situation interregionalen Handel zu, so werden Textilien von Region 2 nach Region 1 verkauft werden, Stahl hingegen von Region 1 nach Region 2. Wie wir weiter unten zeigen werden, sind für diese

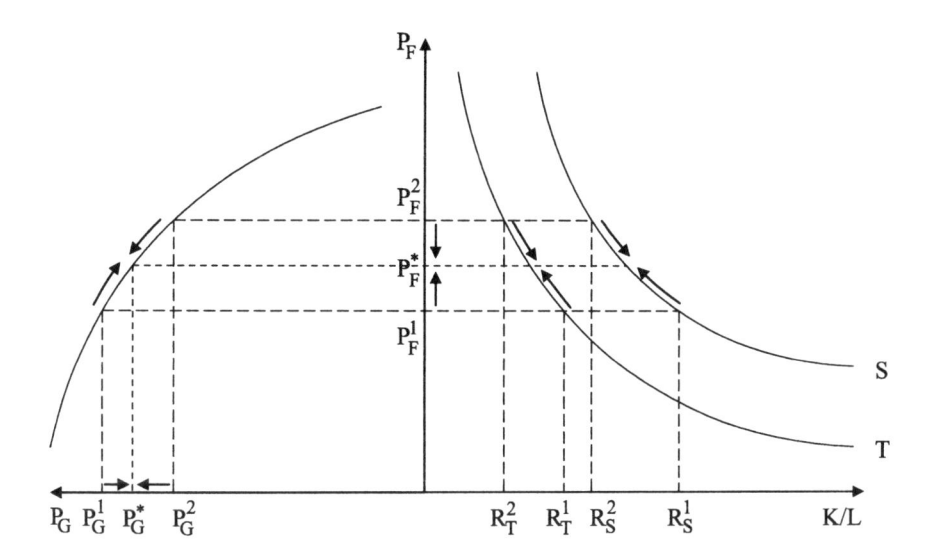

Abbildung 4.8: Ausgleich der Güter- und Faktorpreisrelationen durch Handel

Handelsströme nicht die absoluten, sondern die relativen Preise relevant. Durch diese Güterströme kann sich nun aber jede Region auf jenes Produkt spezialisieren, für das sie besser ausgestattet ist: die mit mehr Kapital ausgestattete Region 1 auf die Produktion von Stahl, die an Arbeitskräften reichere Region 2 auf Textilien. In beiden Regionen wird dadurch der billigere Produktionsfaktor intensiver, der teurere hingegen weniger intensiv genutzt. Dies führt allerdings dazu, daß sich die relativen Faktorpreise P_F^1 und P_F^2 aufeinander zubewegen. In Region 1 wird der Preis für Kapital steigen, jener für Arbeit sinken, wodurch P_F^1 ansteigt. In Region 2 entwickeln sich die Preise in umgekehrter Richtung, P_F^2 sinkt dadurch. Damit kommt es einerseits zu einer Angleichung der relativen Güterpreise, andererseits auch zu einem Ausgleich der Kapitalintensitäten zwischen den Regionen in jedem der beiden Sektoren. In Abb. 4.8 ist diese Entwicklung durch die Pfeile angezeigt. In einer neoklassischen Welt wird sie so lange ablaufen, bis die Gleichgewichtspreise P_F^* und P_G^* erreicht sind. Interregionaler Handel führt also zu einem Ausgleich der relativen Faktorpreise, selbst wenn die Produktionsfaktoren nicht zwischen den Regionen wandern.

Fließen durch den interregionalen Handel billige Textilien aus Region 2 nach Region 1, so bedeutet das für die Textilindustrie in Region 1 eine übermächtige Konkurrenz. Die Textilindustrie in Region 1 wird Märkte verlieren und Arbeitskräfte freisetzen.[10] Weder die Textilunternehmer noch ihre Beschäftigten werden über die neue Konkurrenz sehr erfreut sein. Sie werden die Öffentlichkeit auf ihre mißliche Lage aufmerksam machen und vielleicht versuchen, den Staat zu protektionistischen Maßnahmen zu bewegen. Dadurch kann der Eindruck entstehen, als wäre der interregionale Handel für die Wirtschaft der Region von Nachteil. Den Problemen der Textilindustrie in Region 1 stehen allerdings die zusätzlichen Exporte der Stahlindustrie der Region entgegen. Um die Auswirkungen des interregionalen Handels auf die Region insgesamt einzuschätzen, sind alle seine Auswirkungen zu berücksichtigen.

Durch den interregionalen Handel ergibt sich für die Regionen die Möglichkeit, sich auf die Produktion jenes Gutes zu spezialisieren, das sie im Vergleich zum anderen billiger herstellen kann. Damit können die insgesamt von beiden Regionen benötigten Güter billiger produziert werden, weil nicht mehr in jeder der Regionen ein Teil der vorhandenen Ressourcen für die Produktion jenes Gutes aufgewendet werden muß, für das die Region nicht entsprechend ausgestattet ist.

Die grundlegende Erkenntnis der Theorie von Heckscher und Ohlin kann leicht auf mehr Ressourcen als nur Arbeit und Kapital ausgedehnt werden. Rohstoffe und andere natürliche Ressourcen sind ein naheliegendes Beispiel. Diese Ressourcen sind üblicherweise an einen Standort gebunden, sodaß der räumliche Transfer durch interregionalen Handel besonders wichtig ist. Eine andere Möglichkeit der Weiterentwicklung liegt darin, Arbeit und/oder Kapital nicht als vollkommen homogen aufzufassen, sondern in Klassen zu unterteilen. Beim Faktor Arbeit ist etwa eine Untergliederung in verschiedene Qualifikationsstufen wie „hoch-qualifiziert", „qualifiziert", „unqualifiziert" möglich und in empirischen Untersuchungen auch häufig anzutreffen.

Oben haben wir erwähnt, daß für interregionalen Handel nicht absolute, sondern relative Preisvorteile von Bedeutung sind. Das heißt, es kommt im Fall von zwei Gütern nur darauf an, welches Gut die Region *im Vergleich* zum anderen Gut billiger produzieren kann, nicht darauf, ob das Gut im Vergleich zur anderen Region billiger erzeugt wird. Wenn also eine Region bei beiden Gütern teurer ist, so kann sie trotzdem aus dem interregionalen Handel Vorteile ziehen, wenn sie sich auf die Produktion jenes Gutes konzentriert, das sie relativ billiger erzeugen kann. Dieses auf Ricardo zurückgehende Prinzip ist am einfachsten an einem Beispiel zu illustrieren: Nehmen wir wiederum zwei Regionen – Region 1 und Region 2 – an, die Textilien und Stahl produzieren. Um die Darstellung möglichst einfach zu halten, unterstellen wir, daß es nur einen Produktionsfaktor – Arbeit – gibt. Zur Herstellung einer Einheit Textilien oder Stahl in den beiden Regionen seien in der Ausgangssituation (ohne Handel) die in Tabelle 4.1 angegebenen

---

[10]Die Option, Produktionskapazitäten in die Region 2 zu verlagern, haben wir durch die Annahme ausgeschlossen, daß Produktionsfaktoren vollkommen immobil sind.

Tabelle 4.1: Beispiel: Für die Produktion einer Einheit aufzuwendende Arbeitsstunden

	Region 1	Region 2
Textil	2	10
Stahl	10	20

Arbeitsstunden notwendig. Wie wir sehen, produziert Region 1 beide Güter mit weniger Arbeitseinsatz als Region 1. Sie hat also bei beiden Gütern einen absoluten Vorteil gegenüber Region 2.

Zu bedenken ist, daß wir für beide Regionen die Annahmen des neoklassischen Modells unterstellen. Wegen der damit angenommenen Flexibilität der Preise gibt es in keiner der Regionen unausgelastete Ressourcen. Außerdem ergeben sich alle Preise, sowohl auf den Gütermärkten wie auch auf dem Faktormarkt, unter den Bedingungen der vollkommenen Konkurrenz. Die in Tabelle 4.1 dargestellten Unterschiede drücken damit Unterschiede in der Produktionstechnologie aus und nicht etwa Marktverzerrungen und Monopolgewinne einzelner Produzenten.

Die Tatsache, daß die Wirtschaft der Region 1 bei beiden Gütern wesentlich produktiver ist als jene der Region 2, ist für die ökonomische Einschätzung des Handels nicht relevant. Dafür von Bedeutung ist nur, daß die Produktion von Stahl in Region 1 fünfmal soviel Ressourcen benötigt als die von Textilien, während das Verhältnis in Region 2 bei 1 zu 2 liegt. Das bedeutet, daß die Region 1, will sie eine zusätzliche Einheit Stahl produzieren, zehn Arbeitsstunden von der Textil- zur Stahlindustrie verlagern, also auf 5 Einheiten Textilien verzichten muß. Region 2 hingegen muß für eine zusätzliche Einheit Stahl nur auf zwei Einheiten Textilien verzichten. Die Opportunitätskosten des Stahls liegen damit in Region 1 bei 5 Einheiten Textilien, in Region 2 nur bei zwei. Damit ist Region 2 relativ effizienter in der Stahlproduktion, während Region 1 die Ressourcen in der Textilindustrie relativ effizienter einsetzt.

Nehmen wir an, Region 2 entscheidet sich dafür, ihre komparativen Vorteile in der Stahlproduktion zu nutzen. Sie will Stahl für den Export produzieren und dafür Textilien aus Region 1 importieren. Um beispielsweise fünf Einheiten Stahl mehr erzeugen zu können, muß die Wirtschaft von Region 2 die Produktion von zehn Einheiten Textilien aufgeben. Diese importiert sie aus Region 1, die allerdings die zusätzlichen zehn Einheiten Textil nur dann erzeugen kann, wenn sie auf die Produktion von zwei Einheiten Stahl verzichtet. Dies wird der Region allerdings relativ leicht fallen, da Region 2 ohnedies fünf Einheiten Stahl für den Export bereitliegen hat. Importiert sie daher etwa drei Einheiten Stahl aus Region 2 als Kompensation für die

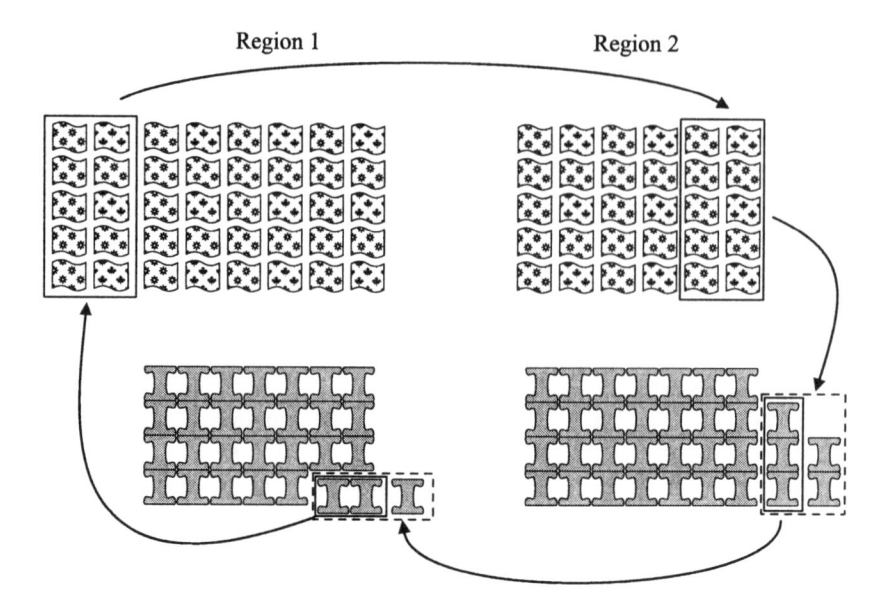

Abbildung 4.9: Produktionserhöhung durch Nutzung komparativer Vorteile

Lieferung der gewünschten zehn Einheiten Textil,[11] so verfügen beide Regionen über die gleiche Menge Textilien wie vor dem Beginn des Handels, Region 1 hat aber eine, Region 2 zwei Einheiten Stahl mehr zur Verfügung. Wie wir sehen, sind nun *beide* Regionen besser gestellt als ohne Handel. Abbildung 4.9 stellt dieses Beispiel graphisch dar.

Bleiben die Opportunitätskosten und damit die komparativen Vorteile bestehen, so können beide Regionen die Spezialisierung weiter treiben und damit ihren Wohlstand steigern. Allerdings werden sich durch die Verschiebung zwischen den Sektoren innerhalb der Regionen auch die Opportunitätskosten verschieben und langsam angleichen. Erst wenn in beiden Regionen die Austauschverhältnisse zwischen Textilien und Stahl gleich sind, verschwindet der Anreiz für eine weitere Spezialisierung und Ausdehnung des interregionalen Handels.

4.4 Einschätzung der neoklassischen Theorie

Die neoklassische Theorie ist ein faszinierendes Gedankengebäude von klarer Struktur und beachtlicher logischer Konsistenz. Sie durchzieht alle Teilbereiche der Ökonomik. Wir haben hier von diesem Gedankengebäude nur

---

[11] Weil etwa die Weltmarktpreise für Stahl und Textilien im Verhältnis 3:10 zueinander liegen.

4.4 Einschätzung der neoklassischen Theorie

einen sehr kleinen, für unsere Fragestellung relevanten Teil dargestellt.
Die Querverbindungen zu anderen Teilen der Ökonomik ermöglichen es der neoklassischen Theorie der Regionalentwicklung, auch auf Fragen einzugehen, die außerhalb ihres eigentlichen Themenbereichs liegen. So kann sie etwa durch die Einbeziehung wohlfahrtstheoretischer Aspekte Aussagen über die Effizienz einer regionalpolitischen Maßnahme treffen oder regionalökonomische Zusammenhänge in allgemeine Gleichgewichtsmodelle integrieren.[12] Mangels Einbindung in eine übergreifende ökonomische Theorie ist derartiges mit konkurrierenden Theorien der Regionalentwicklung nicht möglich.

Allerdings ist dieses umfassende, konsistente Gedankengebäude der neoklassischen Theorie nur aufgrund einiger stark vereinfachender Annahmen möglich. Die wichtigsten Annahmen haben wir bereits am Anfang dieses Kapitels dargestellt. Die grundlegenden Aussagen der neoklassischen Theorie leiten sich logisch aus diesen Annahmen ab.[13] Hier wollen wir uns kurz mit zwei dieser Annahmen kritisch auseinandersetzen: der Mobilitätsannahme und der Annahme perfekter Information.

Annahmen über die Mobilität tauchen in der neoklassischen Theorie in mehreren Facetten auf. Einerseits als Vorstellung, daß die betrachteten Produktionsfaktoren Arbeit und Kapital in sich homogen sind, daß also eine Arbeitskraft durch jede andere und eine Kapitaleinheit durch die andere ersetzt werden kann. Damit werden unterschiedliche Qualifikationen von Arbeitskräften, Unterschiede in ihrer Schulbildung und Berufserfahrung, Unterschiede in ihrer Zugehörigkeit zu verschiedenen sozialen Gruppen u.a. vernachlässigt.[14] Die Theorie berücksichtigt nicht, daß gerade am Arbeitsmarkt Entscheidungen – etwa über die Ausbildung oder die Berufswahl – oft nur mit hohen finanziellen und sozialen Kosten revidiert werden können.[15] Institutionelle Gegebenheiten, die etwa den Arbeitsmarkt in verschiedene Teilarbeitsmärkte segmentieren, zwischen denen ein Wechsel kaum möglich ist, werden von der neoklassischen Theorie negiert oder bestenfalls als vorübergehende Störungen anerkannt.

Aber auch für den Produktionsfaktor Kapital lassen sich ähnliche Argumente anführen. Zwar ist Finanzkapital sehr flexibel, doch ist es einmal in

---

[12] In den letzten Jahren haben berechenbare allgemeine Gleichgewichtsmodelle auch in der Regionalökonomik zunehmend an Bedeutung gewonnen (s. etwa Harrigan et al. 1992, Buckley 1992)

[13] Das bedeutet, daß, wenn wir bereit sind, die Annahmen der neoklassischen Theorie zu akzeptieren, wir auch ihre Ergebnisse akzeptieren müssen.

[14] Es gibt zwar Varianten der neoklassischen Theorie, die sich mit den Entscheidungen über Humankapitalinvestitionen beschäftigen, doch gehen diese aufgrund der Annahme perfekter Information üblicherweise davon aus, daß die Ergebnisse dieser Entscheidungen perfekt antizipiert werden. Damit werden Unterschiede zwischen Arbeitskräften typischerweise als freiwillig und nutzenmaximierend betrachtet.

[15] Man denke etwa an die Schwierigkeiten älterer Arbeitnehmer, einen neuen Arbeitsplatz zu finden.

Sachkapital investiert, so kann es üblicherweise nicht mehr in eine andere Nutzung transferiert werden. Auch über reine Markttransaktionen hinausgehende Beziehungen zwischen Unternehmen – etwa längerfristige Lieferverpflichtungen, organisatorische Abhängigkeiten, unterschiedliche Macht – vertragen sich nicht mit den Mobilitätsvorstellungen der Neoklassik.

In räumlicher Hinsicht haben wir in Abschn. 4.2 und 4.3 Annahmen über die interregionale Mobilität von Gütern und Produktionsfaktoren getroffen. Dabei haben wir angenommen, daß sie zwischen den Regionen vollkommen mobil sind, daß also Güter und Dienstleistungen oder Produktionsfaktoren ohne jede Friktion zwischen den Regionen transferiert werden können. In dieser einfachen Modellversion fällt damit aber ein wesentliches Charakteristikum des Raumes weg, nämlich, daß seine Überwindung Kosten verursacht. Da die Regionen selbst immer als ausdehnungslose Punktregionen behandelt werden, wird mit derartigen Mobilitätsannahmen genaugenommen der Raum aus der neoklassischen Theorie der Regionalentwicklung eliminiert. Wir haben es daher mit dem eigenartigen Phänomen einer Regionalentwicklungstheorie ohne räumliche Dimension zu tun.

In dieser Schärfe ist dieser Kritikpunkt natürlich nur im Zusammenhang mit den sehr vereinfachenden Annahmen gerechtfertigt, die wir in Abschn. 4.2 und 4.3 getroffen haben. Tendenziell trifft er aber auch auf komplexere Modellvarianten zu. Sie berücksichtigen zwar die Transportkosten und integrieren damit die Kosten der Raumüberwindung, ignorieren dabei aber typischerweise, daß dadurch Märkte räumlich segmentiert werden, wodurch es zu räumlichen Monopolen oder Oligopolen kommen kann. Diese stehen aber in Widerspruch zur Annahme atomistischer Konkurrenz.

Die Annahme perfekter Information besagt, daß die Wirtschaftssubjekte über alle relevanten ökonomischen Tatbestände (insb. Preise) genau informiert sind. Dies betrifft nicht nur die ökonomischen Tatbestände in ihrem unmittelbaren Umfeld, sondern auch alle zukünftigen und die in anderen Regionen. In der neoklassischen Welt „wissen" also die Arbeitskräfte genau, um wieviel mehr sie in einer anderen Region verdienen können – egal wie weit entfernt diese ist –, und auch, wie sich ihre Einkommen in den einzelnen Regionen in Zukunft entwickeln werden.

Woher dieses Wissen kommt, bleibt unklar. Es muß den Wirtschaftssubjekten irgendwie als Eingebung zufliegen. Denn müßten sie sich um diese Informationen bemühen und Zeit und Ressourcen aufwenden, um sie zu bekommen, so würden sie nie den Zustand perfekter Information erreichen. Als rational handelnde Individuen würden sie nur so lange Information sammeln, wie der zu erwartende Grenznutzen der Information über deren Grenzkosten liegt. Da der Grenznutzen der Information, wenn wir uns dem Zustand perfekter Information nähern, gegen null tendiert,[16] kann dieser

---

[16] Bei fast perfekter Information können wir die Situation bereits so gut einschätzen, daß eine zusätzliche Informationseinheit kaum mehr etwas an ökonomischem Wert hat.

Zustand nur erreicht werden, wenn auch die Grenzkosten der Information gleich null sind.

Die Annahme perfekter Information eliminiert einen weiteren wesentlichen Aspekt räumlicher Differenzierung. Aufgrund dieser Annahme bestehen in der neoklassischen Welt keine Informationsunterschiede zwischen nahen und weiter entfernten Regionen. Egal, wie weit entfernt eine Region auch ist, das Wirtschaftssubjekt kennt – annahmegemäß – alle ihre relevanten Wirtschaftsdaten und kann auch deren zukünftige Entwicklung präzise einschätzen. Dementsprechend schwer tut sich die neoklassische Theorie auch dabei, den starken Entfernungseinfluß beispielsweise im Wanderungsverhalten zu erklären (s. etwa Maier 1985).

Trotz dieser Einwände sollte die Bedeutung der neoklassischen Theorie nicht unterschätzt werden. Ihr wesentlicher Beitrag besteht darin, daß sie von der Entscheidungsfreiheit der Menschen ausgeht und erkennt, daß die Menschen mit ihrem Handeln ihre subjektiven Ziele verfolgen. Da die Lebensumstände der Menschen und die Rahmenbedingungen, in denen sie Entscheidungen zu treffen haben, wesentlich komplexer sind als von der neoklassischen Theorie aufgrund ihrer vereinfachenden Annahmen zugestanden wird, werden ihre theoretischen Voraussagen – z.B. der perfekte Ausgleich der Faktorpreise durch Faktorwanderung – nicht vollkommen zutreffen. Bei besonders großen Unterschieden zwischen den Regionen werden die von der neoklassischen Theorie beschriebenen Kräfte allerdings derart stark auftreten, daß sich die Unterschiede wieder annähern oder zumindest nicht weiter vergrößern.

Für die regionale Wirtschaftspolitik hat das neoklassische Modell einige weitreichende Konsequenzen. Treffen die Annahmen des neoklassischen Modells zu, so tendiert die Wirtschaft auch ohne wirtschaftspolitische Eingriffe auf eine ausgeglichene Entwicklung zu. Unterschiede zwischen den Regionen – etwa im Einkommen – können auf Dauer nur dann bestehen, wenn sie von entgegengesetzten Unterschieden – etwa in der Umweltqualität – kompensiert werden. Versucht die Wirtschaftspolitik nun, die Einkommensunterschiede auszugleichen, so schafft sie damit nur *mehr* Ungleichheit zwischen den Regionen, weil sie die kompensierenden Unterschiede in der Lebensqualität nicht erkennt.

Nach neoklassischer Vorstellung besteht die Aufgabe der regionalen Wirtschaftspolitik darin, für das Zutreffen der Annahmen der Neoklassik zu sorgen. Sie soll die Mobilität von Arbeit und Kapital erhöhen, Mobilitätsschranken wie administrative Hindernisse oder Markteintrittsbarrieren abbauen und den Informationsfluß zwischen den Regionen verbessern. Wenn sich die Wirtschaftspolitik darüber hinaus nicht in den Wirtschaftsprozeß einmischt, so werden sich Wachstumsunterschiede zwischen den Regionen ausgleichen, und die Regionen werden einen ausgeglichenen Wachstumspfad einschlagen. Außerdem tendiert eine neoklassische Wirtschaft, wie bereits in

Band 1, S. 115ff. diskutiert, unter bestimmten Voraussetzungen automatisch zu einem Pareto-optimalen Zustand[17]. Die (regionale) Wirtschaftspolitik, so die neoklassische Vorstellung, kann diese Entwicklung auf einen optimalen Zustand hin nur stören und führt so zu Wohlfahrtsverlusten. Sie sollte sich daher über das Sicherstellen der Voraussetzungen hinaus nicht in das Wirtschaftsleben einmischen.

Allerdings haben wir auch bereits in Band 1 (S. 115ff.) dargelegt, daß gerade aus regionaler Sicht die Möglichkeit, daß die Voraussetzungen der Neoklassik zutreffen, skeptisch zu beurteilen ist. Aufgrund der Tatsache, daß wirtschaftliche Aktivitäten an bestimmten Standorten entfaltet werden, wo sie zwangsläufig mit anderen Aktivitäten in Wechselwirkung treten, entstehen positive und negative externe Effekte. Trotz einer großen Zahl von Anbietern können räumliche Monopole auftreten, die den Wirtschaftstreibenden ermöglichen, in gewissem Umfang die Preise zu beeinflussen. Darüber hinaus erfordert gerade die Überwindung des Raumes Infrastruktureinrichtungen (z.B. Straßen, Telekommunikationsnetze), die in gewissem Umfang den Charakter öffentlicher Güter tragen. Alles dies sind Phänomene, die den Voraussetzungen der Neoklassik widersprechen und daher auch deren wirtschaftspolitische Konsequenzen in Frage stellen.

4.5 Zusammenfassung

Die neoklassische Theorie der Regionalentwicklung baut auf dem Standardmodell der neoklassischen Wirtschaftstheorie und ihren grundlegenden Annahmen auf. Kern der neoklassischen Sichtweise ist die Vorstellung, daß Knappheiten zu Veränderungen von Preisen führen, auf die die Wirtschaftssubjekte reagieren, wodurch die Knappheiten wiederum beseitigt werden. Dieser Mechanismus zum Gleichgewicht ist in verschiedensten Formen in der neoklassischen Theorie zu finden.

In Abschn. 4.1 dieses Kapitels stellen wir das Grundmodell der neoklassischen Wachstumstheorie dar, das das Wachstum in einer geschlossenen Region betrachtet. Zentraler Mechanismus des Modells ist der Prozeß der Kapitalakkumulation, bei dem durch Sparen und Investieren Kapital angesammelt wird, wodurch die produzierte Menge an Gütern und Dienstleistungen wächst. Dieser Prozeß kann allerdings nicht unbegrenzt ablaufen, sondern kommt zum Stillstand, wenn die Investitionen nur mehr ausreichen, die Abschreibungen zu ersetzen. Nur durch exogenen technischen Fortschritt kann weiter Wachstum ermöglicht werden.

Obwohl das Grundmodell der neoklassischen Wachstumstheorie nur eine Region betrachtet, lassen sich daraus trotzdem Aussagen für den Ausgleich

---

[17]Das ist ein Zustand, in dem kein Wirtschaftssubjekt besser gestellt werden kann, ohne daß ein anderes Wirtschaftssubjekt schlechter gestellt wird (s. etwa Gravelle und Rees 1981, S. 474ff.)

4.5 Zusammenfassung

zwischen Regionen ableiten. Es läßt sich nämlich zeigen, daß eine Region umso schneller Kapital ansammelt und damit wächst, je geringer ihre Kapitalausstattung ist. Durch dieses schnellere Wachstum kommt es im Zeitablauf zum Ausgleich zwischen den Regionen.

Da Regionen natürlich nicht völlig voneinander isoliert sind, untersuchen wir in Abschn. 4.2 und 4.3 die Auswirkungen der interregionalen Mobilität von Produktionsfaktoren und Gütern. Dadurch, daß Lohnsatz und Kapitalzins gemäß den Annahmen der Neoklassik sich aus dem Wert-Grenzprodukt von Arbeit und Kapital ergeben, müssen Regionen, in denen ein Produktionsfaktor relativ knapp ist, höhere Preise für diesen Faktor aufweisen. Bei mobilen Produktionsfaktoren (Abschn. 4.2) kommt es in der Folge zu Wanderung dieses Faktors von jener Region, die damit besser ausgestattet ist, in jene, wo der Faktor knapp ist. Dieser Prozeß gleicht die Ausstattungs- und die Entlohnungsunterschiede zwischen den Regionen aus.

Sind nur die Güter zwischen den Regionen mobil (Abschn. 4.3), so kommt es bei Ausstattungsunterschieden zwischen den Regionen zu Spezialisierung auf die Produktion jener Güter, für die die Region besser ausgestattet ist. Dadurch, daß jede Region ihre komparativen Vorteile nützt, kann die gesamte Volkswirtschaft mit den vorhandenen Ressourcen mehr produzieren. Handel erweist sich damit als vorteilhaft für alle beteiligten Regionen.

Das neoklassische Modell zeichnet sich durch formale Klarheit und logische Geschlossenheit aus, baut aber auf einigen problematischen Annahmen auf. Einige dieser Annahmen diskutieren wir in Abschn. 4.4. Gerade aus räumlicher Sicht erweisen sich die neoklassischen Annahmen als recht problematisch. Fragwürdig sind auch die Vorstellungen über den Innovationsprozeß und der Umgang mit dem Raum.

4.6 Übungsaufgaben und Kontrollfragen

1. Diskutieren Sie die grundlegenden Annahmen der neoklassischen Theorie der Regionalentwicklung. Welche dieser Annahmen halten Sie für besonders problematisch?
2. Erläutern Sie, wie es im neoklassischen Modell auch ohne Handel und ohne Faktormobilität zu einem Ausgleich zwischen Regionen kommen kann.
3. Beschreiben Sie die Rolle des technischen Fortschritts im neoklassischen Modell.
4. Diskutieren Sie Gl. (4.5) bis (4.8).
5. Diskutieren Sie Abb. 4.6 bis 4.8.
6. Beschreiben Sie, wie es im neoklassischen Modell durch Handel zu einem Ausgleich der Faktorentlohnung kommen kann.
7. Worin liegen die Stärken, worin die Schwächen der neoklassischen Theorie der Regionalentwicklung?
8. Beschreiben Sie eine Regionalpolitik, die sich am neoklassischen Modell orientiert. Geben Sie Beispiele für regionalpolitische Maßnahmen, die nach neoklassischer Vorstellung zulässig oder nicht zulässig sind.

Kapitel 5
Polarisationstheorie

Die Aussagen der neoklassischen Theorie, wie wir sie in Kap. 4 dargestellt haben, sind nie widerspruchslos akzeptiert worden. Vor allem zwei Punkte sind immer wieder auf Kritik gestoßen:

1. die der Neoklassik inhärente Tendenz zum Gleichgewicht und
2. ihre Implikation, daß Wirtschaftspolitik sich darauf beschränken sollte, die Funktionsfähigkeit des Marktmechanismus zu gewährleisten, darüber hinaus aber nicht in den Wirtschaftsprozeß eingreifen sollte.

Der Gleichgewichtstendenz der Neoklassik steht die Erfahrung gegenüber, daß im Wirtschaftsleben prosperierende und stagnierende Bereiche nebeneinander auftreten, seien es nun verschiedene Regionen, Länder oder Sektoren, zwischen denen oft erhebliche Einkommens- und Preisunterschiede bestehen. Insbesondere die Auseinandersetzung mit den Entwicklungsproblemen der Dritten Welt, aber auch die Erfahrung mit langfristig benachteiligten Gebieten wie den Grenzregionen in Mitteleuropa oder den Appalachen in den USA oder mit Problemsektoren wie Landwirtschaft, Schwerindustrie oder Schiffsbau haben Zweifel an der Ausgleichsfunktion des Marktes genährt, wie sie von der neoklassischen Theorie herausgestrichen wird.

Die wirtschaftspolitischen Aussagen der Neoklassik werden vor diesem Hintergrund als zynischer Versuch gesehen, die Verantwortung für wirtschaftliche Probleme auf die Betroffenen abzuwälzen. Arbeitslosigkeit ist nach neoklassischer Vorstellung nicht darin begründet, daß es zu wenig Arbeitsplätze gibt, sondern darin, daß die Arbeiter nicht bereit sind, von ihren zu hohen Lohnvorstellungen abzurücken. Einkommensunterschiede zwischen Regionen ergeben sich entweder aus der zu niedrigen Mobilität der Menschen in den einkommensschwachen Gebieten, die nicht bereit sind abzuwandern, oder werden von diesen freiwillig, im Ausgleich gegen niedrigere Preise – etwa von Wohnungen und Grundstücken – und höhere Lebensqualität in Kauf genommen.

5.1 Grundzüge der Polarisationstheorie

Aus dieser Auseinandersetzung mit der Neoklassik ist die Polarisationstheorie entstanden. Allerdings handelt es sich dabei nicht wirklich um eine geschlossene, in sich konsistente Theorie im eigentlichen Sinn des Wortes, sondern vielmehr um eine im Lauf der Zeit entstandene Ansammlung von entwicklungsbezogenen Argumenten mit einigen gemeinsamen Charakteristika.

Im Gegensatz zur Neoklassik, die ihre Aussagen aus einem Satz von Annahmen deduktiv ableitet, wurden die polarisationstheoretischen Argumente induktiv gewonnen. Sie sind das Ergebnis detaillierter empirischer Untersuchungen, von Fallstudien oder der einschlägigen Erfahrung des Forschers und spiegeln daher in gewissem Umfang die realen Umstände wider, unter denen sie gewonnen wurden. Damit erscheinen sie zwar weniger abstrakt als die Annahmen und Konstrukte der Neoklassik, sind aber einer rigorosen Formulierung und Ableitung von Implikationen und Konsequenzen nur schwer zugänglich. Erst in den letzten Jahren wurden einige polarisationstheoretische Argumente aufgegriffen und im Rahmen der endogenen Wachstumstheorie und der „New Economic Geography" in das formale Gerüst der neoklassischen Ökonomik integriert. Wir werden auf diese Ansätze in Kap. 6 eingehen.

Wie schon der Name andeutet, stellen die Polarisationsansätze der Gleichgewichts- und Konvergenztendenz der Neoklassik die Vorstellung ungleichgewichtiger und divergierender Entwicklungspfade entgegen. Der Entwicklungsprozeß führt ihrer Ansicht nach nicht zu einem Ausgleich, sondern eher zu einer Verstärkung von Unterschieden. Dies wird mit einer Reihe von Argumenten begründet, die trotz Unterschieden im Detail einige grundlegende Gemeinsamkeiten aufweisen:

- Produktionsfaktoren werden als heterogen und zumindest teilweise immobil angesehen. Dadurch können sie nicht vollständig substituiert werden, wodurch eine Tendenz zum Ausgleich von Faktorpreisen behindert wird.
- Die Märkte sind nicht durch vollständige Konkurrenz, sondern durch Monopole, Oligopole und Externalitäten geprägt.
- Informationen, insbesondere solche über technische und organisatorische Neuerungen, sind nicht automatisch überall frei verfügbar, sondern breiten sich im Raum und durch das Wirtschaftssystem aus.

Die Vertreter der Polarisationstheorie sind vielfach auch nicht bereit, die Wirtschaft und ihre Entwicklung isoliert zu betrachten. Vielmehr sehen sie sie eingebunden in ein soziales und politisches Umfeld, das mit der Wirtschaft in Beziehung steht. Die Entwicklung der Wirtschaft, der Gesellschaft und der Politik stehen damit in Verbindung und beeinflussen einander wechselseitig.

Polarisationsargumente wurden sowohl für eine divergierende Entwicklung zwischen Sektoren als auch zwischen Regionen entwickelt. Obwohl für uns hier natürlich vor allem die regionale Polarisation von Interesse ist, wollen wir kurz auf die wichtigsten Argumente der sektoralen Polarisation eingehen, weil diese eine wichtige konzeptuelle Basis für die Entwicklung regionaler Polarisationsargumente bildeten und auch für deren Verständnis von Bedeutung sind.

5.1.1 Sektorale Polarisation

François Perroux argumentiert in einer Reihe von Aufsätzen (z.B. Perroux 1950, 1955, 1961), daß wirtschaftliches Wachstum nicht gleichmäßig erfolgt, sondern seinen Ursprung in einer sogenannten „motorischen Einheit" hat. Dies ist ein Sektor der Wirtschaft, der überdurchschnittlich stark wächst und durch seine starke Verflechtung mit anderen Sektoren diese beeinflußt. Auf diese Art treibt die motorische Einheit die Entwicklung der gesamten Wirtschaft voran.

Die motorische Einheit unterscheidet sich von den anderen Sektoren der Wirtschaft durch

- ihre bedeutende Größe,
- ihre starke Dominanz gegenüber anderen Sektoren,
- ihre starke Verflechtung mit anderen Sektoren und
- ihr starkes Wachstum.

Nur wenn diese Voraussetzungen erfüllt sind, kann die motorische Einheit Impulse in nennenswertem Umfang generieren und auf die übrige Wirtschaft übertragen.

Die Impulse der motorischen Einheit entstehen vor allem auf zwei Arten: durch die Realisierung interner und externer Ersparnisse, d.h. positiver interner und externer Effekte, und durch Innovationen. Bestehen positive interne oder externe Effekte, so führt das Wachstum der motorischen Einheit zu niedrigeren Stückkosten und damit automatisch zu einer Stärkung ihrer ohnedies schon starken Position. Durch die zunehmende Marktmacht und wachsende – auch politische – Bedeutung kann sie ihre Dominanz gegenüber anderen Sektoren der Wirtschaft ausbauen. Durch die Expansion der motorischen Einheit erhöht sich deren Bedarf an Inputfaktoren und an Vorprodukten, wodurch sie den Wachstumsimpuls auf andere Teile der Wirtschaft überträgt.

In der Größe und Dominanz der motorischen Einheit sieht Perroux auch einen wesentlichen Faktor für deren Fähigkeit zur Innovation. Durch Produkt- und Prozeßinnovationen verbessert die motorische Einheit allerdings auch ihren Vorsprung gegenüber den anderen Teilen der Wirtschaft. Dieser Vorsprung schlägt sich im Sinne Schumpeters in einer Monopolrente – also einem höheren Gewinn – nieder, die es der motorischen Einheit wiederum erleichtert, weitere Innovationen zu finanzieren. Auf diese Art trägt auch der Innovationsprozeß dazu bei, die Dominanz der motorischen Einheit zu festigen.

Auf die übrige Wirtschaft übt die motorische Einheit nicht nur positive, als „Anstoßeffekte" bezeichnete Wirkungen aus, sondern auch negative „Bremseffekte". Diese entstehen etwa dadurch, daß die motorische Einheit den anderen Sektoren aufgrund ihrer Dominanz Produktionsfaktoren entzieht, ihre Marktmacht zu deren Nachteil durchsetzt, oder deren Innovationsfähigkeit hemmt. Ähnliche Paare von positiven und negativen Auswirkungen auf die Umgebung sind auch bei den Vertretern der regionalen Polarisation zu finden.

5.1.2 Regionale Polarisation

Während Perroux ausschließlich in einem sektoralen Zusammenhang argumentiert, streichen die Vertreter der regionalen Polarisation vor allem die Unterschiede *zwischen Regionen* hervor und diskutieren die Mechanismen, die zu regionaler Polarisation führen. Klassische Vertreter dieses Zweiges der Polarisationstheorie sind Gunnar Myrdal und Alfred O. Hirschman.

Was den Wachstumsprozeß innerhalb einer räumlichen Einheit (Region, Land, Ländergruppe) betrifft, so vertreten Hirschman (1958) und Myrdal (1957) sehr ähnliche Vorstellungen wie Perroux. Durch Skalenerträge, externe Effekte und monopolistische oder oligopolistische Strukturen verbessern zufällige Wachstumsimpulse die Chancen für zukünftiges Wachstum oder verschlechtern zufällige Wachstumshemmnisse die Chancen für die Zukunft. Durch intersektorale Verflechtungen im Sinne des Input-Output-Modells und durch Externalitäten breiten sich (positive wie negative) Impulse auf andere Sektoren der räumlichen Einheit aus. Besondere Bedeutung als Entwicklungsimpulsen kommt dabei den Innovationen zu, die einer Region einen Entwicklungsvorsprung vor anderen Regionen verschaffen können.

Myrdal stellt den Ausgleichsprozessen der Neoklassik, die Entwicklungsimpulse räumlich und sektoral verteilen und zufällige Unterschiede ausgleichen, seine Vorstellung von einem *zirkulär verursachten kumulativen Prozeß* entgegen. Während in der neoklassischen Vorstellung eine Abweichung vom Gleichgewicht Prozesse auslöst, die die abweichende wirtschaftliche Größe wiederum auf ihren Gleichgewichtswert zurückführt, argumentiert Myrdal mit Zusammenhängen, die auf die ursprüngliche Abweichung so zurückwirken, daß sie *verstärkt* wird. Der Prozeß wirkt somit – im Sinne eines Teufelskreises – nicht ausgleichend, sondern verstärkend. Impulse in positiver oder negativer Richtung *kumulieren* daher im Laufe der Zeit zu ausgeprägten und stabilen Entwicklungsunterschieden. Im Systemzusammenhang betrachtet, unterstellt die Neoklassik also negative Rückkoppelung – der Rückkoppelungseffekt wirkt dem ursprünglichen Impuls entgegen –, während Myrdal die Möglichkeit positiver Rückkoppelung betont.

Myrdal behauptet jedoch nicht, daß es *ausschließlich* positive Rückkoppelungseffekte gäbe. Vielmehr sieht er ein Nebeneinander positiver und ne-

5.1 Grundzüge

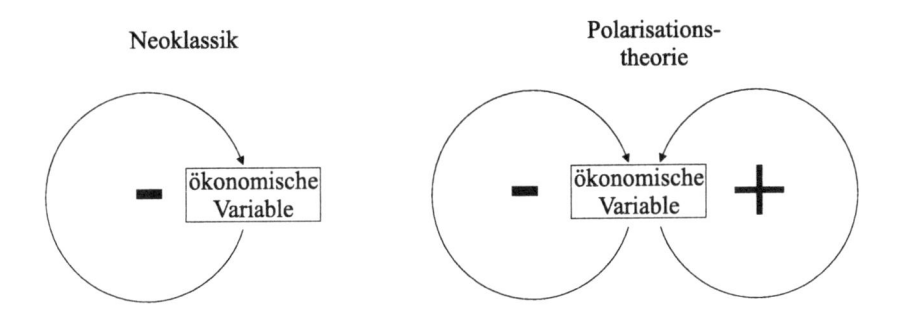

Abbildung 5.1: Rückkoppelungsschleifen der Neoklassik und der Polarisationstheorie

gativer Rückkoppelungseffekte und tritt damit der Ansicht der Neoklassik entgegen, die nur *negative* Rückkoppelungseffekte betrachtet (Abb. 5.1). Die Antwort auf die Frage, ob sich Entwicklungsunterschiede im Lauf der Zeit nun verstärken oder verringern, hängt also davon ab, ob die positiven oder die negativen Rückkoppelungseffekte überwiegen.

Um dieses Argument etwas anschaulicher zu machen, wollen wir es anhand eines einfachen Beispiels illustrieren. Stellen wir uns vor, in einer Region wird eine große Textilfabrik geschlossen und es werden tausend Arbeitskräfte freigesetzt. Ökonomisch betrachtet, sehen wir Ungleichgewichte auf dem Arbeitsmarkt – durch die Arbeitslosen – und auf dem Gütermarkt – durch den Produktionsausfall der Fabrik. Nach neoklassischer Vorstellung wird durch die Arbeitslosigkeit der Lohnsatz sinken, wodurch die Nachfrage nach Arbeitskräften und der Preis von Textilien steigen. Durch den höheren Textilpreis werden andere Produzenten mehr produzieren und auch mehr Arbeitskräfte nachfragen. Die freigesetzten Textilarbeiter werden also zum Teil in den anderen Textilbetrieben Arbeit finden, zum Teil in anderen Branchen, die aufgrund des gefallenen Lohnsatzes mehr Arbeiter einstellen. Auch das regionale Gleichgewicht wird wieder hergestellt werden, weil einerseits freigewordene Arbeitskräfte aus der betroffenen Region ab-, andererseits aber auch Betriebe wegen der günstigen Arbeitskräfte und vielleicht auch niedriger Bodenpreise in die Region zuwandern werden.

Alle die angeführten Mechanismen arbeiten also darauf hin, das Überangebot an Arbeitskräften und die Übernachfrage nach Textilprodukten durch negative Rückkoppelung zu eliminieren. Ein Polarisationstheoretiker wie Myrdal würde hingegen argumentieren, daß durch den Einkommensausfall der Arbeitslosen die Nachfrage in der Region sinken wird, wodurch neben den Zulieferern der Textilfabrik auch Dienstleistungsbetriebe, Nahversorgungsunternehmen u. dgl. mit sinkender Nachfrage konfrontiert sein werden. Auch sie werden Arbeitskräfte freisetzen. Einige der Arbeitskräfte werden aus der Region abwandern, wodurch sich die Nachfrage weiter verringern wird. Die Steuereinnahmen der lokalen Verwaltung werden sinken, sodaß die lokalen Behörden nicht mehr im notwendigen Ausmaß in die lokale Infrastruktur investieren können. Verfall wird sich breit machen. Das Image, eine rückständige Region zu sein, wird sich negativ auf die Investitionsbereitschaft von Unternehmen auswirken. Da Investitionsentscheidungen unter großer Unsicherheit getroffen werden, kann dieser Effekt nur teilweise vom günstigen Niveau der Löhne und Bodenpreise kompensiert werden. Da außerdem die qualifizierten jungen Arbeitskräfte bereits aus der Region abgewandert sind, macht sich trotz Arbeitslosigkeit ein Mangel an qualifizierten Arbeitskräften bemerkbar. Die Region kann, wenn überhaupt, nur Betriebe mit niedrigen Qualifikationserfordernissen anziehen. Die Region wird vom Innovationsprozeß abgekoppelt und weiter zurückfallen.

Der negative Impuls der Betriebsschließung führt also durch derartige zirkuläre Zusammenhänge zu einem kumulativen Verfallsprozeß in der Region. Die skizzierten Zusammenhänge wirken so, daß der ursprüngliche Impuls verstärkt wird. Es besteht also eine positive Rückkoppelung.

Die durch die zirkulär kumulativen Prozesse entstehenden Entwicklungsunterschiede zwischen Regionen werden auch, wie im obigen Beispiel schon angedeutet, durch die Interaktionen zwischen den Regionen nicht ausgeglichen. Der wichtigste Grund liegt darin, daß die Produktionsfaktoren heterogen sind und die einzelnen Teile auf die Anreize zum interregionalen Transfer unterschiedlich reagieren. Bei den Arbeitskräften steht dabei das Argument der *Selektivität* der Migration im Vordergrund. Es ist eine bekannte Tatsache, daß die Mobilität[1] von Arbeitskräften mit Alter, Bildungsniveau und anderen sozioökonomischen Charakteristika variiert. Arbeitskräfte mit höherer Bildung sind normalerweise wesentlich eher bereit zu wandern. Mit Bezug auf das Alter betrachtet, ist die Mobilität in der Altersgruppe zwischen 20 und 30 am höchsten und nimmt dann stark ab (s. Abb. 5.2)[2].

Damit wirken sich aber Wanderungsimpulse nicht nur auf die Zahl, sondern auch auf die *Struktur* der Arbeitskräfte aus. Eine Abwanderungsregion wird daher durch eine überalterte, relativ schlecht ausgebildete Bevölkerung charakterisiert sein. Es fehlen ihr damit gerade jene Bevölkerungsgruppen, die für Innovationen und neue Initiativen notwendig wären.

Auch Kapitalmobilität und interregionaler Handel verstärken nach Myrdals Ansicht eher die interregionalen Unterschiede. Agglomerationsvorteile und das Wachstum der Nachfrage in den prosperierenden Regionen verspre-

---

[1] Unter Mobilität ist in diesem Zusammenhang die Bereitschaft zu interregionaler Wanderung gemeint. Üblicherweise wird sie als Anteil der in einem bestimmten Zeitraum gewanderten Personen an einer sozioökonomischen Gruppe – z.B. gewanderte Akademiker/Gesamtzahl der Akademiker – gemessen.
[2] Obwohl Abb. 5.2 auf Daten für Österreich 1966–1971 basiert, sind die dargestellten Verläufe typisch für diese Zusammenhänge. Sie wurden in zahlreichen Studien in ähnlicher Form nachgewiesen (s. etwa Armstrong und Taylor 1993).

5.1 Grundzüge

Altersklassen
Gewanderte in Prozent der Altersgruppe

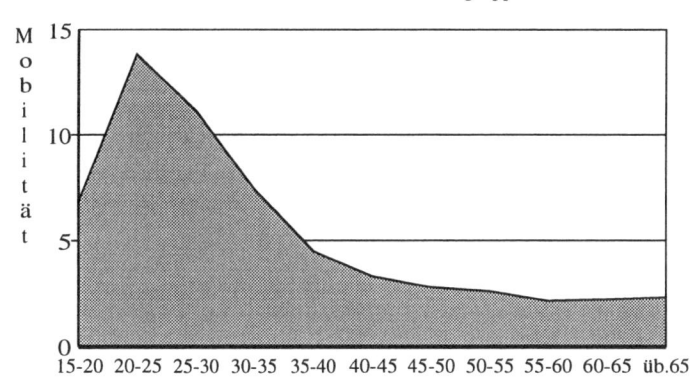

Bildung
Gewanderte in Prozent der Bildungsebene

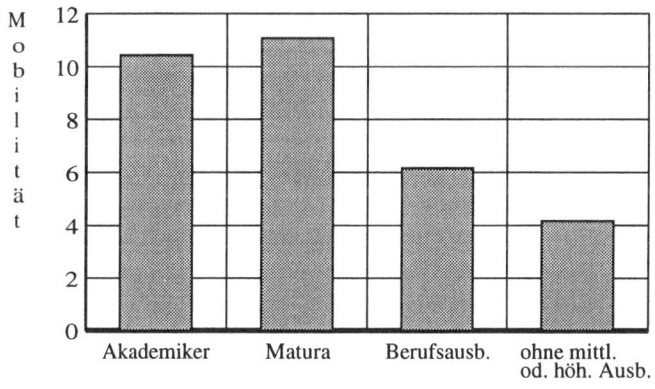

Abbildung 5.2: Mobilitätsunterschiede nach Alter und Bildung (nach Maier, 1983)

chen hohe zukünftige Gewinne und führen zu Investitionen. Durch diese steigt die regionale Nachfrage, was zu weiteren Investitionen führt. Da positive Skalenerträge unterstellt werden, kann dieser Prozeß andauern. Trotz der wegen des höheren Einkommens höheren Sparneigung in der prosperierenden Region wird zu wenig gespart, um den Kapitalbedarf für die Investitionen zu befriedigen. Es fließt daher Sparkapital aus den stagnierenden Regionen ab in die prosperierenden Regionen. Kapital fließt also nach den Argumenten der Polarisationstheorie in die entgegengesetzte Richtung, als von der Neoklassik postuliert.

Da bei freiem Handel die schwache Wirtschaft der stagnierenden Regionen schutzlos der Konkurrenz durch die Wirtschaft der prosperierenden Region ausgeliefert ist, wirkt auch Handel eher verstärkend auf Entwicklungsunterschiede. Die Industrie des Zentrums ist durch starken internen Wettbewerb konkurrenzerprobt und lukriert aufgrund größerer Betriebe Skalenerträge. Ihr kann die oft handwerklich und gewerblich strukturierte Industrie der stagnierenden Regionen wenig entgegensetzen. Die Folge ist, laut Myrdal, ein Auseinanderdriften in eine industriell strukturierte prosperierende Region und eine landwirtschaftlich strukturierte stagnierende. Der Gegensatz zwischen einer prosperierenden und einer stagnierenden Region wird in der theoretischen Diskussion häufig mit dem Begriffspaar „Zentrum" und „Peripherie" beschrieben.

5.1.3 Ausbreitungs- und Entzugseffekte

Sowohl Myrdal als auch Hirschman fassen die Interaktionen zwischen den Regionen in zwei gegenläufigen Effekten zusammen. Myrdal spricht von *Ausbreitungs-* („spread") und *Entzugseffekten* („backwash effects"), Hirschman nennt sie *Sickereffekte* („trickling-down effects") und *Polarisationseffekte* („polarization effects"). Sie bezeichnen sehr ähnliche Mechanismen und sind eng mit den „Anstoß-" und „Bremseffekten" von Perroux verwandt.

Unter den Ausbreitungs- oder Sickereffekten werden alle jene Mechanismen zusammengefaßt, die zur räumlichen Ausbreitung von Entwicklungsimpulsen führen. Sie tragen einen positiven Anstoß in die Nachbarregionen und breiten ihn so räumlich aus. Die Entzugs- oder Polarisationseffekte hingegen umfassen alle Effekte, durch die sich ein positiver Entwicklungsimpuls negativ auf seine Umgebung auswirkt; etwa den oben erläuterten Entzug qualifizierter Arbeitskräfte, von innovativem Potential, negative Umwelteinflüsse, oder die verschärfte Konkurrenz durch die Unternehmen des Zentrums.

Ob es in einem System von Regionen im Zuge des Entwicklungsprozesses zu einem Ausgleich oder zu zunehmender Polarisierung kommt, hängt nun davon ab, ob die Ausbreitungs- oder die Entzugseffekte überwiegen. Während Hirschman eher optimistisch meint, daß langfristig die Ausgleichseffekte überwiegen, ist Myrdal, vor allem was die ärmsten Länder und Regionen betrifft, pessimistischer. Er meint, daß das relative Gewicht der beiden Effekte von Faktoren wie dem Standard der Verkehrs- und Telekommunikationsinfrastruktur, dem Ausbildungsniveau, dem unternehmerischen Potential u.a. abhängt, also von Faktoren, die mit dem Entwicklungsniveau zusammenhängen. Myrdals These läßt sich also zusammenfassen in der Aussage, daß in einem marktwirtschaftlichen System „dem freien Spiel der Kräfte eine Tendenz in Richtung auf regionale Ungleichheiten inhärent ist", die außerdem „stärker wird, je ärmer das Land ist" (Myrdal 1974, S. 44).

5.1.4 Polarisation und Entwicklung

Entwicklung ist nach diesen Vorstellungen untrennbar mit Ungleichheit verbunden. Dies deshalb, weil Entwicklung ungleichmäßig, auf wenige Regionen konzentriert, auftritt (Hirschman 1958, S. 183ff) und durch die mit dem Prozeß verbundenen Entzugseffekte die Entwicklung der anderen Regionen gehemmt wird. Aufgrund der dabei ausgelösten negativen zirkulär-kumulativen Prozesse ist Unterentwicklung zugleich ihre eigene Ursache und Auswirkung, oder, wie es Nurske (1953, S. 5) für die Entwicklungsländer formuliert hat, „a country is poor because it is poor".

Da der Marktmechanismus nicht zu einem Ausgleich, sondern zu einer Verschärfung von Entwicklungsunterschieden führt, ist nach Ansicht der Vertreter des Polarisationsansatzes die staatliche Politik aufgerufen, einen Ausgleich herbeizuführen und die Kluft zwischen den Regionen (und Ländern) nicht allzu weit werden zu lassen. Da die neoklassische Zielvorstellung eines Pareto-optimalen Zustandes wegen der Vielzahl an externen Effekten, Monopolen und öffentlichen Gütern ohnedies keine Relevanz hat, kann der Staat auch durchaus in den Marktmechanismus eingreifen. Myrdal schlägt für Entwicklungsländer zumindest für einige Zeit staatliche Wirtschaftsplanung[3] als adäquates Instrument vor, durch das ein positiver zirkulär-kumulativer Prozeß etabliert werden könnte, der das Land aus der Unterentwicklung herausführt.

Ziel der regionalen Wirtschaftspolitik muß es nach Ansicht der Polarisationstheoretiker sein, den Polarisationskräften entgegenzuwirken und eine Angleichung der Entwicklungsunterschiede anzustreben. Dazu müssen einerseits Ausgleichseffekte gestärkt und Entzugseffekte abgeschwächt werden, andererseits gilt es, negative zirkulär-kumulative Effekte zu brechen. Dazu können etwa Maßnahmen zur Förderung des Kapitaltransfers in entwicklungsschwache Regionen oder zur Eindämmung der Abwanderung aus diesen Regionen eingesetzt werden. Die negativen Auswirkungen des freien Handels könnten durch selektive Handelsbarrieren abgefangen werden. Der Staat kann durch Investitionen in entwicklungsschwachen Regionen einerseits die Ausbreitungs- gegenüber den Entzugseffekten stärken (insb. durch Investitionen in Verkehrs- und Kommunikationsinfrastruktur), andererseits aber auch die Nachfrage stimulieren, um so einen positiven zirkulär-kumulativen Prozeß in Gang zu setzen.

Wie wir sehen, unterscheiden sich die am Polarisationsansatz anknüpfenden wirtschaftspolitischen Vorstellungen erheblich von denen der Neoklassik. Zum Teil stehen beider Politikempfehlungen einander diametral gegenüber. Dies ergibt sich aus den unterschiedlichen Vorstellungen über die

---

[3] Bei der Einschätzung dieser Empfehlung muß berücksichtigt werden, daß sie Mitte der fünfziger Jahre gemacht wurde. Heute wissen wir, daß die meisten derartigen Versuche inzwischen gescheitert sind.

Wirkungsweise von Märkten und aus Unterschieden in den Ansichten über die Aufgaben der Wirtschaftspolitik. Während sich die Neoklassik auf das Effizienzziel konzentriert und Fragen der Verteilung weitgehend ausblendet, steht beim Polarisationsansatz eindeutig die Aufgabe des Ausgleichs von Verteilungsungerechtigkeiten im Vordergrund. Fragen der Effizienz treten demgegenüber in den Hintergrund.

5.1.5 Einschätzung des Polarisationsansatzes

Wie einleitend bereits erwähnt, stellt sich der Polarisationsansatz als Ansammlung von verwandten entwicklungsbezogenen Argumenten dar. Da diese Argumente von verschiedenen Forschern entwickelt und vorgebracht wurden, sind sie zum Teil miteinander nicht kompatibel, ja sogar widersprüchlich. Jeder Forscher verwendet seine eigene Terminologie und definiert Begriffe unterschiedlich und oft unscharf. Dies macht sowohl eine kritische Diskussion als auch eine empirische Überprüfung des Polarisationsansatzes sehr schwierig. Dem Ansatz fehlt die für klare Aussagen erforderliche Präzision.

Dem Polarisationsansatz ist es daher nie gelungen, dem allgemeinen Gleichgewichtsmodell der Neoklassik ein umfassendes eigenes Gegenmodell entgegenzustellen. In einzelnen Teilbereichen der Wirtschaftstheorie und der Wirtschaftspolitik haben derartige Ideen aber durchaus großen Zuspruch gefunden. So etwa in der Arbeitsökonomik, deren Segmentationstheorie[4] ähnlich mit einem Auseinanderklaffen einzelner Teilbereiche argumentiert. In der Regionalökonomik ist es vor allem die Erfahrung mit langfristigen Entwicklungsunterschieden und den dabei zu beobachtenden Mechanismen, die dem Polarisationsansatz intuitiv große Attraktivität verleihen. Er kann erklären, wie die beobachtbaren Mechanismen Entwicklungsunterschiede hervorrufen und festigen, und bietet damit eine Gegenposition zum Ausgleichsargument der Neoklassik.

Allerdings ist auch der Polarisationsansatz, abgesehen von seinen bereits kritisierten Unschärfen, nicht ohne Probleme. Denn nehmen wir das Polarisationsargument ernst, so müßten die Entwicklungspfade einzelner räumlicher Einheiten immer weiter auseinanderlaufen, bis es zum ökonomischen, politischen oder gesellschaftlichen Zusammenbruch kommt. Da dieser Katastrophenzustand bisher noch nicht eingetreten ist, scheinen aber auch Gegenkräfte gegen das endgültige Auseinanderdriften am Werk zu sein. Der Polarisationsansatz nennt zwar diese Kräfte – die Ausbreitungseffekte –, kann jedoch keine präzisen Angaben darüber machen, wann die einen Kräfte überwiegen und wann die anderen. Der Polarisationsansatz ist hier nicht in der Lage, klare Aussagen zu treffen.

---

[4]Für eine Diskussion der Beziehung zwischen Arbeitsmarktsegmentierung und regionaler Polarisation s. etwa Maier und Weiss (1988, 1991).

5.2 Weiterentwicklungen

Die „klassischen" Polarisationsvorstellungen von Myrdal und Hirschmann sind in der regionalwissenschaftlichen und entwicklungstheoretischen Diskussion auf sehr fruchtbaren Boden gefallen. Ihre Ideen wurden auf vielfältige Art weiterentwickelt und mit innovations- und standorttheoretischen Vorstellungen, Machtargumenten u. dgl. zu neuen Konzepten kombiniert. Diese Entwicklung wurde einerseits durch die Unschärfe des Polarisationsansatzes gefördert, weil sich neue Ideen leicht damit integrieren ließen, andererseits haben sie durch die notwendigen Neu- und Uminterpretationen die Unschärfe und Unklarheit weiter verstärkt.

Trotz dieser Schwächen enthalten die Weiterentwicklungen des Polarisationsansatzes viele wichtige Argumente, die vor allem in die regional- und entwicklungspolitische Diskussion Eingang gefunden haben. Wir werden daher einige dieser Erweiterungen nachfolgend diskutieren.

5.2.1 Wachstumspolkonzepte und Wachstumszentren

Während die klassischen Vertreter des Polarisationsansatzes und hier vor allem Myrdal die polarisierende Wirkung des Entwicklungsprozesses recht negativ einschätzen, können ihm die Vertreter des Wachstumspolkonzeptes durchaus positive Seiten abgewinnen. Sie vertrauen darauf, daß bei ausreichender Wirtschaftskraft eines Zentrums die Ausbreitungseffekte über die Entzugseffekte dominieren, und sehen darin einen Ansatzpunkt für eine Entwicklungsstrategie.

Das Wachstumspolkonzept wurde in Anknüpfung an die Arbeiten von Perroux vor allem von französischen und belgischen Forschern entwickelt. Es wird daher auch häufig von einer *französischen Schule* der Entwicklungstheorie gesprochen. Entsprechend der Perrouxschen Tradition standen anfangs die sektoralen Aspekte im Vordergrund, regionale Beziehungen wurden nur am Rande angesprochen.

Die französische Schule der Entwicklungstheorie erstellte eine Reihe von empirischen Studien (z.B. Perroux 1952, Derwa 1957, Fruit 1960) und versuchte dabei, das theoretische Konzept von Perroux zu operationalisieren. Dieser Versuch hat allerdings „in eine Sackgasse geführt" (Schilling-Kaletsch 1976, S. 52), insbesondere deshalb, weil sich die Arbeiten auf die „technische Polarisation" konzentrierten, die in den interregionalen Verflechtungen ihren Ausdruck findet. Diese wurden mit Hilfe der statischen Input-Output-Analyse (s. Abschn. 3.2) modelliert, wodurch das Konzept Perrouxs weitgehend seiner dynamischen Elemente beraubt wurde. Obwohl sich die meisten ihrer empirischen Untersuchungen auf bestimmte Regionen bezogen und sie zum Teil auch Politikempfehlungen für diese abgaben, konnten die Vertreter der französischen Schule aufgrund ihrer einseitigen Ausrichtung auf die intersektoralen Verflechtungen die regionalen Aspekte des Entwicklungsprozesses nicht erfassen. Zum Teil sah sie die regionale Polarisation überhaupt als ausschließlich sektoral determiniert an (etwa Paelinck 1968). Die französische Schule der Entwicklungstheorie „kann damit keine Instrumentalisierung des Wachstumspolkonzepts für die Regionalpolitik liefern" (Schilling-Kaletsch 1976, S. 51).

In den sechziger und siebziger Jahren ist eine Fülle an Literatur entstanden, die die Idee der Wachstumspole aufgegriffen und weiterentwickelt hat. Dies hat einerseits dazu geführt, daß das Konzept immer weiter ausdifferenziert wurde und schließlich auch regionale, räumliche Zusammenhänge Eingang in die Überlegungen gefunden haben. Andererseits hat diese Entwicklung aber auch zu einer verwirrenden Fülle an grundlegenden Begriffen und zu unterschiedlichen Ansprüchen an die Theorie geführt.[5] Diese Begriffsverwirrung hat schließlich die Anwendbarkeit des Konzeptes erheblich beeinträchtigt.

Die Einbeziehung regionaler und räumlicher Zusammenhänge geht wesentlich auf Arbeiten von Boudeville und Lasuén zurück. Sie beziehen in ihre Wachstumspolargumentation auch standörtliche Aspekte mit ein. Insbesondere greifen sie auf die Zentrale-Orte-Theorien von Christaller und Lösch zurück und sehen die Entwicklungsfunktion eines Wachstumspols direkt mit dem Muster eines Systems von städtischen Agglomerationen verbunden. Ein Wachstumspol[6] benötigt für seine Entstehung die Agglomerationsvorteile einer Stadt und die Vielfalt der dort geballten Funktionen. Um Wachstumsimpulse an das Umland weiterzugeben – um also seine Funktion als Wachstumsmotor zu erfüllen –, muß die Stadt weiters in ein funktional verflochtenes Siedlungssystem eingebettet sein. Denn Wachstumsimpulse breiten sich nicht unbedingt kontinuierlich im Raum aus, sondern sie folgen auch der zentralörtlichen Hierarchie. Sie springen also von Städten höchster Zentralität zu denen der nächsten Zentralitätsstufe usw. Im Vordergrund steht damit der Zusammenhang zwischen Wachstum und Urbanisierung.

Dabei wird das räumliche Muster nicht als vorgegeben betrachtet, sondern seinerseits als Ergebnis des Entwicklungsprozesses gesehen. Lasuén (1973) versteht die Entwicklung der Wirtschaft und die Muster städtischer Siedlungen eines Landes als „die zeitlichen und räumlichen Spuren eines Prozesses der Adoption von Innovationen" (Schätzl 1988, S. 155). Dadurch, daß die Städte aufgrund ihrer Ballung von Aktivitäten und des bereits bestehenden Entwicklungsvorsprungs neue Innovationen leichter aufnehmen, empfangen sie stärkere Entwicklungsimpulse als periphere ländliche Regionen und können so ihren Vorsprung festigen und ausbauen. In der Tradition

---

[5] Kuklinski (1972) schreibt etwa, daß die Wachstumspoltheorie drei Funktionen erfüllt: „the function of a theoretical concept; the function of a planning instrument, and the function of a hypothesis for historical studies".

[6] Wegen der engen Verbindung zur Zentrale-Orte-Theorie wird auch oft von einer Theorie der Wachstums*zentren* gesprochen.

von Schumpeter und Perroux nehmen Innovationen auch in diesen Weiterentwicklungen des Wachstumspolkonzepts eine zentrale Rolle ein: Die Ballung von Aktivitäten führt zu Innovationen, wobei der daraus resultierende Entwicklungsvorsprung seinerseits weitere Aktivitäten anzieht und so die Ballung verstärkt.

Damit bekommt der Begriff der Polarisation neben seiner statischen – zu einem bestimmten Zeitpunkt bestehen Unterschiede zwischen den Regionen – auch noch eine dynamische Bedeutung. Entwicklungsschwache Regionen sind weniger gut in der Lage, Innovationen aufzunehmen und haben daher schlechtere Voraussetzungen für zukünftige Entwicklung. Die stabile Rangordnung im urbanen System bringt auch ein stabiles Muster in der Ausbreitung von Innovationen und damit in den Entwicklungschancen mit sich.

Lasuén kombiniert zwei grundlegende Argumente über die Beziehung zwischen der Ausbreitung von Innovationen und der Raumstruktur:

1. die zu einem bestimmten Zeitpunkt beobachtbare Raumstruktur – insbesondere das zentralörtliche System – ist das Ergebnis und damit der räumliche Ausdruck früherer Innovationsschübe;
2. Innovationen werden in entwickelteren und urbaneren Regionen besser und schneller aufgenommen und breiten sich daher in diesen Gebieten besser aus.

Dies ergibt einen zirkulär-kumulativen Prozeß der Ausbreitung von Innovationen: Wo bereits Innovationen gewirkt haben, werden auch neuere Innovationen besser aufgenommen.

Da Innovationen in immer rascherer Folge entstehen und sich aufgrund früherer Innovationen auch immer rascher ausbreiten, ergibt sich daraus für alle Länder außer jenen wenigen, die grundlegende Innovationen hervorbringen, ein grundlegendes Dilemma der Entwicklungspolitik. Sie haben die Wahl zwischen zwei Übeln:

1. Sie können versuchen, Innovationen so rasch wie möglich aufzunehmen, um am globalen Entwicklungsprozeß teilzuhaben. Die entwickelten Zentren des Landes werden damit aber Innovationen aufnehmen, obwohl die vorangegangene Innovation sich noch gar nicht im gesamten Land ausgebreitet hat. Das Ergebnis ist eine fortschreitende Polarisierung zwischen den entwickelten und den weniger entwickelten Gebieten des Landes.
2. Sie können versuchen, die Aufnahme von Innovationen in den entwickelten Zentren so lange hinauszuzögern, bis sich die vorangegangene Innovation im ganzen Land gleichmäßig ausgebreitet hat. Damit koppelt sich das Land aber vom globalen Entwicklungsprozeß ab und fällt insgesamt in seiner Entwicklung zurück.

Vor allem in Entwicklungsländern ist dieses Dilemma deutlich zu beobachten. Auch der Transformationsprozeß in Osteuropa, der ja von zunehmender Ungleichheit charakterisiert ist, paßt in dieses Schema. Er repräsentiert einen Wechsel von der zweiten Strategie – Entwicklungsrückstand bei geringer interner Polarisierung – zur ersten.

5.2.2 Zentrum-Peripherie-Modelle

Zentrum-Peripherie-Modelle knüpfen eigentlich an eine eigene theoretische Tradition an, nämlich die der lateinamerikanischen Dependenztheorie, und stellen daher nicht wirklich Weiterentwicklungen der Polarisationstheorie dar. Da sie in ihrer räumlichen Interpretation jedoch große Ähnlichkeit mit den Weiterentwicklungen der Polarisationstheorie aufweisen, wollen wir sie dennoch hier kurz behandeln.

Wie der Name schon andeutet, stellen Zentrum-Peripherie-Modelle auf die Beziehungen zwischen zwei Typen von Regionen[7] und die Beziehungen zwischen ihnen ab: das „Zentrum" und die „Peripherie". Dabei handelt es sich um abstrakte Konzepte, die nicht durch Bevölkerungsdichten, Wirtschaftsstruktur u.a. definiert sind, sondern dadurch, welche Beziehungen zwischen ihnen bestehen. „Zentrum" sind jene Teilräume, die den Entwicklungspfad des Systems bestimmen und damit auch die Entwicklung der als „Peripherie" bezeichneten abhängigen Teilräume. Zentrum und Peripherie bilden also miteinander ein System, das durch Autoritäts- und Abhängigkeitsbeziehungen gekennzeichnet ist.

Durch diese Definition können Zentrum und Peripherie auf verschiedenen räumlichen Ebenen existieren; zwischen Teilbereichen einer Region, zwischen Regionen, zwischen Ländern und auf globaler Ebene zwischen Erster und Dritter Welt. Gebiete, die auf der einen Ebene die Funktion des Zentrums ausüben, können in einer anderen Beziehung Peripherie darstellen. Dies gilt etwa für die großen Städte der Dritten Welt, die die Entwicklung ihres jeweiligen Landes wesentlich beeinflussen und damit Zentren darstellen. In der Beziehung zu den industrialisierten Ländern sind sie jedoch eindeutig Teil der Peripherie. Diese Doppelfunktion von Gebieten weist Ähnlichkeiten mit den Zentralen Orten in einem Zentrale-Orte-Schema auf, die ja auch von den darüberliegenden Zentralen Orten beeinflußt werden, ihrerseits aber die darunterliegenden Orte dominieren.

Eine aus regionalökonomischer Sicht interessante Version des Zentrum-Peripherie-Modells hat Friedmann (1972) in seinem Aufsatz „A General Theory of Polarized Development" vorgestellt. Er beschränkt sich dabei nicht nur auf ökonomische Prozesse, wie dies etwa frühere Vertreter des

---

[7]Wir gehen hier von einer räumlichen Interpretation aus. „Zentrum" und „Peripherie" können jedoch durchaus auch in einem nicht-räumlichen Sinn interpretiert werden, etwa als soziale Gruppen oder ökonomische Klassen.

Zentrum-Peripherie-Ansatzes (z.B. Prebisch 1959), aber auch Vertreter der Wachstumspoltheorie machen, sondern er zieht auch soziale Prozesse in seine Überlegungen mit ein.

Ausgangspunkt von Friedmanns Überlegungen sind, wie schon bei einigen früher besprochenen Ansätzen, die Innovationen, die er allerdings nicht nur im technologisch-ökonomischen Sinn versteht, sondern die auch soziale Neuerungen wie neue Formen der Organisation und neue Lebensstile umfassen. Entwicklung ist, laut Friedmann, zu verstehen „as a discontinuous cumulative process that occurs as a series of elementary innovations that become organized into innovative clusters and finally into large-scale systems of innovation" (Friedmann 1972, S. 86). Diese Vorstellung vom Entwicklungsprozeß zeigt deutlich die Parallelen zu den bereits besprochenen Varianten der Polarisationstheorie.[8] Grundlegende Neuerungen entstehen nur in einer relativ kleinen Anzahl an städtischen Gebieten, die den Entwicklungsprozeß bestimmen. Sie faßt Friedmann als Zentrum („core regions") auf. Alle übrigen Regionen stellen die abhängige Peripherie dar.

Aufgrund wiederholter erfolgreicher Innovationen üben die Regionen des Zentrums Autorität über die Peripherie aus. Diese Macht des Zentrums über die Peripherie führt Friedmann auf sechs sich selbst verstärkende Feedback-Effekte zurück:

1. den *Dominationseffekt* im Sinne des Entzugseffekts von Myrdal,
2. den *Informationseffekt*, der aus der höheren Interaktionsdichte im städtischen Zentrum resultiert,
3. den *psychologischen Effekt* der Beispielswirkung erfolgreicher Innovation auf künftige potentielle Innovatoren,
4. den *Modernisierungseffekt* auf bestehende gesellschaftliche Werthaltungen, Attitüden und Institutionen, die durch den ständigen Wandel sich leichter an künftige Veränderungen anpassen,
5. den *„linkage effect"*, durch den sich Innovationen in verbundenen Aktivitäten fortsetzen,
6. den *Produktionseffekt* der Kostenreduktion infolge zunehmender Skalenerträge und externer Ersparnisse.

Allerdings bleibt die Dominanz des Zentrums über die Peripherie nach Friedmanns Ansicht nicht ohne Widerspruch. Die sich vom Zentrum her ausbreitenden Innovationen führen zu zunehmend größer werdendem Anspruch der Eliten der Peripherie auf ihren Anteil an der Macht und den Vorteilen aus dem Entwicklungsprozeß. „Dieser Anspruch wird hervorgerufen durch den Informationsfluß vom Zentrum zur Peripherie, durch den die Peripherie sich

---

[8]Das Zitat kann auch als Rechtfertigung dafür dienen, daß wir Friedmanns Ansatz in diesem Abschnitt besprechen.

ihres komparativen Nachteils bewußt wird und folglich nach größerer regionaler Autonomie in wichtigen Entscheidungen verlangt" (Schilling-Kaletsch 1976, S. 152). Die Zentrum-Peripherie-Struktur stellt sich damit als räumliche Form gesellschaftlicher Konflikte dar. Friedmann sieht vier mögliche Ergebnisse dieses Konfliktes:

1. *massive Repression* des Zentrums auf die Eliten der Peripherie, um die bestehende räumliche Struktur aufrechtzuerhalten;
2. *Neutralisierung* der Eliten der Peripherie durch graduelle Modifikationen der Autoritäts-Abhängigkeitsstruktur;
3. *Ablösung der Eliten des Zentrums* durch jene der Peripherie, was je nach Orientierung der neuen Eliten zu systemweitem Wachstum oder zu Stagnation führen kann;
4. *Kooptierung der Eliten der Peripherie* durch jene des Zentrums. Unter dieser Strategie kommt es zu einer gleichmäßigeren Verteilung der Macht durch einen Prozeß der politischen und ökonomischen Dezentralisierung. Dadurch nehmen die Autoritäts-Abhängigkeitsbeziehungen ab, ja können sogar weitgehend abgebaut werden, wodurch die Dichotomie zwischen Zentrum und Peripherie überwunden wird.

Durch die Betonung gesellschaftlicher Prozesse erweitert Friedmann die Polarisationsvorstellungen zu einer Theorie des gesellschaftlichen Wandels. Er lehnt sich damit sowohl an die lateinamerikanische als auch an die marxistische Tradition der Entwicklungstheorie an. Seine Leistung besteht vor allem darin, als einer der ersten über die ökonomischen Zusammenhänge hinausgewiesen und damit Regionalentwicklung auch als gesellschaftlichen und politischen Prozeß erkannt zu haben.

5.3 Zusammenfassung

Die in diesem Kapitel dargestellte Polarisationstheorie stellt einen Gegenpol zur neoklassischen Theorie von Kap. 4 dar. Im Unterschied zur Neoklassik, die die ausgleichenden Wirkungen der ökonomischen Mechanismen betont, vertritt die Polarisationstheorie die Ansicht, daß die Marktkräfte interregionale Entwicklungsunterschiede tendenziell eher vergrößern als verkleinern.

Die Polarisationstheorie stellt kein in sich geschlossenes und konsistentes System dar, sondern präsentiert sich eher als eine lose verbundene Sammlung von Argumenten. Einzelne Autoren vertreten im Detail unterschiedliche und fallweise auch einander widersprechende Ansichten, die sich außerdem im Verlauf der theoretischen Diskussion weiterentwickelt und damit verändert haben.

In Abschn. 5.1 stellen wir die Grundzüge der Polarisationstheorie dar, wie sie von den klassischen Vertretern (v.a. Perroux, Myrdal, Hirschman) formuliert wurde. Wir diskutieren sektorale und regionale Polarisation und die wichtigsten Mechanismen, die nach Ansicht dieser Autoren für polarisierte Entwicklung verantwortlich sind. Dies sind vor allem die Selektivität der Faktorwanderung, externe Effekte und andere Marktunvollkommenheiten sowie die Diffusion von Innovationen.

In Abschn. 5.2 stellen wir Ansätze dar, die auf Polarisationsvorstellungen aufbauen und diese weiter entwickeln. Aus der Fülle von derartigen Ansätzen greifen wir zwei Gruppen heraus, nämlich Wachstumspole und Wachstumszentren einerseits und die Zentrum-Peripherie-Modelle andererseits. Das Wachstumspolkonzept legt besonderes Augenmerk auf die Innovationsdiffusion und sieht Regionalentwicklung als einen evolutionären Prozeß. Die Zentrum-Peripherie-Modelle betonen vor allem die gesellschaftlichen und politischen Aspekte des regionalen Entwicklungsprozesses und weisen damit deutlich über die rein ökonomische Betrachtungsweise hinaus.

5.4 Übungsaufgaben und Kontrollfragen

1. *Erläutern Sie die grundlegende Argumentation der Polarisationstheorie. Inwiefern handelt es sich dabei um eine Gegenposition zur neoklassichen Theorie?*
2. *Beschreiben Sie das Konzept der motorischen Einheit.*
3. *Erläutern Sie Myrdals Konzept der zirkulär-kumulativen Prozesse. Geben Sie ein Beispiel.*
4. *Was versteht man unter Ausbreitungs- und Entzugseffekten? Inwiefern sind sie von besonderer regionalökonomischer Bedeutung?*
5. *Welches Argument stellt die Polarisationstheorie der neoklassischen Ansicht entgegen, daß die Mobilität von Arbeitskräften zu einem Ausgleich von Entwicklungsunterschieden führt?*
6. *Beschreiben Sie das Konzept des Wachstumspols. Diskutieren Sie insbesondere die Rolle von Innovationen im Rahmen des Wachstumspolkonzepts.*
7. *Was versteht man unter „Zentrum", was unter „Peripherie"? Geben Sie Beispiele. Welche Beziehungen bestehen zwischen diesen beiden Regionstypen?*

Kapitel 6
Endogene Wachstumstheorie und „New Economic Geography"

Die in Kap. 5 dargestellte Polarisationstheorie und ihre Weiterentwicklungen zeigen zwei wesentliche Gemeinsamkeiten, nämlich

1. die Betonung zirkulär-kumulativer Prozesse, die, wenn einmal angestoßen, einen Entwicklungsprozeß in eine bestimmte Richtung treiben, und
2. als Konsequenz davon die Möglichkeit divergierender Entwicklungsprozesse.

Da sich – zumindest bei oberflächlicher Betrachtung – viele derartige Prozesse finden lassen[1], hat das Polarisationsargument in der Regionalökonomik und vor allem in der regionalpolitischen Diskussion große Resonanz gefunden. Da sich aus allen Varianten der Polarisationstheorie auch – im Gegensatz zur Neoklassik – die Notwendigkeit staatlicher Eingriffe in den regionalwirtschaftlichen Entwicklungsprozeß ableiten lassen, wurde das Polarisationsargument auch gerne von Regionalpolitikern zur Legitimation ihres Handelns herangezogen.

Obwohl die Polarisationstheorie ursprünglich als Gegenpol zur Neoklassik entwickelt wurde, hat ihre Kritik im neoklassischen „Mainstream" der Ökonomie keine besondere Resonanz gefunden. Einer der wichtigsten Gründe dafür liegt darin, daß die Polarisationsargumente immer nur in recht unscharfer verbaler Form vorgebracht und nie in ein umfassendes mathematisch formales Konzept gebracht wurden. Die Polarisationstheorie konnte ihre Kritik damit auch nie bis in den Kernbereich der neoklassischen Ökonomie tragen.

Erst in den letzten Jahren sind Arbeiten entstanden, die diese Kluft überbrücken können. Diese Arbeiten gehen von Märkten mit unvollkommener Konkurrenz und/oder Agglomerationseffekten aus und verwenden damit wesentliche Argumente der Polarisationstheorie. Allerdings verwenden sie das formale Instrumentarium der Neoklassik und können auch inhaltlich in vieler Hinsicht „durchaus als neoklassisch bezeichnet werden, als

---
[1] Bei kritischer Betrachtung erweist es sich allerdings als sehr schwierig, die Hypothesen der Polarisationstheorie zweifelsfrei nachzuweisen.

sie nämlich wesentliche Elemente der neoklassischen Methode unverändert übernehmen: Sie gehen aus von einem allgemeinen Gleichgewicht mit optimierenden Agenten, von jederzeit geräumten Märkten und vollkommener Voraussicht" (Bröcker 1994, S. 30).

Die Berücksichtigung von unvollkommener Konkurrenz und von Agglomerationseffekten hat in verschiedenen Teildisziplinen der Ökonomik zu interessanten neuen Erkenntnissen geführt. Wegen ihres neuen Ausgangspunktes werden deren Beiträge in den Teildisziplinen oft mit dem Zusatz „new" versehen. Aus einer regionalökonomischen Perspektive betrachtet die wichtigsten sind:

- „New Trade Theory" (Krugman 1980, Helpman und Krugman 1985)
- „New Growth Theory" (Romer 1987, 1990; Grossman und Helpman 1991a, b)
- „New Economic Geography" (Krugman 1991a, b; Fujita et al. 1999),

Auf die letzten beiden, nämlich die neue Wachstumstheorie, die präziser als endogene Wachstumstheorie bezeichnet wird, und die „New Economic Geography" werden wir in diesem Kapitel genauer eingehen.

Voraussetzung für diese neuen Ansätze der Ökonomik sind formale Instrumente, die den Ökonomen erlauben, unvollkommene Konkurrenz und Agglomerationseffekte in ihre formalen Modelle zu integrieren. Einen wichtiger Schritt dabei stellt ein von Dixit und Stiglitz (1977) entwickeltes Modell der monopolistischen Konkurrenz dar (siehe auch Spence, 1976). Zugleich haben andere Arbeiten auch den Glauben der Ökonomen an eine Welt der vollkommenen Konkurrenz mehr und mehr erschüttert. Hier sind vor allem die zunehmenden Zweifel an der Exogenität des technischen Fortschritts und Starretts „spatial impossibility"-Theorem zu nennen, das zeigt, daß Transportkosten und vollkommene Konkurrenz einander ausschließen. Bevor wir also auf die endogene Wachstumstheorie und die „New Economic Geography" eingehen, werden wir im folgenden Abschnitt diese Grundlagen kurz erläutern.

6.1 Grundlagen

6.1.1 Die Produktion technischen Fortschritts

Bereits in Kap. 4 haben wir erwähnt, daß technischer Fortschritt in der traditionellen Wachstumstheorie „wie Manna vom Himmel fällt", d.h. eine exogene Größe darstellt, die nicht erklärt wird. Dies ist aus mehreren Gründen problematisch. Erstens ist technischer Fortschritt der einzige Mechanismus im traditionellen Modell der Neoklassik, der längerfristig einen Anstieg der Pro-Kopf-Einkommen herbeiführen kann. Wie wir in Kap. 4 gesehen haben, stößt der auf Investitionen und die damit verbundene Anhäufung von Kapital zurückgehende Wachstumsprozeß an Grenzen und kommt ohne technischen Fortschritt zum Erliegen, wenn die optimale Kapitalausstattung erreicht ist. Wachstum wird somit letztlich auf eine exogene Größe zurückgeführt, den technischen Fortschritt. Die traditionelle Wachstumstheorie verfehlt somit ihr eigentliches Ziel, nämlich längerfristiges Wachstum zu erklären.

Die Vorgangsweise der traditionellen Wachstumstheorie wäre dann vertretbar, wenn technischer Fortschritt überwiegend auf mehr oder weniger zufällige Erfindungen zurückginge, die außerhalb des Wirtschaftssystems entstehen (Grossman und Helpman 1991b). Tatsächlich wenden Unternehmen heute erhebliche Mittel für Forschung und Entwicklung auf. So hat die OECD (1986a) etwa errechnet, daß 1985 in den USA rund 21% aller Investitionen des privaten Sektors in Forschung und Entwicklung (F&E) geflossen sind. Der Anteil der F&E-Ausgaben an der gesamten Wertschöpfung erreichte im selben Jahr in den USA 2,26%, in Deutschland 2,43% und in Schweden gar 3,02%. Alle diese Anteile sind in den letzten Jahrzehnten in den OECD-Ländern deutlich angewachsen und haben sich zwischen 1975 und 1985 etwa verdoppelt. Als besonders forschungsintensiv erweisen sich dabei die elektronische Industrie, Chemie, Pharma-Industrie und die Luftfahrt.

Alle Indikatoren deuten also darauf hin, daß technischer Fortschritt nicht einfach vom Himmel fällt, sondern unter Einsatz von Ressourcen produziert werden muß. Damit sollte aber die Frage, wie technischer Fortschritt entsteht und aufgrund welcher Kalküle er produziert wird, Teil einer allgemeinen Wirtschaftstheorie sein und nicht von ihr als exogen angesehen werden.

Jeder Versuch, die Produktion technischen Fortschritts in das formale Konzept der traditionellen neoklassischen Theorie zu integrieren, stößt auf erhebliche Schwierigkeiten. Der Grund dafür liegt in den besonderen Eigenschaften des „Produkts Technologie" – es weist Merkmale öffentlicher Güter (Band 1, Kap. 5) auf, die den Anforderungen widersprechen, die das neoklassische Modell an Güter stellt (Grossman und Helpman 1991b, S. 15). Als eine Form des Wissens kann Technologie *nicht-rivalisierend* genutzt werden. Das heißt, daß technisches Wissen, das von einem Unternehmen in der Produktion eingesetzt wird, zugleich auch von anderen Unternehmen eingesetzt werden kann, ohne daß es neu produziert werden müßte. Zugleich gilt für technisches Wissen auch in gewissem Umfang *Nicht-Ausschließbarkeit*: der Entwickler oder Eigentümer einer technischen Neuerung kann Konkurrenten nur in beschränktem Umfang davon abhalten, diese ebenfalls zu nutzen. Häufig drückt sich eine Innovation schon in den Eigenschaften des Endproduktes aus, sodaß sie allgemein bekannt ist, sobald das Produkt auf den Markt kommt. Das Rechtssystem schützt zwar die Interessen der Entwickler von technischen Neuerungen durch Patente und handelbare Lizenzen, je mehr eine Neuerung allerdings im immateriellen, geistigen Bereich liegt, umso schlechter ist sie durch derartige Instrumente zu schützen.[2] Auch unterscheiden sich die rechtlichen Instrumente zum Schutz des geistigen Eigentums erheblich zwischen Ländern, und einige scheinen bewußt darauf abzuzielen, ihren Unternehmen leichten Zugang zu den Innovationen ihrer ausländischen Konkurrenten zu verschaffen.

Die Konsequenz dieser Eigenschaften ist, daß die Produktion technischen Fortschritts von starken *externen Effekten* geprägt ist. Produziert ein Unternehmen eine bestimmte technische Neuerung, so wirkt sich diese – wegen Nicht-Rivalität und Nicht-Ausschließbarkeit – nicht nur auf dieses, sondern auch auf andere Unternehmen positiv aus. Damit geht der gesellschaftliche Nutzen der Innovation über den einzelwirtschaftlichen Nutzen ihres Entwicklers hinaus. Allerdings bedeutet dies auch, daß der Produzent der Innovation nicht den gesamten Nutzen seiner Produktionsentscheidung lukrieren kann, und er wird daher weniger Ressourcen dafür aufwenden, als gesamtwirtschaftlich sinnvoll und wünschenswert wäre. Der Abfluß an Nutzen kann sogar so groß sein, daß die Produktion einer bestimmten Innovation vollständig unterbleibt.

Dies sind typische Probleme externer Effekte, wie sie in der Regionalökonomik[3] lange bekannt sind und wie wir sie bereits in Band 1 ausführlich besprochen haben. Die traditionelle neoklassische Theorie hat derartige Effekte bisher immer durch entsprechende Annahmen aus ihrem Theoriegebäude ferngehalten. Allerdings ist dieser Trick im Zusammenhang mit dem Bestreben, technischen Fortschritt in das Modell zu integrieren, nicht mehr möglich. Zwar könnte man argumentieren, daß diese externen Effekte nur das Ergebnis zu laxer patentrechtlicher Regelungen, also von „Marktversagen" sind, doch treibt man damit vom theoretischen Standpunkt aus den Teufel mit dem Beelzebub aus. Denn eine starke Patentregelung, die diese externen Effekte – zumindest weitgehend – vermeidet, müßte jedem Produzenten einer Innovation das Monopol auf die Verwertung dieser neuen Technologie einräumen. Monopole wirken sich aber ähnlich verheerend auf die Funktionsweise des neoklassischen Marktmechanismus aus wie externe Effekte.

6.1.2 Starretts räumliches Unmöglichkeitstheorem

Auch ein anderer Trick, mit dem Ökonomen versucht haben, räumliche Gegebenheiten in neoklassische allgemeine Gleichgewichtsmodelle zu integrie-

---

[2] „The very use of the information in any productive way is bound to reveal it, at least in part" (Arrow 1962).

[3] In der Regionalökonomik wird dabei vorwiegend mit den Auswirkungen der räumlichen Nähe bestimmter Arten von wirtschaftlicher Nutzung argumentiert.

6.1 Grundlagen

ren, erweist sich bei genauerer Betrachtung als nicht tragfähig. Der Trick besteht darin, ein und dasselbe Produkt, das an verschiedenen Standorten angeboten wird, als unterschiedliche Güter zu behandeln (Ottaviano und Thisse 2001). Der Transport eines Gutes von seinem Produktionsort an einen anderen räumlichen Markt wird damit zu einem Teil des Produktionssystems.

Starrett (1978) zeigt allerdings, daß dieser Transport, soferne er Ressourcen in Anspruch nimmt, unter den Bedingungen der vollkommenen Konkurrenz gar nicht zustande kommt. Oder, etwas anders formuliert, daß ein Zustand der Wirtschaft, in dem Ressourcen für den Transport von Gütern eingesetzt werden, kein Gleichgewicht unter vollkommener Konkurrenz sein kann. Der Zustand, den wir tagtäglich erleben, ist also entweder kein Gleichgewicht oder er steht in Widerspruch zu den Annahmen der vollkommenen Konkurrenz.

Die intuitive Begründung[4] für dieses als Starretts räumliches Unmöglichkeitstheorem bekannt gewordene Ergebnis ist denkbar einfach und wurde in der Regionalökonomik auch schon früher vorgebracht (etwa Mills 1972, S. 113): Nehmen wir an, es gibt zwei Standorte, A und B, an denen ein Produkt nachgefragt wird. Die nachgefragten Mengen seien q_A und q_B, der Preis an beiden Standorten p. Wenn nun das Produkt am Standort A produziert wird, so setzt sich der Erlös des Produzenten, von dem wir annehmen, daß er die Transportkosten trägt, zusammen aus den Erlösen in beiden Märkten abzüglich der Kosten des Transports der am Standort B abgesetzten Menge von A nach B.

Wie wir bereits in Kap. 4 erwähnt haben, impliziert die Annahme vollkommener Konkurrenz eine Produktionsfunktion mit konstanten Skalenerträgen. Dies bedeutet, daß die Effizienz der Produktion von der Produktionsmenge nicht beeinflußt wird, oder auch, daß die Produktionsmenge beliebig vergrößert und verkleinert werden kann, ohne daß sich die Stückkosten ändern. Diese Annahme schließt also Fixkosten und Unteilbarkeiten bei den Produktionsfaktoren aus.

Für unseren Produzenten am Standort A impliziert dies, daß seine Produktionskosten gleich den konstanten Stückkosten mal der produzierten Menge sind. Allerdings gibt es wegen der konstanten Skalenerträge der Produktionsfunktion keinen Grund dafür, daß der Produzent am Standort A für beide Märkte produziert. Er könnte auch eine Produktionsstätte am Standort B eröffnen und an jedem der Standorte nur für den lokalen Markt produzieren. Seine Erlöse und Kosten sind damit gleich der Summe der Erlöse bzw. Kosten an den beiden Standorten. Der Produzent erreicht also durch die Aufteilung der Produktion einen um die Transportkosten höheren

---

[4]Hier soll nur eine intuitive Begründung gegeben und kein formaler Beweis geführt werden. Letzterer ist im Originalartikel (Starrett 1978) und in der Materialiensammlung auf http://www-sre.wu-wien.ac.at/lehrbuch zu finden.

Erlös, ohne daß sich seine Produktionskosten dadurch verändern, und damit einen um die Transportkosten höheren Gewinn.

Die Ursache für dieses Ergebnis liegt in den konstanten Skalenerträgen der Produktionsfunktion. Dadurch daß der Produzent annahmegemäß aus der räumlich konzentrierten Produktion keinen Vorteil hat, zahlt es sich für ihn nicht aus, die aus der konzentrierten Produktion resultierenden Transportkosten auf sich zu nehmen. Unter diesen Produktionsbedingungen wird er also immer dort produzieren, wo sein Produkt nachgefragt wird. Die Folge davon ist, daß jeder Standort autark jene Güter produziert, die dort nachgefragt werden und überhaupt kein Güter-Transport stattfindet. Diese Struktur wird oft trefflich als „Hinterhofkapitalismus" bezeichnet.

Starretts Theorem zeigt auf formale Weise genau dieses Ergebnis. Die logische Schlußfolgerung daraus ist die, daß in einer Wirtschaft, in der Güter kostspielig zwischen Standorten transportiert werden, irgendwo mit steigenden Skalenerträgen produziert werden oder sonst eine Annahme der vollkommenen Konkurrenz verletzt sein muß.

6.1.3 Das Dixit-Stiglitz-Modell der monopolistischen Konkurrenz

Ein Grund dafür, warum die Ökonomik so lange an den neoklassischen Annahmen festgehalten hat, liegt auch darin, daß ihr die Modellkomponenten fehlten, mit denen sich alternative Annahmen formal hätten modellieren lassen. Damit war lange Zeit jeder Versuch, neoklassische Annahmen aufzugeben, entweder mit der Beschränkung auf ein kleines Teilgebiet oder einem Abgehen von einer formalen Modellierung verbunden.

Dixit und Stiglitz (1977) stellten ein Modell vor, das es erlaubt, zunehmende Skalenerträge und die daraus resultierende Marktmacht der einzelnen Marktteilnehmer zu modellieren. Obwohl natürlich auch dieses Modell zahlreiche vereinfachende Annahmen trifft, hat es sich in der Folge als eine tragfähige und doch flexible Grundlage für weitergehende Modelle erwiesen.[5] Insbesondere die „New Economic Geography" greift sehr häufig auf das Dixit-Stiglitz-Modell zurück, um die Produktions- und Konkurrenzbedingungen der untersuchten Regionen zu modellieren. Da es im Dixit-Stiglitz-Modell zwar viele, untereinander in Konkurrenz stehende Anbieter gibt, jeder von denen aber in gewissem Umfang strategisch agieren kann, spricht man von *monopolistischer Konkurrenz*. Wir werden hier wiederum nur die grundlegenden Argumente des Modells diskutieren und auf eine formale Darstellung verzichten.[6]

---

[5] „Dixit-Stiglitz monopolistic competition is grossly unrealistic, but it is tractable and flexible" (Fujita et al. 1999, S. 45).

[6] Eine formale Darstellung ist beispielsweise in Dixit und Stiglitz (1977), Fujita et al. (1999) oder in den Materialien (http://www-sre.wu-wien.ac.at/lehrbuch) zu finden.

6.1 Grundlagen

Dixit und Stiglitz gehen von einer Wirtschaft aus, die aus zwei Sektoren besteht:

- einem Sektor – er wird meist als „Landwirtschaft" bezeichnet –, der ein homogenes Gut mit konstanten Skalenerträgen produziert und unter vollkommener Konkurrenz verkauft, und
- einem meist als „Industrie" bezeichneten Sektor, in dem eine große Anzahl an differenzierten Gütern mit zunehmenden Skalenerträgen produziert wird.

Unser Interesse gilt natürlich besonders dem Industriesektor. Der Sektor „Landwirtschaft" spielt eigentlich nur die Rolle des Residuums.

Die Konsumenten fragen die Produkte beider Sektoren nach, wobei sie die Industriegüter als unvollkommene Substitute betrachten. Das heißt, die Konsumenten schätzen die Vielfalt der verfügbaren Industriegüter und ziehen beispielsweise ein Auto und ein Motorrad zwei Autos oder auch zwei Motorrädern vor. Im Dixit-Stiglitz-Modell erreichen damit die Konsumenten ein höheres Nutzenniveau, wenn mehr Varianten des Industrieguts angeboten werden und sie daher ihr verfügbares Einkommen auf mehr Varianten aufteilen können. Kommt also eine zusätzliche Variante des Industrieguts auf den Markt, so wird es von den Konsumenten – wegen deren Präferenz für Varianten – nachgefragt werden. Wegen der Budgetrestriktion müssen sie dafür aber die Konsummenge des Agraguts und der anderen Industriegüter[7] reduzieren. Eine zusätzlich angebotene Variante des Industrieguts verschärft damit die Konkurrenz im Industriesektor und führt auch dazu, daß das Preisniveau der bereits bestehenden Industriegüter sinken wird. Die Zahl der produzierten Varianten des Industrieguts wird im Dixit-Stiglitz-Modell – wie nachfolgend noch erläutert werden wird – endogen bestimmt und stellt ein zentrales Element des Modells dar.

Für die Produktion der Industriegüter nehmen Dixit und Stiglitz an, daß nicht nur variable Kosten, sondern auch Fixkosten anfallen. Da die Fixkosten bei höherer Produktion auf eine größere Menge aufgeteilt werden können, fallen die Durchschnittskosten mit der Produktionsmenge. Die Unternehmen des Industriesektors produzieren also mit zunehmenden Skalenerträgen. Nach den Annahmen von Dixit und Stiglitz entstehen die Skalenerträge nur aufgrund der Fixkostendegression, es gibt also keine „economies of scope" oder Vorteile aus der gemeinsamen Produktion mehrerer Varianten des Industriegutes. Aus diesem Grund und weil auch angenommen wird, daß die Zahl der möglichen Varianten unendlich groß ist, produziert

- jedes Unternehmen eine eigene und nur eine Variante des Industriegutes und

---

[7]Wir verwenden die Mehrzahl „Industriegüter" synonym zum Begriff „Varianten des Industrieguts".

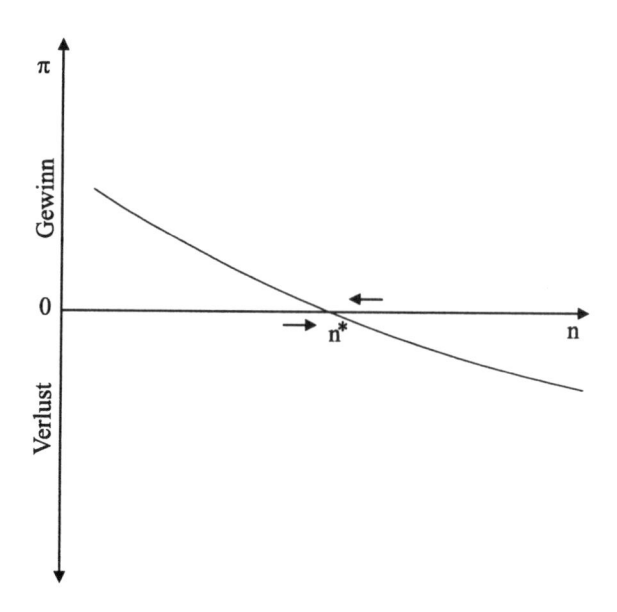

Abbildung 6.1: Endogene Bestimmung der Zahl der Varianten

- wird jede Variante nur von einem Unternehmen produziert.

Das hat zur Folge, daß die Zahl der Industrieunternehmen gleich der Zahl der produzierten Varianten ist.

Die Unternehmen trachten danach, ihren Gewinn zu maximieren. Daher werden sie, wenn die Konkurrenz gering ist, also nur wenige Varianten des Industriegutes erzeugt werden, eine möglichst hohe Menge produzieren, um die Skalenerträge zu lukrieren und einen möglichst hohen Gewinn zu realisieren.

Nehmen wir an, daß keine Barrieren für den Markteintritt bestehen, so werden diese Gewinne zusätzliche Unternehmen dazu bringen, neue Varianten des Industriegutes auf den Markt zu bringen. Dieses zusätzliche Angebot führt aber dazu, daß die Preisniveaus und die Produktionsmengen der vorhandenen Industriegüter sinken und damit – wegen fallender Erlöse und steigender Durchschnittskosten – auch ihre Gewinne sinken werden. Es ergibt sich also der in Abb. 6.1 dargestellte Zusammenhang zwischen der Zahl der Industriegüter (n) und dem Gewinn (π) der Unternehmen. Durch Markteintritt wird die Zahl der Industriegüter so lange steigen, bis die Unternehmen keine Gewinne mehr machen. Das Gleichgewicht ist also bei n^* erreicht, wo die Gewinne eliminiert sind, die Unternehmen aber auch keine Verluste machen.

Selbst in dieser einfachen Form läßt sich aus dem Dixit-Stiglitz-Modell ein zirkulär-kumulativer Effekt ablesen. Betrachten wir zwei Regionen, die sich nur in ihrer Größe unterscheiden. Die größere Region weist einen größeren Markt auf, der dazu führt, daß in dieser Region n^* größer ist, also mehr Varianten des Industriegutes produziert werden. Das hat, wie oben beschrieben, zumindest zwei Konsequenzen:

1. erreichen die Konsumenten in der größeren Region ein höheres Nutzenniveau, die Region ist also für Konsumenten attraktiver;
2. liegt das Niveau der Preise für Industriegüter wegen der stärkeren Konkurrenz in der größeren Region unter jenem der kleineren Region. Damit liegt der Reallohn bei gleichen Nominallöhnen in der größeren Region über jenem in der kleineren. Fujita et al. (1999, S. 57) argumentiert darüber hinaus noch, daß in der größeren Region auch ein höherer Nominallohn gezahlt werden wird, was den genannten Effekt verstärkt.

Beide Effekte machen die größere Region attraktiver für die Zuwanderung von Arbeitskräften als die kleinere. Sie wird also rascher wachsen.

Wegen der Skaleneffekte in der Produktion trifft der Einwand von Starrett (Abschn. 6.1.2) auf das Dixit-Stiglitz-Modell nicht zu. Durch die Ballung der Produktion einer bestimmten Variante des Industriegutes an einem Standort entstehen Vorteile, durch die der Transport dieses Produktes an andere Standorte finanziert werden kann. Die Annahme von Fixkosten in der Produktion stellt jene Verletzung der neoklassischen Annahmen dar, die Starretts räumliches Unmöglichkeitstheorem fordert.

6.2 Endogene Wachstumstheorie

Die Leistung der endogenen Wachstumstheorie besteht nicht so sehr darin, neue Argumente in die Diskussion eingebracht zu haben, sondern darin, daß sie altbekannte Argumente so formuliert hat, daß diese in den formalen Rahmen eines allgemeinen Gleichgewichtsmodells passen und ihre Implikationen daher auch in diesem Rahmen und unter Berücksichtigung aller darin enthaltenen ökonomischen Mechanismen analysiert werden können. Diese Technik erfordert ein mathematisches Instrumentarium von beträchtlicher Komplexität. Wir werden daher nachfolgend wiederum nur die Grundzüge der wichtigsten Ansätze darstellen, mit denen die endogene Wachstumstheorie die oben angeführten Probleme zu lösen versucht. Der an den Details interessierte Leser sei auf Grossman und Helpman (1991b) und die sonstige Originalliteratur verwiesen.

6.2.1 Varianten der endogenen Wachstumstheorie

Eine Variante der endogenen Wachstumstheorie, die von Bröcker (1994) als „Externalitätenmodell" bezeichnet wird, versucht, die externen Effekte der

Innovation durch einen zusätzlichen Produktionsfaktor H direkt zu berücksichtigen. Dieser Faktor wird als Humankapital interpretiert, das gemeinsam mit den traditionellen Produktionsfaktoren Arbeit und Kapital die Produktionshöhe bestimmt. Da für den traditionellen Teil der Produktionsfunktion die übliche Annahme linearer Homogenität[8] getroffen wird, muß sie für alle drei Faktoren steigende Skalenerträge aufweisen. Romer (1990, S. S75f) illustriert dies am Beispiel eines Produzenten von Computer-Festplatten. Angenommen, das Unternehmen investiert 10.000 Arbeitsstunden in die Entwicklung einer 20-Gigabyte-Festplatte und produziert pro Jahr 100.000 Stück (also 2 Mrd. Gigabyte) mit 100 Arbeitern in seiner 10-Mio.-Euro-Fabrik. In zwei derartigen Fabriken könnte das Unternehmen mit 200 Arbeitern doppelt so viel Speicherkapazität, nämlich 4 Mrd. Gigabyte produzieren. Nehmen wir an, das Unternehmen hätte mit dem doppelten Entwicklungsaufwand eine 30-Gigabyte-Festplatte entwickeln können, so hätte die Verdoppelung *aller* Inputs (Arbeit, Kapital und Entwicklungsaufwand) damit zu einem Gesamtausstoß von 6 Mrd. Gigabyte, also dem Dreifachen geführt.

Das theoretische Problem liegt allerdings darin, daß der zusätzliche Faktor nicht entlohnt werden kann. Denn da unter den Standardannahmen einer Konkurrenzwirtschaft sowohl Arbeit als auch Kapital nach dem Wert ihres Grenzprodukts entlohnt werden, geht der gesamte Erlös für die Entlohnung dieser beiden Faktoren auf. Der Faktor H muß daher unentgeltlich zur Verfügung stehen, ansonsten machen die Unternehmen Verluste (Romer 1990). Damit besteht aber kein Anreiz zur Akkumulation von H, auf der allerdings das Wachstumsargument des Externalitätenmodells der endogenen Wachstumstheorie beruht. Um diesem Dilemma zu entgehen, faßt beispielsweise Romer (1986) die Vermehrung des Humankapitals H als einen externen Effekt der Investition auf. Mit der Erhöhung des Kapitalstocks durch Investitionen wird automatisch auch das Humankapital vermehrt. Dieser zusätzliche Faktor wird allerdings von den Unternehmen nicht entlohnt. Eine andere Möglichkeit besteht darin, H als öffentliche Infrastruktur aufzufassen, die vom Staat bereitgestellt und über Steuern finanziert wird (s. Barro 1990).

Wie auch immer H interpretiert wird, das Wachstum der Wirtschaft hängt nun von der Zunahme aller drei Inputfaktoren ab:

$$\hat{Y} = \gamma \hat{H} + \alpha \hat{K} + \beta \hat{L} \ . \tag{6.1}$$

Dabei bezeichnet $\hat{Y}$ die Wachstumsrate der Wirtschaft, $\hat{H}$ die Wachstumsrate des Humankapitals, $\hat{K}$ die Wachstumsrate des Kapitals und $\hat{L}$ die Wachstumsrate des Arbeitseinsatzes. Mit γ, α und β werden die Beiträge der einzelnen Faktoren bezeichnet, wobei $\alpha + \beta$ gleich 1 ist.

---

[8] Wenn bei gegebenem Niveau von H die Einsatzmengen der Faktoren Arbeit und Kapital verdoppelt werden, muß sich auch die Produktionsmenge verdoppeln. Aus Kap. 4 wissen wir, daß dies konstante Skalenerträge bedeutet.

Durch den Zuwachs an Humankapital erhöhen sich auch die Produktivitäten von Arbeit und Kapital. Bei einem ausreichend hohen Wert von γ kann dieser Effekt so stark sein, daß der in Kap. 4 beschriebene Mechanismus des sinkenden Grenzprodukts des Kapitals, der schließlich jedes endogene Wachstum zum Erliegen bringt (Abb. 4.2), außer Kraft gesetzt wird. In diesem Modell kann damit auch langfristig genug investiert werden, um die Kapitalabschreibung zumindest zu ersetzen. Das Modell erlaubt damit einen langfristigen, endogen hervorgerufenen Wachstumsprozeß. Rebelo (1991) beschreibt eine Version dieses Modells mit langfristig konstanter, positiver Wachstumsrate, im Modell von Romer (1986) nimmt die Wachstumsrate im Zeitablauf sogar zu.

Der Pferdefuß des Externalitätenmodells liegt in der oben bereits diskutierten Implikation, daß der Faktor Humankapital nicht entlohnt werden kann. Dies steht in Gegensatz zu dem in Abschn. 6.1 angeführten Befund, daß die Unternehmen erhebliche und immer höhere Beträge für Forschung und Entwicklung aufwenden.

Neuere Versionen der endogenen Wachstumstheorie versuchen daher, das einfache Externalitätenargument durch eine sorgfältigere Modellierung des Innovationsprozesses zu ersetzen (Bröcker 1994, nennt sie daher auch „Innovationsmodelle"). In diesen Modellen wird in einem Teilbereich der Wirtschaft monopolistische Konkurrenz – entsprechend Dixit und Stiglitz – unterstellt, sie rücken also die bereits angeschnittene Frage der Marktform in den Vordergrund.

Romer (1990) unterscheidet in seinem Modell drei Sektoren der Wirtschaft:

1. den Forschungssektor,
2. den Sektor für Zwischenprodukte und
3. den Sektor für Endprodukte.

Der Forschungssektor produziert Anleitungen („Designs") für neue Zwischenprodukte. Für jedes neue Design erhält sein Erfinder ein unbeschränktes Patent, das er an die Firmen des Sektors für Zwischenprodukte verkaufen kann. Diese verwenden die Designs, um neue Zwischenprodukte zu erzeugen. Auf dem Markt für Zwischenprodukte herrscht somit monopolistische Konkurrenz und ihre Produzenten können somit eine Monopolrente realisieren. Durch diese kann die Erforschung neuer Designs finanziert werden. Die neu entwickelten Zwischenprodukte gehen dann als Kapital in die Produktion von Endprodukten ein, wobei am Markt für Endprodukte vollkommene Konkurrenz herrscht.

Romer verwendet eine sehr enge Definition von Humankapital. Er versteht darunter nur jenen Teil von Wissen, Kenntnissen und Fähigkeiten wie die Auswirkungen formaler Bildung und von „on-the-job-training", die an eine Person gebunden sind. Dieses Humankapital kann nur rivalisierend genutzt werden, nämlich nur dadurch, daß die entsprechende Person im Arbeitsprozeß eingesetzt wird. Romer unterscheidet davon eine nichtrivalisierende, technologische Komponente des Wissens, das sich bei ihm in der Zahl der verfügbaren Designs für Zwischenprodukte ausdrückt. Dieses Wissen über die Designs der Zwischenprodukte kann von mehreren Produzenten gleichzeitig genutzt (Nicht-Rivalität) und kann auch nicht geheim gehalten (Nicht-Ausschließbarkeit) werden. Dieser Teil des Wissens weist also die Eigenschaften eines öffentlichen Gutes auf.

Da jeder Forscher für seine Erfindung ein unbeschränktes Patent erhält, kommen diese Eigenschaften des technologischen Wissens in der Produktion von Zwischenprodukten nicht zum Tragen. Sie wirken sich aber in der Produktion neuen Wissens voll aus. Denn nach den Vorstellungen Romers hängt die Produktion neuen technologischen Wissens vom eingesetzten Humankapital und dem verfügbaren Bestand an derartigem Wissen ab. Bezeichnen wir mit T den Bestand an technologischem Wissen und mit $\dot{T}$ seine Veränderung über die Zeit, so können wir diese Beziehung in einfacher Form anschreiben als

$$\dot{T} = \tau H_T T \quad , \tag{6.2}$$

wobei H_T die im Forschungssektor eingesetzte Menge an (rivalisierendem) Humankapital und τ ein Skalierungsfaktor ist. Eine interessante Implikation dieser Spezifikation ist, daß die Produktivität des im Forschungssektor eingesetzten Humankapitals umso größer ist, je größer der Bestand an technologischem Wissen ist[9]. Romer begründet dies damit, daß anders als bei den traditionellen Produktionsfaktoren Arbeit und Kapital, wo zuerst die produktivsten und später die weniger produktiven eingesetzt werden, dieses Aneinanderreihen in der Reihenfolge abnehmender Produktivität bei technologischem Wissen nicht besteht. Es werden nicht zuerst die produktivsten Erfindungen gemacht und später die weniger produktiven. Vielmehr baut die Erfindung eines neuen Produktes auf der Erfahrung bei der Entwicklung früherer Produkte auf.

Dieser Prozeß der Akkumulation technologischen Wissens ist der Wachstumsmotor in Romers Modell. Die Wachstumsrate der Gesamtwirtschaft ist proportional zu der im Forschungssektor eingesetzten Menge an Humankapital, wobei auch die Aufteilung des Humankapitals zwischen dem Forschungssektor und den anderen Sektoren endogen im Modell bestimmt wird.

---

[9] „According to this specification, a college-educated engineer working today and one working 100 years ago have the same human capital, which is measured in terms of forgone participation in the labor market. The engineer working today is more productive because he or she can take advantage of all the additional knowledge accumulated as design problems were solved during the last 100 years" (Romer 1990, S. S83f).

6.2.2 Implikationen der endogenen Wachstumstheorie

Obwohl die Modelle der endogenen Wachstumstheorie über weite Strecken denen der Neoklassik folgen, unterscheiden sie sich in ihren theoretischen und wirtschaftspolitischen Implikationen doch erheblich.

Während in der Neoklassik der Marktmechanismus alle Ungleichgewichte und interregionalen Unterschiede in den Wachstumsraten automatisch eliminiert, kann das Modell der endogenen Wachstumstheorie mit keinem derartigen Wunderwerk aufwarten. Durch die externen Effekte und Monopole, die die Theorie zur Begründung eines endogenen Wachstumsprozesses benötigt, wird die Effizienz des Marktmechanismus gestört. Der Wachstumspfad der Marktlösung und der gesellschaftlich beste Entwicklungspfad sind nicht mehr identisch, sie klaffen auseinander.

In den beiden oben kurz beschriebenen Modellvarianten läßt sich jeweils zeigen, daß die Wachstumsrate der Marktlösung, also jene, die sich aufgrund des freien Spiels der Marktkräfte einstellt, niedriger als die gesellschaftlich optimale ist. Im Externalitätenmodell berücksichtigen die einzelnen Unternehmer bei den Investitionsentscheidungen nicht, daß dabei auch Humankapital generiert wird, das auch anderen Unternehmen zur Verfügung steht. Dieser externe Effekt führt dazu, daß insgesamt zu wenig investiert wird. In dem beschriebenen Innovationsmodell von Romer (1990) geht die Ineffizienz des Marktmechanismus auf mehrere Ursachen zurück. Einerseits führt das Monopol des Forschungssektors dazu, daß zuwenig von den Zwischenprodukten in der Produktion eingesetzt wird, weil ihr Preis die Grenzkosten überschreitet. Andererseits bleibt auch hier der positive externe Effekt der Produktion zusätzlicher Designs für Zwischenprodukte unberücksichtigt. Er besteht darin, daß alle Unternehmen des Forschungssektors das zusätzliche technologische Wissen gemäß (6.2) in der Produktion neuer Designs einsetzen können.

Daß in beiden von uns diskutierten Modellvarianten die Wachstumsrate zu niedrig ausfällt, ist allerdings Zufall und kein systematisches Ergebnis der endogenen Wachstumstheorie. Aghion und Howitt (1990), Segerstrom et al. (1990) und Grossman und Helpman (1991b) diskutieren Modelle, bei denen Ineffizienz in genau der entgegengesetzten Richtung auftreten kann. In der Grundstruktur weisen diese Modelle große Ähnlichkeit mit dem oben diskutierten Modell von Romer auf. Allerdings führen in diesen Modellen Forschung und Entwicklung nicht zu mehr Produktvarianten, sondern zu einer Verbesserung der Produktqualität. Der Produzent der jeweils besten Variante eines Produktes lukriert eine Monopolrente, die den Anreiz für die Investition in F&E darstellt. Dies allerdings nur so lange, bis ein anderes Unternehmen eine noch bessere Variante entwickeln konnte. Die Entwicklung einer neuen Produktqualität führt damit zu zwei gegenläufigen externen Effekten: einerseits zu der schon oben diskutierten besseren Ausgangsbasis für künftige Innovationen, andererseits aber auch zu einem negativen externen Effekt, indem der bisherige „quality-leader" seiner Monopolposition verlustig geht. Da der letztere Effekt sofort, der erstere erst mit Verzögerung eintritt, ist zu erwarten, daß der Nettoeffekt eher negativ ausfallen wird, die vom Marktmechanismus generierten F&E-Ausgaben also zu hoch sind. Die Modelle der endogenen Wachstumstheorie prognostizieren also ineffiziente Marktlösungen. In welche Richtung die Ineffizienz geht, hängt allerdings von der Art des Modells ab und bleibt somit eine offene Frage.

Im regionalökonomischen Zusammenhang interessanter als die Effizienz- und Wohlfahrtsüberlegungen ist allerdings die Frage, ob es auch in den Modellen der endogenen Wachstumstheorie zu einem Ausgleich interregionaler Wachstumsunterschiede kommt. Wie wir in Abschn. 4.1 gesehen haben, ist dies im neoklassischen Modell auch dann der Fall, wenn die Regionen völlig voneinander getrennt sind, also weder Güter noch Produktionsfaktoren austauschen. Von zwei in den Präferenzen und in der verfügbaren Technologie identischen Regionen wächst jene mit niedrigem Kapitalbestand – also die ärmere – schneller als die reiche. Wie wir gesehen haben, ist dies der Mechanismus, der dem endogenen Wachstumsprozeß durch Kapitalakkumulation im neoklassischen Modell ein Ende bereitet. Im Prinzip drückt sich hierin das fallende Grenzprodukt des Kapitals aus.

Die endogene Wachstumstheorie bringt Argumente ein, die genau diesen Mechanismus ersetzen. Im Externalitätenmodell hatten wir einen zusätzlichen Produktionsfaktor H der mit dem Kapital mitwächst. Je nachdem, welches Gewicht der Faktor H hat, also wie groß γ in (6.1) ist, wird der Schnittpunkt der beiden Kurven in Abb. 4.3 weiter nach rechts geschoben. Ist γ gleich β,[10] so konvergiert die Kurve sY/K nicht mehr gegen die Nullinie, sondern gegen eine positive langfristige Wachstumsrate sA (Abb. 6.2). Regionen mit gleichen Charakteristika „wachsen auf lange Sicht mit gleicher Rate. Sind die Niveaus anfangs unterschiedlich, so konvergieren sie nicht, sondern bleiben in ihrer Relation zueinander unverändert" (Bröcker 1994, S. 37).

Ist γ größer als β, so nimmt die Wachstumsrate mit dem Kapitalbestand sogar zu (Abb. 6.2) (s. etwa Romer 1986). Eine Region, die also aus irgendeinem Zufall einen höheren Kapitalbestand aufweist als eine andere mit sonst gleichen Charakteristika, wächst daher schneller. Die Einkommensunterschiede gleichen sich also nicht nur nicht aus, sondern vergrößern sich noch im Zeitablauf, so wie dies etwa Myrdal in seinem Polarisationsmodell postuliert hat. Ähnlich verhält es sich in den komplexeren Innovationsmodellen: Erreicht etwa in dem oben beschriebenen Modell von Romer eine Region durch Zufall ein höheres Niveau an technischem Wissen, so kann

---

[10] Wegen der traditionellen Annahme konstanter Skalenerträge in Arbeit und Kapital, d.h. $\alpha+\beta = 1$, ergibt sich daraus $\alpha+\gamma = 1$. Dieses Modell ist als AK-Modell bekannt, weil langfristig Y und K in einem konstanten Verhältnis stehen, also $Y = AK$ gilt (Rebelo 1991).

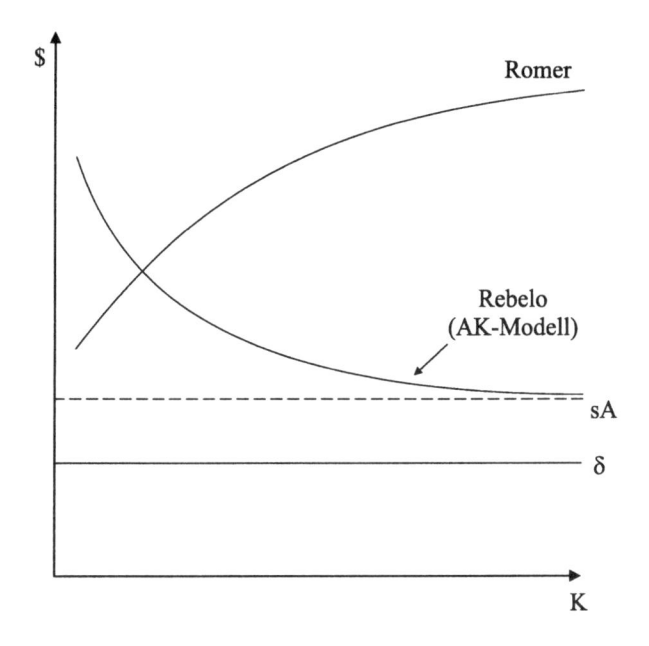

Abbildung 6.2: Wachstum im Externalitätenmodell

diese Region auch mehr technisches Wissen produzieren und damit ihren Wachstumsvorsprung langfristig halten.

Die endogene Wachstumstheorie erlaubt also sowohl konvergierende als auch divergierende Entwicklungspfade. Damit kann die Frage nach der Konvergenz nicht mehr von der Theorie beantwortet, sondern muß an die Empirie weitergegeben werden. In einer Reihe von Arbeiten (z.B. Barro 1991, Barro und Sala-i-Martin 1991, Tondl 2001) wurde versucht, darauf eine Antwort zu finden. In empirischen Analysen für verschiedene Länder und Regionen (Bundesstaaten der USA) wurde untersucht, ob Gebiete, deren Einkommen weiter hinter dem Einkommen des langfristigen Gleichgewichtszustandes zurückliegen, schneller wachsen. Dabei zeigte sich, daß dieser Zusammenhang statistisch nachgewiesen werden kann. Allerdings implizieren die Schätzergebnisse eine Anpassungsgeschwindigkeit, die nur etwa ein Drittel jener ist, die sich aus einem neoklassischen Modell rechnerisch ergeben würde. Erst nach etwa 35 Jahren ist der halbe Rückstand wettgemacht, während dies im neoklassischen Modell, selbst ohne Berücksichtigung von Faktormobilität, bereits nach etwa 12 Jahren der Fall ist (Abb. 6.3).

```
    $ ↑
100% |\
     | \
     |  \
     |   \___
 50% |----\---endogene Wachstumstheorie___
     |  \  \                              ‾‾‾‾---___
     |   \  \___                              Neoklassik
  0% |_____→
         10   20   30   40   50
```

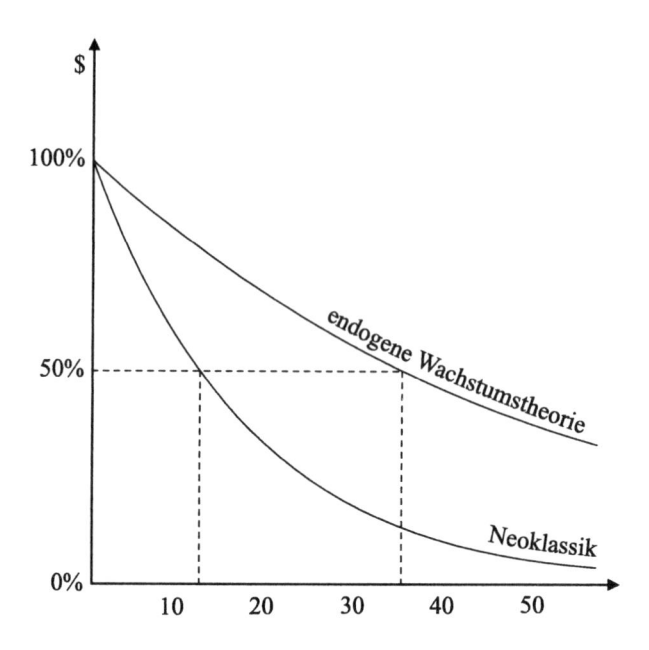

Abbildung 6.3: Konvergenzpfade in Neoklassik und endogener Wachstumstheorie

6.3 „New Economic Geography"

Bisher haben wir in diesem Kapitel vor allem mit unterschiedlichen Wachstumsraten zwischen Regionen argumentiert und die Effekte zwischen den Regionen, die daraus entstehen vernachlässigt. Einige neuere Beiträge zur theoretischen Diskussion, die üblicherweise unter dem Begriff „New Economic Geography" zusammengefaßt werden, rücken gerade diese Effekte in den Vordergrund. Sie stellen die Frage, wie sich wirtschaftliche Aktivitäten zwischen verschiedenen Gebieten verteilen, wenn in der Wirtschaft Agglomerationseffekte (Skalenerträge oder externe Effekte) und unvollkommene Konkurrenz existieren.

Ausgangspunkt der theoretischen Überlegungen der „New Economic Geography" ist normalerweise ein System von zwei identischen Regionen, deren Wirtschaft im Kern jener des Dixit-Stiglitz-Modells entspricht: ein Sektor mit monopolistischer Konkurrenz – wir nennen ihn wiederum Industriesektor – steht einem Sektor (Landwirtschaft) gegenüber, der unter vollkommener Konkurrenz agiert. Der Industriesektor wird üblicherweise als mobil zwischen den Regionen angenommen, die Landwirtschaft als immobil.

Was passiert nun, wenn die gleichmäßige Verteilung des Industriesektors zwischen den Regionen gestört wird, etwa weil ein Betrieb seine Produktion von Region B in die Region A verlagert? Wenn es keine Agglomerationseffekte gibt, so ist das Ergebnis dieser Verlagerung eindeutig: in Region A steigt die Konkurrenz sowohl auf den Güter- als auch auf den Faktormärkten (in Region B sinkt sie), was dazu führen wird, daß Produktion von Region A in die Region B abwandert. Lassen wir Agglomerationseffekte in der Produktion zu, so tritt ein zu den beiden genannten Effekten gegenläufiger Effekte auf: durch die Ausdehnung der Produktion in Region A vergrößert sich der regionale Markt in dieser Region, so daß alle Produzenten dort effizienter produzieren und ceteris paribus höhere Gewinne erreichen. Dieser von Krugman (1991b) als „home market effect" bezeichnete Mechanismus kann die beiden anderen Effekte kompensieren und somit dazu führen, daß die Unternehmen in Region A höhere Profite realisieren. Dies wird weitere Produktion in die Region locken und somit zu einem zirkulär-kumulativen Effekt führen.

Bereits in Abschn. 6.1.3 haben wir erwähnt, daß durch die Ausweitung der Produktion wegen der größeren Zahl an Varianten des Industriegutes das Nutzenniveau der Konsumenten und wegen der stärkeren Konkurrenz am Arbeitsmarkt das Lohnniveau steigen wird. Die Arbeitskräfte werden daher in den Industriesektor der Region A wandern. Dies kann sowohl durch interregionale Wanderung (Abwanderung aus der Region B) als auch durch intersektorale Wanderung (Abwanderung aus der Landwirtschaft der Region A) geschehen. In beiden Fällen wird der Lohnauftrieb im Industriesektor von A gebremst und die Nachfrage in der Region A erhöht, so daß sich der zirkulär-kumulative Effekt verstärkt. Im Vergleich zum neoklassischen Modell ist dabei interessant zu sehen, daß Faktormobilität hier zur Verstärkung der Disparitäten statt zu deren Ausgleich führt.

Die Stärke dieses zirkulär-kumulativen Effekts hängt von einer Reihe von Faktoren ab. Obwohl die Ergebnisse im Detail natürlich von der genauen Spezifikation des jeweils verwendeten Modells abhängen, läßt sich sagen, dass der zirkulär-kumulative Effekt umso stärker ist (Ottaviano und Thisse 2001),

- je stärker die Präferenz der Konsumenten für das Industriegut ist;
- je schwächere die einzelnen Varianten der Industriegüter einander substituieren können;
- je ausgeprägter die Skalenerträge sind;
- je geringer die Bedeutung eines immobilen Produktionsfaktors ist.

Das Ergebnis ist ein mehr oder weniger stark ausgeprägtes Zentrum-Peripherie-Muster. Dieses Muster entsteht nicht aufgrund von Unterschieden in der Ausstattung der Regionen (etwa mit Rohstoffen), sondern nur aufgrund von Agglomerationseffekten in der Produktion und unvollkommener Konkurrenz. Eine kleine zufällige Abweichung vom Gleichverteilungsgleichgewicht setzt den zirkulär-kumulativen Effekt in Gang und führt schließlich "to large differences between regions. Historical accidents can therefore determine location" (Ottaviano und Puga 1997, S. 15). Obwohl sich in der Ausgangssituation nicht sagen läßt, welche der beiden Regionen sich zum Zentrum und welche zur Peripherie entwickeln wird, ist dieses Muster, hat es sich einmal etabliert, sehr stabil (siehe etwa Arthur 1994). „There is a priori a great deal of flexibility in the choice of locations but a strong rigidity of spatial structures once the process of agglomeration has started. This rigidity is itself reinforced when due account is paid to the immobility of infrastructure and to the durability of housing" (Ottaviano und Thisse 2001, S. 31).

Eine besondere Rolle spielen in diesem Zusammenhang die Transportkosten. Ihre Höhe bestimmt, wie eng die beiden Regionen wirtschaftlich verflochten sind. Sind die Transportkosten hoch, so werden die Produzenten nur jeweils ihre eigene Region versorgen. Sind sie niedrig, so kann von einem Produktionsort aus das gesamte Gebiet – d.h. beide Regionen – versorgt werden. Durch Variation des Parameters der Transportkosten konnten einige Arbeiten der „New Economic Geography" (etwa Krugman und Venables 1990, Krugman 1991b, Puga 1999) daher Aussagen zur Entwicklung der räumlichen Konzentration im Verlauf eines wirtschaftlichen Integrationsprozesses generieren. Ottaviano und Puga (1997, S. 20) fassen die Erkenntnisse dieser Arbeiten folgendermaßen zusammen: sind die Transportkosten hoch, so verteilt sich die Produktion gleichmäßig, weil die Produzenten an den Standort der Nachfrage gebunden sind. Bei niedrigeren Transportkosten können beide Regionen von einem Standort aus versorgt werden. Daher gewinnen die Agglomerationsfaktoren an Bedeutung und es entsteht ein Zentrum-Peripherie-Muster. Sinken die Transportkosten gegen null, so werden die Kosten der immobilen Güter und Produktionsfaktoren zum entscheidenden Standortfaktor und die Verteilung der Produktion wird daher deren Verteilung folgen. Nachdem diese üblicherweise als zwischen den Regionen gleich verteilt angenommen werden, kommt es damit bei sehr niedrigen Transportkosten wiederum zu einem Ausgleich der Produktion.

6.4 Einschätzung von endogener Wachstumstheorie und „New Economic Geography"

Weder die endogene Wachstumstheorie noch die „New Economic Geography" ist ein ausdiskutierter Bereich der Wirtschaftswissenschaften. Sie bestehen vielmehr aus einer Reihe von Modellvarianten, die verschiedene Annahmen treffen und somit verschiedene Mechanismen und ökonomische Zusammenhänge entweder in den Vordergrund rücken oder ausblenden. Den Modellen der endogenen Wachstumstheorie ist gemeinsam, daß sie alle versuchen, den Innovationsprozeß im Rahmen eines allgemeinen Gleichgewichtsmodells endogen zu erklären. Um dies zu bewerkstelligen, müssen sie aller-

6.4 Einschätzung

dings externe Effekte und/oder unvollkommene Konkurrenz zulassen, also grundlegende Annahmen der traditionellen neoklassischen Theorie aufheben. Die Modellvarianten unterscheiden sich in der Art, wie sie den Innovationsprozeß begründen und welche Art von Ballungseffekten sie besonders berücksichtigen.

Die Modelle der „New Economic Geography" bauen auf dieser Begründung für die Existenz von Ballungseffekten auf und analysieren, zu welcher räumlichen Verteilung der wirtschaftlichen Aktivitäten sie führen. Die Ballungseffekte, die typischerweise in einem der Sektoren der Wirtschaft entstehen, breiten sich über verschiedene Mechanismen auf die gesamte Wirtschaft aus: über Nachfrageeffekte und räumliche Mobilität der Produktionsfaktoren (Krugman 1991b) oder über intersektorale Lieferverflechtung und Mobilität zwischen den Sektoren (Venables 1996).

Damit lassen sich aus den einzelnen Modellvarianten recht unterschiedliche Ergebnisse herleiten. Da dieser Zweig der ökonomischen Theorie noch relativ jung ist, kann in den nächsten Jahren sowohl mit einigen weiteren Modellvarianten als auch mit einer Konsolidierung des Diskussionsprozesses gerechnet werden.

Die Leistung der neuen Theorien besteht allerdings nicht darin, neue, den Innovationsprozeß betreffende Argumente in die Diskussion eingebracht zu haben, sondern darin, einige dieser Argumente in den formalen Rahmen eines allgemeinen Gleichgewichtsmodells integriert zu haben (Isserman 1996). Das Ergebnis dieser Integration unterscheidet sich – insbesondere aus regionalökonomischer Sicht – ganz wesentlich vom traditionellen neoklassischen Modell. Hier sind vor allem zwei Aspekte zu nennen: ein theoretischer und ein wirtschaftspolitischer.

Aus theoretischer Sicht stellen die endogene Wachstumstheorie und die „New Economic Geography" ein wichtiges Verbindungsglied zwischen dem ökonomischen „Mainstream" und der von diesem weitgehend ignorierten regionalökonomischen Theorie dar. Denn dadurch, daß die endogene Wachstumstheorie auch Externalitäten und wachsende Skalenerträge zuläßt, gewinnen – wie die Arbeiten zur „New Economic Geography" zeigen – spezifische räumliche und historische Gegebenheiten an Bedeutung. Im Gegensatz zur Neoklassik, wo zufällige Ereignisse an einem bestimmten Ort oder zu einem bestimmten Zeitpunkt nur vorübergehend relevant sein können und rasch vom Marktmechanismus eliminiert werden, können sie in der neuen Theorie die räumliche Verteilung der Aktivitäten und den Entwicklungspfad entscheidend mitbestimmen oder sind sie zumindest wesentlich länger von Bedeutung. Krugman (1991a, S. 99f) sieht darin den Ansatzpunkt „for a basic rethinking of economics". Denn damit werden wichtige Aspekte der Ökonomie abhängig von gegebenen räumlichen Strukturen und ihrer eigenen Geschichte.

Diese Sicht ist keinesfalls allgemein akzeptiert, und für viele Ökonomen bedeuten diese Implikationen eine Quelle tiefer Verunsicherung. Wahrscheinlich sind nur wenige bereit, sich Krugmans Ansicht anzuschließen, der meint, er habe sich in seiner wissenschaftlichen Arbeit, ohne sich dessen bewußt zu sein, immer mit Wirtschaftsgeographie beschäftigt. Die wesentlichen Elemente, die die endogene Wachstumstheorie in die ökonomische Diskussion einbringt – externe Effekte und wachsende Skalenerträge –, führen jedoch zwangsläufig zu räumlicher Struktur und historischen Besonderheiten. Denn positive Externalitäten und zunehmende Skalenerträge implizieren Ballungen von wirtschaftlichen Aktivitäten und zirkulär-kumulative Wachstumsprozesse.

Der zirkulär-kumulative Wachstumsprozeß impliziert, daß in der neuen Theorie auch multiple langfristige Gleichgewichte auftreten können. In einer frühen Phase des Entwicklungsprozesses kann nicht gesagt werden, welcher der möglichen Gleichgewichtspunkte tatsächlich eintreten wird. Bewegt sich der Entwicklungsprozeß aber einmal auf einen dieser Punkte zu, so kann er nur mehr schwer davon weg bewegt werden (siehe etwa Maier 2001). Der Entwicklungsprozeß weist damit Charakteristika auf, wie sie von chaotischen Systemen bekannt sind (Puu 2000).

Aus wirtschaftspolitischer Sicht ist die Lehre der neuen Theorien vor allem die, sich von der heilen Welt der Neoklassik zu verabschieden. Denn sobald technischer Fortschritt nicht vom Himmel fällt, sondern produziert werden muß, müssen Strukturen vorliegen, die den grundlegenden Annahmen der Neoklassik widersprechen. Damit fällt aber auch die Basis für den – naiven – Glauben an die „heilende" Wirkung des Marktmechanismus weg. Eine sich selbst überlassene Wirtschaft bewegt sich nur mehr zufällig auf einem effizienten Entwicklungspfad. Liegen multiple Gleichgewichte vor, so kann nicht einmal klar gesagt werden, wo sich der Entwicklungspfad langfristig hin bewegt. Damit kann aber auch die (regionale) Wirtschaftspolitik nur sehr beschränkt helfend eingreifen. Denn auch für sie ist unklar, wo der ideale Wachstumspfad liegt und wie Eingriffe daher gestaltet werden müßten (Bröcker 1994).

6.5 Zusammenfassung

Die endogene Wachstumstheorie, die wir in diesem Kapitel aus einem regionalökonomischen Blickwinkel dargestellt haben, und die „New Economic Geography" integrieren einige Argumente der Polarisationstheorie in die formale Struktur der Neoklassik. Ausgangspunkt der endogenen Wachstumstheorie ist die Erkenntnis, daß der Innovationsprozeß ein zentrales Element jedes Wachstums darstellt und daß eine Wachstumstheorie daher vor allem den Innovationsprozeß darstellen und erklären können muß.

Bei dem Versuch, technischen Fortschritt als zu produzierendes Gut aufzufassen und in ein allgemeines Gleichgewichtsmodell zu integrieren, stellt sich allerdings heraus, daß dies nur möglich ist, wenn grundlegende Annahmen der neoklassischen Theorie aufgegeben werden. Entweder müssen externe Effekte oder unvollkommene Konkurrenz zugelassen werden.

In Abschn. 6.1 diskutieren wir einige Probleme mit der neoklassischen Theorie, die zur Entwicklung der in diesem Kapitel dargestellten Theorien geführt haben, und auch eine wichtige Vorbedingung dieser theoretischen Entwicklung, das Modell der monopolistischen Konkurrenz von Dixit und Stiglitz.

Abschnitt 6.2 stellt die endogene Wachstumstheorie dar. Sie hat verschiedene Ansätze hervorgebracht, die auf unterschiedliche Art mit dem Problem der Produktion des technischen Fortschritts umgehen. Das „Externalitätenmodell" berücksichtigt einen zusätzlichen Faktor in der Produktionsfunktion, der die externen Effekte von Innovationen repräsentiert. Er führt dazu, daß die Produktionsfunktion nun zunehmende Skalenerträge aufweist, so daß mit einer Zunahme dieses Faktors auch die anderen Produktionsfaktoren produktiver werden. Das „Innovationsmodell" hingegen zielt darauf ab, die Erstellung von Innovationen als selbständige Produktionstätigkeit zu modellieren. Dazu muß dem entsprechenden Sektor allerdings eine Monopolstellung eingeräumt werden.

Die von der endogenen Wachstumstheorie vorgenommenen Veränderungen am neoklassischen Modellgerüst führen allerdings auch dazu, daß Agglomerationseffekte auftreten. Mit deren Auswirkung auf die räumliche Verteilung der wirtschaftlichen Aktivitäten beschäftigt sich die „New Economic Geography" (Abschn. 6.3). Sie macht wichtige räumliche Implikationen der in der endogenen Wachstumstheorie getroffenen Annahmen deutlich. Je nach Annahmen lassen sich unterschiedliche Modelle konstruieren, die etwa interregionale oder intersektorale Mobilität der Produktionsfaktoren besonders betonen. Alle Modelle zeigen, daß unter den getroffenen Annahmen der Marktprozeß zur räumlichen Ballung von Aktivitäten führt, daß endogen ein Zentrum-Peripherie-Muster entsteht. Wie stark diese räumlichen Unterschiede sind, hängt nicht zuletzt von der Höhe der Transportkosten ab.

Den in diesem Kapitel diskutierten Ansätzen ist gemeinsam, daß die der Neoklassik innewohnende Tendenz zum Ausgleich zusammenbricht (Abschn. 6.4). Dadurch, daß externe Effekte oder monopolistische Konkurrenz zugelassen werden müssen, führt der Marktmechanismus auch nicht mehr automatisch zu einem gesamtwirtschaftlich wünschenswerten Ergebnis. Es entsteht ein zirkulär-kumulativer Prozeß, der den Ausgleich interregionaler Entwicklungsunterschiede verzögert oder diese Entwicklungsunterschiede gar verstärkt. Ob Entwicklungspfade im Zeitablauf konvergieren oder divergieren, kann nicht mehr von der Theorie beantwortet werden, sondern wird zu einer empirischen Frage.

Im Rahmen der neuen Theorien (endogene Wachstumstheorie und „New

Economic Geography") kommt den konkreten räumlichen Gegebenheiten eine wesentlich größere Bedeutung zu, als dies beispielsweise in einer neoklassischen Welt der Fall ist. Durch den kumulativen Wachstumsmechanismus wirken sich Entwicklungunterschiede zwischen Regionen langfristig aus, so daß ein einmal erreichter Vorsprung einer Region auf lange Sicht erhalten werden kann. Die neuen Theorien stellen damit eine theoretische Verbindung zwischen dem ökonomischen „Mainstream" und regionalen Fragen her.

6.6 Übungsaufgaben und Kontrollfragen

1. *Kritisieren Sie die Vorstellungen der Neoklassik über den Innovationsprozeß. Welche Probleme ergeben sich daraus?*
2. *Erläutern Sie, warum Technologie Merkmale eines öffentlichen Gutes aufweist. Welche Konsequenzen ergeben sich daraus?*
3. *Erläutern Sie die zentrale Aussage von Starretts räumlichem Unmöglichkeitstheorem.*
4. *Wie unterscheiden sich die beiden Sektoren im Modell von Dixit und Stiglitz?*
5. *Beschreiben Sie die Grundzüge des Externalitätenmodells der endogenen Wachstumstheorie.*
6. *Beschreiben Sie die Grundzüge des Innovationsmodells der endogenen Wachstumstheorie.*
7. *Welche Implikationen ergeben sich aus der endogenen Wachstumstheorie für die interregionale Konvergenz des Wachstums?*
8. *Welche Mechanismen führen nach den Vorstellungen der „New Economic Geography" zu einer räumlichen Ballung von wirtschaftlichen Aktivitäten?*
9. *Inwiefern werden beim Vorliegen von Externalitäten oder unvollkommener Konkurrenz räumliche Gegebenheiten besonders wichtig? Warum können endogene Wachstumstheorie und „New Economic Geography" als Bindeglied zwischen dem ökonomischen „Mainstream" und der regionalökonomischen Theorie bezeichnet werden?*

Kapitel 7
Innovationsansatz

Innovationen gelten seit den Arbeiten von Schumpeter als die eigentliche Triebfeder der wirtschaftlichen Entwicklung. Auch für die regionale Entwicklung werden seit den fünfziger Jahren sowohl die Entstehung als auch die Ausbreitung von Neuerungen als Motoren und damit auch als wesentliche Ursache für ungleiche regionale Entwicklung gesehen (vgl. Kap. 5).

Das starke und stabile Wirtschaftswachstum der Nachkriegszeit bis etwa Mitte der siebziger Jahre hat die Bedeutung von Innovation etwas in den Hintergrund treten lassen, da die Ausweitung der Märkte und die stabilen sozio-ökonomischen Rahmenbedingungen die Expansion vorhandener Produktionen, also Erweiterungsinvestitionen, begünstigt haben. Am Ende dieser Periode haben eine generelle Abschwächung des Wirtschaftswachstums, eine zunehmende Differenzierung der Nachfrage, Produktionsverlagerungen in Schwellenländer sowie eine globale Verschärfung der Konkurrenz Umstrukturierungen zu neuen Produkten und Produktionsprozessen intensiviert. Die Fähigkeit zu Neuerungen im Bereich der Produkte, Verfahren und der Organisation gilt heute daher als wesentliche Determinante der unternehmerischen Wettbewerbsfähigkeit. Der räumlichen Dimension und der regionalen Ebene kommt dabei, wie nachfolgend gezeigt wird, eine große Bedeutung zu.

7.1 Charakteristika des Innovationsprozesses

Innovation und technologischer Wandel wurden in der ökonomischen Theorie lange Zeit vernachlässigt. Dies war weniger auf ihren geringeren Stellenwert im Wirtschaftsgeschehen zurückzuführen als auf die Schwierigkeiten, den Faktor „Innovation" in die vorherrschenden Theorien, insbesondere das neoklassische Lehrgebäude, einzubauen (s. Kap. 6). Diese Schwierigkeiten haben mit einigen der im folgenden beschriebenen Charakteristika des Innovationsprozesses zu tun.

7.1.1 Definition und Ablauf von Innovationsprozessen

„Innovationen" werden hier zunächst relativ weit im Sinne von Schumpeter (1935) definiert. Er verstand unter Innovation „die ... diskontinuierlich auftretende Durchsetzung neuer Kombinationen von Produktionsmitteln", und zwar die Einführung neuer Güter (Produktinnovation), technologische Neuerungen in der Herstellung bestehender Güter (Verfahrensinnovation), die Erschließung neuer Märkte oder neuer Hilfsquellen sowie die Einführung einer neuen Organisation. Unter „technologischer Innovation" soll in Anlehnung an Nelson und Winter (1977) die „nicht-triviale Veränderung an Produkten und Verfahren, bei denen es keine früheren Erfahrungen gibt", verstanden werden. Unter „technologischem Wandel" wird somit die Verdrängung von älteren Produkten und Verfahren durch neue, also solche, die bislang in einer Region noch nicht hergestellt oder eingesetzt wurden, verstanden.

Trotz der Vernachlässigung von Innovation in der ökonomischen Theorie wird deren Bedeutung für die wirtschaftliche Entwicklung als sehr hoch erachtet. Die volkswirtschaftliche Literatur schätzt den Beitrag des technologischen Fortschrittes zum Wirtschaftswachstum westlicher Länder zwischen 30% und 90% ein. Eine wachsende Zahl von Studien belegt darüber hinaus die hohe Bedeutung von Innovationen für die Wettbewerbsfähigkeit von Unternehmen sowie von regionalen und nationalen Wirtschaften (s. Malecki 1991, Scherer 1992).

Mit neuen Produkten können neue Märkte erobert und somit steigende Umsätze und Beschäftigung erzielt werden. Darüber hinaus bringen neue Produkte höhere Erlöse und Gewinne (vgl. Band 1, Kap. 4, S. 88). Die Einführung neuer Verfahren ermöglicht Produktivitätssteigerungen, eine Verbesserung der Produktqualität und, falls sie darauf ausgerichtet werden, eine Verbesserung der Arbeits- und Umweltbedingungen. Aufgrund der höheren Produktivität führen sie allerdings oft auch zu Arbeitsplatzverlusten in den betroffenen Unternehmensteilen.

Bereits Marx und Schumpeter haben nicht nur die positiven Seiten des technologischen Wandels hervorgehoben, sie erkannten auch seine zerstörerische, umwälzende und entfremdende Kraft: Existierende Produkte und Produktionsverfahren werden obsolet, Produktionsfaktoren (Arbeitskräfte, Kapital, Boden) werden den neuen Kombinationen zugeführt, zum Teil aber auch brachgelegt, Arbeitsbedingungen können sich für große Gruppen von Beschäftigten verschlechtern. In der Regel sind mit dem Innovationsprozeß schwierige sektorale, soziale und regionale Umstrukturierungen verbunden.

In der Innovationsliteratur nimmt die Vorstellung eines linear ablaufenden Innovationsprozesses eine zentrale Position ein (s. Abb. 7.1). In diesem Modell wird angenommen, daß neue technische Lösungen zuerst im Bereich der Forschung erfunden werden (Invention), wobei diese Forschungsleistungen sowohl außerhalb als auch innerhalb von Unternehmen erbracht werden können. Versprechen Erfindungen kommerziellen Erfolg, werden weitere Entwicklungsarbeiten geleistet und ein Prototyp entwickelt. Schließlich werden die Neuerungen in die Produktion übergeleitet und am Markt eingeführt. Unter Innovation wird nun im allgemeinen die erfolgrei-

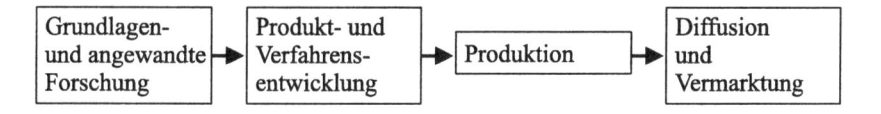

```
┌─────────────┐   ┌─────────────┐                  ┌─────────────┐
│ Grundlagen- │   │ Produkt- und│                  │ Diffusion   │
│ und angewandte│▶│ Verfahrens- │▶│ Produktion │▶│ und         │
│ Forschung   │   │ entwicklung │                  │ Vermarktung │
└─────────────┘   └─────────────┘                  └─────────────┘
```

Abbildung 7.1: Lineares Innovationsmodell

che Einführung einer Neuerung auf dem Markt verstanden. Zieht man die gesamte Wirtschaft in die Betrachtung ein, folgt auf die Invention und Innovation sodann die Phase der Ausbreitung (Diffusion), in deren Verlauf andere Akteure (Unternehmen oder Haushalte) die betreffende Neuerung übernehmen (Adoption). Eine wichtige Ausformung des linearen Modells ist die im Band 1 dargestellte Produktzyklustheorie.

Kay (1988) weist darauf hin, daß sich diese Phasen in vier wesentlichen ökonomischen Charakteristika, nämlich in der Spezifität der eingesetzten Ressourcen, im „time-lag" bis zur Kommerzialisierung, in der Unsicherheit in bezug auf das Ergebnis (technische und wirtschaftliche Unsicherheiten) sowie in der Ressourcenbindung unterscheiden. In den frühen Phasen (Grundlagenforschung, angewandte Forschung) ist F&E noch nicht produktspezifisch und auch nicht unternehmensspezifisch. Forschungsergebnisse haben noch weitgehend den Charakter eines öffentlichen Gutes, es gibt daher in hohem Maße das Problem von Externalitäten und Nicht-Ausschließbarkeit (z.B. Know-how-Flüsse zu anderen Unternehmen, Imitation). Auch ist der Zeitabstand bis zur kommerziellen Verwertung noch sehr lange, so daß sowohl technische als auch ökonomische Unsicherheiten hoch sind. Je mehr Innovationsaktivitäten und Projekte „down-stream" angesiedelt sind, desto produkt- und unternehmensspezifischer werden sie. Die Probleme in bezug auf Imitation und Nutzen-Aneignung werden geringer, auch der „time-lag" zur Kommerzialisierung und die damit verbundenen Unsicherheiten nehmen ab. Hingegen steigen Investitionen und die Bindung der Ressourcen an.

Das „lineare Innovationsmodell", dessen Ablauf also von der Wissenschaft zum Markt gesehen wird, wurde stark kritisiert und modifiziert (Kline und Rosenberg 1986). Innovationen nehmen vielfach nicht von der Wissenschaft und Forschung, also öffentlichen und privaten Forschungseinrichtungen, ihren Ausgang, sondern von den Kunden, Technologie-Anwendern, Lieferanten oder Kooperationspartnern. Weiters wurden zahlreiche „feedback"-Schleifen festgestellt: Wichtige Informationsflüsse laufen von den späten zu den frühen Phasen zurück, und es gibt starke Interdependenzen im gesamten Prozeß (Abb. 7.2).

Außer F&E-Einrichtungen, Kunden und Lieferanten spielen auch die Beschäftigten im Produktionsprozeß selbst eine wichtige Rolle, etwa in Form von „learning by doing" und „learning by using". Dies ist insbesondere

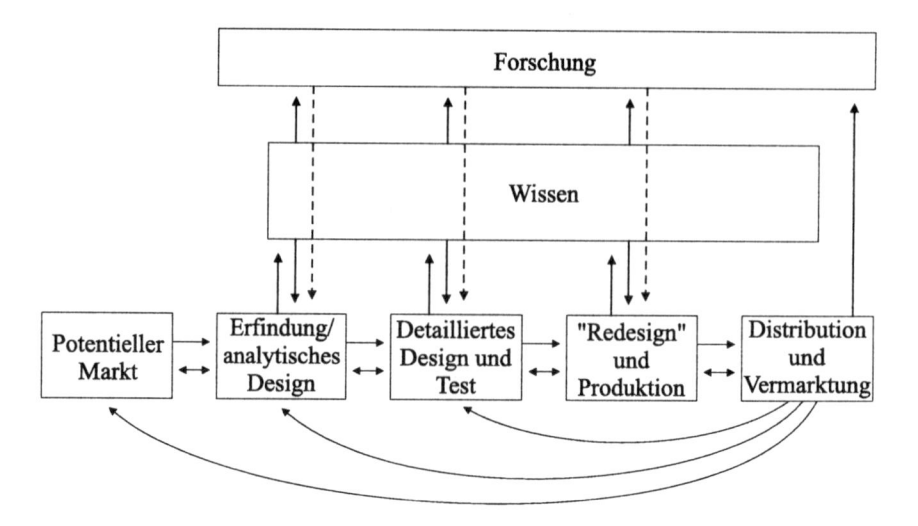

```
                          ┌──────────────────────────────┐
                          │         Forschung            │
                          └──────────────────────────────┘
                              ↑↓   ↑↓   ↑↓   ↑↓
                          ┌──────────────────────────────┐
                          │          Wissen              │
                          └──────────────────────────────┘
                              ↑↓   ↑↓   ↑↓   ↑↓
┌───────────┐  ┌───────────┐  ┌───────────┐  ┌───────────┐  ┌────────────┐
│Potentieller│→│ Erfindung/ │→│Detailliertes│→│ "Redesign"│→│Distribution│
│   Markt   │←→│analytisches│←→│Design und  │←→│    und    │←→│    und    │
│           │  │  Design   │  │    Test    │  │ Produktion │  │Vermarktung │
└───────────┘  └───────────┘  └───────────┘  └───────────┘  └────────────┘
      ↖_____/
```

Abbildung 7.2: Nichtlineares Innovationsmodell (nach Kline und Rosenberg 1986)

bei kleineren (inkrementalen) Neuerungen der Fall. So kommen viele Ideen zur Veränderung von Produkten von der Marketingabteilung oder von den Beschäftigten in der Produktion, auch Neuerungen bei den Produktionsverfahren oder der Organisation nehmen häufig dort ihren Ausgang.

Die Frage, ob der Innovationsprozeß linear oder nichtlinear oder von der Forschung zum Markt oder umgekehrt abläuft, hat nicht nur theoretische, sondern auch praktische Konsequenzen für Unternehmen wie für die Politik. Während im linearen Modell Innovationen im wesentlichen durch einen Ausbau der Forschung und Entwicklung stimuliert werden, zeigt das nichtlineare Modell, daß intensive Kundenkontakte, technologische Beziehungen zu Lieferanten oder Kooperationen einen gezielteren Weg zu technologischen Neuerungen darstellen können. Es gibt auch keine Automatik des Technologietransfers von der Grundlagen- und angewandten Forschung zu neuen Produkten und Verfahren in Unternehmungen, sondern zahlreiche Barrieren und Hemmnisse. In vielen Ländern und Regionen werden daher aktiv Maßnahmen zur Beschleunigung des Technologietransfers ergriffen (s. Ewers und Allesch 1990, Rosenfeld et al. 1992).

7.1.2 Technologische Systeme, Paradigmen und Pfade

Langfristig betrachtet finden Innovationen und technologische Veränderungen nicht gleichmäßig und kontinuierlich statt. Sie treten in bestimmten historischen Perioden stärker und massierter auf als in anderen, so daß sich technologische Zyklen herausbilden können. Dahinter stehen oft radikale Neuerungen, die bei einer großen Ausstrahlung auf die Wirtschaft zu technologischen Revolutionen und damit zur Herausbildung neuer technologischer Systeme führen können.

Als „radikale Innovationen" haben wir in Band 1 (Kap. 4, S. 87) herausragende und selten vorkommende Neuerungen definiert, wie etwa neue Produkte, die vorher unbekannt waren, oder die Verwendung gänzlich neuer Materialien und Produktionsverfahren. Radikale Neuerungen unterscheiden sich von den inkrementalen durch einen größeren Neuerungsschritt, der einerseits mehr Unsicherheit zur Folge hat, andererseits aber auch wesentlich höhere Pionier-Gewinne ermöglicht.

Wenn radikale Innovationen zur Entwicklung neuer Industrien führen und auch in andere Branchen ausstrahlen, werden sie zu Basis-Innovationen für neue technologische Systeme (Freeman 1982, Davelaar 1991). Freeman definiert letztere als

„... clusters of innovations ... associated with a technological web, with the growth of new industries and services involving distinct new groupings of firms with their own 'subculture' and distinct technology, and with new patterns of consumer behaviour" (S. 68).

Beispiele für derartige Basisinnovationen sind die Dampfmaschine, die Stahlerzeugung, der Verbrennungsmotor, Nylon, der integrierte Schaltkreis, der Computer, oder Produkte der Biotechnologie. Die Herausbildung eines technologischen Systems erfordert ein komplexes Zusammenspiel von wissenschaftlichen, institutionellen, sozialen und ökonomischen Mechanismen. In der Wissenschaft kommt es in bestimmten Perioden aufgrund von Durchbrüchen zu einer Häufung grundlegender Neuerungen. Eine breitere Diffusion und Ausstrahlung dieser Neuerungen erfolgt aber nur dann, wenn der institutionelle Rahmen dazu paßt und dafür aufnahmefähig ist (etwa das Ausbildungssystem, die Innovationsfinanzierung und das System des Technologietransfers). Zum dritten müssen günstige makroökonomische Bedingungen vorliegen, damit Investitionen in neue Produkte und Verfahren von seiten der Unternehmen in entsprechendem Ausmaß getätigt werden. Wenn diese Rahmenbedingungen gegeben sind, kommt es zur Herausbildung neuer Industrien und zur verstärkten Gründung von Unternehmen, die die Basisinnovationen entlang bestimmter technologischer Pfade weiter entwickeln, in Produkte umsetzen und anwenden (s. Abb. 7.3).

Da in den frühen Phasen dieses Prozesses die entsprechenden Technologien noch wenig ausgeforscht sind, bringen Forschung und Entwicklung gute Ergebnisse, sie haben somit eine hohe Produktivität. Dieser Umstand sowie die anfangs hohen Preise, die mit den neuen Produkten zu erzielen sind, führen dazu, daß viele Unternehmer von dem neuen technologischen

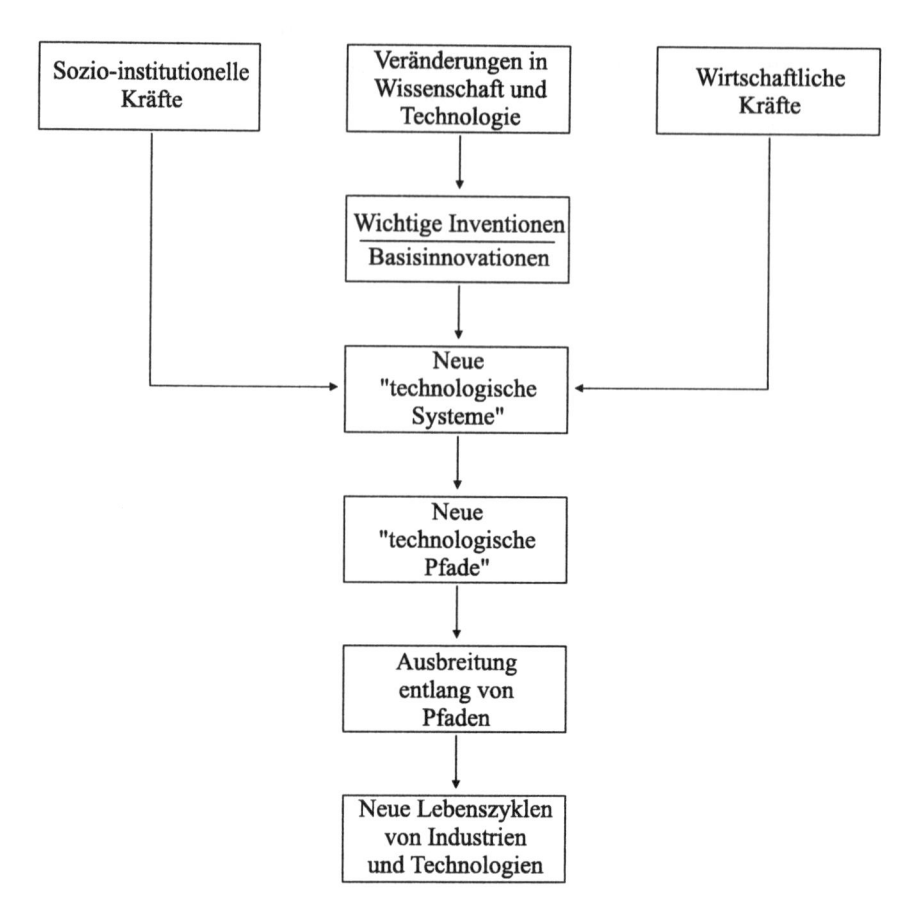

```
┌─────────────────┐     ┌─────────────────┐     ┌─────────────────┐
│ Sozio-           │     │ Veränderungen in│     │ Wirtschaftliche │
│ institutionelle  │     │ Wissenschaft und│     │ Kräfte          │
│ Kräfte           │     │ Technologie     │     │                 │
└─────────────────┘     └────────┬────────┘     └─────────────────┘
         │                       ▼                       │
         │              ┌─────────────────┐              │
         │              │ Wichtige        │              │
         │              │ Inventionen     │              │
         │              │ Basisinnovationen│             │
         │              └────────┬────────┘              │
         │                       ▼                       │
         │              ┌─────────────────┐              │
         └─────────────▶│ Neue            │◀─────────────┘
                        │ "technologische"│
                        │ Systeme"        │
                        └────────┬────────┘
                                 ▼
                        ┌─────────────────┐
                        │ Neue            │
                        │ "technologische"│
                        │ Pfade"          │
                        └────────┬────────┘
                                 ▼
                        ┌─────────────────┐
                        │ Ausbreitung     │
                        │ entlang von     │
                        │ Pfaden          │
                        └────────┬────────┘
                                 ▼
                        ┌─────────────────┐
                        │ Neue Lebenszyklen│
                        │ von Industrien  │
                        │ und Technologien│
                        └─────────────────┘
```

Abbildung 7.3: Neue Lebenszyklen von Industrien und Technologien (nach Davelaar 1991)

System angezogen werden, es kommt also zu einem „take-off" dieser neuen Industrien. Durch das weitere Zuströmen von Konkurrenten sinken in der Folge die Preise, und auch die Produktivität der F&E wird geringer. Die Unternehmensgründungen nehmen ab und die Entwicklung wird stärker von den existierenden Unternehmen getragen.

Die Innovationsaktivitäten innerhalb technologischer Systeme erfolgen in der Regel nicht frei, sondern in hohem Maße gerichtet. Nelson und Winter (1982) sprechen auch von einem „evolutionären" Prozeß, also einem schrittweisen und kumulativen Ablauf. Verantwortlich dafür sind inkrementale Neuerungen, also kleinere Veränderungen an den Produkten und Verfahren, die kontinuierlich im Rahmen von technologischen Paradigmen stattfinden und entlang von technologischen Pfaden ablaufen.

Technologische Paradigmen stellen nach Dosi (1988) den Kontext für Innovationen dar, und zwar hinsichtlich der Problemdefinition, den vornehmlich angewendeten wissenschaftlichen Prinzipien und der verwendeten materiellen Technologie. Sie stellen Lösungsmuster für technisch-ökonomische Probleme dar und sie bestimmen die technologischen Gelegenheiten für weitere Innovationen.[1] Damit lenken sie den technologischen Fortschritt in eine bestimmte Richtung, und zwar entlang eines „technologischen Pfades".

Als Beispiele für derartige technologische Paradigmen und Pfade könnte der Prozeß der Miniaturisierung in der Elektronikindustrie (zunehmende Packungsdichte integrierter Schaltkreise), der Trend zur Vernetzung in der Computer- und Softwareindustrie, die laufende Verringerung von Gewicht und Benzinverbrauch in der Automobilindustrie oder der zunehmende Einsatz von Verbundmaterialien genannt werden.

Technologische Paradigmen und Pfade können auch im regionalen Kontext eine Rolle spielen: etwa dann, wenn in bestimmten Regionen spezifische Industrien und Technologien eine dominierende Position innehaben und eine starke Vernetzung zwischen den Betrieben gegeben ist, so daß sich eine gemeinsame Wissens- und technologische Basis entwickeln konnte. Diese prägt dann auch die weitere technologische Entwicklung der Region (vgl. den Milieu-Ansatz in Band 1, Kap. 4).

Ein weiterer Grund für den Ablauf des Innovationsprozesses entlang bestimmter Pfade ist die Anwendung von Heuristiken und Routinen (vgl. Band 1, Kap. 2) in den Unternehmungen. Die Anwendung von Routinen erscheint dabei zunächst paradox, da Innovationen definitionsgemäß Nicht-Routine-Aktivitäten sind, Standardlösungen somit nicht anwendbar sind. Aufgrund der hohen Suchkosten und der wirtschaftlichen und technischen Unsicherheiten sind quantitative Analyseverfahren und Optimierungstechniken, ähnlich wie im Fall der Standortentscheidung (vgl. Band 1, Kap. 1), nur sehr eingeschränkt anwendbar. Viele Unternehmen stützen sich daher auf heuristische Verfahren und auf bewährte Verhaltensweisen, also Routinen, um Unsicherheiten und Suchkosten zu reduzieren (Nelson und Winter 1982). Routinen helfen den Unternehmen somit, die Komplexität des Innovationsprozesses zu bewältigen.

Die bisherigen Ausführungen machen deutlich, daß die Analyse von In-

---

[1] „A technological paradigm defines contextually the needs that are meant to be fulfilled, the scientific principles utilised for the task, the material technology to be used. In other words, a technological paradigm can be defined as a 'pattern' for solution of selected techno-economic problems based on highly selected principles derived from natural sciences. ... Putting it another way, technological paradigms define the technological opportunities for further innovations and some basic procedures on how to exploit them. Thus they can channel the efforts in certain directions rather than others: A technological trajectory is the activity of technological progress along the economic and technological trade-offs defined by a paradigm ..." (Dosi 1988, S. 224ff).

novation keinesfalls auf den technologischen Aspekt reduziert werden sollte, da eine starke Interdependenz zwischen technologischen, organisatorischen und sozialen Strukturen gegeben ist. Die Einführung neuer Technologien in einem Unternehmen hat zumeist starke Veränderungen in den letzteren Bereichen zur Folge, und umgekehrt beeinflussen die organisatorischen und sozialen Strukturen in einem Unternehmen in hohem Maße die Fähigkeit zur Innovation. So können etwa eine hohe Eigenverantwortung von Beschäftigten, harmonische soziale Beziehungen (Vertrauen) und ein freier Informationsfluß Neuerungen im Unternehmen unterstützen, während starre organisatorische Strukturen und Rigiditäten, soziale Konflikte und Mißtrauen Neuerungen stark bremsen.

7.1.3 Netzwerke im Innovationsprozeß

Der Innovationsprozeß weist also, u.a. wegen der zentralen Bedeutung von Forschung und Entwicklung, Charakteristika auf, die das neoklassische Bild von Firmen, die auf vollkommenen Märkten agieren, als nicht adäquat erscheinen lassen.

- Es sind zum einen hochspezifische Inputs erforderlich wie etwa hochqualifizierte Arbeitskräfte und spezialisierte Ausrüstungsgegenstände. Derartige Inputs können nicht ohne weiteres auf dem Markt zugekauft werden, sondern es sind oft interne Ausbildung oder Entwicklungsarbeit notwendig. Sie sind auch nicht beliebig anderen Verwendungen zuzuführen.
- Darüber hinaus liegt oft asymmetrische Information vor, d.h., es ist ex ante oft schwer, die Qualität spezifischer Inputs, wie etwa hochqualifizierter Arbeitskräfte oder technologieintensiver Komponenten, zu beurteilen.
- Es gibt „technologische spill-overs": Forschungs- und Entwicklungsprojekte kosten viel, ihre Ergebnisse diffundieren jedoch leicht zu anderen Unternehmen ohne entsprechende Bezahlung. Die Aneignung des Nutzens ist aus der Sicht der innovierenden Firma daher oft schwierig.
- Es liegt technologische und wirtschaftliche Unsicherheit vor, wichtige Rahmenbedingungen für Innovationsprojekte können sich rasch ändern.

Wie hier der Transaktionskosten-Ansatz (Williamson 1985) sowie die Institutionalisten (Hodgson 1988) gezeigt haben, weisen die verschiedenen Institutionen der Koordination wirtschaftlicher Aktivitäten, nämlich die interne Organisation, der Markt und das Netzwerk, diesbezüglich spezifische Vor- und Nachteile auf.

Das Verlassen auf die eigenen Kräfte, also die interne Organisation (im Transaktionskosten-Ansatz auch als „Hierarchie" bezeichnet), hat den Vorteil einer besseren Kontrolle des gesamten Prozesses, daher in der Regel auch weniger Sickerverluste durch Imitation. Nachteile sind die lange Dauer von Projekten, mitunter hohe Kosten der Eigenleistung und aufgrund der Spezifität von Ressourcen auch eine geringe Flexibilität im Fall von Änderungen wichtiger Rahmenbedingungen.

Die Benützung des Marktes, also der kurzfristige Zukauf spezialisierter Inputs oder Dienstleistungen, hat die Vorteile einer großen Flexibilität und der Kostengunst. Nachteile sind die geringe Kenntnis der Partner, die Unsicherheit in bezug auf Qualität der Inputs sowie eine geringe Kontrolle des gesamten Prozesses.

Die Organisation in Form von Netzwerken, also in der Form von relativ stabilen Beziehungen zu ausgewählten Partnern, stellt eine dritte Möglichkeit dar (s. etwa DeBresson und Walker 1991). Hiezu zählen sowohl formelle Kooperationen mit anderen Firmen und Institutionen (etwa F&E-Kooperationen) als auch längerfristig stabile Lieferbeziehungen sowie informelle Zusammenarbeit und regelmäßiger Informationsaustausch. Netzwerke nehmen eine Mittelposition zwischen Markt und Hierarchie ein. Sie erlauben eine relativ gute Kenntnis des jeweiligen Partners und der Qualität seiner Leistungen, und sie gewähren auch mehr Flexibilität als die interne Organisation.

Netzwerke haben Vorteile insbesondere bei radikalen Neuerungen sowie bei raschem technologischem Wandel, da sie Zugang zu komplementären Ressourcen und Technologien gewähren und den Innovationsprozeß daher abkürzen. Die Verkürzung von Produktlebenszyklen in technologieintensiven Branchen sowie das Vordringen von generischen neuen Technologien (solche die in vielen Industriezweigen Anwendung finden wie etwa die Mikroelektronik oder die Biotechnologie) haben die Formierung von Netzwerken daher stark stimuliert.

Globale Netzwerke

In einem erheblichen Maße werden Netzwerkbeziehungen gleichsam von ihrer Natur her mit internationalen Partnern geknüpft, etwa um Zugang zu neuen Märkten, zu komplementären Technologien oder zu einer hochspezifischen Wissensbasis zu erhalten. In diesen Fällen geht es gerade darum, die Beschränkungen etwa der lokalen Gegebenheiten in einer bestimmten Region zu überwinden.

Insbesondere seit den achtziger Jahren haben in technologieintensiven Industrien (Informations-, Elektronik- und Computerindustrie, Biotechnologie, Herstellung neuer Materialien) strategische Allianzen und formelle Kooperationen aus diesen Gründen stark zugenommen. Hagedoorn und

Schankenraad (1990) haben derartige Allianzen untersucht und festgestellt, daß vielfach die führenden Unternehmungen einer Industrie projektspezifisch und für eine gewisse Zeit auch mit ihren Konkurrenten kooperieren. Die Hauptmotive waren dabei weniger das Einsparen von Transaktionskosten, sondern die Möglichkeit der langfristigen strategischen Positionierung des Unternehmens auf bestimmten Produktmärkten und Technologiefeldern. Ein überaus hoher Anteil der untersuchten Kooperationen (etwa 90%) fand dabei zwischen den hochentwickelten Ländern der „Triade" (USA, Europa, Japan), also sehr großräumig, statt.

Regionale Netzwerke

Unter gewissen Bedingungen werden Netzwerke auch durch die räumliche Nähe von Partnern gefördert, und wir finden sie dann stark ausgeprägt in bestimmten Regionen (s. etwa Camagni 1991). Regionale Netzwerke beruhen in einem höheren Maße als großräumige auf informellen Beziehungen. Zugrunde liegen ihnen oft frühere Ausbildungsverhältnisse oder die zwischenbetriebliche Mobilität von Beschäftigten, Managern oder Unternehmensgründern. Regionale Netzwerke ermöglichen besser als großräumige:

- eine gute Kommunikation durch laufende persönliche Kontakte;
- gemeinsames Lernen durch kontinuierliche Interaktion (etwa im Fall von gemeinsamen F&E-Projekten);
- die Schaffung einer gemeinsamen Vertrauensbasis durch langjährige Kenntnis des Partners;
- eine gute Kontrolle des Partners, um Fehlentwicklungen frühzeitig zu verhindern.

Wichtige Akteure in regionalen Netzwerken sind vielfach auch Universitäten, Forschungseinrichtungen und Einrichtungen des Technologietransfers. Wie einschlägige Analysen zeigen, haben regionale Netzwerke eine besondere Bedeutung für junge und kleine Unternehmen, da diese weniger F&E- oder sonstige innovationsrelevante Funktionen aufweisen. Sie haben zumeist auch weniger Möglichkeiten als größere Unternehmen, an internationalen Kooperationen teilzunehmen.

Regionale Netzwerke wurden bislang insbesondere für ausgewählte dynamische Regionen festgestellt, wie etwa für das „Dritte Italien", Baden-Württemberg, Provence/Côte d'Azur (Sophia Antipolis bei Nizza), Silicon Valley in Kalifornien oder der „Route 128" in Greater Boston. Einige dieser Arbeiten sind allerdings durch eine zu euphorische Sichtweise gekennzeichnet und aus diesem Grunde nicht in der Lage, die Bedeutung und Wirkungsweise derartiger Netzwerke ausreichend kritisch darzustellen (vgl. Kap. 8).

7.2 Regionale Innovationsunterschiede – Konzeptueller Rahmen

Gibt es systematische Innovationsunterschiede zwischen Regionen, und wie sind sie zu erklären? Diese Fragen untersuchen wir in den folgenden Abschnitten dieses Kapitels. Wie wir in Kap. 4 gesehen haben, wird der Faktor Innovation im neoklassischen Ansatz weitgehend vernachlässigt. Es wird zwar zugelassen, daß aufgrund von unterschiedlichen regionalen Faktorausstattungen und Faktorpreisen mit verschiedenen Faktorkombinationen (kapital- oder arbeitsintensiv) produziert wird; es kann also entlang einer Produktionsfunktion substituiert werden. Es werden allerdings keine Unterschiede des Technologie-Niveaus berücksichtigt, da angenommen wird, daß technisches Wissen vollkommen mobil ist, und daß daher die regionalen Produktionsfunktionen innerhalb von Sektoren ident sind. Neue Produktionstechnologien wären somit unter Konkurrenzbedingungen überall verfügbar. Regionale Technologieunterschiede sind somit entweder nicht existent oder sie sind – falls sie vorzufinden sind – nur vorübergehend und nicht stabil. Dem Faktor „Raum" wird im neoklassischen Ansatz damit keine eigenständige Rolle im Innovationsprozeß und in der wirtschaftlichen Entwicklung beigemessen.

In anderen Ansätzen der Regionalwissenschaft hat die Untersuchung regionaler Innovationsunterschiede bereits eine längere Tradition: Die geographischen Ansätze zur Innovationsdiffusion (etwa Hägerstrand 1967 und Brown 1981) haben der Informationsübertragung die zentrale Rolle im Diffusions- und Adoptionsprozeß eingeräumt. Der Diffusionsprozeß erfolgte entweder durch Nachbarschaftseffekte (wellenartige Ausbreitung in der Fläche) oder hierarchisch (im städtischen System von oben nach unten). Diese Arbeiten haben eher auf die Modellierung geographischer und räumlicher Muster der Innovationsausbreitung abgestellt als auf deren Erklärung. Darüber hinaus untersuchen sie nur die Ausbreitung von Innovationen im Raum und nicht deren Entstehung. Die in der schumpeterschen Tradition stehenden Wachstumspoltheoretiker erkannten wichtige Elemente und Mechanismen der Innovationsentstehung und -ausbreitung. Sie haben insbesondere die Bedeutung großer motorischer Unternehmen sowie größerer Agglomerationen für die Innovationsgenerierung hervorgehoben, auch haben sie die inter-industrielle Verflechtung als Mechanismus der Diffusion erkannt. Der Ansatz litt jedoch an konzeptuellen Unschärfen sowie an unzureichenden empirischen Nachweisen (vgl. Kap. 5).

Jüngere Arbeiten untersuchen regionale Innovationsprozesse stärker im Zusammenhang mit historisch entstandenen sozioökonomischen Spezialisierungen von Regionen, etwa nach Branchen, Betriebstypen, Arbeitsprozessen und Qualifikationen. Sie betrachten den Faktor „Raum" nicht nur als Distanz (etwa zu Wirtschafts- und Wissenszentren), sondern als sozioökonomische Kategorie, die geprägt ist von historisch formierten ökonomischen, sozialen und institutionellen Strukturen.

Im folgenden wird aufbauend auf Tödtling (1990, 1992) eine Konzeption zur Erklärung regionaler Innovationsunterschiede dargestellt. Dabei wird vom Unternehmen als einem offenen System ausgegangen (Taylor 1987). Dessen interne Struktur und Verhaltensweisen werden also im Zusammenhang zu den Erfordernissen und Bedingungen seiner wirtschaftlichen Umwelt gesehen. Diese umfaßt alle potentiellen Interaktionspartner und Konkurrenten des Unternehmens. Dazu zählen Kunden, Lieferanten, Wettbewerber und sonstige Institutionen, die für das Unternehmen relevant sind.

Innerhalb des Unternehmens wird zwischen verschiedenen Bereichen unterschieden. Im Zentrum befindet sich die „core technology", also die Kernkompetenz des Unternehmens: Hier produziert es mit den für es typischen Methoden seine charakteristischen Güter oder Leistungen. Dieser Bereich erfordert eine relativ große Stabilität und Schutz vor Konkurrenz und turbulenter Umwelt. „Technologie" ist dabei nicht im engen Sinn als „hardware" (maschinelle Ausrüstung) zu verstehen, sondern als „set of practices", als das Zusammenspiel von Beschäftigten, organisatorischen Regelungen, Software und maschineller Ausrüstung. Die „core technology" wird umgeben von Schnittstellenfunktionen („boundary spanning structures"), also jenen Einrichtungen, die für die Interaktion mit der betrieblichen Umwelt verantwortlich sind (Management, Unternehmensplanung, Einkauf, Vertrieb, Marketing, Personalabteilung, Finanzierung, F&E). Innovationen stellen eine Veränderung der „core technology" des Unternehmens dar, etwa durch die Einführung neuer Produkte und Verfahren oder organisatorische Neuerungen. Sie werden als Ergebnis des Zusammenwirkens externer und interner Faktoren angesehen (s. Abb. 7.4).

Von den externen Faktoren sind zunächst die Bedingungen des regionalen Umfeldes für das Innovationsverhalten des Betriebes relevant (s. Abschn. 7.3): Sie betreffen etwa die Ausstattung mit Forschungs- und Ausbildungseinrichtungen, die Qualifikation von Arbeitskräften sowie Interaktions- und Kontaktmöglichkeiten mit anderen Unternehmen. Weitere externe Faktoren resultieren aus dem Branchenumfeld des Betriebes und, damit im Zusammenhang, aus den Charakteristika der Märkte. Dies betrifft etwa die Stärke und Art des Wettbewerbs sowie die technologischen Gelegenheiten, denen sich der Betrieb gegenübersieht. Aus einer Spezialisierung von Regionen auf bestimmte Branchen ergeben sich somit Konsequenzen für das Innovationsverhalten der Betriebe (s. Abschn. 7.4.1).

Mit ausgewählten Akteuren seiner wirtschaftlichen Umwelt unterhält der Betrieb intensivere Beziehungen (Netzwerke). Dies können dauerhaftere Liefer- und Kundenbeziehungen sein, aber auch Kooperationen in der Forschung und Entwicklung, technisch-wissenschaftliche Kontakte zu Universitäten sowie Beziehungen zu anderen Betrieben im Konzernverbund. Wie in Abschn. 7.1.3 festgestellt wurde, haben diese Netzwerke eine große Bedeutung für das Innovationsverhalten der Betriebe.

7.2 Konzeptueller Rahmen

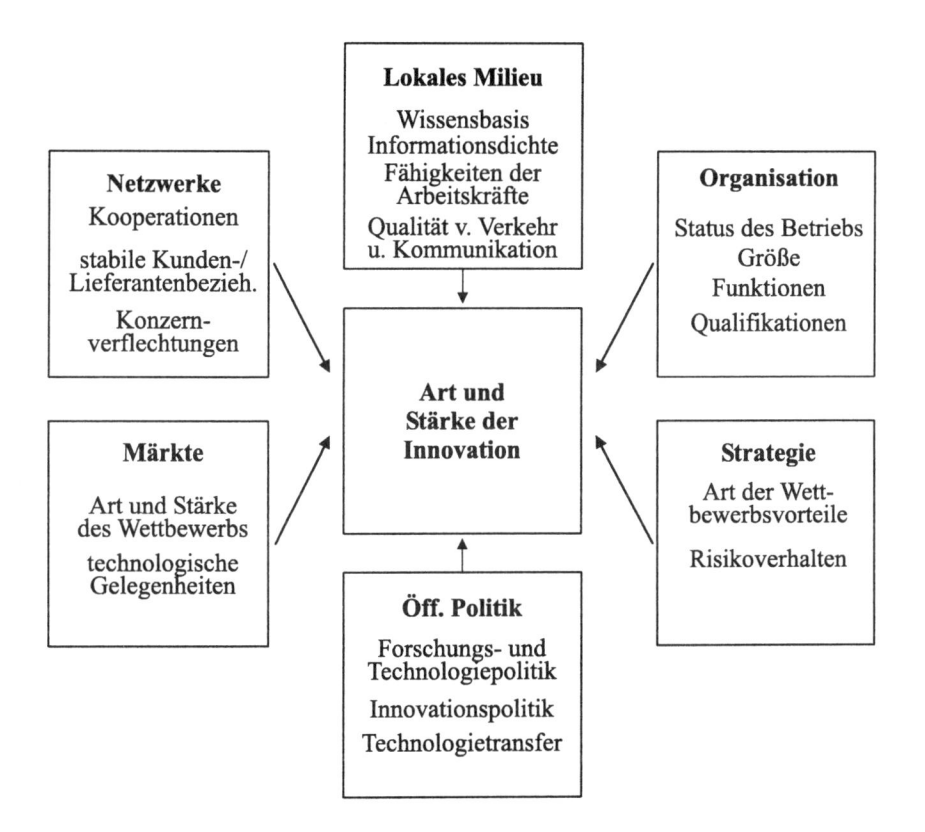

```
                    Lokales Milieu
                    Wissensbasis
                    Informationsdichte
   Netzwerke        Fähigkeiten der          Organisation
   Kooperationen    Arbeitskräfte
                    Qualität v. Verkehr      Status des Betriebs
   stabile Kunden-/ u. Kommunikation         Größe
   Lieferantenbezieh.                        Funktionen
                                             Qualifikationen
   Konzern-
   verflechtungen

                    Art und
                    Stärke der
   Märkte           Innovation               Strategie

   Art und Stärke                            Art der Wett-
   des Wettbewerbs                           bewerbsvorteile
   technologische                            Risikoverhalten
   Gelegenheiten

                    Öff. Politik
                    Forschungs- und
                    Technologiepolitik
                    Innovationspolitik
                    Technologietransfer
```

Abbildung 7.4: Einflußfaktoren der betrieblichen Innovation

Schließlich beeinflußt der Staat sowohl durch die Technologie- und Innovationspolitik als auch durch die Regionalpolitik die Innovationsfähigkeit von Betrieben in bestimmten Regionen (s. Kap. 9). Jene Betriebe, die besseren Zugang zu staatlichen Innovationsförderungen haben (Finanzierung, Beratung, Ausbildung), sind, bei sonst gleichen Bedingungen, leichter in der Lage, einschlägige Hemmnisse im Innovationsprozeß zu überwinden. In der Literatur wird eine steigende Bedeutung der Region als Träger der Technologie- und Innovationspolitik geortet, da regionale Institutionen besser in der Lage sind, auf die Spezifika der jeweiligen Region einzugehen.

Intern beeinflussen insbesondere Charakteristika der Organisation und die strategische Ausrichtung das Innovationsverhalten von Betrieben: Die Betriebsgröße beeinflußt die Ausstattung mit innovationsrelevanten Ressourcen und damit die Kontinuität und die Größe von Innovationsprojekten. Auch die Art der Innovationshemmnisse erweist sich oft als von der Betriebsgröße abhängig (Abschn. 7.4.2).

Die Ausstattung regionaler Betriebe mit relevanten Funktionen (F&E, Unternehmensplanung und Marketing) und deren Zusammenwirken mit der Produktion sind sowohl für Produkt- als auch Verfahrensinnovationen bedeutend (Abschn. 7.4.3). Darüber hinaus beeinflußt die technische und kaufmännische Qualifikation der Beschäftigten die Fähigkeit, Innovationsprojekte erfolgreich durchzuführen.

Die Einbindung eines Betriebes in ein größeres Unternehmen verbessert einerseits den Zugang zu den innovationsrelevanten Ressourcen, weist ihm aber auch eine bestimmte Rolle in der größeren Unternehmung zu (z.B. als Zweigwerk für ausgereifte Produkte oder Komponenten). Dies hat Konsequenzen für seine Innovationstätigkeit (Abschn. 7.4.4).

Schließlich zeigt die Innovationsliteratur, daß die strategische Ausrichtung des Unternehmens sowie auch die Einstellungen und Verhaltensmuster von Managern und Beschäftigten eine wesentliche Rolle für regionale Innovationsunterschiede spielen (Abschn. 7.5). Wenn Unternehmen ihre Marktposition aufgrund anderer als technologischer Wettbewerbsvorteile verteidigen (etwa durch niedrige Löhne), senkt dies ihre Innovationsbereitschaft. Auch eine hohe Risikoaversion von Managern oder eine Abneigung von Beschäftigten gegenüber Veränderungen bremst die Einführung von Innovationen in einer Region.

Aufgrund der Vielzahl von involvierten Faktoren sowie auch aufgrund der räumlich nicht immer regelmäßig gegebenen Voraussetzungen ist nicht unbedingt eine einfache und klare räumliche Differenzierung der Innovation vorzufinden, etwa im Sinne eines Zentrum-Peripherie-Musters oder einer klaren Ausprägung nach der städtischen Hierarchie. Auf einzelne der genannten Einflußfaktoren wird im folgenden näher eingegangen.

7.3 Regionales Umfeld und Innovation

Von den Faktoren des regionalen Umfeldes gehen zwei Arten von – in der Realität allerdings eng verflochtenen – Wirkungen aus (Abb. 7.5):

Längerfristig beeinflussen Standortbedingungen und regionale Faktoren die Herausbildung spezifischer betrieblicher Strukturen und Verhaltensweisen und über sie indirekt die betriebliche Innovation.[2] Diese indirekten Wirkungen über die betriebliche Spezialisierung von Regionen werden in Abschn. 7.4 und 7.5 näher diskutiert.

Darüber hinaus hat das regionale Umfeld auch einen direkten Einfluß: Bestimmte Regionen sind besser mit innovationsrelevanten Faktoren ausgestattet als andere, Innovationen können hier, bei sonst gleichen Bedin-

---

[2] Wir sollten dabei im Auge behalten, daß regionales Umfeld und betriebliche Spezialisierung sich grundsätzlich in einer Wechselbeziehung befinden. Betriebliche Strukturen wirken also längerfristig wieder auf die Standortfaktoren zurück, etwa über die betriebliche Ausbildung, die Nachfrage nach spezifischen Qualifikationen und unternehmensbezogenen Diensten oder auch über die Beeinflussung der natürlichen Umwelt.

7.3 Regionales Umfeld

```
        ┌─────────────────────┐
        │  Standortbedingungen│
        │  regionales Umfeld  │
        └─────────────────────┘
                  ↕
┌──────────────┐     ┌──────────────┐
│ Strategie- und│ ←→ │  Regionale   │
│Verhaltenstypen│     │Betriebsstruktur│
└──────────────┘     └──────────────┘
                  ↕
        ┌─────────────────────┐
        │     Innovation      │
        └─────────────────────┘
```

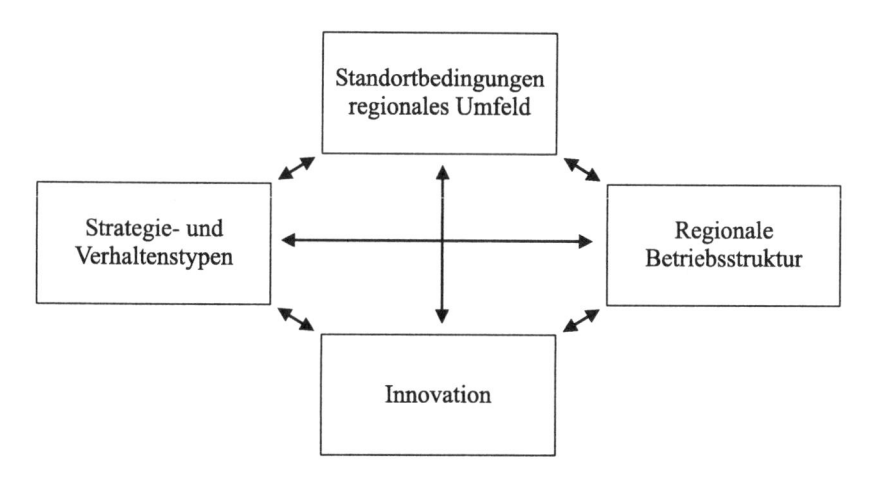

Abbildung 7.5: Direkte und indirekte Wirkung des regionalen Umfeldes

gungen, leichter durchgeführt werden. Diese Standorteinflüsse sind für die einzelnen Arten und Phasen der Innovation, wie im folgenden gezeigt wird, allerdings unterschiedlich. Nach der Produktzyklustheorie (s. Band 1, Kap. 4) ist davon auszugehen, daß die Hervorbringung von Innovationen (Produktinnovationen) und die Adoption von Innovationen (Prozeßinnovationen) jeweils spezifische Anforderungen an das regionale Umfeld stellen. Für die Hervorbringung von Innovationen (Produktinnovationen) gelten folgende Faktoren als wichtig (s. Davelaar und Nijkamp 1987):

1. *Hochqualifizierte Arbeitskräfte*: Sie werden von guten Ausbildungseinrichtungen hervorgebracht und/oder von einer hohen Wohnqualität (kulturelle Einrichtungen und Schulen, attraktive Umwelt) angezogen. Sie sind sowohl für Forschung und Entwicklung (technische und wissenschaftliche Qualifikationen) als auch für die Umsetzung des neuen Produktes in die Produktion (Techniker und Facharbeiter) sowie für die Marktanalyse und -bearbeitung (kaufmännisches Personal) erforderlich.

2. *Technische und ökonomische Universitäten und Forschungseinrichtungen* (Wissenszentren): Sie stellen nicht nur die hochqualifizierten Arbeitskräfte bereit, sondern bieten Zugang zu technischen und wirtschaftlichen Informationen und die Möglichkeit für Kooperationen. Darüber hinaus werden sie als Quelle für „Spin-off-Gründungen" technologieintensiver Unternehmen erachtet.

3. *Unternehmensbezogene Dienste* (wirtschaftliche und technische Beratung, Marktforschung, Rechtsdienste) sind insbesondere für Klein-

und Mittelbetriebe von Bedeutung, da diese nicht über ausreichende interne Kapazitäten verfügen und daher mit mehr Hemmnissen im Innovationsprozeß konfrontiert sind.
4. *Ausreichend viele potentielle Vorlieferanten und Zulieferer* gewährleisten die Versorgung mit wichtigen Komponenten.
5. *Ein ausreichend großer Markt und ein guter Marktzugang*: Die Rolle der Nachfrage im Innovationsprozeß wurde besonders vom „demand-pull"-Ansatz der Innovation hervorgehoben. Produktinnovation erfolgt nach dieser Konzeption durch das Aufspüren von unbefriedigter Nachfrage und daher vielfach in engem Kontakt zu Kunden (von Hippel 1988). Insbesondere im Falle von Kleinbetrieben spielt – aufgrund ihrer geringeren Marktradien – die Größe und Diversifizierung des regionalen Marktes für die Hervorbringung und Einführung neuer Produkte daher eine wichtige Rolle.
6. *Infrastruktur für den schnellen Personentransport zwischen wirtschaftlichen Zentren* (Flugverbindungen und Zugang zu hochrangigem Bahn- und Straßennetz): Sie ermöglicht die im Innovationsprozeß erforderlichen direkten Personenkontakte, die von Telekommunikationseinrichtungen nicht zur Gänze ersetzt werden können.
7. *Der Zugang zu Kapital*, insbesondere Risikokapital, gilt in US-amerikanischen Studien als wichtiger Faktor der Innovation (Miller und Coté 1987). Arbeiten im europäischen Kontext haben allerdings gezeigt, daß Risikokapital eher auf nationaler als auf lokaler und regionaler Ebene von Bedeutung ist (s. Oakey 1984, Nijkamp und Mouven 1987).

Für die Übernahme neuer Technologien (Adoption von Prozeßinnovationen), welche meist nicht selbst entwickelt, sondern in Form von Ausrüstungsgütern gekauft werden, gelten folgende Faktoren als wichtig (s. Müdespacher 1987, Ewers und Fritsch 1989):

1. *Die Dichte von Betrieben derselben oder verwandter Branchen*: Sie spielt eine wichtige Rolle in der Informationsverbreitung hinsichtlich neuer Technologien, etwa durch Demonstrationseffekte und Erfahrungsaustausch.
2. *Das Vorhandensein von Betrieben, die diese neuen Technologien vertreiben, installieren und betreuen (Verkaufs- und Servicenetze)*: Insbesondere im Fall von komplexeren Technologien helfen sie, Anfangsschwierigkeiten zu überwinden und Produktionsausfälle zu verkürzen.
3. *Der Zugang zu öffentlichen Technologie-Beratungs- und -Transfereinrichtungen*: Sie stellen wichtige Ansprechpartner bei der Vermittlung von spezialisierten Firmen und Einrichtungen dar und haben insbesondere für Klein- und Mittelbetriebe eine größere Bedeutung (Rosenfeld et al. 1992).

4. *Die Verfügbarkeit von technisch einschlägig ausgebildeten Arbeitskräften*: Diese sind sowohl für die Einführung als auch den laufenden Betrieb einer neuen Technologie wichtig. Ihr Fehlen in einer Region (etwa von Elektronikern, Informatikern oder Programmierern im Fall von computerunterstützten Techniken) kann bei der Einführung solcher Verfahren ein erhebliches Hemmnis darstellen.

Die hier genannten regionalen Faktoren haben sich in empirischen Analysen zum Innovationsverhalten von Betrieben jedoch nicht immer als signifikant herausgestellt. Dies resultiert z.t. daraus, daß sie zwar notwendige, aber keine hinreichende Bedingung für Innovationen sind. Zum anderen können einige dieser regionalen Faktoren substituiert werden, etwa durch innerbetriebliche Ausbildung, aktiveres Informationsverhalten, verstärkten Einsatz der Telekommunikation. Und zum dritten sind vermutlich nicht sosehr die einzelnen Faktoren, sondern ihr synergetisches Zusammenwirken von Bedeutung (vgl. den Ansatz des „innovativen Milieu" in Band 1, Kap. 4).

7.4 Regionale Betriebsstruktur und Innovation

Außer den Faktoren des regionalen Umfeldes spielen betriebliche Charakteristika eine Rolle. Branche, Betriebsgröße, innovationsrelevante Funktionen und der organisatorische Status des Betriebes haben für regionale Innovationsunterschiede eine besondere Relevanz und werden daher eingehender dargestellt.

7.4.1 Branchenspezialisierung

Das Argument, daß regionale Innovationsunterschiede in hohem Maße auf Branchenstrukturen zurückgehen, hat einen industrieökonomischen Hintergrund. Dort wird die Branche als die für das Unternehmen relevante wirtschaftliche und technologische Umwelt hervorgehoben. Sie bestimmt wesentliche Rahmenbedingungen wie etwa die in der Branche vorzufindende technologische Dynamik, die Nachfragedynamik sowie den Konkurrenzdruck.

Für die vorliegenden Fragen ist insbesondere der Umstand von Bedeutung, daß sich Branchen stark in den jeweiligen technologischen Gelegenheiten unterscheiden: Branchen mit vielen technologischen Gelegenheiten sind jene, in denen neue oder relativ junge technologische Paradigmen vorherrschen. Sie sind durch eine hohe Vielfalt möglicher Neuerungen insbesondere an den Produkten gekennzeichnet, technische Fortschritte sind daher relativ leicht zu erzielen. Zu diesen Branchen zählen technologieintensive, wie etwa die chemische und pharmazeutische Industrie, die Biotechnologie, die Metallindustrie, die Elektronikindustrie, der Maschinenbau und die Instrument-Industrie.

In Branchen, in denen ältere technologische Paradigmen dominieren, sind technologische Gelegenheiten geringer. Der technische Fortschritt ist eher in Maschinen- und Ausrüstungsgegenständen inkorporiert und läuft stärker in Form von Verfahrensinnovationen ab (Übernahme von „best-practice"-Kapitalgütern). Dies ist eher in arbeitsintensiven Industrien der Fall wie Textilien, Bekleidung, Leder- und Holzverarbeitung, aber auch in kapital- und skalenintensiven Branchen wie Transportmittel, elektrotechnische Haushaltsgeräte, Metallwaren, Nahrungsmittel und der Glasindustrie. Einige der genannten Branchen unterliegen darüber hinaus einem verschärften Konkurrenzdruck aus Schwellenländern und den Ländern Mittel- und Osteuropas. Der Druck für Reorganisationsmaßnahmen und Verfahrensinnovationen wurde dadurch verstärkt (vgl. Abschn. 7.5.2).

Regionale Unterschiede der Branchenstruktur lassen sich etwa anhand der Neo-Faktorproportionentheorie erklären: Regionen spezialisieren sich auf jene Produkte, bei denen sie absolute oder komparative Kostenvorteile haben (vgl. Kap. 4). Der Grund für diese Spezialisierung ist die teilweise Immobilität und daher unterschiedliche Verfügbarkeit spezifischer Produktionsfaktoren (Kapital, Arbeit, Humankapital). Auf Grund der regional unterschiedlichen Ausstattung mit qualifizierten Arbeitskräften ergibt sich etwa eine räumliche Konzentration von technologie- und skillintensiven Branchen an zentralen Standorten. In den ländlichen Regionen und den älteren Industrieregionen sind demgegenüber stärker arbeits- und kapitalintensive Branchen mit geringeren technologischen Gelegenheiten anzutreffen. Regionale Innovationsunterschiede lassen sich aber nicht allein auf die Branchenspezialisierung zurückführen, da noch weitere Faktoren, wie die folgenden, eine Rolle spielen.

7.4.2 Betriebsgröße

Dem Faktor Betriebs- und Unternehmensgröße wurde in der Innovationsforschung seit Schumpeter ein hoher Stellenwert eingeräumt (Coombs et al. 1987). In den fünfziger und sechziger Jahren wurden Großunternehmen und Großbetriebe in der späten schumpeterschen Tradition[3] als jene betrachtet, die aufgrund ihrer Innovationen temporäre Monopolsituationen und Pioniergewinne erobern und dabei die Entwicklung sowohl der nationalen als auch der regionalen Wirtschaft vorantreiben (s. auch die Wachstumspoltheorie; Kap. 5). Die stärkere Innovationstätigkeit von Großbetrieben wird auf mehrere Faktoren zurückgeführt: Unteilbarkeiten in bezug auf F&E-Aktivitäten, die für Innovationsprojekte erforderlichen hohen finanziellen

---

[3] Schumpeter hat in seinen Arbeiten dazu unterschiedliche Positionen vertreten. In den frühen Arbeiten betonte er die Rolle des Unternehmers und des kleinen Unternehmens als Träger des Innovationsprozesses. In den späten Arbeiten stellte er die Bedeutung der großen Unternehmen und der Monopole in den Vordergrund.

Mittel sowie das hohe Risiko, das von größeren Unternehmen leichter getragen werden kann.
In den achtziger Jahren ist diese Sicht differenzierter geworden (s. etwa Rothwell und Zegveld 1982, Ewers et al. 1984). Die weniger bürokratischen Strukturen, die höhere Flexibilität sowie die direkteren Kundenkontakte von kleinen und mittleren Betrieben wurden als Vorteile auch für Innovationsaktivitäten erkannt. Die empirische Evidenz ist hier allerdings nicht eindeutig. Als einigermaßen gesichert kann gelten, daß von den Großbetrieben ein höherer Anteil Forschung und Entwicklung betreibt und daß die F&E-Aufwendungen stark auf die größten Unternehmungen und Betriebe konzentriert sind. Darüber hinaus haben Großbetriebe meist eine längerfristig angelegte und kontinuierliche Innovationstätigkeit, nicht nur Entwicklungs-, sondern auch Forschungsaktivitäten und aufwendigere Innovationsprojekte. Bei den kleinen und mittleren Betrieben gibt es einen höheren Anteil von solchen, die nicht-innovatorische Strategien verfolgen (vgl. Abschn. 7.5). Darüber hinaus sind sie aufgrund der geringeren Ressourcen mit mehr Hindernissen im Innovationsprozeß konfrontiert als große Betriebe. Andererseits haben jene kleinen Betriebe, die Innovationsaktivitäten tätigen, vielfach relativ hohe diesbezügliche Aufwendungen.[4] Auch führen sie Innovationen häufig effizienter durch als Großbetriebe.

Im Faktor „Betriebsgröße" stecken allerdings in hohem Maße die Einflüsse solcher Faktoren, die mit der Betriebsgröße korrelieren, etwa die Ausstattung mit innovationsrelevanten Funktionen, die Qualifikation der Beschäftigten oder die Risikoaversion von Unternehmern. In empirischen Analysen gilt es daher, sämtliche wichtige Faktoren einzubeziehen und ihre Wirkung durch multivariate Methoden zu bestimmen.

Aufgrund der jeweils spezifischen Vorteile von Groß- und Kleinbetrieben kommt es mehr und mehr zu einer Arbeitsteilung im Innovationsprozeß. Großbetriebe haben Vorteile bei kontinuierlicher Forschungstätigkeit sowie bei kostspieligeren Innovationsprojekten, Kleinbetriebe bei der raschen Modifikation von Produkten oder Verfahren (inkrementale Neuerungen).[5] Diese Arbeitsteilung führt häufig zur Bildung von Kooperationen und Netzwerken (s. Abschn. 7.1.3).

---

[4]Sowohl die österreichischen als auch die bundesdeutschen Analysen weisen nach der Betriebsgröße auf einen U-förmigen Verlauf der F&E-Intensität bei jenen Betrieben hin, die diese Aktivität überhaupt betreiben (Zimmermann und Zimmermann-Trapp 1988, Volk 1988).

[5]Im Falle der Neugründungen von Unternehmen, die zur Umsetzung einer neuen Produktidee erfolgten (z.B. Spin-off-Gründungen), kann es sich allerdings durchaus auch um radikale Neuerungen handeln.

7.4.3 Innovationsrelevante Funktionen

Hier wird die Aktivitätsstruktur eines Betriebes als die relevante Einflußgröße auf Innovation und Regionalentwicklung betrachtet (Bade 1984). Dabei steht nicht so sehr im Vordergrund, *was* produziert wird, sondern *wie* und *welche Aktivitäten* ausgeführt werden. Das Hauptaugenmerk wird dabei nicht auf die Produktion selbst gelegt, sondern auf die der Produktion vor- und nachgelagerten Bereiche der Wertkette (Marktforschung, F&E, Konstruktion/Design, Marketing und Vertrieb, Planungs-, Entscheidungs- und Verwaltungsfunktionen). Wie oben festgestellt, kommt den „boundary spanning functions", also den Schnittstellen zur Umwelt eine besondere Bedeutung zu: Produktinnovationen erfordern einen starken Kundenkontakt und somit gut ausgeprägte Marketing- und Vertriebsfunktionen sowie Forschung und Entwicklung und Konstruktionstätigkeiten. Verfahrensinnovationen sind zwar von diesen Funktionen etwas unabhängiger, sie werden jedoch ebenfalls durch spezifische kaufmännische und technische Aktivitäten erleichtert.

Spezifische Standortanforderungen dieser Funktionen bewirken eine funktionale räumliche Spezialisierung. Es wurde in Studien über die BRD, Frankreich, Großbritannien, die Schweiz sowie die USA und Österreich gezeigt, daß insbesondere die innovationsrelevanten Funktionen eine ausgeprägte räumliche Konzentration aufweisen. Hinsichtlich der umfassenderen Erklärung regionaler Innovationsunterschiede sind jedoch auch einige Einschränkungen zu sehen:

- Bei kleineren Betrieben und Unternehmungen sind diese Funktionen organisatorisch oft wenig ausdifferenziert (der Geschäftsführer erledigt vielfach mehrere dieser Tätigkeiten). Eine genaue Erfassung von Funktionen wird daher mit kleiner werdender Betriebsgröße immer schwieriger.
- Es ist nicht allein die Ausprägung von Funktionen für den Innovationsprozeß von Bedeutung (etwa die Größe der F&E-Abteilung), sondern die Qualität ihrer Zusammenarbeit mit anderen Funktionen.
- Die genannten innovationsrelevanten Funktionen stellen nur Inputfaktoren dar, diesen müssen nicht im selben Maß auch Innovationen als Output gegenüberstehen. Es kommt letztlich darauf an, ob diese Aufwendungen auch umgesetzt werden. Hindernisse diesbezüglich können etwa ungünstige organisatorische Strukturen sowie zu wenig Anreize für die Beschäftigten darstellen.

7.4.4 Organisatorischer Status von Betrieben

Der organisatorische Status von Betrieben gilt als weiterer wichtiger Faktor von regionalen Innovationsunterschieden (Grabher 1988, Tödtling 1990).

7.4 Regionale Betriebsstruktur

Unter dem „organisatorischen Status" wird im allgemeinen die Zugehörigkeit zu und Stellung eines Betriebes in einem größeren Unternehmensverbund verstanden. Es wird hier unterschieden zwischen (s. auch Band 1, Kap. 1)

- Unternehmungen, die nur einen Standort oder ein sehr kleinräumiges Standortnetz haben (Einbetriebsunternehmen), sowie
- Betrieben, die in multiregionale oder multinationale Unternehmungen (Mehrbetriebsunternehmen: MBU) eingebunden sind. Sie sind nach ihrer Stellung im Unternehmen weiter zu differenzieren in Stammbetriebe (diese repräsentieren den Unternehmenssitz), Tochterbetriebe (rechtlich selbständige Betriebe im Eigentum eines außerregionalen Unternehmens) und Zweigbetriebe (Teil eines außerregionalen Unternehmens).

Die genannten Betriebstypen haben durchaus unterschiedliche Innovationsvoraussetzungen und Ressourcen. Einbetriebsunternehmen sind in ihrer Innovationsaktivität stärker vom regionalen Umfeld abhängig. Sie sind in der Regel kleiner und haben meist schwächer ausgeprägte innovationsrelevante Funktionen. Sie weisen meist kleinräumigere Kontakt- und Informationsnetze auf und haben keine Möglichkeiten, die Vorteile einer räumlichen Arbeitsteilung zu nutzen.

Betriebe, die zu Mehrbetriebsunternehmen gehören, haben prinzipiell Zugang zu den Ressourcen des größeren Unternehmens, etwa zu zentralen F&E-Abteilungen, Informationsabteilungen, Markt- und Vertriebsnetzen sowie auch zu finanziellen Ressourcen. Die genannten Funktionen sind in den MBU zumeist auch stärker ausdifferenziert und besser ausgestattet, sie können somit auch spezialisiertere Aufgaben übernehmen. Betriebe von MBU werden durch diese Einbindung in ein größeres Unternehmensnetz daher unabhängiger vom regionalen Umfeld.

Die tatsächliche Innovationsaktivität wird allerdings auch von der Rolle bestimmt, die der Betrieb in der internen Arbeitsteilung des größeren Unternehmens spielt. Zumeist ist eine mehr oder weniger stark ausgeprägte hierarchische Struktur zu finden, die sich auch räumlich manifestiert (vgl. Band 1, Kap. 4): Unternehmenszentralen und Stammbetriebe weisen eine bessere Funktionalstruktur auf, F&E, Marketing, Informations-, Planungs- und Entscheidungsfunktionen sind gut ausgeprägt. Oft sind sie sogar ausschließlich für F&E und Produktentwicklung zuständig oder auf anspruchsvollere Produktionsprozesse spezialisiert. Zweigbetriebe sind demgegenüber häufig auf die Produktion beschränkt, ihre Innovationstätigkeit ist daher oft gering.

Empirische Analysen haben nachgewiesen, daß Unternehmenszentralen und Stammbetriebe wesentlich häufiger in hochrangigen Agglomerationen, Zweigbetriebe hingegen stärker in strukturschwachen Industriegebieten und ländlichen Regionen zu finden sind (Band 1, Kap. 4). Besonders stark war eine solche räumliche Arbeitsteilung in jenen Branchen, die sehr heterogene Produktionsprozesse und Standortanforderungen haben, wie dies etwa in der Elektrotechnik der Fall ist.

Im einzelnen gibt es allerdings starke Unterschiede in der Stellung von Zweig- und Tochterbetrieben und in ihrem Innovationsverhalten. Die hierarchische Struktur kann dadurch beträchtlich modifiziert werden. So hängt der Grad der Autonomie eines Zweig- oder Tochterbetriebes von mehreren Faktoren ab: der Stabilität und Differenzierung des Marktes, der Unternehmensorganisation, dem Grad der Standardisierung der Fertigung. Eine höhere Autonomie ist demnach bei instabilen und spezifischen Märkten, dezentraler Unternehmensorganisation, wenig standardisierter und skill-intensiver Fertigung gegeben. In diesen Fällen sind auch mehr Innovationsaktivitäten zu erwarten (Tödtling 1990).

Auch in bezug auf Forschung und Entwicklung gibt es in Mehrbetriebsunternehmen sowohl zentrale als auch dezentrale Strukturen. Für die Konzentration von F&E in den Stammbetrieben an zentralen Standorten sprechen Skalenvorteile und eine bessere Kommunikation mit anderen zentralen Aktivitäten. Auch die bessere Verfügbarkeit von hochqualifiziertem Personal an den hochrangigen Standorten unterstützt eine solche räumliche Konzentration. Die Vorteile einer dezentralisierten F&E sind insbesondere eine bessere Verbindung mit der Produktion und der Vermarktung. In den größeren Unternehmen ist daher ein differenzierteres Nebeneinander von zentraler und dezentraler F&E festzustellen: Grundlegendere Forschungsaktivitäten werden konzentriert, angewandte Forschung und Entwicklungsarbeit findet stärker dezentral statt.

Innovationsunterschiede sind also insbesondere zwischen Einbetriebsunternehmen und Mehrbetriebsunternehmungen gegeben, wobei grundlegende Produktinnovationen sowie komplexere (und teurere) Verfahrensinnovationen in höherem Maße von den Mehrbetriebsunternehmen eingeführt werden. Innerhalb von Mehrbetriebsunternehmungen finden insbesondere Produktinnovationen stärker in Stammbetrieben oder relativ autonomen Tochterbetrieben statt.

7.5 Unternehmensstrategie und Innovation

Während in den bisherigen Ausführungen regionale Innovationsunterschiede entweder an Standortbedingungen oder an strukturellen Charakteristika der Betriebe festgemacht wurden, räumen die folgenden der unternehmerischen Strategie und dem Verhalten einen größeren Raum ein. Hier geht es insbesondere um die Frage, ob Unternehmungen in verschiedenen Regionen spezifische Wettbewerbsstrategien verfolgen und welche Einstellungen Manager und Beschäftigte zu Neuerungen haben (Abschn. 7.5.1). Die Beziehungen zwischen Management und Belegschaft sind jedoch nicht immer harmonisch, sondern auch von Konflikten geprägt. Neue Technologien werden daher mitunter auch zur Schwächung und Disziplinierung der Arbeiterschaft eingesetzt (Abschn. 7.5.2). Durch die Einführung von strategischen Optionen wird im allgemeinen die Determiniertheit von Zusammenhängen geringer, und es gibt damit weniger klare räumliche Strukturen.

7.5.1 Strategie- und Verhaltenstypen von Unternehmen

Das Innovationsverhalten von Betrieben hängt in hohem Maße von den zugrundeliegenden Unternehmensstrategien ab. „Strategie" umfaßt dabei nicht nur bewußt gewählte Ziel-/Mittelkombinationen (explizite Strategie), sondern auch gewachsene Strukturen und Verhaltensweisen (implizite Strategie). Freeman (1982) unterscheidet sechs Typen von Strategien, bei denen Innovationen jeweils einen unterschiedlichen Stellenwert haben:

- *Offensive Innovationsstrategie*: Hier versucht das Unternehmen, Technologie- und Marktführerschaft zu erlangen. Es benötigt sowohl eine starke interne F&E als auch gut ausgeprägte Beziehungen zur relevanten „scientific community". Die Herausforderung liegt insbesondere bei der experimentellen Entwicklung, die sowohl angewandte F&E, Design und „engineering" erfordert. Technologieführerschaft ist mit hohen Kosten und Risiken verbunden, da sowohl in die F&E als auch in die Erziehungsarbeit am Kunden investiert werden muß. In der Regel ist dieses Segment sehr klein und besteht aus wenigen, meist größeren Unternehmen. In Ausnahmefällen handelt es sich um Neugründungen, die mit neuen Produkten auf den Markt kommen.
- *Defensive Innovationsstrategie*: Das Unternehmen versucht, die angeführten Kosten und Risiken der Erstinnovation zu umgehen, indem es nach einer gewissen Zeit mit einem verbesserten und differenzierten Produkt auf den Markt kommt und damit versucht, den Erstinnovator zu überspringen („leap-frogging"). Auch hierfür sind F&E, experimentelle Entwicklung und Design erforderlich, allerdings mit anderen Schwerpunkten, da das vom Erstinnovator eingeführte Produkt verbessert und weiterentwickelt werden muß.
- *Imitationsstrategie*: Das Unternehmen beabsichtigt weder die Erst-Innovatoren zu überspringen noch auf dem technologischen Stand zu bleiben, es nimmt bewußt einen Rückstand in Kauf. Um sich zu behaupten, benötigt es allerdings andere als technologische Vorteile, wie etwa geschützte Märkte oder niedrige Kosten (geringe F&E-Kosten, niedrige Arbeitskosten, einen effizienten Produktionsprozeß). Eine gewisse Innovationstätigkeit ist allerdings auch hier erforderlich, etwa die Entwicklungsarbeit zur Anpassung des Produktes, Produkt-Engineer-

ing, Prozeßinnovationen und die Beobachtung der relevanten technologischen Entwicklung.
- *Abhängige Satelliten*: Dieser Typ betreibt weder Innovation noch Imitation, er produziert nach Anforderung und Spezifikation des Kunden. Er hat entweder Kostenvorteile (niedrigere Gemeinkosten, niedrigere Löhne), eine höhere Flexibilität (Ausgleich von Schwankungen der Nachfrage) oder sonstige Vorteile (etwa räumliche Nähe zum Kunden).
- *Traditionelle Strategien* und *Nischen-Strategien*: Im Fall der ersteren gibt es wenige gravierende Neuerungen beim Produkt, entweder weil sich die Nachfrage nicht viel ändert oder der Wettbewerbsdruck gering ist. Sowohl Produkt- als auch Verfahrensinnovationen sind daher gering. Im Fall der Nischenstrategie konzentriert sich das Unternehmen auf das Aufsuchen von Gelegenheiten, die sich in einem rasch verändernden Markt ergeben, wenig F&E und Design erfordern und die von anderen Unternehmen aus irgendwelchen Gründen nicht bedient werden (Marktnischen).

Eine Innovationsstrategie im Sinne der Einführung und Durchsetzung grundlegender Produktneuerungen (offensive Innovationsstrategie) wird also nur von einem kleinen Betriebssegment betrieben. Eine größere Zahl von Unternehmen gehört zur Gruppe mit defensiver Innovations- oder Imitationsstrategie, wobei die Art der Innovationsaktivitäten zwischen diesen Segmenten stark unterschiedlich ist. Für einen großen Teil der Wirtschaft schließlich spielen Innovationen überhaupt eine geringe Rolle, da sie entweder abhängige Satelliten sind oder stabile und geschützte Märkte sowie Marktnischen bedienen.

Die regionale Ausprägung derartiger strategischer Unternehmenstypen wurde von Taylor (1987) für Großbritannien untersucht. Es wurde festgestellt, daß die dynamische Süd-Ost-Region Englands deutlich höhere Anteile von Unternehmen mit offensiven oder defensiven Innovationsstrategien aufwies. Auch hatte diese Region einen höheren Grad an Liefer- und Informationsbeziehungen zwischen verschiedenen Betriebssegmenten. In den peripheren „development areas" hingegen hatten die Unternehmen kaum Innovationsstrategien, häufiger jedoch Imitationsstrategien, traditionelle Strategien, Nischenstrategien, oder sie waren abhängige Satelliten. Darüber hinaus zeigten die Betriebe hier eine geringe regionale Verflechtung.

Die genannten Arbeiten weisen auf einige wichtige Aspekte für die vorliegenden Fragen hin:

- Einzelne der oben diskutierten Charakteristika treten bei bestimmten Betriebstypen in Kombination auf und lassen verschiedene Segmente entstehen, wobei diese nach Regionen unterschiedlich vertreten sind.
- Einstellungen und Motivation von Managern und Belegschaft (Risikoverhalten, Bereitschaft für Neuerungen) spielen eine bedeutende Rolle.

- Schließlich weisen sie darauf hin, daß der Innovationsbedarf eines Betriebes in Abhängigkeit von seiner Wettbewerbsstrategie zu sehen ist.

7.5.2 Arbeitsbeziehungen und Einsatz neuer Technologien

Strategisches Verhalten hinsichtlich des Technologieeinsatzes wird auch vom strukturellen Ansatz der Raumwirtschaft und von den Arbeiten zum „industrial restructuring" in den Vordergrund gerückt. Dabei werden Arbeitsbeziehungen und deren räumliche Differenzierung in den Mittelpunkt gestellt, da aufgrund von global verbesserten Transport- und Kommunikationsbedingungen die Arbeitskraft als quasi immobiler Faktor an Bedeutung gewinnt (vgl. Band 1, Kap. 2). Regionen unterscheiden sich dabei hinsichtlich relevanter Charakteristika von Arbeitskräften, wie den folgenden:

- Löhne und Lohnnebenkosten;
- den Fähigkeiten der Arbeitskraft, die nicht nur die formale Qualifikation, sondern auch Eigenschaften wie Kreativität, Anpassungsfähigkeit, Schnelligkeit oder Geduld einschließen;
- die Arbeitswilligkeit und Arbeitsdisziplin;
- der Grad der gewerkschaftlichen Organisation und Neigung zu Arbeitskonflikten.

Diese Charakteristika werden in hohem Maße von der Art und Geschichte der Industrialisierung der jeweiligen Region geprägt sowie von den damit verbundenen sozialen Beziehungen und Mustern. Sie beeinflussen die Art des Technologieeinsatzes in den Unternehmungen, etwa in Form der

- Anpassung von Technologien an die spezifischen Qualifikationen und Fertigkeiten der lokalen Arbeitskräfte oder in Form des
- Einsatzes von solchen Technologien, die teure oder „widerspenstige" Arbeitskräfte ersetzen (Mechanisierung, Automatisierung).

Dabei ergeben sich aus zwei Gründen keine einfachen Zentrum-Peripherie-Muster. Zum einen sind die Charakteristika von Arbeitskräften unregelmäßig ausgeprägt, da sie von der vergangenen Industrialisierung und den soziokulturellen Beziehungen geformt sind. Zum anderen ist nicht einseitig die unternehmerische Strategie relevant, sondern die Interaktion von Arbeit und Kapital. Auch die Arbeitskraft hat gewisse Machtpotentiale und Möglichkeiten, den Produktionsprozeß zu gestalten und den Technologieeinsatz zu beeinflussen.

Technologieeinsatz im Kontext von räumlich differenzierten Arbeitsbeziehungen spielt insbesondere im Prozeß des „industrial restructuring" eine Rolle. Dabei wird die Einführung von neuen Technologien als eine von mehreren unternehmerischen Strategien begriffen, um auf die Krisenerscheinungen und verschärften Wettbewerbsbedingungen der Weltwirtschaft zu reagieren, die seit Mitte der siebziger Jahre gegeben sind. Die Einführung neuer Technologien soll eine Steigerung der Arbeitsproduktivität bewirken und die Kräfteverhältnisse zugunsten des Kapitals verschieben. Ein Abbau von Beschäftigten und die Polarisierung von Qualifikationen sind aus dieser Sicht häufig Folgen des Technologieeinsatzes.

Weitere Reorganisationsstrategien sind Intensivierung (organisatorische Veränderungen), die räumliche Mobilität von Betrieben sowie ihre Reduktion oder Schließung. Sowohl diese letzteren Maßnahmen als auch der Technologieeinsatz haben spezifische räumliche Ausprägungen. Sie haben eine Umverteilung von Betrieben und Arbeitsplätzen sowohl nach Regionen als auch Ländern zur Folge, wobei der Abbau tendenziell stärker in Regionen und Ländern mit starker Arbeiterschaft und gewerkschaftlicher Organisation erfolgt und der Aufbau eher in solchen mit geringer Industrialisierung und schwacher Arbeiterschaft.

Der „restructuring"-Ansatz bietet durch die Fokussierung auf Arbeitskräfte und Arbeitsbeziehungen wichtige Einsichten in bezug auf den Technologieeinsatz. Allerdings hat er auch Einseitigkeiten zur Folge: Innovation wird nur als Prozeßinnovation begriffen, und sie wird nur als Reaktion auf eine krisenhafte Entwicklung von Unternehmungen verstanden.

7.6 Empirische Ergebnisse zu regionalen Innovationsunterschieden

In den letzten Jahren sind eine Reihe von empirischen Arbeiten zu regionalen Innovationsprozessen entstanden.[6] Diese untersuchen unter anderem

- regionale Unterschiede von betrieblichen Innovationsinputs (F&E-Beschäftigte und F&E-Ausgaben, technisches Personal);
- regionale Unterschiede von Innovationsoutputs (Produktinnovationen, Prozeßinnovationen in Produktion und Büro);
- Einflußgrößen des Innovationsverhaltens von Betrieben in verschiedenen Regionen sowie
- die Ausprägung und den Einfluß von Regional- und Innovationspolitik.

Ein wesentliches Problem, das sich im Vergleich dieser empirischen Studien ergibt, ist die häufig unterschiedliche Definition und Messung von Innovation, die diesen Arbeiten zugrunde liegt. Insbesondere der Neuheitsgrad wird verschieden streng definiert und gemessen: Als Bezugsebene werden sowohl

---

[6]Für eine ausführlichere Diskussion s. Brugger (1985), Goddard et al. (1987), Meyer-Krahmer (1988), Ewers und Fritsch (1989), Tödtling (1990, 1994), Malecki (1991), Pfirrmann (1991), Fischer und Menschik (1994).

7.6 Empirische Ergebnisse

Betriebe als auch die regionale, nationale oder globale Wirtschaft herangezogen. Weiters werden sowohl objektive Kriterien (F&E-Ausgaben, Patente, Einführung spezifischer Technologien) als auch subjektive Einschätzungen (etwa von seiten der Unternehmer und Manager) untersucht. Eine exakte Vergleichbarkeit ist daher meist nicht gegeben, und die empirischen Ergebnisse zeigen so im Detail oft ein sehr komplexes und z.T. auch widersprüchliches Bild. Dennoch lassen sich aus den oben angeführten vorliegenden empirischen Studien einige gemeinsame Grundtendenzen ableiten:

Innovationsinputs, wie F&E-Beschäftigte und F&E-Ausgaben, Innovationsausgaben sowie sonstige Voraussetzungen für Innovation (hochqualifizierte Arbeitskräfte, Ausbildungs- und Forschungseinrichtungen) sind in hohem Maße in zentralen Regionen und hochrangigen Agglomerationen konzentriert. So zeigten sich für die EU äußerst starke regionale Disparitäten bei den Aufwendungen für F&E. Diese Disparitäten waren auch innerhalb einzelner Länder stark ausgeprägt und bezogen sich nicht nur auf die Höhe des Ressourceneinsatzes, sondern auch auf deren Qualität (etwa die Qualifikation des F&E-Personals). In einzelnen Ländern gibt es für die letzten Jahre jedoch auch Anzeichen einer räumlichen Dekonzentration solcher Aktivitäten, zumeist durch Verlagerungen in ländliche Gebiete mit guter Infrastrukturausstattung und Erreichbarkeit, kaum jedoch in alte Industriegebiete.

Bei den Innovationsoutputs waren die regionalen Unterschiede meist weniger eindeutig als bei den Inputindikatoren, wobei dies vermutlich auch auf Schwierigkeiten der Messung des Innovationsoutputs und die Verwendung subjektiver Indikatoren zurückzuführen ist. Bei Produktinnovationen waren regionale Unterschiede zumeist stärker ausgeprägt als bei Modifikationen oder Prozeßinnovationen. Länder, in denen sich ausgeprägtere regionale Unterschiede bei Produktinnovationen zeigten, waren etwa Großbritannien, Italien und Spanien. Geringer waren diese Unterschiede für die BRD, die Schweiz und Österreich. Eine überdurchschnittliche Dichte von Produktinnovation gab es in diesen Studien zumeist in den Agglomerationen (allerdings nicht unbedingt in den höchstrangigen), die geringsten in den alten Industriegebieten und in den peripheren ländlichen Gebieten. Infrastrukturell besser ausgestattete sowie landschaftlich attraktive ländliche Gebiete – mit hoher Wohnqualität für hochqualifizierte Arbeitskräfte – hatten mitunter ebenfalls hohe Werte.

Bei den Prozeßinnovationen waren generell geringere regionale Unterschiede zu finden. Bei der Einführung neuer Verfahren in die Produktion wurden regionale Unterschiede nur in einzelnen Ländern (etwa Kanada und Italien) und für komplexere Technologien ermittelt. In anderen Ländern waren die Adoptionsunterschiede geringer oder nur für die frühen Phasen des Diffusionsprozesses festzustellen.

Bei Prozeßinnovationen im Büro ergibt sich ein ähnliches Bild: Relativ geringe regionale Adoptionsunterschiede für Verfahren, die bereits älter sind (etwa die EDV-Anwendung); stärkere hingegen für jüngere und/oder komplexere Neuerungen (etwa Fernkopierer oder Tele-Fernverarbeitung von Daten).

Die genannten regionalen Innovationsunterschiede waren in einem hohen Ausmaß auf Unterschiede der Betriebsstruktur zurückzuführen. Es werden insbesondere Einflüsse der Branche, des organisatorischen Status, der funktionalen Ausstattung und der Betriebsgröße festgestellt.

- Als Branchen mit hohen Innovationsaktivitäten wurden solche mit relativ jungen technologischen Paradigmen wie z.b. Chemie, pharmazeutische Industrie und Elektronikindustrie, Meß- und Regelungstechnik und Instrumente sowie qualifikationsintensive Branchen (Maschinen und Werkzeuge, Metallbearbeitung, Elektrotechnik) eruiert. Verfahrensinnovationen wurden auch in Branchen, die von Umstrukturierung betroffenen sind (z.B. Papier-, Stahl- oder Textilindustrie), in stärkerem Ausmaß eingeführt.

- Großbetriebe hatten häufiger und mehr Innovationsaktivitäten, darüber hinaus aufwendigere und komplexere Produkt- oder Verfahrensinnovationen als kleinere Betriebe. Mehrbetriebsunternehmen wiesen darüber hinaus eine Konzentration von F&E- und Innovationsaktivitäten in den Stammbetrieben auf, wobei dies auch von der Organisationsstruktur und anderen Merkmalen des Unternehmens abhängig war.

- Bei den Kleinbetrieben hatte nur ein geringer Anteil F&E-Aktivitäten, viele hatten sich eher auf die Weiterentwicklung von Produkten (Werkstattentwicklung) sowie auf kleinere Änderungen im Produktionsprozeß verlegt. Ein kleines Segment dieser Unternehmen erwies sich allerdings als hochinnovativ mit sowohl F&E als auch Produktinnovationen. Darüber hinaus zeigten sich bei den Kleinbetrieben (zumeist Einbetriebsunternehmen) aufgrund ihrer starken Abhängigkeit vom regionalen Umfeld ausgeprägte regionale Unterschiede im Innovationsverhalten.

- Betriebe mit besserer Ausstattung an innovationsrelevanten Funktionen (F&E) und Qualifikationen hatten auch in höherem Maße Innovationen, insbesondere bei den Produkten, durchgeführt.

- Weitere betriebliche Charakteristika, die das Innovationsverhalten beeinflussen, sind die Reichweite der Märkte sowie die Art der Informationsbeschaffung. Auch subjektive Faktoren und Einstellungen waren relevant. Zu diesen letzteren Faktoren gibt es allerdings nur wenige systematische Analysen.

Standorteinflüsse waren in der direkten Wirkung auf die Innovationstätigkeit weniger bedeutend als vermutet: Dies gilt insbesondere für die bundesdeutschen und schweizerische Untersuchungen, nicht so sehr für die britischen. Stärker wirksam waren sie vor allem im Falle von Produktinnovationen und im Falle von Einbetriebsunternehmungen. Am stärksten wurde aus der standörtlichen Perspektive von Seiten der Unternehmen die Qualifikation der Arbeitskräfte, insbesondere des technischen Personals, und das Vorhandensein von entsprechenden Ausbildungseinrichtungen bewertet. Auch das Vorhandensein von technischen Universitäten und Hochschulen, Forschungszentren sowie von Unternehmensberatungs- und Ingenieurdiensten wurde als wichtig erachtet.

In einzelnen Arbeiten wurden darüber hinaus regionale Unterschiede in der Art des betrieblichen Innovationsprozesses festgestellt: So spielt die interne F&E in den zentralen Regionen, in denen diese Funktion auch stärker vertreten ist, eine größere Rolle, während der Technologietransfer durch Mehrbetriebsunternehmen insbesondere für periphere Regionen bedeutend ist. Die räumliche Reichweite und die Art der relevanten Netzwerke (externe F&E, Kooperationen mit anderen Unternehmen und Forschungseinrichtungen) ist insbesondere von den Kontaktmöglichkeiten und der Dichte potentieller Partner der Region sowie vom Zugang zu außerregionalen Netzwerken abhängig.

Der Einfluß des Staates auf die räumliche Verteilung von Innovationsaktivitäten ist bislang systematisch nur wenig untersucht worden. Einzelne Analysen deuten darauf hin, daß die Technologiepolitik durch ihre Ausrichtung auf Spitzentechnologien sowie auf die Militärforschung in hohem Maße auf Großunternehmen orientiert und somit stark räumlich konzentriert ist. Dies gilt insbesondere für die USA, aber auch für Großbritannien, Frankreich und die BRD. Die auf kleine und mittlere Unternehmen ausgerichteten sowie regional orientierten Technologietransfer- und Innovationsprogramme können diese Konzentrationstendenz zwar nicht ausgleichen, sie stellen aber wertvolle Instrumente dar, um Betriebe in peripheren und strukturschwachen Regionen technologisch zu stärken sowie ihre Innovationsfähigkeit und Wettbewerbsstärke zu verbessern.

7.7 Zusammenfassung

In diesem Kapitel haben wir den Faktor Innovation aus einer regionalen Perspektive untersucht. Wir haben Innovationen als Neuerungen im Bereich der Produkte, Verfahren und der Organisation von Unternehmungen definiert und gezeigt, daß sie für die Wettbewerbsfähigkeit regionaler Unternehmen und für die längerfristigen Wachstumschancen einer Region von zentraler Bedeutung sind.

Innovation wurde als ein komplexer und von Unsicherheiten geprägter Prozeß charakterisiert, der von der Forschung und Entwicklung bis zur Vermarktung und Diffusion neuer Produkte und Technologien reicht. Die einzelnen Phasen werden dabei nicht in einer strikten Sequenz durchlaufen, sondern es gibt im Sinne des nichtlinearen Innovationsmodells zahlreiche Interdependenzen und Rückkoppelungen. Wir haben auch gezeigt, daß in einer längerfristigen Sicht technologische Neuerungen diskontinuierlich ablaufen. Radikale Innovationen können unter bestimmten wirtschaftlichen und institutionellen Bedingungen zu Basisinnovationen für neue technologische Systeme und Paradigmen werden. Derartige Paradigmen stellen dann den Rahmen für weitere Neuerungen dar, wobei letztere in hohem Maße inkremental, also in kleinen Schritten, und entlang spezifischer Pfade, also gerichtet, ablaufen.

Von großer Bedeutung ist auch die Frage, wie einzelne Akteure im Innovationsprozeß koordiniert werden, wobei die interne Organisation (eigene Durchführung), der Markt (Zukauf) sowie Netzwerke (Kooperation mit ausgewählten Partnern) grundsätzliche Optionen sind. Wir haben gezeigt, daß der Kooperation in Netzwerken eine zunehmende Bedeutung zukommt, wobei diese sowohl großräumig (international, global) als auch kleinräumig (lokal, regional) ausgeprägt sein können. Regionale Netzwerke sind durch ein hohes Ausmaß an Interaktionen zwischen Firmen untereinander sowie zwischen Firmen und anderen Institutionen (Forschungseinrichtungen, Universitäten, Ausbildung, Technologietransfer) gekennzeichnet. Netzwerke unterstützen in einer Region die Herausbildung einer gemeinsamen Wissensbasis, technologische Pfade können durch sie eine regionale Ausprägung erhalten.

In der Folge haben wir einen konzeptuellen Rahmen für die Herausbildung von regionalen Innovationsunterschieden erarbeitet, der sowohl interne Charakteristika der Unternehmungen als auch jene des jeweiligen wirtschaftlichen und regionalen Umfeldes berücksichtigt hat. Die Faktoren des regionalen Umfeldes haben insbesondere für Produktinnovationen eine hohe Bedeutung, wobei die folgenden als relevant identifiziert wurden: eine gute Ausstattung mit Forschungs- und Ausbildungseinrichtungen, hochqualifizierte Arbeitskräfte (sowohl technisch als auch wirtschaftlich), dichte Beziehungen zwischen Firmen (Lieferanten, Kunden, Dienstleistungen) und eine hohe Qualität der Verkehrs- und Kommunikationsinfrastruktur.

Von den Charakteristika der Betriebsstruktur haben insbesondere die Branchenzugehörigkeit, der organisatorische Status und die Ausstattung mit innovationsrelevanten Funktionen einen starken Einfluß auf das Innovationsverhalten. Eine hohe Innovationstätigkeit ist insbesondere in Regionen mit technologieintensiven Branchen, mit relativ autonomen Betrieben und „Headquarters" und mit einer guten Ausstattung an innovationsrelevanten Funktionen (Unternehmensplanung, Forschung, Entwicklung, Design, Vermarktung) zu erwarten.

Regionales Umfeld und Betriebsstruktur wirken allerdings keineswegs determinierend, da Unternehmungen unterschiedliche strategische Optionen besitzen und verschiedene Verhaltensweisen an den Tag legen können, wobei hier das Spektrum von offensiven Innovationsstrategien bis zu Zuliefer- und Nischen-Strategien mit geringer Innovationstätigkeit reicht. Auch spielen die Charakteristika der Arbeitskräfte und die Arbeitsbeziehungen in bezug auf den Technologieeinsatz eine Rolle. Arbeitsbeziehungen sind oft nicht harmonisch, sondern von Konflikten geprägt, neue Technologien werden daher mitunter auch zur Schwächung einer stark organisierten Arbeiterschaft, wie sie z.B. in alten Industrieregionen existiert, eingesetzt.

Abschließend wurden die Ergebnisse empirischer Studien zur tatsächlichen Ausprägung regionaler Innovationsunterschiede und zu den wichtigsten Einflußfaktoren zusammengefaßt.

7.8 Übungsaufgaben und Kontrollfragen

1. *Beschreiben Sie die verschiedenen Arten von Innovationen und die wichtigsten Phasen des Innovationsprozesses. Was sind die wichtigsten Eigenschaften von Innovation?*
2. *Erläutern Sie den Begriff des „technologischen Paradigmas" und seine Beziehung zu technologischen Pfaden.*
3. *Beschreiben Sie die Bedeutung von Netzwerken im Innovationsprozeß, insbesondere die Funktion regionaler Netzwerke.*
4. *Welche Faktoren können die Innovationsfähigkeit einer regionalen Wirtschaft beeinflussen?*
5. *Inwiefern ist die Innovationsfähigkeit der Wirtschaft für die Entwicklung einer Region von Bedeutung?*
6. *Beschreiben Sie die wichtigsten Ausprägungen regionaler Innovationsunterschiede.*

Kapitel 8
Von fordistischer Arbeitsteilung zu flexibler Produktion?

Die hier dargestellten Ansätze untersuchen wirtschaftliche Entwicklungen und deren regionale Ausformung aus einer längerfristigen Perspektive. Es wird davon ausgegangen, daß es von Zeit zu Zeit zu gravierenden Strukturveränderungen kommt, die sich in neuen Mustern räumlicher und regionaler Entwicklung niederschlagen. Diese Einbeziehung von Strukturbrüchen, die auch zur Modifikation traditioneller Zentrum-Peripherie Muster führen kann, unterscheidet die folgenden Ausführungen von den meisten der bisher behandelten Theorien. Auch die aktuelle Entwicklung der achtziger und neunziger Jahre, die insbesondere durch die Anforderung der höheren Flexibilität gekennzeichnet ist, sehen sie als Reaktion auf Krisenerscheinungen des „fordistischen Modells", also jenes Produktions- und Konsummodells, das die Nachkriegsperiode bis etwa Mitte der siebziger Jahre geprägt hat.

Die zuerst dargestellte Regulationstheorie (Abschn. 8.1) begreift die kapitalistische Wirtschaft als Abfolge von stabilen längerfristigen Entwicklungsstrukturen, die jeweils durch ein spezifisches Produktionsmodell, bestimmte makroökonomische Beziehungen zwischen Produktion und Konsumption (Regime der Akkumulation) und ein spezifisches System der sozialen Regulation gekennzeichnet sind. Mit diesen gesamtwirtschaftlichen Mustern sind jeweils auch spezifische räumliche Entwicklungsmuster verknüpft.

Abschnitt 8.2 untersucht speziell die flexible Spezialisierung, also das seit den siebziger Jahren sich entwickelnde Produktionsmodell und deren räumliche Ausprägung im „industrial district", einem von Firmennetzwerken und spezifischen Institutionen geprägten Regionstyp.

8.1 Regulationstheorie

Die Regulationstheorie hat marxistische Ursprünge und ist erkenntnistheoretisch dem Realismus zuzuzählen, d.h., sie untersucht abstrakte Strukturzusammenhänge jeweils unter kontingenten Bedingungen, also in ihrer realen und konkreten Ausprägung in Zeit und Raum (Sayer 1984). Mit der Betonung institutioneller Besonderheiten von nationalen und regionalen Wirtschaften überwindet die Regulationstheorie den Determinismus, der die marxistische Theorie weitgehend gekennzeichnet hat.

Die Regulationstheorie ist bei näherer Betrachtung jedoch kein einheitlicher Ansatz, sondern eher ein Schirm, unter dem sich im Detail durchaus unterschiedliche Konzeptionen finden lassen. Man kann sie somit eher als Denkrahmen denn als konsistentes Theoriegebäude bezeichnen.[1]

Die Entwicklung der kapitalistischen Wirtschaft wird als längerfristige Abfolge von Entwicklungsstrukturen begriffen, die jeweils durch ein spezifisches Produktionsmodell (Arbeitsorganisation und Arbeitsbeziehungen), ein spezifisches Regime der Akkumulation (makroökonomische Beziehungen zwischen Produktion und Konsumption) und durch ein bestimmtes System der sozialen Regulation gekennzeichnet sind.

Das Produktionsmodell beschreibt die vorherrschende Produktionstechnologie, die allgemeinen Prinzipien der Arbeitsorganisation und der Arbeitsbeziehungen einer bestimmten Periode. Das Akkumulationsregime kennzeichnet auf der Ebene der Makroökonomie relativ stabile und reproduzierbare Beziehungen zwischen Produktion und Konsumption. Für eine bestimmte Wirtschaft wird es u.a. durch ein bestimmtes Muster an Produktionsoutput, Investitionen, Konsum und Außenhandel charakterisiert. Das System der sozialen Regulation schließlich besteht aus der Gesamtheit der Institutionen, also der Regelungen, Normen, Kultur- und Verhaltensmuster, die für eine bestimmte Periode die Anpassung der Erwartungen und des Verhaltens individueller Akteure und einzelner Gruppen an die Prinzipien des Akkumulationsregimes gewährleisten. Es umfaßt damit auch die Gesamtheit der wirtschafts- und sozialpolitischen Maßnahmen.

Ein zu einem Akkumulationsregime gut passendes System der sozialen Regulation gewährleistet für eine gewisse Zeit die Entfaltung eines Regimes und eine stabile Entwicklung. Das System der sozialen Regulation hat daher die Aufgabe, die im Akkumulationsregime angelegten Krisentendenzen hintanzuhalten und eine zeitweilige Stabilisierung vorzunehmen. Dies gelingt allerdings nur für kürzere konjunkturelle, nicht für tiefergehende strukturelle Krisen. Letztere führen schließlich zum Zusammenbruch des jeweils dominanten Akkumulationsregimes und zur Entwicklung eines neuen, das wiederum durch ein entsprechend neues System der sozialen Regulation unterstützt werden muß, um dauerhaft zu sein.

Wesentliche Perioden der kapitalistischen Entwicklung, die in der Vergangenheit durch spezifische Akkumulationsregimes und Systeme der sozialen Regulation gekennzeichnet waren, sind nach Tickell und Peck (1992) jene der extensiven Akkumulation unter liberaler Regulation (zweite Hälfte des 19. Jahrhundert bis 1914) und jene der intensiven Akkumulation unter fordistisch-keynesianischer Regulation (1945–1973). In den vergangenen zwei Jahrzehnten zeichnet sich eine neue Periode ab, sie wird als Postfordismus oder flexible Akkumulation charakterisiert.

---

[1] Siehe u.a. Boyer (1986), Lebourgne und Lipietz (1988).

8.1.1 Liberale Wirtschaftsordnung des 19. Jahrhunderts

Die Wirtschaft des 19. Jahrhunderts war in vielen Industrien durch Handwerk und durch konkurrenzwirtschaftliche Verhältnisse geprägt, also das Vorherrschen von eher kleinbetrieblichen Strukturen. Darüber hinaus gab es einen geringen Grad der Organisation der Arbeiterschaft und des Kapitals. Gewerkschaften, Arbeiterkammern, Industriellenvereinigungen und Handelskammern waren noch kaum vorhanden oder erst im Entstehen begriffen. Führende Industrien dieser Periode waren Textilien, Bekleidung und Metallwaren sowie die Grundstoffindustrien (Kohle, Eisen- und Stahl, chemische Industrie).[2] In diesen fand auch überwiegend der technologische Fortschritt statt. Der Staat beschränkte sich auf die Bereitstellung und Subventionierung der notwendigen Infrastruktur im Transportbereich (Eisenbahnbau, Schiffahrt, Straßen) sowie in Ansätzen im Bereich der Wasser- und Energieversorgung, der Entsorgung, dem Gesundheitswesen und dem Schulwesen. Das System der sozialen Regulation war somit als liberal zu charakterisieren und, abgesehen von vereinzelten paternalistischen Strukturen, nicht interventionistisch.[3] Die Wirtschaft expandierte durch die Einbindung zusätzlicher Produktionsfaktoren und durch die Ausweitung der kapitalistischen Produktion in neue Sektoren und Länder. Diese Periode wurde von Tickell und Peck (1992) daher auch als Regime „extensiver Akkumulation" bezeichnet.

Die Regulationstheorie ist hinsichtlich der räumlichen und regionalwirtschaftlichen Aussagen wenig spezifisch, da hauptsächlich nationale und internationale Aspekte hervorgehoben werden. Gewisse räumliche Aussagen sind allerdings durchaus vorzufinden. Grundsätzlich wird davon ausgegangen, daß die jeweiligen Regimes der Akkumulation und der Regulation auch spezifische Strukturen der räumlichen und regionalen Entwicklung nach sich ziehen. Oder, wie Scott und Storper (1992) feststellen, „Each regime of accumulation, then, tends to be marked by a definite historical geography" (S. 20).

Die räumliche Organisation des liberalwirtschaftlichen Regimes war durch eine starke Tendenz zur Agglomeration geprägt, da einerseits das Transportwesen noch wenig entwickelt war, und da andererseits aufgrund des hohen Anteils von Kleinfirmen Lokalisationsvorteile einen hohen Stellenwert hatten.[4] Auch war wegen des langen Arbeitstages und auch aufgrund

---

[2]Einige dieser Industrien, wie etwa der Bergbau und die Eisenerzeugung, waren aufgrund von Skaleneffekten nicht unbedingt konkurrenzwirtschaftlich organisiert, sondern oligopolistisch oder monopolistisch.

[3]Ein im Vergleich zu späteren Perioden geringerer Grad an wirtschafts- und sozialpolitischer Intervention von seiten des Staates bedeutet allerdings nicht, daß im wesentlichen unregulierte Märkte im Sinne der neoklassischen Ökonomie vorgeherrscht haben. Polanyi (1978) etwa zeigt am Beispiel des Boden- und Arbeitsmarktes dieser Periode die starke Bedeutung sozialer Regulation.

[4]Zum Konzept der Lokalisationsvorteile vgl. Band 1, Kap. 5.

unzureichender Transportmöglichkeiten eine enge räumliche Zuordnung von Fabriken und Wohnungen erforderlich. Diese Agglomerationen und Regionen des 19. Jahrhunderts waren zumeist von spezifischen Industrien geprägt wie in England etwa Lancashire von der Baumwollindustrie und Sheffield von der Besteckindustrie, in den USA etwa Massachusetts von der Schuh- und Lederindustrie, New England von der Textilindustrie, oder Hartford im Connecticut River Valley von der Gewehrproduktion. In den Grenzen des heutigen Österreich entstehen und expandieren in dieser Periode in der Obersteiermark und in den Voralpentälern die eisen- und metallverarbeitenden Industrien, im Wiener Becken die Textilindustrie, und im Waldviertel die Textil- und Glasindustrie.

Nach den Krisenjahren um 1870 zeigen sich in einigen der genannten Industrien gegen Ende des 19. Jahrhunderts Konzentrationsprozesse. Großfirmen werden bedeutender, Mechanisierung und Firmenübernahmen finden statt. Viele der Industrieagglomerationen können der kostengünstigen mechanisierten Produktion nicht mehr standhalten und geraten in eine wirtschaftliche Krise.

Aus dem Regime der extensiven Akkumulation und dem liberalen Regulationssystem des späten 19. und frühen 20. Jahrhunderts ist schließlich der Fordismus hervorgegangen, wobei der Zusammenbruch des alten Regimes und der Übergang zum Fordismus von einer langen krisenhaften Entwicklung begleitet war, die schließlich in die Weltwirtschaftskrise der dreißiger Jahre und in den Zweiten Weltkrieg mündete.

8.1.2 Fordismus

Das nach dem Zweiten Weltkrieg dominierende Akkumulationsregime war jenes des Fordismus unter keynesianischer Regulation. Der Begriff wurde von der Strategie Henry Fords geprägt, hohe Produktivitätssteigerungen auf der Basis einer stark arbeitsteiligen Fließbandfertigung zu lukrieren. Zum Teil wurden diese in Form höherer Löhne an die Arbeiter weitergegeben, um ihnen ein höheres Konsumniveau zu ermöglichen.

Der Fordismus ist also hinsichtlich des vorherrschenden Produktionsmodells und der Arbeitsorganisation vom Modell der Massenproduktion geprägt. Dominante Charakteristika sind eine nach tayloristischen Prinzipien ausgerichtete Standardisierung von Aktivitäten und eine ausgeprägte technische Arbeitsteilung. Es werden mit hochspezialisierten Maschinen (Fließfertigung als Idealtyp) standardisierte Produkte in großen Losen hergestellt. Die starke Arbeitsteilung ermöglicht die Trennung von Kopf- und Handarbeit und den Einsatz von un- und angelernten Arbeitskräften in der Produktion. Eine starke Polarisierung der Arbeitskräfte nach der Qualifikation ist die Konsequenz. Da die Fließfertigung bei Störungen hohe Kosten des Produktionsausfalls verursacht, versuchen die Unternehmen, den gesamten

Produktionsablauf unter ihre Kontrolle zu bekommen. Die dominante Organisationsform ist daher das vertikal integrierte[5] und hierarchisch organisierte Großunternehmen. Es werden zwar nicht alle Wirtschaftszweige nach diesen Prinzipien organisiert, besonders stark ausgeprägt sind sie jedoch in den führenden Industrien dieser Periode, etwa in der Automobilindustrie und in der technischen Konsumgüterindustrie.

Das makroökonomische Regime des Fordismus ist durch einen positiven Zirkel der Kapitalakkumulation gekennzeichnet: Skalenvorteile führen zu Produktivitätssteigerungen, diese ermöglichen Lohnsteigerungen und erhöhte Konsumausgaben. Die daraus resultierende hohe Auslastung der Produktionskapazitäten gewährleistet gute Profite, die wiederum eine Steigerung der Investitionen und der Produktivität ermöglichen. Das System der sozialen Regulation ist durch institutionalisierte kollektive Lohnverhandlungen, keynesianische Nachfragesteuerung und durch einen Wohlfahrtstaat gekennzeichnet, der über Einkommenstransfers den Massenkonsum absichert. Es gibt in diesem Modell somit eine Entsprechung zwischen der hochproduktiven Massenproduktion und dem Massenkonsum, ermöglicht durch eine an den Produktivitätsfortschritten ausgerichtete stetige Einkommenssteigerung der Arbeiterschaft und unterstützt durch keynesianische Nachfragesteuerung und den Wohlfahrtsstaat.

Die regionale Dynamik des Fordismus war zunächst geprägt von der Konzentration der führenden Sektoren in spezifischen Agglomerationen, in denen auch die von diesen Sektoren ausgehenden Antriebskräfte auf vor- und nachgelagerte Bereiche wirksam wurden (Scott und Storper 1992). Dieser Prozeß wurde bereits im Kapitel über die Wachstumspoltheorie ausführlicher beschrieben. Regionen, die typischerweise von der Entfaltung des Fordismus ihre Dynamik erhielten, waren etwa der „manufacturing belt" im Nordosten der USA, die Midlands in Großbritannien, der Norden Frankreichs, Industriegebiete in Belgien und den Niederlanden oder Standorte der Automobil- und Konsumgüterindustrie in der Bundesrepublik. In Österreich sind hier etwa die Agglomerationen Wien, Linz und Graz anzuführen. Diesen industrialisierenden Kernregionen standen weniger entwickelte ländliche Regionen als Peripherie gegenüber, welche als Absatzmärkte und als Quelle für Arbeitskräfte fungierten.

Aufgrund einer zunehmenden Arbeitskräfteknappheit sowie negativer externer Effekte in den industriellen Ballungsräumen und durch den Ausbau der Verkehrs- und sonstigen Infrastruktur in den ländlichen Regionen änderte sich das Muster der regionalen Entwicklung in der späten Phase des Fordismus (etwa seit den sechziger Jahren). Unternehmungen gingen mehr und

---

[5]Unter „vertikaler Integration" wird die Einbeziehung von den in der Wertkette vor- und nachgelagerten Aktivitäten in ein bestimmtes Unternehmen verstanden. Bei Ford etwa war eine solche vertikale Integration idealtypisch ausgeprägt, hier befanden sich alle Produktionsstufen, vom Rohstoff bis zur Vermarktung innerhalb des Konzerns.

mehr dazu über, Zweigbetriebe auch in weniger industrialisierten Regionen zu errichten und die technische Arbeitsteilung der fordistischen Produktion auch in eine räumliche Arbeitsteilung zu verwandeln. Die Unternehmenszentralen verblieben dabei in den hochrangigen Agglomerationen und spezialisierten sich auf die zentralen Planungs-, Verwaltungs- und Entscheidungsfunktionen. Produktionsbetriebe wurden sowohl in Industriegebiete als auch in periphere Regionen ausgelagert. In den Industriegebieten waren die Zweigbetriebe auf qualifikationsintensive Produktionen ausgerichtet, in den peripheren Regionen hingegen auf standardisierte Produktionsaktivitäten, für die un- und angelernte Arbeitskräfte eingesetzt werden konnten. In den peripheren Regionen waren mit einer solchen externen Kontrolle der Betriebe und einer derartigen Arbeitsteilung somit Nachteile hinsichtlich des Lohn- und Einkommensniveaus, eine geringe Stabilität der Betriebe und Arbeitsplätze sowie eine geringe Innovations- und Anpassungsfähigkeit der Wirtschaft verbunden (s. Band 1, Kap. 4).

In den sechziger Jahren und verstärkt in den siebziger Jahren geriet der Fordismus in eine Krise, die sowohl auf interne wie externe Ursachen zurückzuführen war. Zu den internen Faktoren zählen die Abschwächung des Produktivitätswachstums, die demotivierende und innovationshemmende Wirkung der tayloristischen Arbeitsorganisation, ein Ansteigen der Arbeitskonflikte und ein Zurückdrängen der kollektiven Lohnverhandlungen. Die Unternehmen haben versucht, darauf z.T. mit Produktionsverlagerungen in periphere Regionen und Länder zu antworten, um Kosten zu senken. Dieser Schritt hat zwar die Rentabilität einzelner Unternehmen zunächst erhöht, im Aggregat allerdings die Krise in den Industrieländern weiter gesteigert. Durch die zunehmende Internationalisierung der Wirtschaft wurden auch die Möglichkeiten nationaler keynesianischer Wirtschaftspolitik mehr und mehr untergraben.

Die räumliche Ausformung und Auswirkung der Krisenstrategien von Unternehmen wurden u.a. von Massey und Meegan (1982) untersucht. Es wurde gezeigt, daß Unternehmungen mit sehr unterschiedlichen Strategien auf derartige Krisen reagieren können, etwa durch Intensivierung der Produktion (Steigerung der Produktivität durch organisatorische Maßnahmen), Einführung neuer Technologien bei Produkten und Verfahren, Aufgabe von Standorten und Standortkonzentration oder durch die Verlagerung von Produktionen an Standorte mit geringeren Kosten. Diese Vielfalt macht sowohl die Bestimmungsgründe als auch räumlichen Implikationen komplex. Die Ableitung einfacher Muster ist daher kaum möglich.

Gibt es in der Regulationsliteratur einigermaßen Einigkeit über die Prinzipien der Ausformung des Fordismus und über seine Krise, so gibt es kaum eine Einigkeit über das Nachfolgemodell. Aufgrund des Umstandes, daß das System der sozialen Regulation zwischen Ländern und Regionen stark unterschiedlich ausgeprägt ist, sowie aufgrund anderer kontingenter

Bedingungen[6] ist eine Einigkeit auch nicht unbedingt zu erwarten. Als potentieller Nachfolger wird in der Literatur zum einen ein um Flexibilität und Internationalisierung angereicherter Fordismus diskutiert (dieser wird vielfach als Neofordismus bezeichnet). In diesem Fall behaupten Großunternehmen ihre führende Position durch die Einführung flexibler Technologien und Organisationsformen sowie durch Strategien der Globalisierung. Zusätzlich setzen sie Strategien der externen Flexibilisierung ein, etwa die Bildung von Zuliefernetzwerken. Zum anderen gibt es auch zunehmend Modelle, die sich in stärkerem Maße vom Fordismus unterscheiden („Postfordismus" oder „flexible Akkumulation"). Einigkeit herrscht lediglich darin, daß das künftige Entwicklungsmuster durch ein hohes Maß und durch verschiedene Formen von Flexibilität gekennzeichnet ist. Wir gehen im folgenden auf mögliche und sich abzeichnende Charakteristika des Postfordismus näher ein.

8.1.3 Postfordismus (flexible Akkumulation)

Die meisten einschlägigen Arbeiten charakterisieren den Postfordismus in vielen Aspekten als Gegensatz zum Fordismus (Tabelle 8.1).

So sind der Produktionsprozeß und die Arbeitsbeziehungen als flexible Produktion charakterisiert, beruhend auf flexibler Technologie (Maschinen oder Systeme) sowie einer flexiblen Arbeiterschaft. Es wird eine größere Vielfalt an Produkten zu jeweils geringeren Losgrößen produziert. „Economies of scope", also Vorteile, die daraus entstehen, daß verschiedene Produkte einander synergetisch ergänzen, werden wichtiger als Skalenvorteile, also Vorteile, die aus einer großen Stückzahl eines bestimmten Produktes resultieren. Im Bereich der maschinellen Ausrüstung spielt die auf der Mikroelektronik beruhende Informations- und Kommunikationstechnologie eine zentrale Rolle, und zwar sowohl für die direkte Produktion (CNC, CAD-CAM, CIM-Konzepte) als auch für die Verwaltung, Koordination und Steuerung der Unternehmen (Läpple 1989). Es sind sowohl Groß- als auch Kleinunternehmen von den neuen Informationstechnologien betroffen, genauso wie Industrie- und Dienstleistungsunternehmen. Steigende Anforderungen an die Flexibiltät der Unternehmen und an die Qualität der Produkte erfordern besser und höher qualifizierte Arbeitskräfte als im Fordismus. Das vertikal integrierte und hierarchisch organisierte Großunternehmen wird abgelöst von Unternehmungen mit flacheren Hierarchien, die ihren Produktionsprozeß in stärkerem Maße in Form von Netzwerken mit anderen Unternehmen organisieren (Cooke and Morgan 1993).

Das makroökonomische Akkumulationsregime beruht auf Produktivitätsgewinnen, die auf „economies of scope" zurückgehen und die z.T. als steigende Einkommen an eine vielseitig qualifizierte Arbeiterschaft weitergegeben

---

[6]Kontingente Bedingungen sind solche, die nur in einem konkreten geographischen Raum und für eine bestimmte Zeit Gültigkeit haben.

Tabelle 8.1: Charakteristika von Fordismus und flexibler Akkumulation. In Anlehnung an Harvey (1989)

Fordismus	Flexible Akkumulation
Produktionsprozeß	
standardisierte Güter	Produktvielfalt
Massenfertigung	Kleinserienfertigung
Spezialmaschinen	flexible Technologie
„Economies of Scale"	„Economies of Scope"
hohe Produktionsausfälle durch Umrüstung, Maschinenversagen, fehlende Inputs	weniger Produktionsausfälle durch Flexibilität
große Lager von Vormaterialien und Produkten	geringe Lagerhaltung
Qualitätskontrolle „ex post"	Qualitätskontrolle in d. Produktion
vertikale Integration von Unternehmen	Auslagerung von Aktivitäten
Arbeit	
Aufgabenspezialisierung	multiple Aufgaben
geringer Verantwortungsbereich der Arbeitskräfte	größerer Verantwortungsbereich der Arbeitskräfte
hierarchische Arbeitsorganisation	mehr horizontale Organisation
geringes Ausmaß von Lernen	viel Lernen am Arbeitsplatz
wenig Arbeitsplatzsicherheit	hohe Arbeitsplatzsicherheit für Kernbelegschaft, geringe für Randbelegschaft
Raum	
funktionale räumliche Arbeitsteilung	Agglomeration von Unternehmen
Homogenisierung von regionalen Arbeitsmärkten	Diversifizierung
Segmentierung zwischen Regionen	Segmentierung innerhalb v. Regionen
globale Lieferbeziehungen	Zulieferer z.T. in der Region, regionale Produktionscluster
Staat	
keynesianische Nachfragesteuerung	angebotseitige Politik
höheres Ausmaß an Regulation	Deregulierung
kollektive Lohnverhandlungen	Individualisierung, betriebsbezogene Verhandlungen
Wohlfahrtsstaat	individuelle Vorsorge
nationale Regionalpolitik	dezentrale Regionalpolitik
hoheitlicher Staat	unternehmerischer Staat, Konkurrenz von Städten und Regionen

werden. Daraus resultiert eine steigende Nachfrage nach verschiedenartigen Gütern und Dienstleistungen. Ein ausreichendes Niveau an Gewinnen wird durch technologische Verbesserungen und durch eine gute Auslastung der flexiblen Maschinen gesichert. Im Vergleich zum Fordismus spielt die Internationalisierung der Märkte und der globale Wettbewerb eine größere Rolle, nationaler Keynesianismus, also die Nachfragesteuerung durch Instrumente der nationalen Wirtschaftspolitik, wird daher zunehmend inadäquat. Die Wirtschaftspolitik stellt vielmehr angebotseitig die Fähigkeit zur Innovation und Flexibilität in den Vordergrund.

Die räumlichen und regionalwirtschaftlichen Implikationen dieses Modells sind derzeit, wie der Postfordismus selbst, noch umstritten. Postfordisten argumentieren, daß die strukturellen Veränderungen der Wirtschaft auch zu neuen Mustern der räumlichen Entwicklung führen, wobei sowohl eine stärkere lokale/regionale Einbettung der Wirtschaft als auch ein Trend zur Globalisierung festgestellt wird (Tödtling 1994). Die regionale Einbettung zeigt sich etwa durch die Einbindung von Unternehmen in regionale Netzwerke, die stärkere Rolle regionaler Institutionen sowie auch regionaler Kultur- und Verhaltensmuster für die wirtschaftliche Entwicklung. Die Globalisierung wird durch das Vordringen globaler Firmen mit neuen Formen der internationalen Arbeitsteilung (Dicken 1998), durch großräumige Allianzen zwischen Unternehmen sowie durch Finanzbeziehungen auf der globalen Ebene vorangetrieben.

Scott und Storper (1992) sehen „new industrial spaces" als Zentren flexibler Akkumulation entstehen, wobei jeweils verschiedene Führungssektoren die Herausbildung vernetzter Regionalwirtschaften bewirken (s. Tabelle 8.2). Dies sind zum einen modernisierte Handwerksindustrien, die sowohl arbeitsintensiv als auch designintensiv sein können. Sie entfalten in den „industrial districts" eine besondere Dynamik (vgl. den folgenden Abschnitt). Zum zweiten sind es Hochtechnologie-Sektoren, die sich in bestimmten Regionen konzentrieren. Als gängige Beispiele dienen hier das Silicon Valley, Orange County nahe Los Angeles, die „Route 128" in Boston, Cambridge nördlich von London, die Region Grenoble in Frankreich oder das Isar-Tal nahe München. Zum dritten sind es Produzentendienstleistungen, die insbesondere in den größeren Städten wie London, Paris, Frankfurt am Main oder Düsseldorf zu einer neuen Dynamik führen.

Scott (1988) betrachtet diese „new industrial spaces" als Ergebnis eines Trends zur vertikalen Desintegration von Unternehmen[7] und zur stärkeren zwischenbetrieblichen Arbeitsteilung, ausgelöst durch die gestiegenen Flexibilitätserfordernisse der Wirtschaft. Die räumliche Agglomeration ermöglicht die Nutzung von „economies of scope" und die Minimierung von Transaktionskosten. Dies ist insbesondere für die Herstellung wenig standardisierter Produkte und für Innovationen wichtig. Auch „Just-in-time"-Konzepte können in einer solchen Ballung leichter verwirklicht werden und reibungsloser ablaufen. Darüber hinaus existieren in diesen „new industrial spaces" Vorteile eines großen und flüssigen lokalen Arbeitsmarktes.

---

[7]Unter „vertikaler Desintegration" ist die Auslagerung von in der Wertkette vor- oder nachgelagerten Aktivitäten zu anderen Unternehmungen zu verstehen.

Tabelle 8.2: „New Industrial Spaces". Darstellung nach Tickell und Peck (1992)

Sektor	Charakteristika	Beispiele
Handwerk (designintensive Industrien)	qualitativ hochwertige Produkte, starke zwischenbetriebliche Arbeitsteilung, Produktionsnetzwerke, Ausbildung, Technologietransfer	Drittes Italien Jura-Region Baden-Württemberg Jütland (Dänemark)
Hochtechnologie-Industrien	lokale Forschung u. Entwicklung, „spin-offs", Produktions- und Innovationsnetzwerke, segmentierte regionale Arbeitsmärkte, Risikokapital, Beratungsdienste	Route 128, Boston, Silicon Valley, USA M4 Corridor u. Cambridge, UK Grenoble u. Sophia Antipolis, Frankreich München, Karlsruhe, BRD
Unternehmensbezogene Dienste	hochspezialisierte Dienstleistungsunternehmen, Koexistenz v. Groß- u. Kleinfirmen, diversifizierter Arbeitsmarkt	London, UK New York, USA Paris, Frankreich Frankfurt/Main, Bremen, BRD Tokio, Japan

Zwischen den „new industrial spaces" bestehen auch in der Art und Weise, wie sie koordiniert werden, erhebliche Unterschiede. Es gibt solche mit relativ egalitärer Struktur (kein Unternehmen übernimmt systematisch die Führung; Beispiele sind viele „districts" des Dritten Italien: vgl. Abschn. 8.2), solche mit koordinierenden Unternehmen (Beispiel Baden-Württemberg) und schließlich solche, die von einem großen Unternehmen hierarchisch geführt werden (Beispiel Toyota City). Egalitäre Kleinfirmennetzwerke können sich durch die Herausbildung oder das Eindringen von Großfirmen in hierarchische Formen umwandeln, sie sind also nicht unbedingt stabil.

Aus der Sicht der Regionalentwicklung ergeben sich aus diesen Ansätzen gravierende Unterschiede im Vergleich zu den älteren, z.T. oben dargestellten Theorieansätzen. Traditionelle Zentrum-Peripherie-Strukturen und die von Großunternehmen geprägte räumliche Arbeitsteilung verlieren an Bedeutung. „New industrial spaces" entstehen nämlich oft nicht in den Zentren der fordistischen Industrien, sondern in einiger Distanz zu diesen (Storper und Walker 1989). Es ergibt sich somit eine Verlagerung der wirtschaftlichen Dynamik weg von den etablierten industriellen Kernregionen hin zu neuen Standorten. Die Gründe dafür liegen sowohl in anderen Standorterfordernissen (etwa hinsichtlich der Vorprodukte, benötigter Dienstleistungen und Infrastruktur) als auch in anderen Arbeitsbeziehungen und sozialen Strukturen. Die neuen Sektoren suchen eher industriell wenig vorgeprägte und flexible Arbeitskräfte, und sie meiden die gewerkschaftlich stark organisierte Arbeiterschaft der traditionellen Industrieregionen.[8] Von Bedeutung erscheint weiters die richtige Balance von Kooperation und Konkurrenz, ein Klima, das Unternehmensgründung und Innovation begünstigt, und die Bereitschaft der lokalen und regionalen Regierung, Ausbildung, Technologietransfer und Innovationsprojekte zu unterstützen.

Zum anderen könnte sich aus dem Trend zur dezentralen Großfirma ein Abbau der fordistischen hierarchischen Arbeitsteilung ergeben.[9] Die in den letzten Jahren beobachtete stärkere Verselbständigung von Tochterfirmen und Zweigbetrieben könnte dieses Muster abschwächen und wiederum eine teilweise Rückverlagerung wichtiger Unternehmensfunktionen an die Produktionsstandorte bewirken. Allerdings ist dieses Argument der Dezentralisierung von Großunternehmen nicht unbestritten. Martinelli und Schoenberger (1991) etwa wenden ein, daß externe Kontrolle von Unternehmungen heute weniger über organisatorische Integration, sondern über finanzielle Verflechtungen ausgeübt wird. Das Problem verlagert sich somit lediglich auf eine andere Ebene. Auch räumlich finden Kontrollbeziehungen heute stärker auf internationaler und globaler Ebene statt als zwischen Regionen.

Weitere wichtige Änderungen betreffen die Rolle und Organisation des Staates auf den verschiedenen Ebenen und damit auch die Stadt- und Regionalpolitik. Der Nationalstaat ist nicht mehr das Zentrum der Regulation, sondern es entwickelt sich eine komplexere Struktur von Steuerung, die sowohl eine größere Zahl von Akteuren (z.B. ausgelagerte Gesellschaften der Wirtschaftsförderung, der Arbeitsmarktförderung, der Technologiepolitik) als auch mehrere räumliche Ebenen (lokal, regional, national, EU) im Sinne einer „multi-level governance" umfaßt. Darüber hinaus verlagern sich in vielen Ländern die Politikinhalte vom Wohlfahrtsstaat zum unternehmerischen Staat. Auf der Ebene von Städten und Regionen äußert sich dies in stärkerer territorialer Konkurrenz, wobei Städte und Regionen um mobile Unternehmungen durch neue Ansiedlungsprogramme und Marketingkonzepte kon-

---

[8]Bezüglich der neuen Muster der regionalen Entwicklung nehmen die genannten Autoren allerdings nur eine Negativabgrenzung vor, d.h., sie charakterisieren Regionen, in denen sich flexible Akkumulation tendenziell nicht durchsetzt. Sparsam bleiben jedoch die Aussagen, unter welchen institutionellen und sonstigen Bedingungen sich „new industrial spaces" herausbilden können.

[9]Letztere war, wie oben dargestellt wurde, gekennzeichnet von der Trennung von Konzeption und Ausführung, sowohl organisatorisch als auch räumlich. Planungs-, Entscheidungs- und F&E-Funktionen konzentrierten sich in den höchstrangigen Agglomerationen eines Landes, während die standardisierten Produktionen in peripheren Regionen zu finden waren.

kurrieren. Daneben gibt es eine Zunahme von Programmen zur Förderung von Innovation, Technologietransfer und Unternehmensgründung. Begleitet wird eine solche unternehmerische Orientierung auch von einer Aufwertung der Region als Ebene der Politik. Da andererseits gewisse Funktionen auch nach oben auf die internationale Ebene abwandern, erfährt der Nationalstaat eine Schwächung.

Der Ansatz der Regulationstheorie und auch jener zur postfordistischen Geographie sind nicht unwidersprochen geblieben und einer ausführlichen Kritik unterzogen worden. Die Regulationstheorie weist Schwächen einer wenig präzisen und nicht immer konsistenten Formulierung auf. Darüber hinaus werden die Zusammenhänge zwischen Produktionssystem, Akkumulationsregime und sozialer Regulation nur mangelhaft ausgearbeitet. Insbesondere das System der sozialen Regulation, und damit die Rolle der Institutionen, blieb bisher einigermaßen unterbelichtet und stellt nach Tickell und Peck (1992) ein „missing link" dar. Weitere Schwächen betreffen die fehlende Analyse und Konzeptualisierung der Übergänge zwischen den Regimes und auch die unzureichende Behandlung der verschiedenen Ebenen der Regulation (lokal/regional, national, international). Der Schwerpunkt der regulationstheoretischen Analyse betrifft die nationale Ebene und deren Charakteristika. Die neu entstehende internationale Ebene sowie auch die an Bedeutung gewinnende regionale Ebene hingegen werden nur unzureichend behandelt.

Auch Scotts „new industrial spaces" als Versuch, die Regulationstheorie räumlich umzusetzen, provozierte Kritik.[10] Kritisiert wurden u.a. eine zu starke Abstützung auf die Transaktionskostenanalyse und eine zu geringe Berücksichtigung des Systems der Regulation. Damit werden auch die institutionellen Bedingungen der Herausbildung von Regionen flexibler Akkumulation („new industrial spaces") stark unterbelichtet. Dies ist insbesondere deswegen problematisch, weil die von Scott genannten Typen von „new industrial spaces" bezüglich des jeweiligen Systems der Regulation äußerst unterschiedlich sind. Sie reichen von neoliberal und marktwirtschaftlich geprägten Modellen (Silicon Valley) über stark nationalstaatlich beeinflußte (französische High-Tech-Regionen) hin zu den von lokalen und regionalen Institutionen geprägten „districts" des Dritten Italiens (vgl. Abschn. 8.2). Kritisiert wurden weiters die zu starke Fokussierung auf die neu entstehenden Industrieregionen und damit die Vernachlässigung der Umstrukturierung in den traditionellen Industrieregionen. Diese letztere Ausrichtung wird u.a. vom „Restructuring"-Ansatz eingebracht, wobei gezeigt wird, daß in diesen traditionellen Industrieregionen alte und neue Produktionsweisen und Technologien koexistieren und eine große Vielfalt an Veränderungsprozessen zu erkennen ist. Neben fordistischen Strategien (Ansiedlung von Zweigbetrieben großer Unternehmen) sind sowohl präfordistische (Klein-

---

[10] Siehe u.a. Sayer (1989), Amin und Robins (1990).

serienproduktion auf der Basis niedriger Löhne) als auch neofordistische Strategien (Einsatz computergestützter Technologien in Großunternehmen) vorzufinden.

8.2 Flexible Spezialisierung im „industrial district"

„Industrial districts" stellen einen wichtigen Regionstyp der postfordistischen Geographie dar (s. Abschn. 8.1). Sie haben insbesondere im Ansatz der flexiblen Spezialisierung eine besondere Aufmerksamkeit erfahren, wir wollen im folgenden daher noch näher auf sie eingehen.

„Industrial districts" gelten als eine organisatorische Form der flexiblen Spezialisierung, also der Produktion einer vielfältigen und sich ändernden Palette von Spezialprodukten, wobei flexible Allzweckmaschinen und qualifizierte, anpassungsfähige Arbeitskräfte wichtige Inputs darstellen. Kleine und mittlere Unternehmen sowie Netzwerke solcher Firmen und nicht so sehr Großunternehmen sind hier die wesentlichen Akteure.[11] Als idealtypische Beispiele gelten insbesondere die „districts" des Dritten Italiens, einer Region, die sowohl räumlich als auch wirtschaftlich zwischen dem stark industrialisierten Norden der Region Mailand und Turin und dem schwach entwickelten Süden, dem Mezzogiorno, liegt. Es handelt sich hier vor allem um die Provinzen Emilia Romagna, Toskana, Venetien und Teile der Lombardei, in denen eine große Zahl hochspezialisierter Industriebezirke liegen. Sie sind geprägt von kleinen und mittleren Unternehmen in design- und qualifikationsintensiven Industrien wie Leder, Schuhe, Bekleidung, Möbel, Keramik, Fahrzeuge und Maschinenbau. Seit den siebziger Jahren nahmen sie eine dynamische Entwicklung, mit vielen Unternehmensgründungen und einer Expansion von Beschäftigung und Einkommen.

Weitere Beispiele von „industrial districts" wurden auch in anderen Ländern festgestellt, wie etwa in Frankreich (Grenoble und Monpellier), Dänemark (Jütland), Deutschland (Baden-Württemberg), Norwegen (Horten und Baerum) und Schweden (Anderstorp). Die Vertreter der flexiblen Spezialisierung sehen in diesen Regionen mehr als einzelne Erfolgsbeispiele, und zwar das Modell einer endogenen Regionalentwicklung, die sich auf die in der Region ansässigen kleinen und mittleren Unternehmen, Kooperation sowie auf vorhandene Ressourcen und Fähigkeiten stützt (s. Abschn. 9.2.2).

Der Begriff des „industrial districts" wurde ursprünglich von Marshall (1891) vor mehr als 100 Jahren geprägt. Das Beispiel der Besteckindustrie

---

[11] Das Konzept der flexiblen Spezialisierung entspricht in hohem Maße jenem der flexiblen Akkumulation der Regulationstheorie, die Ansätze sind allerdings nicht identisch. Während die Regulationstheorie einen umfassenderen Theorieansatz darstellt, der Zusammenhänge zwischen Produktionsmodell, Regime der Akkumulation und der sozialen Regulation untersucht, handelt es sich bei der flexiblen Spezialisierung nur um einen Idealtypus eines Produktionsmodells, das jenem der Massenproduktion gegenübersteht. Eine stärkere Theoriefundierung ist hier nicht vorhanden.

von Sheffield und der Bekleidungsindustrie von Lancashire vor Augen, verstand er darunter die geographische Konzentration von Unternehmungen einer bestimmten Industrie, die aufgrund von externen Effekten und Lokalisationsvorteilen eine dynamische Entwicklung nimmt. Marshall hob insbesondere die positiven Wirkungen der industriellen Atmosphäre auf die Informationsverbreitung und das Innovationsverhalten der Betriebe hervor.

Im Ansatz zur flexiblen Spezialisierung wird unter „industrial district" ein geographisch lokalisiertes Netzwerk von kleinen und mittleren Firmen verstanden, die arbeitsteilig bestimmte Produkte herstellen und zwischen denen Liefer-, Kooperations- und Informationsbeziehungen bestehen. Dienste, die über die interne Kapazität einzelner Unternehmen hinausgehen, werden gemeinsam organisiert. Dies betrifft etwa Ausbildung, technologische Beratung, Qualitätskontrolle, Forschung und Entwicklung, Marktforschung, die Vertretung auf Messen und Werbung. „Industrial districts" gehen insofern über die üblichen externen Ersparnisse von industriellen Agglomerationen hinaus (vgl. Band 1, Kap. 5), als hier die ökonomischen Beziehungen in hohem Maße in soziale Beziehungen der Region eingebettet sind. In diesem Sinne sind sie nach Harrison (1992) durchaus mehr als „old wine in new bottles".

Ein zentrales Problem stellt in diesem Ansatz die Fähigkeit von Unternehmen zur Innovation dar, die vor allem durch die richtige Balance von Kooperation und Konkurrenz der Unternehmen gefördert wird. „Industrial districts" weisen dabei kollektive Mechanismen der Konfliktlösung auf, die die Firmen zur Konkurrenz auf der Basis von Produkt- und Prozeßinnovationen anstatt zur Konkurrenz auf der Basis von niedrigen Löhnen und schlechten Arbeitsbedingungen anhält. Kooperationen zwischen Firmen werden unterstützt durch ein gewisses Maß an Vertrauen zwischen den Akteuren, und sie finden in vielen Bereichen statt. Die Bandbreite reicht vom gemeinsamen kostengünstigeren Einkauf über Zulieferbeziehungen und Beziehungen zu Ausrüsterfirmen zur Zusammenarbeit in Design und Entwicklung bis hin zur gemeinsamen Vermarktung. Auch die Beziehungen zu den Beschäftigten sollten auf Vertrauen beruhen, da Flexibilität und Innovation motivierte und neuerungswillige Arbeitnehmer voraussetzen. Institutionen wie lokale Entwicklungsgesellschaften und Innovationszentren, Industrieverbände und Gewerkschaften spielen als Vermittler und für die Konfliktlösung eine wesentliche Rolle. Nicht zuletzt gilt ein hoher Grad an Autonomie der Kommunen und Regionen sowie deren gute finanzielle Ausstattung als fördernder Faktor für ihre Herausbildung (Zeitlin 1992).

Zusammenfassend werden „industrial districts" durch folgende konstituierende Merkmale charakterisiert:

1. Sie sind auf bestimmte Produkte spezialisiert, wobei die Firmen eine Arbeitsteilung nach Aufgaben entlang der gesamten Wertkette, einschließlich der Dienstleistungen, vornehmen.

2. Diese Arbeitsteilung ist in spezifische soziale Strukturen der Region eingebettet.
3. Über diese Produktionsbezüge hinaus sind sie kollektive Wissens- und Innovationszentren der jeweiligen Industrie.
4. Ein dichtes Netzwerk von Institutionen übernimmt Aufgaben der Vertretung nach außen und der Konfliktlösung nach innen. Darüber hinaus schafft es eine gemeinsame Vertrauensbasis und fördert die Zusammenarbeit.

Kooperatives Verhalten zwischen den Firmen gilt als ein wesentliches Merkmal eines „industrial district", wobei Vertrauen als Voraussetzung dafür angesehen wird, daß Firmen in offenen Informationsaustausch und in Kooperationen eintreten. Bei fehlendem Vertrauen muß die Firma ständig mit opportunistischem Verhalten der Partner rechnen, und sie ist dann geneigt, Kooperationen zu unterlassen.

Die Behandlung der Rolle von Vertrauen blieb allerdings eher oberflächlich. In einem Teil der Literatur ist eine mythische Überhöhung der Kooperationskultur festzustellen. Hier wird den „industrial districts" unkritisch ein hoher Grad an Vertrauen und Kooperation einfach zugeschrieben, während das Ausmaß an Konflikt unterschätzt wird.[12] Auf der anderen Seite ist ein gewisser Fatalismus festzustellen: Es wird angenommen, daß Vertrauen und Kooperation entweder vorhanden sind, dann unterstützen sie die regionalwirtschaftliche Dynamik; oder sie sind nicht vorhanden, dann können die Erfahrungen der „industrial districts" auch nicht angewendet werden.

Sabel (1992) zeigt nun, daß Vertrauen zwischen den Akteuren in einer Region keine vorgegebene Eigenschaft darstellt, sondern das Ergebnis einer längeren Interaktion und Auseinandersetzung zwischen diesen ist. Als solches kann es sowohl durch gemeinsame Aktivitäten geschaffen und regeneriert werden[13] als auch durch Nichtgebrauch verlorengehen.

---

[12] Sabel (1992) stellt dazu fest: „A visitor to Prato today, for example, will hear lots about how trade unions and employers' association are working to solve the problems of industrial adjustment, but nothing about the fact that for almost a decade after a wave of decentralisation in the 1940s, the unions and manufacturers were unable to sign a single collective agreement" (S. 228). Zeitlin (1992) spricht in diesem Zusammenhang von einer „Wiederentdeckung" des Konfliktes in den Geschichten von „industrial districts".

[13] Er verweist dabei auf Ansätze der Vertrauensbildung und der Anbahnung von Kooperationen in Regionen mit alten Industrien in Pennsylvania in den USA. Derartige alte Industrieregionen galten bisher aufgrund ihrer historischen Entwicklung als Regionen mit mangelnder Kooperationskultur. Anstatt direkter Unterstützung durch den Staat oder von oben nach unten wirkender Technologietransferprogramme wurde hier eher ein „bottom-up"-Ansatz verfolgt, bei dem die beteiligten Akteure dazu veranlaßt wurden, zunächst ihre Situation gemeinsam zu analysieren und ihre Bedürfnisse zu spezifizieren. Ergebnisse dieses gemeinsamen Lernprozesses waren sowohl ein höherer Grad an Vertrauen und Kooperation als auch ein gut abgestimmtes und akzeptiertes System der Innovationsförderung.

Der Ansatz der flexiblen Spezialisierung und der „industrial districts" wurde, nicht zuletzt aufgrund seines Anspruchs, ein neues Modell für die Regionalentwicklung darzustellen, ausgiebig kritisiert, wobei folgende Kritikpunkte angebracht wurden:

1. Die Frage der Repräsentativität und der Generalisierbarkeit: Inwieweit können „industrial districts" als Modell der Regionalentwicklung gelten, angesichts der Vielzahl von Regionen, in denen wenig Voraussetzungen dafür vorliegen?
2. Die Heterogenität der zitierten Fallbeispiele: Die „districts" des Dritten Italien etwa unterscheiden sich in vielen Aspekten (Betriebsgrößen- und Sektorstruktur, Art der Koordination) stark von jenen Baden-Württembergs und anderen der genannten Beispiele. Die egalitäre Kleinfirmenstruktur des idealtypischen „districts" ist eher die Ausnahme denn die Regel.
3. Die Bedeutung der Kleinfirmennetzwerke wird angesichts einer starken und zunehmenden Internationalisierung der Wirtschaft generell überbewertet. Auch erwiesen sie sich als instabil, nachdem sich in den achtziger und neunziger Jahren in den „districts" Firmenübernahmen durch externe Großunternehmen häuften. Infolge der Unternehmenskonzentration gab es wiederum zunehmend hierarchische Strukturen, etwa die Herausbildung von führenden Unternehmen.[14]
4. Die langfristige Anpassungsfähigkeit von hochspezialisierten regionalen Industrie-Clustern wird bezweifelt. Glasmeier (1991) und Grabher (1994) etwa argumentieren am Beispiel der schweizerischen Juraregion bzw. des Ruhrgebietes, daß regionale Netzwerke aufgrund einer zu guten Anpassung an vergangene Bedingungen in ihrer längerfristigen Anpassungsfähigkeit eingeschränkt sind. Aus einer kollektiven, aber inadäquaten Problemwahrnehmung und einer homogenen, aber falschen Weltsicht können technologische und organisatorische Blockierung resultieren. Diese Regionen haben dann oft besondere Schwierigkeiten, sich auf neue technologische Paradigmen oder veränderte weltwirtschaftliche Rahmenbedingungen einzustellen.
5. Asheim (1992) erhebt gegenüber dem Konzept der flexiblen Spezialisierung den grundsätzlichen Vorwurf der Theorielosigkeit, da u.a. keine Einbindung in ein übergeordnetes theoretisches Konzept vorgenommen wird und auch nicht hinreichend dargestellt wird, unter welchen Bedingungen sich flexible Spezialisierung durchsetzt und sich „industrial districts" dynamisch entwickeln.

---

[14] Oft wurde dann vom Modell der flexiblen Spezialisierung zugunsten einer stärkeren Standardisierung der Produkte wiederum abgegangen. Die regionalen Netzwerke wurden reduziert oder stärker hierarchisch organisiert. Es stellt sich somit die Frage, ob die als Modelle angesehenen „districts" letztlich nur temporäre Phänomene darstellen.

Die Vertreter des Konzeptes haben auf diese Kritik mit einer gewissen Modifizierung und Abschwächung des Anspruchs ihres Ansatzes geantwortet. In den neueren Arbeiten findet sich neben dem „industrial district" die dezentrale Großunternehmung als zweite wesentliche Institution der flexiblen Spezialisierung. Sabel (1989) spricht in diesem Zusammenhang von einer wechselseitigen Annäherung, da die Kleinfirmen in den „industrial districts" sich in gewissen Aspekten an den Großfirmen orientieren, aber auch die Großfirmen ihrerseits zunehmend in ihrer internen Organisation Netzwerke bilden und damit Elemente der „districts" übernehmen.

Dem Argument des Fehlens einer breiten und verläßlichen empirischen Basis wird entgegengehalten, daß Massenproduktion und flexible Spezialisierung nur Idealtypen darstellen und nicht als empirische Verallgemeinerungen zu betrachten sind. Kein Modell kann das andere in konkreter Zeit und im konkreten Raum völlig dominieren, Hybrid-Formen und Koexistenz von Paradigmen industrieller Organisation sind eher die Regel als die Ausnahme. So hat sich etwa in der Vergangenheit die fordistische Massenproduktion in einigen Industrien und Regionen nicht durchgesetzt, genauso wie derzeit in einzelnen Industrien und Unternehmen durchaus ein Fortbestehen der Massenproduktion zu beobachten ist. Es ist also kein deterministischer Übergang von der Massenproduktion zur flexiblen Spezialisierung zu erwarten. Das Modell realisiert sich nur, wenn die entsprechenden institutionellen und sonstigen Rahmenbedingungen gegeben sind und die Akteure entsprechende Strategien verfolgen und Handlungen setzen.

8.3 Zusammenfassung

In diesem Kapitel haben wir Regionalentwicklung aus einer längerfristigen Perspektive untersucht. Die Regulationstheorie stellt hier einen umfassenden Ansatz dar, der regionale Entwicklungsmuster als Ausformungen spezifischer Regimes der Akkumulation und der sozialen Regulation betrachtet. Diese Regimes kennzeichnen historische Perioden der wirtschaftlichen Entwicklung jeweils durch ein spezifisches Produktionsmodell (Leitsektoren und Arbeitsorganisation), durch bestimmte makroökonomische Beziehungen (Investitionen, Konsum, Außenhandel) und durch ein spezifisches System der sozialen Regulation (Wirtschaftspolitik, Institutionen). Solange die Regimes der Akkumulation und der sozialen Regulation gut zueinanderpassen, gibt es stabiles Wirtschaftswachstum. Bei größeren Widersprüchen treten Strukturkrisen auf, die nach einer Übergangsperiode zu einem neuen Regime überführen.

Nach einer kurzen Darstellung der Konkurrenzwirtschaft des 19. Jahrhunders sind wir ausführlicher auf den Fordismus eingegangen, der die Periode nach dem Zweiten Weltkrieg kennzeichnete. Massenproduktion, Standardisierung und Arbeitsteilung waren typisch für das Produktionsmodell.

Hohe Produktivitäts- und Einkommenszuwächse sicherten Massenkaufkraft und Konsum, wobei letztere durch eine keynesianische Nachfragesteuerung und sozialpartnerschaftliche Verteilungspolitik abgesichert wurden. Die Leitsektoren (Investitions- und Konsumgüter) formierten sich zu motorischen Industrien in Wachstumspolen und sie prägten die regionale Entwicklung dieser Periode. Ab den sechziger Jahren führten Engpässe an Produktionsfaktoren in diesen Agglomerationen zur vermehrten Auslagerung von Produktionsaktivitäten in periphere Regionen und Länder, wobei die Schlüsselfunktionen in den Zentren verblieben. Die innerunternehmerische Arbeitsteilung schlägt sich somit auch in einer räumlichen nieder.

Die aktuelle Periode ist durch flexible Produktion, „economies of scope", Netzwerke und Deregulierung gekennzeichnet, wobei derzeit noch umstritten ist, ob es sich tatsächlich um ein neues Regime handelt, das den Fordismus ablöst (Postfordismus). Die Wirtschaft wird stärker international verflochten, keynesianische Nachfragesteuerung auf nationaler Ebene somit zunehmend inadäquat. Die regionale Entwicklung ist durch die Herausbildung von vernetzten Regionalwirtschaften geprägt, die sowohl unterschiedliche Führungssektoren aufweisen können (designintensive Industrien, Hochtechnologie, unternehmensbezogene Dienste) als auch z.T. unterschiedliche Arten der Koordination haben (stärker egalitäre oder hierarchische Formen).

Zuletzt sind wir auf „industrial districts" näher eingegangen, da sie als Idealtyp der flexiblen Produktion gelten. Es handelt sich dabei um geographisch lokalisierte Netzwerke von kleinen und mittleren Firmen, welche arbeitsteilig bestimmte Produkte herstellen und zwischen denen Liefer- und Kooperationsbeziehungen bestehen. Unterstützt werden sie dabei von einem dichten Netzwerk von Institutionen, die gewisse Dienstleistungen anbieten (Ausbildung, Technologietransfer, Vermarktung) und auch die Kooperation fördern. Zur Frage, ob den „industrial districts" ein Modellcharakter für die zukünftige Regionalentwicklung zukommt, haben wir abschließend eine kritische Sicht entwickelt und auf einige Probleme diesbezüglich hingewiesen.

8.4 Übungsaufgaben und Kontrollfragen

1. Erklären Sie die Begriffe „Regime der Akkumulation" und „soziale Regulation".
2. Beschreiben Sie die wesentlichen Merkmale des Fordismus. Welche räumliche Organisationsform ist für dieses Regime typisch?
3. Erläutern Sie die Krise des Fordismus. Auf welche Faktoren kann sie zurückgeführt werden?
4. Charakterisieren Sie die flexible Akkumulation. Welche räumliche Ausprägung ist für sie typisch?
5. Führen Sie Beispiele für Regionen an, die als „new industrial spaces" der flexiblen Akkumulation genannt werden.

Kapitel 9
Regionalpolitik

9.1 Grundlagen
9.1.1 Definition und Akteure

Unter Regionalpolitik verstehen wir hier die Beeinflussung wirtschaftlicher Prozesse in Teilräumen eines Staates oder eines größeren Wirtschaftsraumes durch die öffentliche Hand. Es soll dabei die durch den Markt erzeugte räumliche Allokation korrigiert werden. Nach dieser Definition ist Regionalpolitik identisch mit regionaler Wirtschaftspolitik, und wir verwenden auch beide Begriffe synonym. Die Teilräume sind dabei zumeist größere Gebiete oder Regionen, die entweder nach Kriterien der Gleichartigkeit (etwa in bezug auf die Arbeitslosenrate oder das Pro-Kopf-Einkommen) oder der funktionalen Zugehörigkeit (Zentrum und das dazugehörige Hinterland) abgegrenzt werden. Im ersten Fall sprechen wir von homogenen Regionen, im zweiten von funktionalen (s. Kap. 2).

Regionalpolitik als regionale Wirtschaftspolitik unterscheidet sich von der Raumordnungspolitik, die eine umfassendere Gestaltung und Koordination der räumlichen Entwicklung eines Gebietes durch die öffentliche Hand darstellt. Raumordnungspolitik ist in erster Linie eine Koordinationsaufgabe, wobei es gilt, sowohl horizontal (Abstimmung sektoraler Politiken) als auch vertikal (Abstimmung zwischen Gemeinden/Städten, Regionen/Ländern und Bund) zu koordinieren. Regional- und Raumordnungspolitik stehen in einem inhaltlichen Zusammenhang, letztere ist aber nicht der Fokus dieses Buches.

Da Regionalpolitik zumeist die großräumige wirtschaftliche Entwicklung eines Landes zu beeinflussen trachtet, sind die wichtigsten Akteure traditionellerweise die jeweiligen Nationalstaaten und deren einschlägig ausgerichtete Ministerien (Wirtschaftsministerium, Kanzleramt). In föderalen Staaten, wie etwa in der Bundesrepublik und in Österreich, haben darüber hinaus die Länder eine tragende Rolle in der Regionalpolitik übernommen.

In den letzten Jahren, insbesondere seit den achtziger Jahren, ist die Zahl der Beteiligten größer geworden und sie bilden mittlerweile eine recht komplexe Struktur von involvierten Institutionen (Batt 1994). Erstens hat in den letzten Jahren die Europäische Union als supranationale Ebene mehr und mehr Aufgaben der Regionalpolitik übernommen. Dabei hat sie einerseits eigene Ziele, Programme und Maßnahmen entwickelt, andererseits kontrolliert und harmonisiert sie aber auch die Regionalpolitiken der einzelnen Mitgliedsländer nach den Regeln der Wettbewerbspolitik.

Zum zweiten betreiben mittlerweile viele Regionen und Städte selbst eine aktive Wirtschaftspolitik. Viele entwickeln dabei Konzepte des City- und Regionsmarketing und orientieren sich an potentiellen externen Investoren, andere hingegen versuchen das jeweilige endogene Potential zu stärken und zu mobilisieren.

Zum dritten hat sich die bisher klare Trennung von Staat und Unternehmen zunehmend verwischt, da bestimmte staatliche Aufgaben ausgegliedert oder von halböffentlichen oder privaten Akteuren übernommen werden. Zu diesen Akteuren zählen etwa Fonds der Wirtschaftsförderung, Entwicklungsgesellschaften, Ansiedlungsgesellschaften, Beratungs- und Technologiezentren. Diese Vielzahl von Akteuren hat die Koordinationserfordernisse generell erhöht, in nicht unbeträchtlichem Maße gibt es aber auch einen zunehmenden Wettbewerb zwischen diesen Einrichtungen.

9.1.2 Begründung regionalpolitischer Intervention

Warum ist es in Marktwirtschaften sinnvoll oder erforderlich, Regionalpolitik zu betreiben? Welche Gründe und Argumente für regionalpolitische Intervention gibt es? In der Literatur[1] lassen sich drei Gruppen von Argumenten ausmachen:

1. ökonomische,
2. soziale und
3. ökologische Argumente.

Ökonomische Begründung

Nach neoklassischer Vorstellung sollte der Marktmechanismus von sich aus eine wachstumsoptimale Allokation der Ressourcen im Raum gewährleisten, Regionalpolitik daher nicht erforderlich sein. Allerdings verhindern insbesondere externe Effekte sowie die unvollkommene Mobilität von Ressourcen eine derartige optimale Allokation durch den Markt (s. Abschn. 4.4).

Die Konsequenz sind z.B.

- Agglomerationen, in denen die Kosten der Ballung (Ballungsnachteile) deren Erträge (Ballungsvorteile) übersteigen (vgl. Band 1, Kap. 5);
- inflationäre Effekte dadurch, daß die Nachfrage nach Faktoren in bestimmten Regionen deren Angebot dauerhaft übersteigt.

---

[1] Fürst et al. (1976), Richardson (1978), Klaus und Schleicher (1983), Schätzl (1986), Vanhove und Klaassen (1987), Armstrong und Taylor (1993).

- Auf der anderen Seite gibt es aufgrund der unvollkommenen Mobilität etwa von Arbeit und Kapital häufig Regionen, in denen die Produktionsfaktoren (insbesondere der Faktor Arbeitskraft) nicht ausgelastet sind und z.T. ungenutzt bleiben.

- Darüber hinaus erfordern private Investitionen zur Erzielung entsprechender Erträge die Bereitstellung von öffentlicher Infrastruktur (Ver- und Entsorgung, Verkehrs- und Telekommunikationswesen) und von komplementären Einrichtungen (Ausbildung, Wissens- und Technologietransfer, Verwaltung), so daß grundsätzlich ein enger Zusammenhang zwischen öffentlichen und privaten Investitionen gegeben ist. Viele Bereiche dieser Infrastruktur haben den Charakter eines öffentlichen Gutes (Nicht-Ausschließbarkeit, Nicht-Rivalität des Konsums; vgl. Band 1, Kap. 5), sie werden daher von Privaten nicht in ausreichendem Maße bereitgestellt.

Aufgabe einer wachstumsoptimalen Regionalpolitik ist es, die öffentlichen Investitionen in jene Regionen zu lenken, in denen jeweils die höchsten Erträge (Grenzprodukte) zu erwarten sind. Welche das im einzelnen sind, ist in der Praxis aufgrund des Fehlens von Informationen zu den regionalen Produktionsfunktionen allerdings schwierig zu ermitteln. Darüber hinaus haben auch gesamtwirtschaftliche Aspekte einen wichtigen Einfluß. So sind in Phasen eines schwachen Wirtschaftswachstums, in denen nicht ausgelastete Faktoren auch in den Agglomerationen existieren, die höchsten Erträge öffentlicher Investitionen aufgrund des Überwiegens von Agglomerationsvorteilen ebendort zu finden. Derartige Überlegungen lagen etwa zahlreichen Wachstumspol-Konzepten sowohl in Industrie- wie Entwicklungsländern zugrunde (s. Abschn. 5.2). Auch für eine Regionalpolitik, die sich an Zielen der Struktur- und Technologiepolitik orientiert, stellen die Agglomerationen die besseren Umfeldbedingungen für technologisch anspruchsvolle Projekte und Investitionen dar.

In Phasen eines langanhaltenden starken Wirtschaftswachstums hingegen finden wir typischerweise eine Überlastung der Agglomerationen, während in peripheren Regionen oft noch immer Arbeitskräftereserven (Arbeitslosigkeit, geringere Erwerbsbeteiligung) und eine nur schlecht ausgelastete Infrastruktur gegeben sind. In solchen Phasen ist die Lenkung öffentlicher und privater Investitionen in periphere Regionen aus Wachstumsgründen sinnvoll, da dadurch der Inflationsdruck in Agglomerationen reduziert wird, und andererseits in der Peripherie bisher nicht genutzte Faktoren für den Produktionsprozeß mobilisiert werden können.

Soziale Begründung

Wesentliche Motive, in Marktwirtschaften Regionalpolitik zu betreiben, liegen allerdings nicht in ökonomischen, sondern in sozialen Zielsetzungen. Ein zentrales Argument ist hier jenes, daß der Marktmechanismus allein nicht in der Lage ist, eine ausgeglichene regionale Entwicklung mit gleichen Einkommenschancen und einigermaßen gleichwertigen Lebensbedingungen in allen Regionen eines Wirtschaftsraumes zu gewährleisten. Gründe dafür liegen etwa in Ausstattungsunterschieden, Skalenvorteilen, Agglomerationsvorteilen sowie in zirkulär-kumulativen Prozessen der regionalen Entwicklung (s. Kap. 5).

In Gesellschaften, in denen das Ziel der sozialen Gerechtigkeit eine bedeutende Rolle spielt, wird daher versucht, mit Hilfe der Regionalpolitik zu einem Ausgleich der Erwerbs- und Einkommensmöglichkeiten oder sonstiger Lebensbedingungen zwischen den verschiedenen Regionen beizutragen.

Das Ausgleichsziel ist beispielsweise in vielen europäischen Ländern zu finden, auch für die Regionalpolitik der Europäischen Union hat es eine große Bedeutung. Dabei wird das Ziel nicht nur aus humanitären Gründen verfolgt, sondern durchaus von praktischen und funktionalen Erwägungen geleitet. In der Europäischen Union etwa steht die Intention dahinter, ein Mindestmaß an wirtschaftlichem und sozialem Zusammenhalt zwischen Regionen zu gewährleisten, um eine mögliche Desintegration der Gemeinschaft zu verhindern.

Die Gebietsauswahl und die Ausrichtung der Mittel erfolgt beim Ausgleichsziel nicht in erster Linie nach Kriterien der Wirtschaftlichkeit, sondern nach Kriterien der Bedürftigkeit. Die Zielgebiete einer derartigen Regionalpolitik werden daher zumeist anhand von Merkmalen wie niedriges Pro-Kopf-Einkommen, hohe Arbeitslosigkeit oder sonstige ungünstige Lebensbedingungen abgegrenzt. Auch die Auswahl der Projekte und der Mitteleinsatz richten sich nach derartigen Kriterien, wobei die Strategieauswahl je nach zugrundeliegender Theorie (Kap. 3–8) durchaus unterschiedlich sein kann. Da die Wirkung des Marktmechanismus in der Praxis oft keine Verringerung von Disparitäten gewährleistet, ist die Art der Politik zumeist eine stärker intervenierende und keine marktorientierte.

In den letzten Jahren hat sich allerdings eine gewisse Ernüchterung in bezug auf die Möglichkeiten breitgemacht, mit Hilfe der Regionalpolitik regionale Disparitäten zu verhindern oder nennenswert zu verringern. Auch die Zielsetzungen sind im Lichte der vergangenen Erfahrungen bescheidener geworden. Oft gilt etwa die Stabilisierung regionaler Disparitäten, also das Hintanhalten einer weiteren Auseinanderentwicklung, schon als ein Erfolg.

Regionalpolitik als regionale Wirtschaftspolitik sollte eigentlich Teil einer umfassenderen Raumordnungspolitik sein. In diesem weiteren Kontext der Raumordnungspolitik erfährt das soziale Ziel eine Ausrichtung auf die umfassender definierte Lebensqualität der regionalen Bevölkerung. Es geht dabei zumeist um eine Sicherung einer angemessenen Lebensqualität in allen Teilräumen eines Staates. Da Lebensqualität nicht in einem einzigen aggregierten Indikator gemessen werden kann, wird versucht, eine gewisse

Mindestausstattung in den einzelnen Bereichen Arbeit, Wohnen, Bildung, Versorgung, Verkehr, Erholung u.a. zu gewährleisten.

Vor allzu anspruchsvollen technokratischen Lösungen der Sicherung von Lebensqualität ist hier allerdings zu warnen. Dies aus zweierlei Gründen: Zum einen sind sowohl die wissenschaftlichen und methodischen Grundlagen für eine umfassende Sicherung von Lebensqualität noch wenig entwickelt und entziehen sich z.T. überhaupt einer wissenschaftlichen Lösung. Zum anderen haben sich sozio-ökonomische Systeme wie Regionen aufgrund der Komplexität der zugrundeliegenden Zusammenhänge als nur begrenzt beeinflußbar erwiesen. Gerade bei umfassend angelegten und ambitionierten regionalpolitischen Konzepten ist daher damit zu rechnen, daß die intendierten Ziele nur sehr eingeschränkt oder gar nicht erreicht werden können.

Ökologische Begründung

In den vergangenen Jahren haben Umweltzielsetzungen in der Wirtschafts- wie in der Regionalpolitik einen höheren Stellenwert erlangt. Hintergrund dafür sind die zunehmenden Be- und Überlastungen von Städten und Regionen etwa durch Verkehrsströme, emittierende Unternehmungen, Probleme des Müllanfalls und von Abwässern. Im Umland von Städten und in landschaftlich attraktiven Gebieten stellt die Zersiedelung der Landschaft ein wesentliches Problem dar. Die Sicherung der natürlichen Lebensgrundlagen einer Gesellschaft und die Erhaltung der Natur- und Kulturlandschaft stellt daher zumeist ein zentrales Ziel der Raumordnungspolitik dar, und sie wird als ein solches Ziel auch in den diversen Raumordnungsprogrammen von Bund, Ländern und Gemeinden genannt.

Eine solche Sicherung der natürlichen Lebensgrundlagen ist wiederum von einem frei wirkenden Marktmechanismus nicht zu erwarten und zu gewährleisten. Zwar werden durch den Preismechanismus knappe Güter, für die Verfügungsrechte existieren, wie Rohstoffe, Boden, Baugrundstücke in attraktiven Lagen verteuert und damit wertvoll, es werden im Wirtschaftsprozeß aber noch immer viele der übrigen Lebensgrundlagen (wie etwa Wasser und Luft) als ubiquitär, also als frei verfügbar betrachtet. Sie kosten nichts oder nur wenig, gehen daher in die Kalküle von Unternehmen und Haushalten nicht entsprechend ein und werden daher verschwendet. Insbesondere in Agglomerationen ist es möglich, Vorteile der Ballung zu genießen, ohne für die entsprechenden sozialen und ökologischen Kosten der Ballung zu bezahlen. In den fortgeschrittenen Wirtschaften wird die Beachtung von Umweltzielsetzungen für die Raumordnungspolitik sowie für die Regionalpolitik daher ein an Bedeutung steigender Politikbestandteil.

Die Regionalpolitik hängt mit Umweltzielsetzungen in zweifacher Weise zusammen.

- Zum einen stellen Umweltziele Rahmenbedingungen für die regionale Entwicklung dar. Regionalpolitik sollte in diesem Sinne danach trachten, wirtschaftliches Wachstum von den stark belasteten Regionen hin zu den weniger belasteten zu lenken. Allerdings ist hier zu beachten, daß eine zu breite Streuung der räumlichen Entwicklung, eine zu starke Zersiedelung des Raumes und wirtschaftliche Erschließung von Naturräumen zufolge haben könnte, die aus der Umweltperspektive ebenfalls problematisch zu beurteilen sind und daher vermieden werden sollten.
- Zum anderen haben die Art der gewählten regionalpolitischen Strategie und die Art der von der öffentlichen Hand geförderten Investitionsprojekte direkte und indirekte Auswirkungen auf die Umwelt. Eine wichtige Rolle spielen hier etwa das Ausmaß, in dem durch Entwicklungsprojekte Verkehr erzeugt wird, die Art der gewählten Verkehrslösungen (Auto oder öffentlicher Verkehr), die Energie-Intensität von Investitionsprojekten, der Verbrauch von natürlichen Ressourcen und Landschaft, und die sonstige Beeinträchtigung der natürlichen Umgebung durch größere Investitionsprojekte. Eine zentrale Frage aus Sicht der nachhaltigen Entwicklung (s. Kap. 2) ist hier jene, in welchem Maße Regionalentwicklung in der Lage ist, die natürlichen Lebensgrundlagen zu sichern, beziehungsweise, in welchem Maße diese Grundlagen durch den Entwicklungsprozeß selbst zerstört werden. Regionalpolitische Programme, die sich an der nachhaltigen Entwicklung orientieren, sollten daher die genannten Gesichtspunkte bereits „ex ante" berücksichtigen und Kriterien entwickeln, die es erlauben, Umweltgesichtspunkte besser zu berücksichtigen und zu integrieren.

9.1.3 Instrumente

Welche Instrumente stehen der Regionalpolitik in Marktwirtschaften zur Verfügung, um das Verhalten von Unternehmungen, Bevölkerung und sonstigen Akteuren entsprechend ihren Zielsetzungen zu beeinflussen? In den letzten Jahrzehnten hat sich in den westlichen Ländern ein mittlerweile umfassendes Instrumentarium herausgebildet, das sich sowohl in der Art und Stärke der Einflußnahme als auch hinsichtlich der Adressaten und der inhaltlichen Ausrichtung unterscheidet (vgl. Tabelle 9.1).

Nach der Art und Stärke der Einflußnahme lassen sich in Anlehnung an Fürst et al. (1976) Maßnahmen der Information und Beratung, finanzielle Anreize, Infrastrukturmaßnahmen und regulative Maßnahmen unterscheiden.

Information und Beratung haben die geringste Interventionsintensität, da sie den einzelnen Akteur lediglich in seinem Kenntnisstand, allenfalls in

9.1 Grundlagen

Tabelle 9.1: Instrumente der Regionalpolitik

ADRESSATEN, Ausrichtung	ART DER EINFLUSSNAHME			
	Information und Beratung	Finanzielle Anreize	Infrastruktur	Administrative Maßnahmen
UNTERNEHMEN				
Mobilität	Info. üb. Standorte, Regionsmarketing	Ansiedlungshilfen	Ausbau der wirtschaftsnahen Infrastruktur	Ansiedlungsge- und -verbote
Investitionen	—	Investitionsanreize	Ver-, Entsorgung, Verkehr, Telekommunikation,	Regulierung von Investitionen
neue Arbeitsplätze	—	Arbeitsplatzprämien	Ausbildung	—
Technologie, Innovation	Technologie- und Innovationsberatung	Anreize f. neue Technologien, F&E, Innovation	Forschungseinr., Forschungsparks, Technologie- und Gründerzentren	Regulierung neuer Technologien
Gründung	Gründerberatung	Risikokapital, Starthilfen		Regulierung von Gründungen
Kooperation	Kooperationsberatung	Anreize für Kooperationen		—
BEVÖLKERUNG				
Ausbildung	Info. über Ausbildungsmöglichk.	Ausbildungszuschüsse	Ausbau d. bevölkerungsorientierten Infrastruktur: Wohnungen, Ausbildung, Einrichtungen der sozialen und kulturellen Versorgung	—
Mobilität	Info. über Arbeitsplatzangebot	Mobilitätszuschüsse		—
Versorgung	Info. über Wohnungsangebot und Versorgungsqualität	Subventionen an Nahversorger		—
KOMMUNEN/INSTITUTIONEN				
	Beratung von Gemeinden und regionalen Einrichtungen	Zuschüsse zu kommunalen und regionalen Entwicklungsproj.	Infrastrukturhilfen an Kommunen	Koordination von Gemeinden und regionalen Einrichtungen

seinen Werthaltungen zu beeinflussen trachten, ihm aber sämtliche Handlungsalternativen offen lassen und auch nicht bestimmte dieser Alternativen prämieren. Sie zählen zum Instrumentarium der weichen Verhaltenssteuerung, und sie wurden aufgrund der gestiegenen Bedeutung des Faktors Information im letzten Jahrzehnt in den meisten Ländern stark ausgebaut (Bachtler 1993). Da Informationsinstrumente die Wirkung des Marktmechanismus nicht stören, sondern zu verbessern trachten, gelten sie aus der Sicht der Neoklassik als effizient.

So werden etwa Standortkataloge erstellt und im Zuge des City- und Regionsmarketing ansiedlungswillige Unternehmungen über die Vorzüge einzelner Regionen oder die Qualität bestimmter Standorte informiert. Im Zuge der Technologieberatung werden ansässige Unternehmungen der Region über die Vor- und Nachteile neuer Technologien und über Möglichkeiten innovativer Maßnahmen beraten. Für Neugründungen werden mitunter Beratungen zu den spezifischen Problemen junger Unternehmungen angeboten. Für Firmen schließlich, die Kooperationen eingehen wollen, gibt es in zunehmendem Maße Kooperationsbörsen, Kontaktvermittlung sowie Beratungen zur Gestaltung der Kooperationen.

An die Bevölkerung und Arbeitskräfte einer Region sind Informationen und Beratungen über die Ausbildungs-, Arbeits- und Karrieremöglichkeiten innerhalb und außerhalb der jeweiligen Region gerichtet. Sie sollen zur beruflichen, sektoralen und unter Umständen regionalen Mobilität der Bevölkerung und Arbeitskräfte beitragen.

Zielgruppen von Informationsmaßnahmen können aber auch Kommunen und andere regionale Einrichtungen (wie Entwicklungsgesellschaften und Technologiezentren) sein. Sie gewinnen beispielsweise im Zuge des von der Europäischen Union geförderten grenzüberschreitenden Erfahrungsaustausches (z.B. im Rahmen des INTERREG-Programms) zunehmend an Bedeutung.

Finanzielle Anreize gibt es in vielen Formen etwa über Zuschüsse, steuerliche Begünstigungen oder verbilligte Kredite. Sie gehen über Informationsmaßnahmen insofern hinaus, als sie bestimmte Handlungen von Unternehmungen oder Haushalten belohnen und damit über die individuellen Kosten-Nutzenkalküle die Entscheidungen beeinflussen.

Ansiedlungshilfen richten sich an außerregionale Unternehmungen und zielen darauf ab, die Mobilität von Betrieben in bestimmte Regionen zu fördern. Sie haben viele Erscheinungsformen, von direkten Zuschüssen zum investierten Kapital über die Bereitstellung niedrigverzinster Kredite bis zur Grundstücksbereitstellung und Aufschließung. Sie waren in den vergangenen Jahrzehnten eines der bedeutendsten Instrumente der Regionalpolitik und wurden in nahezu allen industrialisierten Ländern eingesetzt. In den achtziger Jahren mehrten sich allerdings die kritischen Stimmen zu diesem Instrument. Kritisiert wurden eine zu starke interregionale Konkurrenz um ein beschränktes Potential ansiedlungswilliger Betriebe, das zu einem gegenseitigen Überbieten bei den Förderhöhen führte. Darüber hinaus wurden Mitnahme-Effekte[2] sowie ungünstige Struktureffekte in den Zielregionen festgestellt. Letztere betrafen den Umstand, daß in hohem Maße Zweigwerke mit geringer Autonomie (verlängerte Werkbänke) gefördert wurden sowie eher Betriebe mit ausgereifter und standardisierter Technologie. Seit dem Ende der achtziger Jahre geht die Bedeutung der Ansiedlungshilfen etwas zurück, nicht zuletzt auch aufgrund des Umstandes, daß sich für die Regionalpolitik in den industrialisierten Ländern das Potential an mobilen Betrieben durch Ostöffnung und Globalisierung stark reduziert hat.

Zusätzlich zu den Ansiedlungshilfen haben Anreize für Erweiterungsinvestitionen sowie Prämien für neu geschaffene Arbeitsplätze eine bedeutende Rolle gespielt. Sie sollen eher vorhandene Betriebe zur Expansion anregen und dadurch Beschäftigung und Einkommen in den Zielregionen schaffen. Auch bei diesen Maßnahmen wurden Mitnahme-Effekte und ungünstige Struktureffekte kritisiert, sie wurden daher in den letzten Jahren in verschiedenen Ländern ebenfalls tendenziell abgebaut (Yuill et al. 1993).

Eine zunehmende Bedeutung hingegen verzeichnen Anreize für Innovationen, Unternehmensgründungen und Kooperationen. Hier werden Unternehmungen in bestimmten Regionen bei der Einführung neuer Technologien oder bei Innovations- und Kooperationsprojekten finanziell unterstützt, oder es werden Starthilfen für Gründungen geboten. Intention ist dabei die Stärkung der Innovation und der unternehmerischen Fähigkeiten in spezifischen Regionen.

Finanzielle Anreize können auch an die Bevölkerung oder die Arbeitskräfte einer Region gerichtet sein, etwa in Form von Zuschüssen zu deren Ausbildungsaktivitäten oder in Form von Umsiedlungshilfen zur Unterstützung von regionaler Mobilität.

Auch Kommunen und sonstige Einrichtungen können zu Adressaten finanzieller Anreize in bestimmten Regionen werden, etwa dann, wenn Entwicklungsprojekte unterstützt werden, in die eine größere Zahl regionaler Akteure eingebunden sind.

Maßnahmen des Infrastrukturausbaues haben zum Teil eine ähnliche Wirkung wie finanzielle Anreize, etwa wenn durch Infrastrukturprojekte einzelne Standorte kostengünstiger und damit attraktiver für Betriebsansiedelungen werden als andere. Infrastrukturmaßnahmen beeinflussen aber darüber hinaus auch direkt den Handlungsspielraum von Unternehmern und Haushalten, da sie bestimmte Aktivitäten überhaupt erst ermöglichen. So ist etwa eine gewisse Mindestausstattung der Ver- und Entsorgung sowie des Verkehrs- und Telekommunikationswesens eine Voraussetzung für Betriebsgründungen und Ansiedlungen.

---

[2]Mitnahme-Effekte treten dann auf, wenn die jeweilige Betriebsansiedlung auch ohne die bereitgestellten finanziellen Hilfen getätigt worden wäre.

Infrastrukturmaßnahmen lassen sich in der Regel weniger gut als finanzielle Anreize auf spezifische Zielgruppen und Aktivitäten ausrichten, da sie in hohem Maße durch externe Effekte gekennzeichnet sind. Es gibt Unteilbarkeiten, und die Ausschließung bestimmter Nutzer ist oft nicht möglich. Sowohl die Betriebe wie die Haushalte können aus Infrastruktureinrichtungen Nutzen ziehen, die Verteilungswirkungen bleiben daher oft unklar.

Dennoch lassen sich Unterschiede in der Ausrichtung erkennen. Die klassische Rolle der Infrastrukturpolitik als Teil der Regionalpolitik bestand in der Unterstützung von betrieblicher Mobilität und Betriebsansiedlungen durch den Ausbau des Ver- und Entsorgungsnetzes (Energie, Wasserver- und -entsorgung, Abfallentsorgung), der Verkehrsinfrastruktur (Straße, Bahn, Schiffs- und Luftverkehr) und der Telekommunikationsinfrastruktur (Telefon, Telex, Telefax, Daten- und Computernetze). In gebündelter Form erfolgte ein solcher Ausbau oft in Entwicklungszentren oder in Industrieparks. In den letzten Jahren sind im Zuge einer stärkeren Orientierung auf das endogene Potential jene Infrastruktureinrichtungen in den Vordergrund gerückt, die Innovation, Unternehmensgründungen und die Bildung von organisatorischen Netzwerken unterstützen, also Einrichtungen der Aus- und Weiterbildung, der Forschung, des Technologietransfers und der Beratung. In gebündelter Form erfolgt dies oft in Forschungsparks, Technologie- und Gründerzentren. Stärker auf die Bevölkerung ausgerichtet ist hingegen die Bereitstellung von Wohnungen und die entsprechende Aufschließung, der Ausbau von Schulen und Ausbildungseinrichtungen sowie von Einrichtungen der sozialen und kulturellen Versorgung.

Anders als finanzielle Anreize, die relativ genau auf einzelne Zielgruppen ausgerichtet werden können, bewirken Infrastrukturmaßnahmen eher eine Verbesserung der allgemeinen Standortqualität. Dabei wirken sie meist verläßlicher und nachhaltiger als finanzielle Anreize, da sie längerfristig Nutzen stiften und die Attraktivität eines Standortes oder einer Region dauerhafter verbessern können.

Regulative und administrative Maßnahmen schließlich stellen im Vergleich zu Informationsmaßnahmen und Anreizen härtere Eingriffe dar, da sie bestimmte Handlungen und Verhaltensweisen erlauben und andere verbieten können. So können etwa Betriebs- oder Bevölkerungsansiedlungen in ökologisch wertvollen und sensiblen Gebieten untersagt werden oder die industrielle Entwicklung in bereits stark belasteten Regionen durch Investitionskontrollen gebremst werden.[3] Auch im Bereich von neuen Produktionstechnologien oder bei Unternehmensgründungen spielt die administrative Regulierung eine bedeutende, in der Regel bremsende Rolle. Administrative Maßnahmen sind zumeist darauf ausgerichtet, gesellschaftlich unerwünschte Entwicklungen zu verhindern oder zu erschweren, z.B. eine zu starke

---

[3]Derartige Investitionskontrollen wurden in den sechziger und siebziger Jahren z.B. in den Regionen London und Paris für neue Industrie- und Bürobauten angewendet.

Betriebsentwicklung in bestimmten Gebieten oder Sektoren. Sie sind aber tendenziell nicht in der Lage, in wirtschaftsschwachen Regionen Entwicklung in positiver Weise zu stimulieren.

Im internationalen Konkurrenzkampf um Investoren spielt der Grad der Regulierung allerdings durchaus eine bedeutende Rolle, wie die Erfahrungen Osteuropas sowie von Ländern der Dritten Welt zeigen. Gerade in Industrien mit großen potentiellen Auswirkungen auf die Umwelt, etwa in der Grundstoffindustrie oder in der Biotechnologie, üben ein geringer Grad der Regulierung oder niedrige Umweltstandards oft eine stärkere Attraktion aus als z.B. finanzielle Anreize. Ein derartiges Umweltdumping läuft allerdings Gefahr, mittel- und längerfristig die Voraussetzungen für wirtschaftliche und gesellschaftliche Entwicklung selbst zu zerstören.

9.2 Strategien der Regionalpolitik

Wir haben bisher Begründungen, grundsätzliche Motive und Zielsetzungen der Regionalpolitik erörtert, weiters wurde das in Marktwirtschaften hauptsächlich eingesetzte Instrumentarium dargestellt. Für eine effiziente und wirkungsvolle Regionalpolitik ist es allerdings notwendig, bestimmte Instrumente möglichst konsistent, also widerspruchsfrei, zu verknüpfen und auf spezifische Ziele auszurichten.

„Strategien" sind derartige Kombinationen von Instrumenten, die auf bestimmte Ziele ausgerichtet sind, und die, basierend auf einer theoretischen Vorstellung der regionalen Entwicklung, eine gewisse Konsistenz aufweisen sollten. In der Folge wollen wir uns auf jene Grundstrategien konzentrieren, die in der Praxis der Regionalpolitik in der Vergangenheit eine stärkere Bedeutung erlangt haben oder eine solche noch immer aufweisen. In Anlehnung an Capellin und Molle (1988) unterscheiden wir in der Folge zwischen jenen Strategien, die sich vornehmlich auf externe Entwicklungsimpulse der regionalen Entwicklung stützen (mobilitätsorientierte Strategien; Abschn. 9.2.1), und jenen, die die Mobilisierung und Weiterentwicklung endogener Faktoren in den Vordergrund stellen (endogene Ansätze; Abschn. 9.2.2).

9.2.1 Mobilitätsorientierte Strategien

Externe Entwicklungsimpulse in Form von interregionaler Mobilität von Produktionsfaktoren oder von Handelsbeziehungen werden in mehreren strategischen Ansätzen der Regionalpolitik in den Vordergrund gestellt. Wir können hier, je nach dem zugrundeliegenden theoretischen Modell, den neoklassischen Ansatz, den keynesianischen Ansatz und den Wachstumspol-Ansatz unterscheiden.

Neoklassische Strategie

Sie stützt sich auf das neoklassische Modell der Regionalentwicklung (s. Kap. 4). Die Grundvorstellung dabei ist, daß der Marktmechanismus im Prinzip eine optimale Allokation der Faktoren zwischen den Regionen gewährleistet und auch für eine entsprechende Einkommensverteilung sorgt. Im Falle von größeren Einkommensunterschieden bewirken sowohl der interregionale Handel als auch die Mobilität von Kapital und Arbeit tendenziell einen Ausgleich der Pro-Kopf-Einkommen. Die Faktoren fließen dabei jeweils in jene Regionen, in denen sie relativ knapp sind und daher hohe Grenzerträge und Entlohnungen aufweisen. Kapital wird von den höheren Renditen in Regionen mit reichlich verfügbaren Arbeitskräften und niedrigen Löhnen (Peripherie) angezogen, Arbeitskräfte der Peripherie hingegen suchen die bessere Entlohnung in den wirtschaftsstarken Zentren.

Die Rolle der Regionalpolitik wird nach dieser Konzeption grundsätzlich als bescheiden erachtet. Sie sollte sich im wesentlichen auf die Beseitigung von Marktunvollkommenheiten konzentrieren und ansonst nicht stärker intervenieren, um Verzerrungen möglichst klein zu halten. Die folgenden Maßnahmen stärken tendenziell die Wirkung des Marktmechanismus und sind somit als konsistent im Sinne dieses Theorieansatzes zu betrachten:

- der Abbau von Monopolen und Oligopolen stärkt das Konkurrenzprinzip und verbessert damit die Wirkung des Marktmechanismus;
- Maßnahmen der Deregulierung verringern verzerrende Eingriffe des Staates und erhöhen die Flexibilität auf den Märkten (etwa durch eine möglichst geringe Regulierung des Arbeitsmarktes oder des Handels);
- die Förderung der Mobilität von Arbeitskräften und Kapital sowohl zwischen Sektoren als auch zwischen Regionen erleichtert es den Faktoren, zum Ort ihrer höchsten Entlohnung zu wandern;
- die Förderung des Informationstransfers verbessert den Informationsstand über regionale Unterschiede der Faktorausstattung und Entlohnung und erhöht damit die Rationalität von Entscheidungen;
- der Ausbau des Verkehrs- und Telekommunikationswesens zwischen stark und schwach entwickelten Regionen, also die räumliche Integration, reduziert ebenfalls Barrieren der Mobilität von Gütern, Faktoren und Information.

Eine derartige neoklassische Ausrichtung der Regionalpolitik wurde in den achtziger Jahren insbesondere in Großbritannien unter Thatcher und in den USA unter Reagan vorgenommen. Die Erfolge blieben bescheiden und entsprachen keineswegs den Erwartungen (Martin 1993). Dies sollte eigentlich nicht überraschen, weist doch das neoklassische Modell erhebliche konzeptuelle Defizite auf (vgl. Abschn. 4.4). Wesentliche Probleme liegen insbesondere in der Vernachlässigung von Skalen- und Agglomerationseffekten, in der Vernachlässigung von Monopolen und Oligopolen, der Verleugnung von großen und multinationalen Unternehmungen, und in z.T. dauerhaften Informationsproblemen und Mobilitätsbarrieren. Nicht beachtet wird weiters der Umstand, daß Ökonomien in umfassender Weise in die Gesellschaft und ihre Institutionen eingebettet sind, eine Einbettung, die insbesondere die von der Neoklassik geforderte radikale Deregulierung als sehr problematisch erscheinen läßt.

Keynesianische Nachfragesteuerung

Keynes' makroökonomische Theorie hat gezeigt, daß der Marktmechanismus allein Vollbeschäftigung nicht gewährleisten kann und daß zur Erreichung dieses Zieles der Staat eingreifen sollte. Nach dieser Konzeption sollten sich Eingriffe auf die Steuerung der Nachfrage konzentrieren, etwa in Form der Stimulierung des öffentlichen oder privaten Konsums oder durch die Anregung der Investitionstätigkeit von Unternehmen. In der Regionalpolitik hat sich dieser Ansatz vor allem in Form der Exportbasiskonzeption niedergeschlagen (s. Abschn. 3.1). Hier wird im regionalen Güterexport und in dem von Exportaktivitäten ausgelösten Einkommensmultiplikator der zentrale Ansatzpunkt für regionales Wirtschaftswachstum gesehen.

Die Regionalpolitik ist daher darauf ausgerichtet, exportintensive industrielle Unternehmungen in den betreffenden Regionen anzusiedeln. Wichtige Instrumente sind die Schaffung der infrastrukturellen Voraussetzungen (Ver- und Entsorgung, interregionale Verkehrsverbindungen) sowie Investitionsanreize. Auch die gezielte Vergabe öffentlicher Aufträge an Unternehmungen in Problemregionen ist ein nachfragestimulierendes Instrument.

Auf die konzeptuelle Schwäche des Exportbasisansatzes wurde bereits in Abschn. 3.1 hingewiesen. Es sind dies insbesondere

- die Vernachlässigung der Angebotsseite der regionalen Wirtschaft (gibt es entsprechende freie Kapazitäten und Faktoren?) und
- die Vernachlässigung interregionaler Interdependenzen (Handel und Faktorflüsse in einem System von mehreren Regionen).
- Auch die zentrale Frage, warum sich exportierende Industrien in bestimmten Regionen ansiedeln und in anderen nicht, ist nicht entsprechend in den Ansatz integriert.

Wachstumspolansatz

Die Grundvorstellung ist hier, daß Skalen- und Agglomerationsvorteile für die Regionalentwicklung von großer Bedeutung sind. Der Marktmechanismus kann weder eine optimale Allokation der Ressourcen noch eine ausgeglichene regionale Entwicklung gewährleisten, da aufgrund von Polarisationsprozessen regionale Ungleichheiten oft dauerhaft sind oder sich auch weiter vergrößern können (s. Kap. 5). Anders als in der neoklassischen Konzeption wird daher eine stärker interventionistische Regionalpolitik und eine stärkere Rolle des Staates als notwendig erachtet.

Wie sollte dies nach den Vorstellungen der Polarisationstheorie geschehen? Die Schaffung von Skalen- und Agglomerationsvorteilen durch einen räumlich konzentrierten Infrastrukturausbau und durch größere Projekte der Industrialisierung stehen im Zentrum dieser Strategie. Die in Wachstumspolen und Entwicklungszentren geförderten Aktivitäten sollten dabei Charakteristika einer motorischen Einheit aufweisen, also größere Unternehmungen sein, einer stark wachsenden Industrie angehören und technologisch fortgeschritten sein. Darüber hinaus sollten sie über Input-Output-Beziehungen stark mit der übrigen regionalen Wirtschaft verflochten sein. Die Erwartung ist, daß derartige sektorale und regionale Pole als Motor der Entwicklung in der Region fungieren und über Ausbreitungseffekte auch das Hinterland wirtschaftlich stimulieren. Der Staat sollte nicht nur die Agglomerationen, sondern auch die Ausbreitungseffekte unterstützen, und zwar durch

- den Ausbau der Verkehrs- und Kommunikationsverbindungen vom Zentrum ins Hinterland,
- die Förderung komplementärer Industrien und Betriebsansiedlungen im Hinterland sowie
- die Unterstützung des Technologietransfers.

Der Polarisationsansatz hat insbesondere in den sechziger und siebziger Jahren in der Regionalpolitik in vielen Ländern eine bedeutende Rolle gespielt, wobei die konkrete Ausprägung dieser Strategie im einzelnen durchaus unterschiedlich war. Es gab große Unterschiede sowohl in bezug auf die zugrundeliegenden Zielsetzungen (Wachstumsorientierung oder Ausgleichsorientierung) als auch in bezug auf die räumliche Ausrichtung und die Auswahl der Zentren.

In Frankreich wurden in den sechziger und siebziger Jahren „metropoles d'equilibre" (Gleichgewichtsmetropolen) als Gegengewicht zu Paris ausgewählt und durch Infrastrukturausbau gefördert. Dazu zählte die „zweite Liga" der Städte wie Lyon, Marseille, Toulouse, Lille oder Straßburg. Die Intention war es, die dynamische Region Paris im Wachstum zu verlangsamen und die übrigen französischen Regionen zu stärken. In der Großregion Paris hatten Entlastungszentren um Paris die Funktion, das Wachstum in geordnete Bahnen zu lenken. In Großbritannien spielten New Towns eine ähnliche Rolle in bezug auf London und die Süd-Ost-Region. In Spanien wurden Wachstumspole gefördert, um in peripheren Regionen die Industrialisierung voranzutreiben, beispielsweise Huelva, Sevilla und Granada im Süden und La Coruna, Vigo und Oviedo im Norden des Landes. In Deutschland und auch in Österreich wurden demgegenüber eher mittlere und kleinere Zentren im ländlichen Raum als Entwicklunszentren bestimmt, wobei diese Politik im Grunde eher der Zentrale-Orte-Konzeption entsprach (die Zentren fungierten als Dienstleistungs- und Versorgungszentren im ländlichen Raum) als der Theorie der Wachstumspole.

Neuere Erscheinungsformen der Polkonzeption (achtziger und neunziger Jahre) sind die in einigen Ländern geförderten räumlichen Konzentrationen von Hochtechnologieindustrien. Sie orientieren sich am Modell von spontan entstandenen High-Tech-Agglomerationen wie etwa dem Silicon Valley in Kalifornien oder der „Route 128" bei Boston, und sie versuchen deren Entstehungsbedingungen nachzuahmen (Castells und Hall 1994, Sternberg 1995). Instrumente, die das bewerkstelligen sollen, sind der Ausbau der Forschungsinfrastruktur, die Errichtung von Forschungsparks (räumliche Konzentrationen forschungsintensiver Firmen), die Bereitstellung von Risikokapital und die Förderung des Wissens- und Technologietransfers von der Grundlagenforschung zur Industrie.

Beispiele für derartige von der Politik unterstützte Hochtechnologiekomplexe sind u.a. in Japan, den USA, Frankreich und Großbritannien zu finden. Japan hat mit seinem das ganze Land abdeckende Technopolis-Programm sicherlich das umfassendste und ambitionierteste derartige Programm. In den USA und Europa sind es zumeist regionale oder lokale Initiativen, die zu einem Ausbau von Forschungsparks, Technologiezentren und ähnlichen Entwicklungen führen. Es gibt inzwischen eine große Zahl derartiger Konzentrationen, die bekanntesten Beispiele sind der Research Triangle Park in North Carolina, der University of Utah Research Park, der Biotechnology Park in Worcester/Massachusetts, Grenoble und Sophia Antipolis bei Nizza in Frankreich, Cambridge in England, Karlsruhe und Ulm in Deutschland.

Aufgrund der bisherigen Erfahrungen ist die Polstrategie sowohl traditioneller wie neuerer Art zwar geeignet, wirtschaftliche und technologische Entwicklung in den Zentren zu stimulieren, für periphere und schwach entwickelte Gebiete zeigte sie aber nur beschränkte Erfolge. So waren die Ausbreitungseffekte ins Hinterland meist geringer als die Absaugeffekte, die von der Theorie propagierten „backward- und forward linkages" und der Technologietransfer sind oft nicht in der Region zu finden, sondern außerhalb. Die Entwicklungsimpulse der Zentren bleiben in der Regel auf die jeweiligen Arbeitsmarkteinzugsbereiche beschränkt.

In kleineren Ländern (etwa Dänemark, Österreich und Schweiz) und solchen mit dichterer Besiedlung (etwa Deutschland) besteht die Lösung für abgelegene und wirtschaftlich schwach entwickelte Gebiete daher oft in einer guten Anbindung an Agglomerationen mit dem Ziel, den großstädtischen Arbeitsmarkt möglichst weit auszudehnen. Geeignete Instrumente sind der Ausbau der Verkehrs- und Kommunikationsverbindungen zwischen Peripherie und städtischem Zentrum (Zugsverbindungen, Schnellbahn, Straßenverbindungen) und die Ansiedlung von Industrie- und Dienstleistungsunternehmen im Umland der Agglomeration. De facto verändert sich die ländliche Peripherie damit schrittweise zum suburbanen Raum, und sie verändert damit grundlegend ihren Charakter. Am Beispiel Österreichs ist ein derartiges Schrumpfen der Peripherie in der Ostregion ganz gut sichtbar. Hier umfaßt der Arbeitsmarkt Wiens inzwischen das Weinviertel, Teile des Waldviertels, das südliche Niederösterreich und das Nordburgenland. Der Arbeitsmarkt von Graz erfaßt große Teile der Süd- und Oststeiermark, jener von Linz u.a. die grenznahen Gebiete im Norden. Eine derartige Ausdehnung städtischer Arbeitsmärkte hat allerdings auch erhebliche Kosten in Form erheblich längerer Pendelentfernungen (Zeitkosten) und zunehmender Verkehrsbelastungen.

9.2.2 Endogene Strategien

Sowohl der neoklassische als auch der keynesianische Ansatz und die Wachstumspolstrategie stellen jeweils externe Faktoren der Regionalentwicklung wie die Mobilität von Arbeit und Kapital und die entsprechende Infrastrukturerschließung in den Vordergrund. Regionalentwicklung wird nach dieser Sichtweise in erster Linie durch externe Impulse bewirkt, wobei Betriebsansiedlungen durch größere Unternehmungen, Zuflüsse von Kapital und Knowhow sowie Infrastrukturbereitstellung und finanzielle Anreize durch übergeordnete Ebenen wie Nationalstaat oder Europäische Union eine große Rolle spielen.

In den siebziger und achtziger Jahren wurde in einigen Studien auf die nur eingeschränkte Wirksamkeit und die geringe Nachhaltigkeit dieser Strategien hingewiesen.[4] Kritisiert wurde insbesondere die Ansiedlungsstrategie aufgrund folgender Charakteristika:

- ungünstige Struktureffekte (Ansiedlung von vornehmlich extern kontrollierten Zweigwerken mit standardisierter Produktion);
- Schaffung von Arbeitsplätzen mit niedrigen Qualifikationsanforderungen;
- geringe Persistenz angesiedelter Betriebe und eine hohe Konjunkturanfälligkeit der geschaffenen Arbeitsplätze;
- geringe intraregionale Verflechtungen und Multiplikatorwirkungen und
- Vorhandensein von Mitnahmeeffekten.

Der geringe Erfolg der Ansiedlungsstrategie und auch das aufgrund der Globalisierung der Wirtschaft verringerte Potential mobiler Betriebe in Industrieländern hat Ende der siebziger Jahre in zahlreichen Ländern eine grundlegende Neuorientierung der Regionalpolitik bewirkt (OECD 1986b, 1993).

---
[4]Siehe u.a. Stöhr und Tödtling (1982), Brugger (1985).

Trotz unterschiedlicher Ausprägungen ist diesen Ansätzen eine stärkere Orientierung jeweils am endogenen Potential der betroffenen Region gemeinsam. Während der neoklassische Ansatz und die Wachstumspolstrategie die Mobilität der Faktoren und insbesondere die Effekte der Betriebsansiedlungen auf die Region in den Vordergrund stellen, gehen endogene Ansätze der Frage nach, ob die in der Region vorhandenen Faktoren und Ressourcen bestmöglich genutzt werden und wie es um die Wettbewerbsfähigkeit der in der Region ansässigen Unternehmungen steht. Letztere hängt mit der Art der erzeugten Produkte, der Produktionsverfahren und der Organisation der Produktion zusammen, darüber hinaus spielt die Qualität des regionalen Umfeldes eine wesentliche Rolle.

Eigenständige Regionalentwicklung

Nach Hahne (1985) zielt diese Strategie darauf ab, „regionale Probleme durch Nutzung der regional vorhandenen Potentiale und unter Beachtung regionaler Eigenheiten zu lösen. Mit der Stärkung der regionalen Steuerung ‚von unten' wird die Erwartung verbunden, die wirtschaftliche, kulturelle und politische Eigenständigkeit zu erhöhen" (S. 1). In der Literatur wird diese Art der Regionalentwicklung zuweilen auch mit anderen Begriffen belegt, wie etwa dem Begriff der „endogenen Regionalentwicklung" (Brugger 1985) oder der „Entwicklung von unten" (Stöhr 1981). Obwohl es hier Unterschiede im Detail gibt, sind die Grundprinzipien im wesentlichen identisch.

Diese Strategien wurden Ende der siebziger und Anfang der achtziger Jahre gleichsam als Gegenkonzept zur Ansiedlungsstrategie formuliert und insbesondere auf periphere ländliche Regionen angewendet. Aufgrund dieser Negativabgrenzung stellt sie weniger eine eigene kohärente Konzeption dar, vielmehr handelt es sich um eine Zusammenstellung von Prinzipien der Regionalpolitik, die formuliert wurden, um Fehler der mobilitätsorientierten Strategie zu vermeiden. Die wichtigsten dieser Prinzipien sind die folgenden (s. Tabelle 9.2):

- Regionalentwicklung wird nicht nur als Wirtschaftswachstum begriffen, sondern auch als qualitative Verbesserung der Wirtschaftsstruktur und der Lebensbedingungen. Sie sollte insbesondere Problemgruppen besser stellen und an die sozio-ökonomischen, natürlichen und kulturellen Charakteristika der Region angepaßt sein.
- Die regionalen Akteure sollten in die Lage versetzt werden, den Entwicklungsprozeß an den eigenen Zielen auszurichten und zu kontrollieren. Dies schließt die Fähigkeit ein, sich aus eigenen Kräften erfolgreich an veränderte Rahmenbedingungen anzupassen. Die Fähigkeit zur Innovation im weiten Sinn und kollektive Lernprozesse sind dabei wichtige Elemente. Darüber hinaus werden eine breite Beteiligung von lokalen und regionalen Interessensgruppen und die Verlagerung

Tabelle 9.2: Eigenständige Regionalentwicklung im Vergleich zur mobilitätsorientierten Strategie

Eigenständige Regionalentwicklung	Mobilitätsorientierte Strategie
Modernisierung bestehender Unternehmen	Ansiedlungsförderung (Exportaktivitäten)
Entwicklung regionaler Ressourcen (Unternehmertum, Wissen, Qualifikationen u.a.)	Anziehung außerregionaler Ressourcen (Kapital, Technologie)
sektorübergreifende Strategie	Konzentration auf Industrie
Einbeziehung von Energie- und Umweltprojekten	
innerregionale Verkehrserschließung	interregionale Verkehrserschließung
konkurrenzfähig durch Produktqualität und Innovation	konkurrenzfähig durch kapitalintensive, moderne Verfahren, niedrige Arbeitskosten
breite Beteiligung regionaler Interessensgruppen	unternehmenszentriert

von Aufgaben und Entscheidungsbefugnissen auf die regionale Ebene als wesentlich erachtet.
- Regionalpolitik sollte dabei an den in der Region vorhandenen Potentialen anknüpfen. Diese sollten genutzt und weiterentwickelt werden. Diese Potentialfaktoren umfassen beispielsweise natürliche Ressourcen (Umwelt, Rohstoffe, Energie), Boden, Kapital, Infrastruktur, Arbeitskräfte, Qualifikationen und Kenntnisse, unternehmerische Fähigkeiten, Entscheidungsfunktionen, sozio-kulturelle Faktoren und das Marktpotential.
- Diese Faktoren und Ressourcen sollten dabei ‚nachhaltig' genutzt werden, d.h., es sollten ökologische und Umweltaspekte in hohem Maße berücksichtigt werden.
- Die Nutzung und Entwicklung regionaler Potentiale sollte sektorübergreifend erfolgen, d.h., es sollen auch die in der traditionellen Regionalpolitik oft vernachlässigten Sektoren wie Landwirtschaft, Energie,

Kleingewerbe und Dienstleistungen in die Regionalkonzepte stärker einbezogen werden und deren Verflechtung gefördert werden. Intention dieses sektorübergreifenden Vorgehens ist die Nutzung von Komplementaritäten und das Auslösen von Synergien.
- Die Entwicklung von kleinen und mittleren Unternehmungen nimmt einen hohen Stellenwert ein. Diese Unternehmungen sollen in ihrer Innovations- und Wettbewerbsfähigkeit gestärkt werden, u.a. durch Bildung von Kooperationen und Netzwerken in der Region. Anleihen werden dabei insbesondere beim Modell der „industrial districts" genommen (s. Abschn. 8.2).
- Lokale und regionale Akteure werden als die treibenden Kräfte der Regionalentwicklung angesehen. Neben den Unternehmungen sind dies Arbeitskräfte, Gewerkschaften, politische Entscheidungsträger u.a.

Einzelne Elemente und Varianten endogener Strategien der Regionalentwicklung wurden in mehreren Ländern in den achtziger Jahren eingeführt (OECD 1986b, 1993). Eine gewisse Pionierrolle spielte dabei anfangs die Förderaktion für eigenständige Regionalentwicklung in Österreich, die 1979 für periphere Berggebiete eingeführt wurde (s. Abschn. 10.1.3). Es folgten andere Länder und Regionen nach, inhaltlich erfolgte zunehmend eine Anlehnung ans Modell der „industrial districts".

Es ist derzeit nicht möglich, eine generelle Einschätzung der Strategie der endogenen Regionalentwicklung vorzunehmen, da umfassende Evaluierungen bisher nicht vorliegen. Eine generelle Einschätzung wird auch nicht leicht möglich sein, weil definitionsgemäß sowohl die Voraussetzungen als auch die konkreten Ausprägungen der Strategie höchst unterschiedlich sind. Bisherige aus verschiedenen Beispielen gewonnene Erfahrungen zeigen jedoch, daß die endogenen Strategien und Projekte im Vergleich zu traditionellen Strategien besser auf die Erfordernisse und Bedingungen der jeweiligen Region Rücksicht nehmen. Die wirtschaftlichen, unternehmerischen und sozialen Zielgruppen werden durch Projektentwicklung vor Ort und durch eine höhere lokale Beteiligung in der Regel besser erreicht. Schließlich sind auch die qualitativen Wirkungen (Qualität der Arbeitsplätze, Innovationsfähigkeit der Betriebe) zumeist besser als bei den mobilitätsorientierten Strategien.

Andererseits sind gewisse Probleme auch bei diesem Ansatz nicht zu übersehen. Zunächst sind hier Schwächen in der theoretischen Fundierung zu nennen. Die zentralen Prinzipien wurden weitgehend als Negativbild zur Ansiedlungsstrategie oder induktiv am Beispiel der „industrial districts" entwickelt, es fehlt dem Ansatz daher an theoretischer Geschlossenheit und Konsistenz.

Darüber hinaus zeigen sich auch praktische Probleme in der regionalpolitischen Anwendung, insbesondere in den benachteiligten Regionen. Im Gegensatz zu den „industrial districts" des Dritten Italien, die gleichsam als Modell der endogenen Entwicklung gedient haben, ist in vielen peripheren Regionen das endogene Potential an Betrieben, Qualifikationen und Institutionen zu gering, um eine nennenswerte wirtschaftliche Entwicklung auszulösen. Die quantitativen Wirkungen (Produktions-, Beschäftigungs- und Einkommenswachstum) bleiben in diesen Regionen daher zumeist relativ bescheiden, eine stärkere Reduzierung von regionalen Disparitäten des Einkommensniveaus und der Arbeitslosigkeit ist somit nicht zu erwarten. In alten Industrieregionen andererseits wurden mit diesem Ansatz oft die Probleme der alten Industrien und der großen, oft extern kontrollierten Unternehmen nicht in adäquater Weise erfaßt. Bei den letzteren lagen die Herausforderungen in hohem Maße in der organisatorischen und technologischen Erneuerung der Unternehmungen, ein Anliegen, das insbesondere der Innovationsansatz in höherem Maße berücksichtigt.

Innovationsansatz

In den achtziger und neunziger Jahren erfuhr die Regionalpolitik in den meisten fortgeschrittenen Industrieländern eine stärkere Orientierung auf den Bereich der Technologie und Innovation. Diese innovationsorientierte Regionalpolitik ist zwar ebenfalls auf das in einer Region vorhandene Potential ausgerichtet, im Vergleich zur eigenständigen Regionalentwicklung allerdings stärker auf die innovatorischen und technologischen Fähigkeiten der Unternehmungen fokussiert und weniger umfassend angelegt.

Hintergründe für die Innovationsorientierung sind zum einen eine veränderte internationale Arbeitsteilung und zunehmend globale Mobilität des Kapitals. Die Standortkonkurrenz wurde international, Schwellenländer zu bevorzugten Standorten standardisierter Produktionen. Für periphere Regionen in industrialisierten Ländern hat sich das Potential mobiler Betriebe damit reduziert. Zum anderen wurden durch das Vordringen sektorübergreifender neuer Technologien (Elektronik, Computer, Informations- und Kommunikationstechnologien, Biotechnologie, neue Materialen) Produktlebenszyklen verkürzt und der technologische Wandel beschleunigt. Technologie und Innovation nehmen daher einen zunehmend höheren Stellenwert in der Wettbewerbsstrategie von Unternehmungen ein.

Warum sollen nun Innovationsprozesse von seiten der Politik unterstützt werden, und welcher Art können derartige Eingriffe sein? Zur Begründung von Innovationspolitik ist zunächst festzustellen, daß Unternehmungen in Marktwirtschaften dazu tendieren, zu wenig in Innovationsaktivitäten zu investieren, da derartige Projekte mit großen Unsicherheiten behaftet sind (Marktunsicherheit, technologische Unsicherheit) und wegen der raschen Nachahmung von seiten der Konkurrenz oft erhebliche Probleme in der Aneignung des Nutzens gegeben sind (s. Abschn. 7.1). Der soziale Nutzen ist daher oft größer als der individuelle. Darüber hinaus wird durch die zunehmende Spezialisierung und Arbeitsteilung im Innovationsprozeß ein gutes Zusammenspiel von privaten und öffentlichen Akteuren in Innovationsnetzwerken immer bedeutender. Aus der regionalen Perspektive ist weiters festzustellen, daß gerade in benachteiligten Regionen (z.B. peripheren Regionen oder alten Industriegebieten) vielfach erhebliche Innovationsdefizite bestehen, etwa in Form von geringen F&E-Leistungen, wenig Produktinnovationen und erheblichen Verzögerungen bei der Einführung neuer Verfahren (vgl. Abschn. 7.6). Diesen geringen Innovationsleistungen liegen oft spezifische Barrieren zugrunde, die zumindest zum Teil der öffentlichen Politik zugänglich sind.

Hinsichtlich der Ausprägung der Politik gibt es erhebliche Unterschiede, sie hängt insbesondere davon ab, ob in höherem Maße technologiepolitische Ziele oder regionalpolitische Ziele im Vordergrund sind. Es lassen sich dabei unterscheiden:

- Unterstützung von Hochtechnologie und technologischen Clustern und
- Verbesserung der Innovationsfähigkeit von Unternehmen in benachteiligten Regionen.

Bei der ersten Ausprägung geht es um die Verbesserung der technologischen Position eines Landes in bestimmten Industrien oder sogar um die Erreichung von Technologieführerschaft auf einem bestimmten Gebiet. Ausgehend von vorhandenen Stärken in der Forschung und Entwicklung einer Wirtschaft gilt es, existierende oder potentielle „Cluster" zu identifizieren (also Ballungen von Firmen, zwischen denen technologische oder andere Beziehungen bestehen). Aufgabe einer regional ausgerichteten Technologiepolitik ist es dann, solche Cluster durch gezielte Investitionen in die Grundlagen- und angewandte Forschung und durch eine regionale Fokussierung von Maßnahmen zu stärken. Derartige Maßnahmen betreffen etwa die Ausbildung (hochqualifizierte Arbeitskräfte), die Intensivierung der Zusammenarbeit zwischen Forschung und Industrie, die Bereitstellung von Risikokapital und die Förderung spezialisierter Produzentendienste. Die Errichtung von technologiespezifischen Forschungsparks kann eine solche Bündelung von Maßnahmen an geeigneten Standorten unterstützen. Implizit werden durch eine derartige Politik eher die hochrangigen Agglomerationen gefördert, da sie in hohem Maße die F&E-Einrichtungen und Technologie-Cluster eines Landes beherbergen.

Bei der zweiten Ausprägung geht es um eine Verbesserung der Innovationsfähigkeit von Unternehmungen in benachteiligten Regionen und um eine Beschleunigung der Technologiediffusion. „Innovationsfähigkeit" ist hier breiter definiert als die Entwicklung von Hochtechnologie. Sie umfaßt sowohl Neuerungen an den Produkten (Produktinnovation und -modifikation) als auch die Einführung neuer Verfahren und Organisationsformen in einer regionalen Wirtschaft. Vielfach geht es hier um die raschere Einführung der jeweiligen „best practice technology", also um Technologietransfer, und weniger um Technologieführerschaft und radikale Produktinnovation.

Bei dieser Strategie müssen zunächst die wichtigsten Innovationsbarrieren der jeweiligen Regionalwirtschaften geortet und darauf ausgerichtet gezielte Maßnahmen gesetzt werden. Innovationsbarrieren liegen häufig in einer ungenügenden Beobachtung von Markt- und Technologieentwicklungen von seiten der Unternehmen, in einer zu schwachen Ausprägung von Schnittstellen zur Umwelt (F&E, Marketing, Unternehmensplanung), in einer zu geringen Inanspruchnahme von externen Informationsquellen und Ressourcen, in zu geringen oder veralteten Qualifikationen der Mitarbeiter sowie in überkommenen Management- und Organisationsstrukturen (s. Kap. 7).

Maßnahmen können zum einen an den Unternehmungen ansetzen, etwa in Form finanzieller Unterstützung von F&E-Aktivitäten und von Innovationsprojekten oder in Form von Maßnahmen der Unternehmensberatung sowie des Informations- und Technologietransfers. Realtransfers, also die Bereitstellung von realen Leistungen im Gegensatz zu finanziellen Transfers, spielen in der innovationsorientierten Regionalpolitik eine stärkere Rolle als in mobilitätsorientierten Strategien. Zum anderen kann das jeweilige regionale Umfeld verbessert werden, etwa durch den Ausbau der Verkehrs- und Telekommunikationsinfrastruktur, des Ausbildungswesens und des Technologietransfers (s. Abschn. 7.3). Darüber hinaus hat der Netzwerk-Ansatz aufgezeigt (Abschn. 7.1.3), daß die Stimulierung und Intensivierung von Netzwerken sowohl innerhalb der jeweiligen Region als auch nach außen die Fähigkeit zur Innovation erheblich steigern kann.

Die wichtigste Zielgruppe derartiger innovationspolitischer Maßnahmen sind in der Regel kleine und mittlere Unternehmen, da diese in besonders hohem Maße von ihrem jeweiligen standörtlichen Umfeld abhängen und daher in benachteiligten Regionen stärkeren Innovationsbarrieren ausgesetzt sind. Gerade diese Zielgruppe erfordert allerdings zumeist ein aktives Herangehen von seiten der Innovationspolitik (aktive Kontaktierung, dezentrales Angebot von Beratung, Informations- und Technologietransfer), da von seiten der Betriebe Innovationsprobleme oft gar nicht wahrgenommen werden.

In bestimmten benachteiligten Regionen, insbesondere peripheren wirtschaftsschwachen, aber auch in vielen alten Industrieregionen, ist allerdings das wirtschaftliche und innovatorische Potential von Klein- und Mittelbetrieben zu gering, um nennenswerte Effekte zu erzielen. Hier können Betriebsansiedlungen nach wie vor bedeutende Impulse bewirken, allerdings nur, wenn sie selektiv gefördert werden. Kriterien der Selektion sollten dabei sowohl funktionale und organisatorische Aspekte sein (Vielfalt unternehmerischer Funktionen, Grad der Entscheidungsautonomie) als auch das Potential der Entwicklung von Verflechtungen in der Region. Betriebe, die derartige Kriterien in hohem Maße erfüllen, sollten dabei stärker gefördert werden als andere. Betriebe vom Typ der verlängerten Werkbank (standardisierte Produktion, keinerlei Entscheidungsbefugnisse) sollten hingegen nicht unterstützt werden.

9.3 Zusammenfassung

In diesem Kapitel sind wir auf die Grundlagen der Regionalpolitik eingegangen. Wir haben zunächst untersucht, warum in einer Marktwirtschaft Regionalpolitik überhaupt notwendig ist. Als wesentliche Motive haben wir dabei sowohl ökonomische (wachstumsoptimale räumliche Allokation von Ressourcen) als auch soziale (Ausgleich von regionalen Disparitäten) und ökologische (Reduzierung der Umweltbelastung, Erhaltung von Naturräumen) identifiziert. Wir haben sodann die in einer Marktwirtschaft grundsätzlich zur Verfügung stehenden Instrumente dargestellt und nach der Intensität unterschieden zwischen Instrumenten der Information und Beratung, finanziellen Anreizen, Infrastrukturmaßnahmen und regulativen Maßnahmen. Zielgruppen sind Unternehmen sowie auch die Wohnbevölkerung, Kommunen und andere Institutionen.

Strategien stellen Kombinationen von Instrumenten dar, die auf bestimmte Ziele ausgerichtet sind. Zu den mobilitätsorientierten Strategien zählt die neoklassische. Hier hält man grundsätzlich den Marktmechanismus als geeignet, eine optimale Raumentwicklung zu gewährleisten und auch Einkommensdisparitäten auszugleichen. Notwendig sind allenfalls Instrumente, die seine Wirkung verbessern, wie etwa der Abbau von Monopolen, Informationsinstrumente oder die Förderung der Mobilität von Arbeit und Kapital.

Die keynesianische Nachfragesteuerung und der Wachstumspolansatz versuchen stärker zu intervenieren, hier geht es um die Ansiedlung exportorientierter und motorischer Unternehmen und um die Schaffung von Agglomerationsvorteilen an ausgewählten Standorten. Wichtige Instrumente sind Kapitalanreize und Infrastrukturausbau. Es gibt dabei die Erwartung, daß sich von den industriellen Zentren Entwicklungsimpulse auch auf das Hinterland ausbreiten. Sowohl der neoklassische als auch der Wachstumspolansatz erwiesen sich in der Vergangenheit allerdings als nur beschränkt erfolgreich. Eine deutliche Verbesserung der jeweiligen regionalen Betriebsstruktur und eine Reduzierung der Disparitäten zwischen den Regionen konnten zumeist nicht erreicht werden.

Seit den achtziger Jahren werden daher in stärkerem Maße Strategien angewandt, die am endogenen Potential der jeweiligen Region anknüpfen. Die eigenständige Regionalentwicklung stellt hier einen umfassenden Ansatz dar, der darauf abzielt, regionale Akteure zu mobilisieren und ansässige Unternehmen zu stärken. Dabei sollen vorhandene Ressourcen weiterentwickelt sowie naturräumliche und sozio-kulturelle Faktoren berücksichtigt werden. Bisherige Erfahrungen zeigen, daß qualitative Aspekte der Regionalentwicklung hier meist besser abgedeckt werden als bei der mobilitätsorientierten Strategie, daß in bestimmten Problemregionen jedoch die quantitativen Wirkungen auf Grund eines geringen Potentials oft gering bleiben. Der Innovationsansatz hat eine vergleichsweise engere Ausrichtung, hier geht es um eine bessere Fähigkeit zur technologischen und organisatorischen Innovation in den Unternehmen. Je nach Ausrichtung – Ausbau der Hochtechnologie oder beschleunigte Technologiediffusion – sieht die konkrete Ausgestaltung dieser Politik im einzelnen sehr unterschiedlich aus. Das Spektrum reicht vom selektiven Ausbau von Forschungs- und Ausbildungseinrichtungen und der gezielten Stärkung technologischer Cluster bis hin zur Unterstützung von Innovationsprojekten in den Unternehmungen und zu Maßnahmen des Informations- und Technologietransfers.

9.4 Übungsaufgaben und Kontrollfragen

1. *Mit welchen Argumenten lassen sich regionalpolitische Interventionen begründen? Erläutern Sie die theoretische Basis dieser Argumente.*
2. *Welche Instrumente stehen der Regionalpolitik in Marktwirtschaften zur Verfügung? Typisieren Sie diese Instrumente nach verschiedenen Kriterien.*
3. *Vergleichen Sie den neoklassischen Ansatz der Regionalpolitik mit dem Wachstumspolansatz hinsichtlich grundsätzlicher Ausrichtung und spezifischer Instrumente.*
4. *Charakterisieren Sie die Strategie der eigenständigen Regionalentwicklung und stellen Sie den Vergleich mit der mobilitätsorientierten Strategie an.*
5. *Nennen Sie Gründe für eine innovationsorientierte Regionalpolitik und beschreiben Sie deren Ausprägung.*

Kapitel 10
Praxis der Regionalpolitik

Nach der Theoriedarstellung und -diskussion wollen wir abschließend auf die Praxis der Regionalpolitik eingehen. Am Beispiel Österreichs und der EU wollen wir konkrete Probleme, Strategien und Instrumente darstellen und dabei auch versuchen, Verbindungen zu einzelnen Kapiteln der Theorie herzustellen. Die Regionalpolitik Österreichs wurde nicht nur wegen des besseren Kenntnisstandes der Autoren als Beispiel ausgewählt, sie bietet auch eine Ausprägung und Abfolge von Strategien, die bis zu einem gewissen Grad als typisch für westliche Länder angesehen werden kann (vgl. etwa OECD 1986b, Vanhove 1999). Auf eine Darstellungen der bundesdeutschen oder schweizerischen Regionalpolitik haben wir nicht zuletzt aus Gründen des Umfanges dieses Lehrbuches verzichtet.

10.1 Regionalpolitik in Österreich

Der folgende Abschnitt gibt einen knappen historischen Überblick über die in Österreich in der Nachkriegszeit angewandte Regionalpolitik. Auf eine ausführliche Darstellung wird hier verzichtet, da dies in anderen Arbeiten nachzulesen ist (Stöhr 1989).

Regionalpolitik wird in Österreich nicht von einem einzigen verantwortlichen Träger konzipiert und durchgeführt, sondern von einer größeren Zahl von Institutionen betrieben, die zum einen aufgrund der verfassungsrechtlichen Situation eine gewisse Vielfalt aufweisen,[1] zum anderen auch historisch gewachsen sind. Aus diesem Grund ist sie auch nicht aus einem Guß, sondern mitunter redundant (es bestehen z.T. Doppelgeleisigkeiten) und manchmal auch widersprüchlich. Ein wichtiger Träger der Regionalpolitik, verstanden als regionale Wirtschaftspolitik (vgl. Kap. 9), ist in Österreich zunächst der Bund. Relevante Ministerien sind insbesondere das Bundeskanzleramt, das Bundesministerium für Verkehr, Innovation und Technologie und das Bundesministerium für Wirtschaft und Arbeit. Darüber hinaus wurden und

---

[1] Ähnlich wie die Raumordnung stellt die regionale Wirtschaftspolitik kompetenzrechtlich keine einheitliche, zusammengefaßte, sondern eine sektorüberschreitende Querschnittsaktivität dar. Aktivitäten der regionalen Wirtschaftspolitik können in Österreich daher grundsätzlich von allen verfassungsmäßig hiefür in Frage kommenden sektoralen Stellen, und zwar sowohl auf Bundes- als auch auf Landes- und Gemeindeebene gesetzt werden (Stöhr 1989).

werden wichtige Aufgaben von ausgegliederten Einrichtungen wie etwa dem ERP-Fonds, der Kommunalkredit AG, der BÜRGES[2] oder der Investkredit AG erfüllt. Neben dem Bund betreiben auch die Länder jeweils ihre eigene regionale Wirtschaftspolitik, wobei von seiten der Länder deutlich weniger Mittel involviert sind. Auch auf der Länderebene wurden regionalpolitische Agenden zunehmend auf regionale Wirtschaftsförderungsgesellschaften ausgelagert. Als zusätzliche Akteure sind in den letzten Jahren die einschlägigen Institutionen der EU hinzugekommen (Generaldirektion Regionalpolitik). Die EU betreibt einerseits eine eigene Regionalpolitik durch die Strukturfonds, andererseits kontrolliert sie die Regionalpolitik der Mitgliedsländer im Rahmen der Wettbewerbspolitik (vgl. Abschn. 10.2).

Wegen der dargestellten großen Zahl von involvierten Akteuren besteht die Notwendigkeit der Koordination, eine Aufgabe, die in Österreich vom Bundeskanzleramt sowie von der Österreichischen Raumordnungskonferenz (ÖROK) wahrgenommen wird. Die ÖROK betrachtet Regionalpolitik als Teilbereich der umfassenderen Raumordnungspolitik, und sie versucht, sowohl zwischen raumrelevanten Sachbereichen „horizontal" zu koordinieren (Wirtschaft, Verkehr, Wohnungswesen, Umwelt, sonstige Infrastruktur) als auch Abstimmungen zwischen Bund, Ländern und Gemeinden vorzunehmen (vertikale Koordination). Die ÖROK wurde 1971 gegründet und umfaßt unter dem Vorsitz des Bundeskanzlers als Mitglieder die einschlägigen Bundesminister, die 9 Landeshauptleute sowie den österreichischen Gemeinde- und den Städtebund. Der politischen Ebene entspricht eine parallele Struktur auf der Ebene der Verwaltung. Mit beratender Stimme sind auch die Interessensvertretungen vertreten. Wesentliche Tätigkeitsbereiche der ÖROK betreffen die Analyse räumlicher Entwicklungen, die Abgrenzung von Fördergebieten sowie die Entwicklung von Zielen und Leitbildern der räumlichen Entwicklung. Letztere sind etwa im Raumordnungskonzept 1991 (Österreichische Raumordnungskonferenz 1992) dargestellt. Eine Aktualisierung des österreichischen Raumordnungskonzeptes ist derzeit in Vorbereitung. Seit 1995 gehört zu den Aufgaben der ÖROK auch die Koordination in Angelegenheiten der EU-Regionalpolitik von Bund und Ländern.

10.1.1 Mobilitätsorientierte Regionalpolitik der fünfziger und sechziger Jahre

Die Anfänge der österreichischen Regionalpolitik gehen in die fünfziger Jahre zurück. In dieser Periode lagen zentrale Probleme in den Folgen von Kriegszerstörungen, die insbesondere die größeren Städte und den Osten Österreichs[3] betroffen haben. Zielsetzungen der Regionalpolitik waren so-

---

[2]Bürgschaftsfonds Ges.m.b.H. zur Förderung von Klein- und Mittelbetrieben.

[3]Der Osten Österreichs war in Folge der sowjetischen Besatzung in einem höheren Maße Zerstörungen durch Demontage von Anlagen unterworfen als der Westen. Auch

mit die Beseitigung der Kriegsschäden und die Verminderung des West-Ost-Gefälles der wirtschaftlichen Entwicklung. Die folgenden Instrumente zielten darauf ab, private und öffentliche Investitionen zu unterstützen:

- regional gezielte Investitionskredithilfe für Betriebsgründungen (1956),
- erhöhter Satz der vorzeitigen Abschreibung für die ehemalige Ostzone zur Stimulierung betrieblicher Investitionen (1957; 1973 ausgelaufen),
- Infrastrukturausbau (Verkehrs- und Kommunikationswesen, Wasser und Energieversorgung),
- Programme des ERP-Fonds (ab 1962: regional gezielte Vergabe verbilligter Kredite für maschinelle Ausrüstung und Betriebsgebäude an Unternehmungen),
- Kommunalkredit AG (1958 gegründet; Vergabe verbilligter Kredite an Gemeinden zur Unterstützung des lokalen Infrastrukturausbaues; insbesondere zur Aufschließung von Betriebsgelände).

Anfang der sechziger Jahre wurde Vollbeschäftigung erreicht, und die regionalpolitischen Bemühungen richteten sich zunehmend auf die Probleme wirtschaftsschwacher ländlicher Gebiete an der Peripherie sowie auf die Probleme von in die Krise geratenen Bergbaugebieten. Gefördert wurden insbesondere die Kapitalmobilität in diese Gebiete (Grenzlandsförderungszuschuß) sowie, mit Einführung des Arbeitsmarktförderungsgesetzes (1967), auch die sektorale und regionale Mobilität von Arbeitskräften. In dieser Periode spielte neben dem Ausgleichsziel auch die Wachstumszielsetzung eine stärkere Rolle, erwartete man sich von der Regionalpolitik doch einen Beitrag zur höheren Mobilität der Faktoren und damit eine stärkere Nutzung des Arbeitskräftepotentials peripherer Regionen.

Wie auch in späteren Perioden gab es kaum eine explizite Bezugnahme der Regionalpolitik auf bestimmte Theorien der Regionalentwicklung. Implizit, also gemessen an den tatsächlich eingesetzten Instrumenten, war allerdings eine starke Orientierung an mobilitätsorientierten und neoklassischen Strategien festzustellen (vgl. Abschn. 9.2.1). Die Intention war es, durch mobiles Kapital wirtschaftliche Impulse in den Problemregionen zu setzen, wobei Investitionsanreize und Infrastrukturausbau die wichtigsten Instrumente darstellten. Unterstützt wurde diese Politik von günstigen gesamtwirtschaftlichen Rahmenbedingungen, nämlich einer stabil wachsenden Nachfrage und hohen Wachstumsraten, die in den Agglomerationen zu Faktorengpässen führten. Die Unternehmungen versuchten daher, Arbeitskräftereserven in den peripheren Regionen durch Betriebsauslagerungen zu erschließen. Die regionalpolitischen Hilfen erleichterten diesen Prozeß. In Kap. 8 wurden diese stabilen gesamtwirtschaftlichen Bedingungen und das entsprechende Politikmodell als „fordistisches Regime der Akkumulation und Regulation" charakterisiert.

---

setzte hier die wirtschaftliche Hilfe der USA zu einem späteren Zeitpunkt ein.

10.1.2 Siebziger Jahre: Umfassende Regionalprogramme zur Bekämpfung regionaler Krisen

In den siebziger Jahren fanden einige markante wirtschaftliche und politische Veränderungen statt. Wirtschaftlich zeigten sich zunächst vereinzelte und ab der Mitte des Jahrzehnts verstärkte Krisentendenzen des fordistischen Akkumulationsregimes (s. Kap. 8). Zu dieser Zeit war in Österreich, wie auch in anderen westlichen Ländern, der Nachkriegsboom zu Ende und er wurde von einer längeren Phase deutlich schwächeren Wirtschaftswachstums abgelöst. Auslösender Faktor war zunächst die Energiekrise (1973), die starke Preissteigerungen bei Energie und Rohstoffen zur Folge hatte. Verstärkt wurde die wirtschaftliche Krise durch eine zunehmende Industrialisierung der Schwellenländer (Taiwan, Singapur, Hongkong, Südkorea, Brasilien und andere Länder Südamerikas), welche Importkonkurrenz und Produktionsverlagerungen insbesondere bei standardisierten Gütern zur Folge hatte.

Diese Krisentendenzen führten in den bisherigen Problemregionen, den wirtschaftsschwachen peripheren Gebieten, u.a. zu einer Verringerung von Betriebsauslagerungen, zu einem teilweisen Beschäftigtenabbau und zu einer Zunahme von Betriebsschließungen. Darüber hinaus gab es Krisenerscheinungen erstmals in einzelnen, bis dahin erfolgreichen Industrieregionen (Obersteiermark, südliches Niederösterreich, einzelne Industriegebiete Oberösterreichs). Hier gab es Probleme insbesondere in den vorherrschenden Grundstoffindustrien und in den großen, oft verstaatlichten Unternehmen.

Politische Veränderungen wurden durch den Beginn einer langen Periode sozialistischer Alleinregierung markiert (1971: Beginn der „Kreisky-Ära"). In der Wirtschafts- und Regionalpolitik schlug sich dies in einer stärkeren Rolle des Staates und einer direkteren Art der Intervention nieder, als dies in den sechziger Jahren der Fall war. Die Zielsetzungen der Regionalpolitik des Bundes waren in dieser Periode von einer stärkeren Betonung des Ausgleichszieles gekennzeichnet. Die Schaffung gleicher Erwerbs- und Lebensbedingungen in allen Teilräumen des Staates war das übergeordnete Ziel, das etwas später auch in das Österreichische Raumordnungskonzept 1981 einfloß (Österreichische Raumordnungskonferenz 1981).

Am Beispiel der Region Aichfeld-Murboden (Bezirke Knittelfeld und Judenburg, Teile Muraus in der Obersteiermark) wurde Anfang der siebziger Jahre das „Aichfeld-Murboden-Programm" konzipiert, das erste integrierte, mehrere Sektoren und Bereiche abdeckende Regionalentwicklungsprogramm. Der von der Krise betroffene Sektor war hier insbesondere der Kohlebergbau (Fohnsdorf), und die Intention des Programms war die umfassende Erneuerung dieser Region. Es wurde die folgende Kombination von Instrumenten eingesetzt:

- Betriebsansiedlung,
- Ausbildung und Umschulung,
- Verkehrsausbau,
- Verbesserung der Wohnsituation sowie auch
- Verbesserung der Umweltsituation.

Im Wirtschaftsbereich zielte man in Anlehnung an die Wachstumspolkonzeption darauf ab, neue motorische Industrien in die Region zu bekommen. Angesiedelt wurden insbesondere größere Zweigbetriebe außerregionaler Unternehmen, u.a. des Maschinenbaues, der Elektrotechnik und Elektronikindustrie.

Im niederösterreichischen Grenzgebiet wurden ein Bergbauern-Sonderprogramm des Bundes, ein agrarisches Grenzland-Sonderprogramm sowie Ende der siebziger Jahre ein Sofortprogramm zur Stärkung der Wirtschaftskraft („Waldviertelplan") eingesetzt, das ebenfalls auf einer umfassenderen Konzeption aufbaute. Im Waldviertel war, nicht zuletzt aufgrund einer geringeren Industrie- und Bevölkerungsdichte, der Mitteleinsatz des Bundes allerdings erheblich geringer als in der Aichfeld-Murboden-Region. Außerdem hatten sich die wirtschaftlichen Rahmenbedingungen bereits geändert: die Wachstumsraten gingen zurück, der Prozeß der Auslagerung von Zweigbetrieben an die Peripherie kam zum Erliegen.

Die veränderten Rahmenbedingungen gaben schließlich Anlaß, die bisherige Praxis der Regionalpolitik zu evaluieren. Es zeigte sich, daß die mobilitätsorientierte Strategie zwar zu einer Reihe von Betriebsansiedlungen (vielfach Zweigbetriebe) und neu geschaffenen Arbeitsplätzen in den Problemregionen geführt hatte, dennoch konnte diese Politik nicht als erfolgreich bezeichnet werden. Bemängelt wurde zum einen die geringe Fähigkeit des Instrumentariums, regionale Entwicklungsprozesse zu steuern, was zurückgeführt wurde auf

- die geringe quantitative Bedeutung regionalpolitischer Anreize im Vergleich zur gesamten Wirtschaftsförderung,
- eine geringe durchschnittliche Förderungshöhe einzelner Projekte,
- eine große Zahl geförderter Gebiete und
- eine geringe räumliche Differenzierung der Anreize.

Zum anderen wurden die strukturellen Wirkungen kritisiert. Es wurde bei den angesiedelten Betrieben ein Vorherrschen von Branchen mit standardisierten Tätigkeiten sowie von außenabhängigen Zweigbetrieben festgestellt. Unterschiede der Qualifikation und des Lohnniveaus konnten auf diesem Wege nicht reduziert werden. Zum Teil erwiesen sich die angesiedelten Betriebe in Abschwungphasen der Konjunktur auch als wenig stabil. Vor diesem Hintergrund wurden am Ende dieser Periode neue Strategien diskutiert.

10.1.3 Achtziger und neunziger Jahre: Endogene Regionalentwicklung und Innovationsorientierung

Die dargestellte Kritik der mobilitätsorientierten Strategie sowie auch der generelle Rückgang des Potentials an mobilen Betrieben machte eine Neuorientierung der Regionalpolitik erforderlich. Diese bestand in Österreich seit Beginn der achtziger Jahre in einer stärkeren Orientierung auf Konzepte der endogenen Regionalentwicklung, anfangs eher nur schrittweise und am Rande des existierenden Politikinstrumentariums.

So spielten *Investitionsförderungen* nach wie vor eine zentrale Rolle, etwa in der Form des *ERP-Sonderprogramms für periphere und strukturschwache Gebiete* oder in Form der neuen „*kooperativen Bund-Land-Sonderförderungen*". Diese Förderungen bezogen stärker als bisher auch bestehende Unternehmungen in den betroffenen Regionen ein. Gefördert wurden etwa die Schaffung neuer Arbeitsplätze oder strukturverbessernde Investitionen für bestehende Arbeitsplätze mit je 100.000 öS (7.267 Euro), später auch mit 200.000 öS (14.535 Euro; s. Aiginger et al. 1989). Die Förderlandschaft umfaßte Mitte der achtziger Jahre sowohl periphere ländliche Gebiete als auch industrielle Regionen mit Strukturproblemen. Zwischen 1980 und 1990 wurden nach Angaben des ERP-Fonds insgesamt 761 Projekte mit einem Betrag von 167 Mio. Euro gefördert. Dadurch wurden ein Investitionsvolumen von 1,78 Mrd. Euro sowie die Schaffung von etwa 20000 Arbeitsplätzen unterstützt.

Zwischen 1986 und 1989 erreichten die Förderbarwerte der Regionalförderung jährlich etwa 36 Mio. Euro[4], ein Betrag, der allerdings nur etwa 12% der steuernden direkten Wirtschaftsförderung ausmachte.[5] Da die sonstige Wirtschaftsförderung in einem höheren Maße in Gebiete außerhalb der Problemregionen floß, trug die Regionalförderung nur dazu bei, daß die Förderbarwerte pro Kopf zwischen Problemgebieten und den übrigen Gebieten in etwa ausgeglichen wurden. Ein Lenkungseffekt zugunsten der Problemgebiete war somit nicht gegeben.

Neben der traditionellen Investitionsförderung wurden neue experimentelle Akzente in Richtung endogener Regionalentwicklung gesetzt (vgl. Abschn. 9.2.2). Im Jahr 1979 wurde die „*Förderaktion für eigenständige Regionalentwicklung*" (FER) vom Bundeskanzleramt ins Leben gerufen (Bundeskanzleramt 1981). Ziel war die Unterstützung von innovativen Wirt-

---

[4] Barwert der Förderungszusagen einschließlich der fünfzigprozentigen Länderanteile bei den Bund-Länder-Regionalförderungen. Der Förderbarwert stellt die Summe der über die Laufzeit diskontierten finanziellen Vorteile dar, die eine Subvention oder eine geförderte Finanzierung dem Förderempfänger bringt (Szopo 1990, S. 43).

[5] Die gesamte direkte Wirtschaftsförderung umfaßt neben der steuernden auch die reaktive Wirtschaftsförderung, wobei letztere u.a. die Hilfen an Krisenunternehmen sowie die Preisstützungen für die Landwirtschaft inkludiert (Szopo 1990). Der Anteil der Regionalpolitik an der gesamten direkten Wirtschaftsförderung betrug Ende der achtziger Jahre nur etwa 2%.

schaftsprojekten in Problemregionen, die günstige regionalwirtschaftliche Auswirkungen versprachen. Förderwürdig waren anfangs ausschließlich kooperative Projekte mit einer demokratischen inneren Struktur. Positivkriterien für die Projektbewertung waren weiters

- die Neugründung von Unternehmen, die einen Beitrag zur regionalen Strukturverbesserung leisten,
- die Nutzung und Veredelung regionaler Rohstoffe und von Fertigkeiten der Bevölkerung,
- die Erzeugung von hochwertigen und regionsspezifischen Produkten oder Dienstleistungen,
- regionale Vernetzung und Kooperation,
- die Stärkung der Marktposition regionaler Unternehmen,
- Umweltschonung oder -verbesserung,
- Beschäftigungs- und Einkommenseffekte.

Gefördert wurden Investitionen im weiten Sinn, also neben Sachanlagen und Bauten auch Ausgaben für Planung und Beratung, Prototypen-Entwicklung, Markteinführung und Qualifizierungsmaßnahmen. Die Zuschüsse betrugen bis zu 50% der Projektkosten, höchstens jedoch 1 Mio. öS (72.673 Euro). Im Jahr 1990 wurde die FER wesentlich modifiziert, sie wandelte sich von einer Projektförderung hin zur Unterstützung von regionalen Entwicklungsstrategien und -organisationen. Gefördert wurden ab diesem Zeitpunkt nicht mehr Investitionen, sondern die Kosten der Inanspruchnahme von externen Beratungsleistungen und der Einsatz qualifizierter Kräfte für spezifische Aufgaben. In der Programmperiode 1994–99 konzentrierte sich die FER auf die Schwerpunkte (ÖROK 1999):

- Aufbau regionaler Kooperationsstrukturen,
- Erstellung von kleinregionalen Entwicklungskonzepten,
- regionale Projektentwicklung und
- Regionalmanagement.

Unterstützung leisteten im Rahmen der FER Beratungseinrichtungen wie die „Österreichische Arbeitsgemeinschaft für eigenständige Regionalentwicklung" (ÖAR) sowie Regionalbeauftragte und Regionalbetreuer in den einzelnen Regionen. In einem „bottom-up"-Prozeß wurden – unterstützt von der FER – in etwa 25 Regionen Österreichs regionale Entwicklungsorganisationen gegründet, die zu etwa 2/3 von Gemeindeverbänden getragen werden. In diesen Regionen waren im Jahr 1999 bereits etwa 40 „Regionalmanager" tätig (ÖROK 1999).

Insgesamt wurden im Zeitraum 1979–99 403 Projekte mit einem Projektvolumen von 33,7 Mio. Euro unterstützt (Gerhardter und Gruber 2000). Die

Tabelle 10.1: Förderungsaktion zur eigenständigen Regionalentwicklung 1979–99 (eigene Zusammenfassung nach Gerhardter und Gruber 2000)

Geförderte Projekte	403
Förderungsmittel (Mio. Euro)	10,5
Projektkosten (Mio. Euro)	33,7
Projektkosten je Projekt (Euro)	87.200
Förderintensität (%)	31,1

Sektor	Projekte Anzahl	Prozent
Tourismus	125	31,0
Produzierendes Gewerbe	60	14,9
Energie	26	6,5
Landwirtschaft	88	21,8
Neue Technologien	8	2,0
Bildung, Soziales	13	3,2
Sektor- und regionsübergreifende Projekte	74	18,4
Sonstiges	9	2,2
Gesamt	403	100,0

Förderung durch die FER betrug 10,5 Mio. Euro. Mit 31% war die Förderintensität höher als bei den oben angeführten Investitionsförderungen (siehe Tabelle 10.1). Die FER-Projekte sind mit 87.000 Euro durchschnittlichen Projektkosten deutlich kleiner als die Projekte der regionalen Innovationsprämie (RIP, vergl. Tabelle 10.2). Die meisten Projekte gab es im Tourismus (125 oder 31%), in der Landwirtschaft (22%) und bei sektor- oder regionsübergreifenden Projekten (18%). Produzierendes Gewerbe (15%) und Energie (6%) waren weitere Förderschwerpunkte.

Die Bemühungen in Richtung eigenständiger Regionalentwicklung bewirkten sehr positive Impulse in den erfaßten Regionen. Wichtige Effekte betrafen die Initiierung und Begleitung von betrieblichen und regionalen Projekten, die Stimulierung von Kooperationen und Netzwerken und die Erhöhung der Bereitschaft in den benachteiligten Regionen neue Aktivitäten zu starten (Gerhardter und Gruber 2000). Es handelt sich somit um Impulse, die über die ökonomischen Effekte im engeren Sinn hinausgehen. Allerdings sind aufgrund der teils kleinen Projekte die quantitativen Wirkungen auf das Einkommen und die Beschäftigung der jeweiligen Regionen nicht allzu hoch. So ermittelte Scheer (1988) für den Zeitraum 1980–88 die Schaffung oder Erhaltung von etwa 1100 Arbeitsplätzen durch FER-Projekte.

Für die neunziger Jahre steckte das *Österreichische Raumordnungskonzept 1991* den Rahmen für die Regionalpolitik und Raumordnung ab (Österreichische Raumordnungskonferenz 1992). Es stellt eine Rahmenplanung mit Leitbildfunktion für Bund, Länder und Gemeinden dar. Zu den wichtigsten darin festgehaltenen Zielvorstellungen gehören einerseits die schonende ressourcensparende Nutzung von Raum und Umwelt (ordnungspolitischer Aspekt) sowie die entwicklungspolitischen Aufgaben, wonach sozial und räumlich bedingte Disparitäten von Handlungsspielräumen abzubauen und Entwicklungshemmnisse bestimmter Gebiete zu kompensieren sind. Im Vergleich zum Raumordnungskonzept 1981 rückte das Ziel des Abbaues von regionalen Disparitäten und des Ausgleichs von Lebensbedingungen allerdings etwas in den Hintergrund, stärkeren Raum nehmen hingegen Probleme der strukturellen Anpassung und Innovation von Regionalwirtschaften ein, wobei auch jene der Agglomerationen in die Betrachtung einbezogen werden.

Dem entspricht eine stärkere Innovationsorientierung des Instrumentariums (Glatz und Tödtling 1988) (s. auch Kap. 7). Als konkretes Instrument wurde im Jahr 1990 die „*Regionale Innovationsprämie*" (RIP) eingeführt, die die bisherigen Bund-Land-Sonderförderungen ablöste. Sie ist bis Ende 1999 gelaufen. Zielsetzung der RIP war die wirtschaftliche Erneuerung alter Industriegebiete und die Strukturverbesserung in peripheren Regionen. Unterstützt wurden sowohl bestehende Betriebe als auch Unternehmensgründungen und strukturverbessernde Betriebsansiedlungen. Die RIP förderte Innovationsvorhaben von Industrieunternehmen oder produktionsnahen Dienstleistungen durch Zuschüsse zu materiellen und immateriellen Investitionen. Der Förderzuschuß konnte maximal 30% der förderbaren Kosten erreichen, wobei seine Höhe abhängig war von den in den jeweiligen Regionen zu erwartenden regionalökonomischen Impulsen, insbesondere

- dem Bezug von Vorleistungen und Dienstleistungen,
- betrieblichen Ausbildungsmaßnahmen,
- der Wertschöpfung pro Beschäftigten,
- der Qualifikation der Beschäftigten,
- dem Lohnniveau und
- dem Verarbeitungsgrad der Produkte.

Eine hohe Priorität hatten Maßnahmen zur Verbesserung der betrieblichen Organisation, insbesondere solche zur Stärkung bestimmter Unternehmensfunktionen (v.a. Marketing, Vertrieb, Forschung und Entwicklung).

Zur RIP liegen Evaluierungen von Hutschenreiter (1993, 1997) vor. Im Zeitraum 1990 bis 1996 wurden 420 Projekte mit 100 Mio. Euro gefördert, wobei die gesamten Projektkosten eine Mrd. Euro ausmachten (Tabelle 10.2). Insgesamt wurden durch diese Projekte rund 6100 neue Arbeitsplätze

Tabelle 10.2: Regionale Innovationsprämie (RIP) 1990-96 (eigene Zusammenfassung nach Hutschenreiter 1993, 1997)

Geförderte Projekte	420
Förderungsmittel (Mio. Euro)	101,45
Projektkosten (Mio. Euro)	1.002
Neue Arbeitsplätze	6.093
Förderintensität (%)	10,1
Förderungsvolumen je Projekt (Euro)	240.000
Durchschnittliche Projektkosten (Mio. Euro)	2,38
Projektkosten je Arbeitsplatz (Euro)	167.000

geschaffen. Mit 10,1% liegt die Förderintensität deutlich unter jener der FER (31%). Allerdings sind die geförderten Projekte mit 2,4 Mio. Euro Projektkosten im Durchschnitt auch erheblich größer und kapitalintensiver (167.000 Euro je Arbeitsplatz) als jene der FER. Die RIP unterstützt überproportional den Sektor der technischen Verarbeitungsgüter, nur schlecht erfaßt wurden hingegen produzentenorientierte Dienstleistungen. Etwa 2/3 der Mittel flossen im Zeitraum 1993-96 in periphere Gebiete (Ziel-1- und -5b-Gebiete: siehe unten), 27% kam den alten Industriegebieten (Ziel 2) zu gute (Hutschenreiter 1997).

Komplementär zur RIP wurde auch das ERP-Regionalprogramm auf betriebliche Innovationsvorhaben in den Zielgebieten ausgerichtet. Hier gelten dieselben Grundsätze, es werden jedoch nicht Zuschüsse, sondern geförderte Kredite vergeben. Ab 1995 wurden die betriebsbezogenen Instrumente RIP und ERP-Regionalprogramm durch eine standortbezogene regionale Infrastrukturförderung ergänzt.

Bereits ab Mitte der achtziger Jahre waren sukzessive Innovations- und Technologietransferzentren errichtet worden, wobei die meisten unter Beteiligung der Handelskammern der Länder sowie lokaler Institutionen entstanden sind (Tödtling und Tödtling-Schönhofer 1990). Seit Beginn der 90er Jahre wird die Errichtung und der Ausbau solcher „Impulszentren" auch durch den Bund unterstützt, seit 1995 in Form der „*Regionalen Infrastruktur-Förderung*" (RIF). Seit 1990 wurden durch den Bund ca. 25 Zentren mit etwa 43 Mio. Euro gefördert, die dadurch ermöglichten Gesamtinvestitionen betrugen ca. 220 Mio. Euro (Tödtling-Schönhofer 1999). Seit 1995 steuerte die EU mittels Kofinanzierung weitere 8 Mio. Euro bei, und seit damals kommt die RIF auch nur in EU-Zielgebieten zum Einsatz. Ein weiteres Dutzend von Impulszentren befinden sich in Bau oder in Planung. Lagen bis zu Beginn der 90er Jahre die meisten dieser Zentren in den Stadtregionen, so hat die RIF in vielen Fällen den Anstoß gegeben, solche Einrichtungen auch in erneuerungsbedürftigen Industriegebieten und in peripheren Regionen anzusiedeln.

Das Spektrum der geförderten Zentren ist sehr breit, es reicht von Gründerzentren (z.b. Völkermarkt, Bruck/Mur, Liezen) und Wirtschaftsparks (z.B. Osttirol und Heiligenkreuz) zu Technologiezentren (TZ-Eisenstadt, Techno-Z Lend) und Innovationszentren (FAZAT in Steyr, Reutte). Die meisten Zentren sind allerdings Gründerzentren („Inkubatoren") und unterstützen Unternehmensgründungen durch Räumlichkeiten, Infrastruktur und Beratung. Technologieorientierte Firmen haben nach den Zielsetzungen der Zentren zwar eine hohe Priorität, die tatsächliche Technologieorientierung tritt dann aber aus Gründen der Auslastung oft in den Hintergrund. Einige der Zentren, wie etwa das „Regionale Innovationszentrum" in Wr. Neustadt (RIZ), das „Technologietransferzentrum" in Leoben (TTZ) oder das „Forschungs- und Ausbildungszentrum für Arbeit und Technik" in Steyr (FAZAT) unterstützen den Wissens- und Technologietransfer in die jeweilige Region und haben die Stärkung des jeweiligen regionalen Innovationssystems als wichtige Zielsetzung.

Eine neuere Untersuchung der österreichischen Impulszentren (ÖIR et al. 1999) hat gezeigt, daß diese zwar zu Firmengründungen und neuen Aktivitäten innerhalb der Zentren geführt haben, daß aber ihre Vernetzung mit der jeweiligen Region insbesondere im Innovationsbereich eher mangelhaft geblieben ist. Die Verknüpfung mit vorhandener Innovations- und Bildungsinfrastruktur bleibt häufig schwach, und es fehlt auch oft eine entsprechende Arbeitsteilung und Koordination zwischen den Zentren.

Zusammenfassend läßt sich das Instrumentarium der österreichischen Regionalförderung als quantitativ eher gering, qualitativ aber fortgeschritten charakterisieren. Die wichtigsten Aktionen, die Regionale Innovationsprämie (RIP), das ERP-Regionalprogramm, die regionale Infrastrukturförderung (RIF) und das Förderungsprogramm für eigenständige Regionalentwicklung (FER), fördern die wirtschaftliche Erneuerung in alten Industriegebieten und die Strukturverbesserung in peripheren Regionen. Immer stärker ausgebaut wurden die beratungsorientierten Maßnahmen, Regionalbetreuung und Regionalmanagement, also immaterielle Förderungen.

Wesentliche Veränderungen ergaben sich für die österreichische Regionalpolitik zuletzt durch den Prozeß der europäischen Integration (EU-Beitritt am 1.1.1995). Die EU-Regionalpolitik beeinflußt die österreichische Politik einerseits durch ihre eigenen Programme im Rahmen der Strukturfonds, andererseits auch durch ihre Beihilfenkontrolle. Das regionalpolitische Instrumentarium Österreichs wurde auf die EU-Erfordernisse abgestimmt und mit der EU-Regionalpolitik integriert. Im folgenden werden die Grundzüge der EU-Regionalpolitik und in knapper Form deren Auswirkungen auf Österreich dargestellt.

10.2 Regionalpolitik der Europäischen Union

In Europa wie auch in anderen großen Wirtschaftsräumen der Welt (Nordamerika, Südamerika, Ferner Osten) lief in den vergangenen Jahrzehnten ein mehr oder weniger kontinuierlicher Prozeß der wirtschaftlichen Integration ab. Dabei wurden sowohl Barrieren des Handels von Gütern und Diensten abgebaut als auch Hindernisse in der Mobilität von Produktionsfaktoren (Kapital und Arbeitskräfte).

Im Raum der heutigen EU erfolgte der Integrationsprozeß schrittweise (Molle 1991, Vanhove 1999). Aus der europäischen Wirtschaftsgemeinschaft (EWG) der sechs Gründerstaaten (Belgien, BRD, Frankreich, Italien, Luxemburg, Niederlande) entwickelte sich nach dem Beitritt von Großbritannien, Irland und Dänemark im Jahr 1972 zunächst die europäische Gemeinschaft (EG) der Neun. Nach der Süderweiterung in den 80er Jahren (Griechenland 1981, Portugal und Spanien 1986) wurde sie zur Zwölfergemeinschaft und nach dem Beitritt von Finnland, Schweden und Österreich im Jahr 1995 entstand schließlich die heutige Europäische Union (EU) der Fünfzehn.[6] Im Zuge dieses Prozesses wurden immer mehr Länder der Freihandelszone EFTA in die EU integriert. Auch die Qualität der Integration hat sich dabei verändert. In den Anfängen stand der Abbau von Handelshemmnissen im Vordergrund, sodann wurden gemeinsame Politiken entwickelt (Agrarpolitik, Regionalpolitik). In den späten achtziger Jahren brachte das Projekt des Binnenmarktes mit seinen vier Freiheiten einen neuen Integrationsschub. Hier ging es um die Beseitigung technischer Handelshemmnisse, die Freiheit im Dienstleistungsverkehr, den Abbau von Barrieren der Kapitalmobilität (Niederlassungsfreiheit) sowie denen der Arbeitskräftemobilität (Freiheit der Arbeitsplatzwahl). In den neunziger Jahren wurden mit dem Maastricht-Vertrag (1992), der Einrichtung des Kohäsionsfonds, der Entwicklung in Richtung Wirtschafts- und Währungsunion sowie mit der Vorbereitung der Osterweiterung der EU neue Integrationsschritte gesetzt.

Zur Frage, wie sich Prozesse der wirtschaftlichen Integration auf Regionen auswirken, geben einzelne Theorien durchaus unterschiedliche Antworten. Die neoklassische Theorie (Kap. 4) etwa erwartet einen tendenziellen Ausgleich des Einkommensniveaus im Integrationsraum. Die Polarisationstheorie (Kap. 5) und die endogene Wachstumstheorie (Kap. 6) orten aufgrund von Skalen- und Agglomerationseffekten eine hohe Wahrscheinlichkeit für divergente Entwicklungen zwischen stark und schwach entwickelten Regionen.

Für die EU ist die Frage der regionalen Entwicklungsunterschiede von großer Bedeutung, da bei zu starken Disparitäten eine Teilung der Gemein-

---

[6]In der Folge werden wir aus Gründen der Einfachheit nur den Begriff „Europäische Union" (EU) verwenden und nicht explizit zwischen EWG, EG und EU unterscheiden.

schaft in ein Kern- und Randeuropa und in ein Europa unterschiedlicher Geschwindigkeiten befürchtet wird, ein Prozeß, der längerfristig den Zusammenhalt der Gemeinschaft insgesamt bedrohen würde.
Das beträchtliche Ausmaß regionaler Disparitäten in der EU wurde bereits in Kap. 1 dargestellt. Dort wurde auch gezeigt, daß nur in Perioden starken und stabilen Wirtschaftswachstums (sechziger und frühe siebziger Jahre) Angleichungsprozesse stattgefunden haben, während sich seit den achtziger Jahren die regionalen Disparitäten kaum verringerten. Im folgenden befassen wir uns mit der regionalpolitischen Antwort der EU, also mit dem Ansatz und den Instrumenten, mittels welchen die EU auf Probleme der Regionalentwicklung reagiert.

10.2.1 Entwicklung der europäischen Regionalpolitik

Die Zielsetzung eines ausgeglichenen Wachstums in allen Regionen der Gemeinschaft ist zwar bereits in der Präambel des Vertrags von Rom (1958) verankert, konkrete Maßnahmen wurden jedoch erst mit der Einrichtung des Regionalfonds im Jahr 1975 gesetzt. Zunächst wurde mit den Mitteln des Regionalfonds nur die jeweilige Regionalpolitik der einzelnen Mitgliedsländer unterstützt. Nach der Fondsreform 1979 wurde jedoch sukzessive der autonome Spielraum des Regionalfonds für gemeinschaftliche Interventionen von zunächst 5% auf etwa 20% in den 80er Jahren erhöht.

Eine neue Dimension erhielt das Regionalproblem sodann durch die Süderweiterung in den achtziger Jahren (Griechenland 1981, Spanien und Portugal 1986), der auch eine Intensivierung der Regionalpolitik folgte. In der zweiten Hälfte der 80er Jahre wurde die Einführung des europäischen Binnenmarktes (siehe oben) für das Jahr 1992 vorbereitet. Mit dem Binnenmarkt wurden zwar erhebliche gesamteuropäische Wachstumsimpulse erwartet, jedoch auch Nachteile insbesondere für die peripheren und rückständigen Regionen und damit für den wirtschaftlichen und sozialen Zusammenhalt Europas (Cecchini-Bericht 1988). Als Konsequenz wurden daher im Jahr 1989 die europäische Regionalpolitik und der Einsatz der Strukturfonds reformiert und die Mittel dafür stark erhöht. Die Grundprinzipien dieser Reform haben im wesentlichen auch heute noch Gültigkeit.

Bereits in der Einheitlichen Europäischen Akte (1986) war die Regionalpolitik als eigenständiger Politikbereich der europäischen Gemeinschaft anerkannt worden. Sie wurde auf die Ziele Stärkung des wirtschaftlichen und sozialen Zusammenhalts, die harmonische Entwicklung der Gemeinschaft und die Verringerung des Abstandes zwischen den Regionen, also auf das Ausgleichsziel, ausgerichtet. Die Hauptprinzipien der Reform 1989 waren sodann die folgenden:

- Das Prinzip der Konzentration implizierte eine Fokussierung der Mittel der Strukturfonds auf die am meisten benachteiligten Regionen, die als Zielgebiete festgelegt wurden (siehe unten).
- Das Programmprinzip erforderte ein Abgehen von der Förderung einzelner Projekte oder Aktivitäten und die Bindung der Strukturfondsgelder an zu erstellende regionale Entwicklungsprogramme und mehrjährige Finanzpläne.
- Das Prinzip der Additionalität bedeutet, daß die Gelder der Strukturfonds grundsätzlich nur zusätzlich zu den Unterstützungen der Mitgliedstaaten und zu den privaten Investitionen vergeben werden. Dadurch sollte vermieden werden, daß die Mitgliedstaaten nationale Förderungen einfach nur durch die Mittel der Strukturfonds ersetzen.
- Weiters wurde die EU-Regionalpolitik am Prinzip der Partnerschaft ausgerichtet. Es bedeutet, daß an den gemeinschaftlichen Strukturmaßnahmen alle betroffenen Regierungsebenen (Region, Mitgliedsstaat, Kommission) beteiligt sein und zusammenarbeiten sollten. Die Strukturpolitik bleibt juristisch gesehen zwar eine Angelegenheit zwischen der Kommission und den Mitgliedstaaten, aber eine Beteiligung der Regionen bei der Vorbereitung und bei der Durchführung der Programme läßt eine wesentlich höhere Akzeptanz und Wirksamkeit erwarten. Das Partnerschaftsprinzip steht mit jenem der Subsidiarität im Zusammenhang: Danach sollten Politikmaßnahmen grundsätzlich auf der jeweils untersten Ebene, die möglich und sinnvoll ist (also möglichst „bürgernahe", lokal oder regional), angesiedelt werden. Die höheren Regierungsebenen (Nationalstaat, europäische Union) sollten nur in jenen Bereichen tätig werden, die über die Kompetenzen und den Aktionsradius der unteren Ebenen hinausgehen.
- Der Grundsatz der Evaluation erfordert, daß Programme sowohl vor dem Beginn (Ex-ante-Evaluierung) als auch während (Monitoring) und nach Abschluß (Ex-post-Evaluierung) auf ihre Wirksamkeit hin zu püfen sind.

Diese Grundprinzipien der Reform 1989 wurden auch für die Programmperiode 1994–1999 und für die aktuelle Periode 2000–2006 im wesentlichen beibehalten.

Die wichtigsten Instrumente der europäischen Regionalpolitik sind die Strukturfonds. Darunter sind der „Regionalfonds" (EFRE: seit 1975), der „Sozialfonds" (ESF: seit 1961), der „Ausrichtungs- und Garantiefonds für die Landwirtschaft, Abteilung Ausrichtung" (EAGFL-A: seit 1964) und das „Finanzinstrument für die Ausrichtung der Fischerei" (FIFG: seit 1993) zu verstehen. Weitere wichtige Instrumente sind die Europäische Investitionsbank (EIB) sowie der Kohäsionsfonds. Letzterer wurde 1993 eingerichtet, um wirtschaftlich schwächere Länder (mit einem Pro-Kopf-Einkommen unter 90% des EU-Durchschnittes) in der Erreichung der für die Währungsunion festgesetzten makroökonomischen Kohäsionsziele zu unterstützen. Gefördert werden daraus die vier „Kohäsionsländer" Spanien, Portugal, Griechenland und Irland.

Die einzelnen Strukturfonds haben die folgenden Förderungsschwerpunkte: Der *Regionalfonds* beteiligt sich an

- der Errichtung oder Modernisierung der wirtschaftsnahen Infrastruktur,
- dem Ausbau des Erziehungs- und Gesundheitswesen, insbesondere in Ziel-1-Gebieten,
- dem Ausbau transeuropäischer Netze im Verkehrs- und Telekommunikationsbereich,
- produktiven Investitionen zur Schaffung oder Erhaltung dauerhafter Arbeitsplätze,
- der Unterstützung von Forschung und Entwicklung, Innovation,
- Maßnahmen zur Erschließung des endogenen Entwicklungspotentials,
- Untersuchungen oder Pilotvorhaben zur Regionalentwicklung auf EU-Ebene,
- vorbereitenden, begleitenden und Evaluierungsmaßnahmen,
- regionalpolitisch sinnvollen Umweltschutzinvestitionen.

Der *Sozialfonds* unterstützt insbesondere

- Maßnahmen zur Berufsbildung,
- die Einstellung in neu geschaffene stabile Arbeitsplätze,
- Existenzgründungen,
- Systeme der allgemeinen und beruflichen Ausbildung.

Der *Ausrichtungs- und Garantiefonds für die Landwirtschaft* (Abteilung Ausrichtung) fördert u.a.

- produktive und infrastrukturelle Investitionen zur Verbesserung der Agrarstruktur,
- Fremdenverkehr, Handwerk und den KMU-Sektor,
- Dorferneuerung,
- Umweltschutzmaßnahmen.

10.2.2 Programmperioden 1989–93 und 1994–99

In den 90er Jahren hat die EU einen stark wachsenden Anteil ihrer Haushaltsmittel für strukturpolitische Interventionen eingesetzt. Waren es 1988 noch knapp 18% der Budgetmittel, die für Regional- und Strukturpolitik verwendet wurden, so sind es im Haushalt für 1999 bereits 33%. In absoluten Größen erhöhte sich der Betrag für Struktur- und Kohäsionsfonds von ca. 10 Mrd. Euro im Jahr 1988 auf ca. 35 Mrd. Euro im Jahr 1999 (zu Preisen von 1999, Europäische Kommission 2001a). Für die aktuelle Programmperiode bis 2006 gibt es allerdings keine weiteren Erhöhungen der Mittel für die bisherigen Zielgebiete, sondern einen leichten Rückgang auf ca. 30 Mrd. Euro pro Jahr. Der Hintergrund dafür ist zum einen ein wachsender Widerstand von seiten der „Nettozahler" (z.B. Deutschland und Österreich), den EU-Haushalt insgesamt zu vergrößern, und zum anderen der Umstand, daß in den kommenden Jahren auch zunehmend Mittel für die mittel- und osteuropäischen Beitrittskandidaten als Heranführungshilfen erforderlich werden.

Die Interventionen der Strukturfonds konzentrierten sich 1989-93 auf 5, nach dem Beitritt Schwedens und Finnlands (1995) auf 6 Ziele:

Ziel 1: Förderung der Regionen mit Entwicklungsrückstand,

Ziel 2: Umstellung der Regionen, die von rückläufiger Entwicklung betroffen sind,

Ziel 3: Bekämpfung der Langzeitarbeitslosigkeit und Erleichterung der Eingliederung der Jugendlichen in das Erwerbsleben,

Ziel 4: Erleichterung der Anpassung der Arbeitskräfte an die industriellen Wandlungsprozesse und an Veränderungen der Produktionssysteme,

Ziel 5a: beschleunigte Anpassung der Agrarstrukturen,

Ziel 5b: Förderung der Entwicklung und der strukturellen Anpassung des ländlichen Raumes.

Ziel 6: Förderung von Regionen mit extrem niedriger Bevölkerungsdichte (weniger als 8 Einwohner je km^2).

Die Ziele 1, 2, 5b und 6 hatten einen räumlichen Bezug, 3, 4 und 5a waren horizontale Ziele und galten für sämtliche Regionen der Gemeinschaft. Diese Zielgebiete weisen die folgenden Charakteristika auf.

Ziel-1-Regionen sind *Regionen mit wirtschaftlichem Entwicklungsrückstand*, sie haben ein BIP je Einwohner, das unter 75% des EU-Durchschnitts liegt (auf Ebene NUTS II)[7]. Darüber hinaus sind sie vielfach durch eine hohe Arbeitslosigkeit, eine starke Abhängigkeit von der Landwirtschaft und

---

[7]NUTS (nomenclature des unités territoriales statistiques) ist die Systematik der statistischen Gebietseinheiten in der EU. NUTS I sind Großregionen unterhalb des gesamtstaatlichen Territoriums (z.B. Bundesländer in Deutschland), NUTS II und III sind jeweils darunterliegende Abgrenzungen (z.B. Regierungsbezirke und Kreise oder Aggregate davon).

Tabelle 10.3: Anteil der Einwohner in Fördergebieten in Prozent, 1994–96. Quelle: Europäische Kommission (1996)

	Ziel 1	Ziel 2	Ziel 5b	Ziel 6
Österreich	3,7	7,5	28,7	
Belgien	12,8	14,2	4,5	
Dänemark		8,5	6,8	
Finnland		15,7	21,6	16,7
Frankreich	4,4	25,1	16,7	
Deutschland	20,6	8,8	9,7	
Griechenland	100,0			
Irland	100,0			
Italien	36,7	11,0	8,3	
Luxemburg		34,6	7,9	
Niederlande	1,5	17,4	5,4	
Portugal	100,0			
Spanien	59,7	20,4	4,4	
Schweden		11,5	9,2	5,3
Vereinigtes Königreich	5,9	30,9	4,9	
EU-15	**26,6**	**16,4**	**8,8**	**0,4**

eine unzulängliche Infrastruktur gekennzeichnet. Dazu gehören ganz Griechenland, Portugal, Irland, große Teile Spaniens, der italienische Mezzogiorno und Nordirland. Die Ziel-1-Regionen erfaßten in der Programmperiode 1994–1999 26,6% der EU-Bevölkerung (Tabelle 10.3) und auf sie entfielen mit ca. 94 Mrd. Euro 68% der Strukturfondsmittel (Tabelle 10.4). Die Förderprioritäten lagen hier insbesondere in der ersten Programmperiode im Infrastrukturausbau (vor allem dem Verkehrsausbau, aber auch im Bereich Telekommunikation und Energie- und Wasserversorgung). Etwa 35% der Mittel entfielen 1989–93 auf diese Ausgabenkategorie (vgl. Tabelle 10.5). Dreißig Prozent der Mittel wurden für Maßnahmen in der Aus- und Weiterbildung und für die Verbesserung des Humankapitals aufgewendet. In der zweiten Programmperiode (1994–99) erhielten die unternehmensbezogenen Maßnahmen mit 37% der Mittel gegenüber dem Infrastrukturausbau ein größeres Gewicht.

Der zweite Typ von Problemgebieten der Periode 1989–99, die *Ziel-2-Regionen*, waren vormals wohlhabende Gebiete, die *veraltete Industrien* wie Kohlebergbau, Stahl-, Schiffbau- und Textilindustrie und eine *rückläufige Entwicklung* aufwiesen. Diese Regionen mit rückläufiger industrieller Entwicklung befinden sich großteils in Großbritannien, in Frankreich, in Belgien sowie in Deutschland. Hier hatten sich seit Ende der siebziger Jahre

Tabelle 10.4: Strukturfondsmittel nach Zielen 1989–1999 (in Mio. Euro zu Preisen 1994, Quelle: Europäische Kommission 1996 und 2001a)

	1989–1993		1994–1999	
	Mio. Euro	%	Mio. Euro	%
Ziel 1	43.818	69,6	93.972	68,0
Ziel 2	6.130	9,7	15.352	11,1
Ziel 5b	2.232	3,5	6.860	5,0
Ziel 6			697	0,5
Ziel 3+4	6.669	10,6	15.184	11,0
Ziel 5a	4.102	6,5	6.136	4,4
Summe Zielgebietsförderung	62.951	100,0	138.201	100,0

Tabelle 10.5: Aufteilung der Strukturfonds nach Ausgabenkategorien (in %, Quelle: Europäische Kommission 1996)

Gebiet	Periode	Infrastruktur	Sanierung d. Umwelt	Humankapital	Produktive Rahmenbed.	Sonst. Ausg.
Ziel 1	1989–93	35,2		29,6	33,6	1,6
	1994–99	29,5		29,8	37,1	3,6
Ziel 2	1989–93		23,9	20,9	55,1	0,1
	1994–99		18,2	34,8	45,4	1,6
Ziel 5b	1989–93	20,0	12,1	20,0	47,2	0,7
	1994–99	8,4	10,3	15,3	64,7	1,3

die Arbeitslosenraten stark erhöht. Ziel-2-Regionen wurden nach Kriterien überdurchschnittliche Arbeitslosenrate, hoher Industrieanteil und rückläufige Industriebeschäftigung abgegrenzt. 16,4% der EU-Einwohner waren in der Periode von 1994 bis 1999 Ziel-2-Regionen zuzuzählen, auf sie entfielen mit 15,3 Mrd. Euro 11,1% der Strukturfondsmittel. Die Maßnahmen betrafen hier vor allem die Förderung neuer Wirtschaftstätigkeit, die Umstrukturierung von Unternehmen sowie die Unterstützung von Technologietransfer und Innovation (45–55% der Ausgaben, Tabelle 10.5). Darüber hinaus hatten Maßnahmen der Aus- und Weiterbildung (35% der Ausgaben in der zweiten Programmperiode) sowie Maßnahmen der Sanierung von Grundstücken und Umwelt (18–24%) eine hohe Bedeutung.

Der dritte Typ waren die *ländlichen Problemgebiete*, die *Ziel-5b-Gebiete*.

Sie waren insbesondere durch eine ungünstige agrarische Struktur, geringes Agrar- und Pro-Kopf-Einkommen sowie durch Abwanderung geprägt. Die Wirtschaftsstruktur dieser Gebiete erforderte einer stärkere Diversifizierung. Die Ziel-5b-Regionen umfaßten in der Periode 1994–99 8,2% der Einwohner und sie erhielten mit 6,9 Mrd. Euro 5,0% der Mittel. Die Maßnahmen waren hier insbesondere auf die Schaffung nicht-landwirtschaftlicher Arbeitsplätze ausgerichtet, z.b. durch Unterstützung des Gewerbes, der Dienstleistungen und des Fremdenverkehrs. Einen hohen Stellenwert hat dabei insbesondere die Unterstützung von kleinen und mittleren Unternehmen. Nahezu 65% der Mittel wurden in der zweiten Programmperiode (1994–99) für derartige unternehmensbezogene Maßnahmen aufgewendet. Weitere wichtige Maßnahmen betrafen die Verbesserung der Telekommunikation, die Aus- und Weiterbildung sowie die Verbesserung der Umwelt.

Die Ziele 3 (Bekämpfung der Langzeitarbeitslosigkeit und der Jugendarbeitslosigkeit) und 4 (Anpassung der Arbeitskräfte an industrielle Wandlungsprozesse) waren horizontale Ziele. Unter diesen Titeln wurden in der ganzen Gemeinschaft (d.h. nicht nur in spezifischen Regionstypen) besonders die Berufsbildung und die Einstellung von Langzeitarbeitslosen, die Grundausbildung und Berufsbildung von Jugendlichen sowie die Weiterbildung und Schulung gefördert.

Durch die starke Konzentration der Mittel auf die Ziel-1-Regionen erreicht der Einkommenstransfer durch die Strukturfonds in den Kohäsionsländern Griechenland, Irland, Portugal und Spanien beträchtliche Größenordnungen (bis zu 4% des BIP). In den übrigen Mitgliedstaaten fallen die Strukturfonds wesentlich weniger ins Gewicht: sie sind meist deutlich geringer als 1% des BIP (siehe Abb. 10.1).

Neben den Zielgebietsprogrammen stellen die *Gemeinschaftsinitiativen* (GI) einen wichtigen Teil der EU-Regionalpolitik dar. Mit diesem Instrument verfolgt die Kommission quasi ihre eigenen Intentionen und Zielvorstellungen. Die GI sollen

- zur Lösung schwerwiegender Probleme beitragen, die sich unmittelbar aus der Verwirklichung anderer Gemeinschaftspolitiken ergeben (z.B. Wettbewerbspolitik, Binnenmarktprogramm),
- die regionale Durchführung von Gemeinschaftspolitiken fördern (z.B. Rahmenprogramme zur Förderung von F&E und Innovation),
- zur Lösung gemeinsamer Probleme bestimmter Regionstypen beitragen.

Während die Zielgebietsprogramme auf einzelstaatlichen regionalen Entwicklungsplänen basieren, handelt es sich bei den GI um länderübergreifende Programme, bei denen regionale und lokale Gebietskörperschaften an der Vorbereitung und Durchführung beteiligt sind. Unterstützt werden insbe-

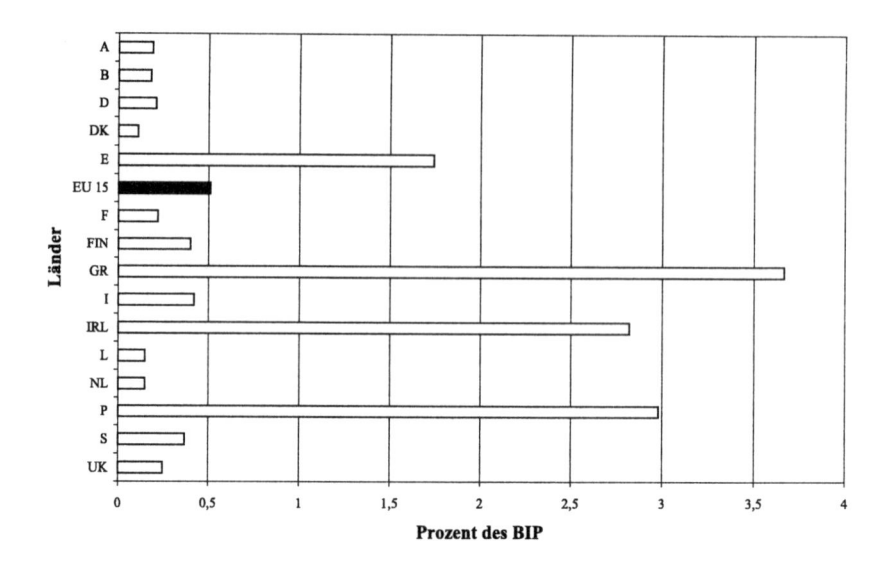

Abbildung 10.1: Strukturfondsmittel 1994–99 in Prozent des BIP der einzelnen Länder. Quelle: Europäische Kommission 2001a

sondere grenzüberschreitende Aktivitäten, transnationaler Erfahrungsaustausch sowie Programme mit experimentellem und innovativem Charakter.

Für den Zeitraum 1994 bis 1999 wurde für die GI ein Finanzvolumen von ca. 14 Mrd. Euro bereitgestellt, also ein Betrag, der knapp 10% der Mittel der Strukturfonds entspricht. Zwei Drittel dieser Mittel wurden wieder für Gebiete mit Entwicklungsrückstand vorgesehen.

Die GI der Programmperiode 1994–99 wiesen die folgenden *thematischen Schwerpunkte* auf (s. Tabelle 10.6) (Tödtling-Schönhofer 1995).

INTERREG II, die umfangreichste der Initiativen, diente der *Förderung der grenzüberschreitenden Entwicklung* sowohl an den EU-Binnengrenzen als auch an den Außengrenzen. Den Reformländern wurde auch ermöglicht, grenzüberschreitende Maßnahmen aus dem EU-Programm PHARE zu unterstützen. Allerdings gab es dabei beträchtliche Anlaufschwierigkeiten. Sowohl aufgrund der mangelnden Kooperationserfahrungen, den schwierigen wirtschaftlichen und organisatorischen Rahmenbedingungen in den Reformländern als auch den unterschiedlichen Programmausrichtungen von PHARE und INTERREG ergaben sich Reibungsverluste (siehe auch Schönhofer 2000).

Der *industrielle Wandel* wurde durch drei Typen von Gemeinschaftsinitiativen unterstützt. Zum einen sollten mit ADAPT, einer Initiative, die in engem Zusammenhang mit dem Ziel 4 stand, die Anpassung der Arbeitskräfte

Tabelle 10.6: Die wichtigsten Gemeinschaftsinitiativen im Überblick

INITIATIVE	anspruchsberechtigte Region	Maßnahmenbereiche	Mittel, Gültigkeit
INTERREG II Förderung von Grenzgebieten	NUTS-III-Grenzregionen an EU-Binnen- u. Außengrenzen (Kombinationsmöglichkeit mit PHARE)	Infrastruktur, KMU-Netzwerke, Ausbildung, Beschäftigung, Tourismus, Landwirtschaft, Aufbau grenzüberschreitender Organisationen, Medien, Kultur, Bildung, Raumplanung, Umwelt	2,9 Mrd. € 1994–99
RESIDER II	Stahlreviere, großteils in Zielgebieten	KMU-Entwicklung, Industrieflächen, Umweltverbesserung, Erneuerung des sozialen und kulturellen Umfelds, Aus- und Weiterbildung	0,5 Mrd. € 1994–97
RETEX II	Regionen mit Schwerpunkt Textil- und Bekleidungsind. in Zielgebieten	Modernisierung der Textil- und Bekleidungsindustrie, Unterstützung neuer Standbeine (Förderung von KMU, Qualifizierung)	0,5 Mrd. € 1994–97
KMU-Initiative Anpassung an Binnenmarkt	Schwerpunkt Zielgebiete	Verbesserung der Rahmenbedingungen für KMU, nichtmaterielle Förderung von KMU	1,0 Mrd. € 1994–97
ADAPT Anpassung der Arbeitskräfte an den industriellen Wandel	gesamtes EU-Gebiet, aber großteils Zielgebiete	Innovationen und internationale Kooperationen, Qualifikation, Beratung, betriebliche Organisation, Beschäftigungsförderung, Technologietransfer, Netze	1,4 Mrd. € 1994–97
URBAN Förderung städtischer Zentren bzw. Problemviertel	ca. 50 Städte mit spezifischen Problemen	Arbeitsmarkt, Wohnen, Verkehr, soziale und kulturelle Infrastruktur, Umweltschutz, Aufbau von Netzwerken	0,6 Mrd. € 1994–99
LEADER integrierte ländliche Entwicklung	Ziel-1- und 5b-Gebiete	Erwerb von Fachwissen, Innovation im ländlichen Raum, grenzüberschreitende Zusammenarbeit	1,4 Mrd. € 1994–99
EMPLOYMENT NOW, HORIZON, YOUTH, START Verbesserung der Situation am Arbeitsmarkt	gesamtes EU-Gebiet, Schwerpunkt Zielgebiete	Entwicklung von Ausbildungs- und Beratungssystemen, (Wieder-)Eingliederung benachteiligter Gruppen in den Arbeitsmarkt, Beschäftigungsförderung, Information, Vermittlung	1,4 Mrd. € 1994–99

an den industriellen Wandel unterstützt werden. Weiters gehörten dazu eine Reihe von Initiativen in Regionen, die stark von Problemsektoren abhingen. Mit RESIDER wurden neue Wirtschaftstätigkeiten, Umweltsanierung und Aus- und Weiterbildungsmaßnahmen in Stahlrevieren gefördert. RETEX verfolgte ähnliche Zielsetzungen in Textilregionen. Im Unterschied zu den anderen derartigen Initiativen konnte mit RETEX auch die Modernisierung im Problemsektor (hier der Textilindustrie) selbst gefördert werden. Die KMU-Initiative schließlich zielte auf die Einbindung von kleinen und mittleren Unternehmen (KMU) in den Binnenmarkt ab und umfaßte verschiedene Maßnahmen im Bereich der nichtmateriellen Förderung von KMUs.

Durch LEADER II sollte die Initiative örtlicher Träger in der *ländlichen Entwicklung* unterstützt und neue Wege erprobt werden, um die zunehmenden Probleme im ländlichen Raum in den Griff zu bekommen. Mit URBAN, andererseits, widmete sich die EU-Regionalpolitik erstmals auch *städtischen Problemgebieten*, in welchen wirtschaftliche und soziale Probleme, Umweltschäden und schlechte Lebensqualität zusammentreffen.

Wegen der zuletzt bereits schwer zu überblickenden hohen Zahl an Gemeinschaftsinitiativen, die z.T. nur sehr gering dotiert gewesen sind, jedoch einen beträchtlichen bürokratischen Aufwand in der Abwicklung erforderten, wurde die Zahl der Initiativen in der laufenden Periode 2000–2006 auf vier (INTERREG III, Leader+, URBAN II und EQUAL) reduziert.

10.2.3 Programmperiode 2000–2006

Für die 7 Jahre der laufenden Programmperiode sind für die Strukturfonds 195 Mrd. Euro vorgesehen, 18 Mrd. Euro für den Kohäsionsfonds (als Unterstützung von Griechenland, Irland, Portugal, Spanien), und weitere 21,8 Mrd. Euro werden als spezielle Hilfen für die mittel- und osteuropäischen Beitrittskandidaten (MOEL) bereitgestellt (für PHARE, ISPA und SAPPARD) (siehe Europäische Kommission 2001a und Tabelle 10.7).

Insgesamt ist die aktuelle Periode vom Bemühen gekennzeichnet, die EU-Regionalpolitik wiederum einfacher zu gestalten und die Mittel stärker zu konzentrieren. Dies drückt sich in einer Reduzierung sowohl der Zahl der Ziele als auch jener der Gemeinschaftsinitiativen aus. Der Anteil der in Förderregionen wohnenden Bevölkerung wurde von zuletzt 52% auf 40% reduziert. Aktuell sind die Strukturfonds auf zwei gebietsabhängige Ziele sowie auf ein thematisches Ziel ausgerichtet.

Ziel 1 betrifft – wie in den vorherigen Programmperioden – die Regionen mit Entwicklungsrückstand (s. Abb. 10.2). Dabei handelt es sich um Regionen, in denen das Pro-Kopf-BIP unter 75% des EU-Durchschnittes liegt, und um sehr dünn besiedelte Regionen mit weniger als 8 Einwohnern pro Quadratkilometer in Finnland und Schweden. Es umfaßt somit Teile der früheren Ziel-1- und der Ziel-6-Gebiete. Diese Regionen haben in der Regel ein ge-

Tabelle 10.7: EU-Strukturhilfen 2000–2006 in Mrd. Euro. Quelle: Europäische Kommission 2001c

Strukturfonds	195,00
vorrangige Ziele	182,45
Ziel 1	135,90
Ziel 2	22,50
Ziel 3	24,05
Gemeinschaftsinitiativen	10,44
Fischerei	1,11
Innovative Maßnahmen	1,00
Kohäsionsfonds	18,00

ringes Investitionsniveau, eine überdurchschnittliche Arbeitslosenquote, ein unzureichendes Dienstleistungsangebot sowohl für die Bevölkerung als auch für Unternehmen und eine schwache Grundversorgung mit Infrastrukturen. Aus diesen Gründen sollen insbesondere die Infrastruktur ausgebaut und Investitionen in Unternehmen gefördert werden. Unter das neue Ziel 1 fallen ca. 50 Regionen, in denen etwa 22% der EU-Bevölkerung leben. Gegenüber der Periode 1994–99 mit einem Ziel-1-Bevölkerungsanteil von 26% bedeutet das eine stärkere Konzentration. Mit 70% der Strukturfondsmittel steht ein etwa gleich hoher Anteil für Ziel 1 zur Verfügung (Europäische Kommission 2001a).

Das neue *Ziel 2* umfaßt Gebiete mit Strukturproblemen (s. Abb. 10.2). Hier soll insbesondere die wirtschaftliche und soziale Umstellung unterstützt werden, unabhängig davon, ob die Gebiete industriell, ländlich oder städtisch geprägt sind. Unter dem neuen Ziel 2 werden somit Teile der früheren industriellen Ziel-2-Gebiete, der ländlichen Ziel-5b-Gebiete sowie auch städtische Problemgebiete zusammengefaßt. 18% der EU-Bevölkerung leben hier, auf sie entfallen 11,5% der Mittel.

Mit dem thematisch ausgerichteten *Ziel 3* sollen die Bildungs- und Ausbildungssysteme modernisiert und die Beschäftigung gefördert werden. Es entspricht in etwa dem früheren Ziel 3 und Ziel 4. Die Finanzierung des Ziels 3 erstreckt sich auf die gesamte Union mit Ausnahme der Ziel-1-Regionen. Dort sind Maßnahmen der Bildungs-, Ausbildungs- und Beschäftigungsförderung bereits in den Anpassungsprogrammen enthalten.

In den Ziel-1-Regionen kommen alle vier Strukturfonds zur Anwendung, in den Ziel-2-Gebieten sind es der EFRE und der ESF, während Ziel 3 zur Gänze aus dem ESF finanziert wird.

In der Verteilung der Strukturfondsmittel nach Ländern zeigen sich einige Änderungen gegenüber der Vorperiode (siehe Tabelle 10.8). Auf Grund

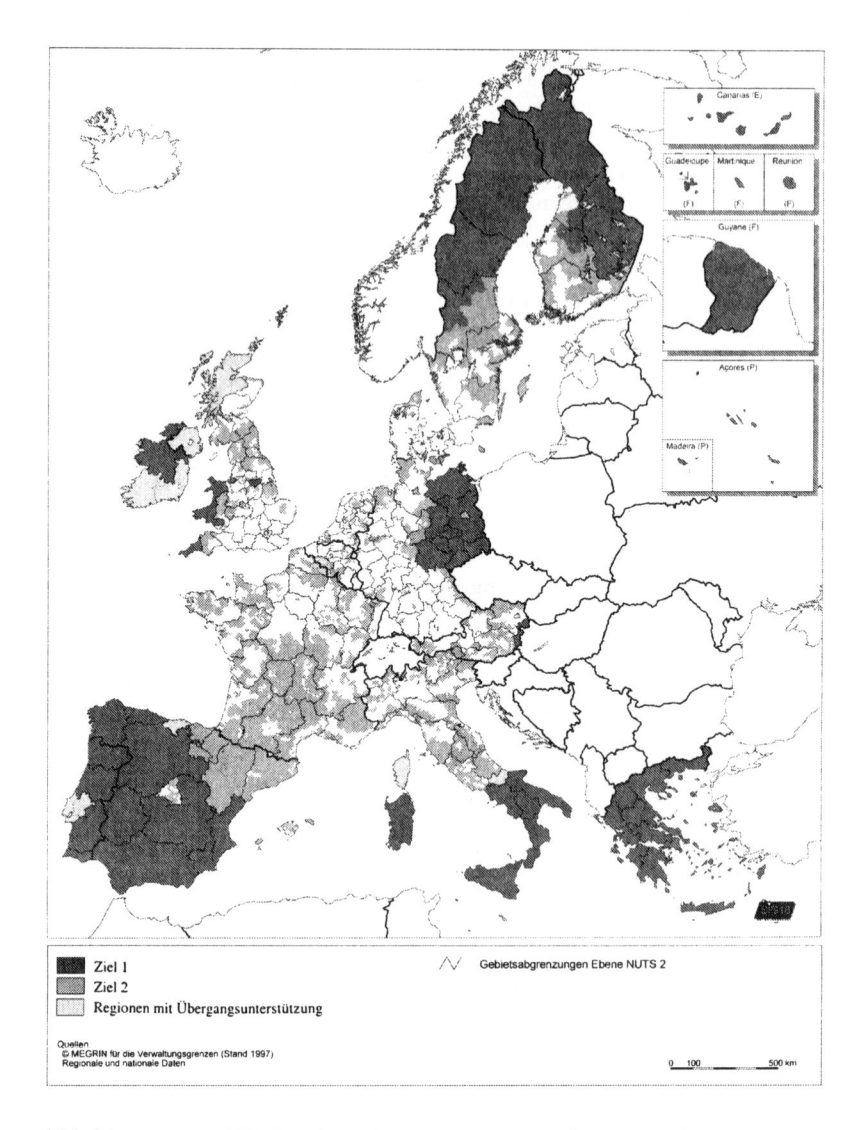

Abbildung 10.2: EU-Fördergebiete 2000–2006. Quelle: Inforegio 2001b

der stärkeren Mittelkonzentration verzeichnen 10 Länder eine Abnahme ihrer Anteile an den Mitteln der Strukturfonds. Stärkere Abnahmen erfahren insbesondere Irland (von 4,4% auf 1,7%), Spanien (von 25,3% auf 23,5%) und Frankreich (von 8,9% auf 7,9%). Im Falle von Irland und Spanien ist dies insbesondere auf eine relativ dynamische Entwicklung in einigen Regionen zurückzuführen. Weniger Strukturfondsmittel erhalten weiters kleinere

Tabelle 10.8: Strukturfondsmittel nach Ländern 1989–2006 (Preise 1994 bzw. 1999). Quelle: Europäische Kommission (1996 und 2001a)

Land	Durchschnittl. jährl. Strukturfondsmittel in Periode					
	1989–93		1994–99		2000–06	
	Mio. Euro	%	Mio. Euro	%	Mio. Euro	%
B	173	1,2	349	1,2	256	1,0
DK	86	0,6	140	0,5	78	0,3
D	1.680	11,5	3.622	13,0	4.007	15,4
GR	1.834	12,5	2.956	10,6	2.994	11,5
E	3.017	20,6	7.066	25,3	6.127	23,5
F	1.387	9,5	2.491	8,9	2.056	7,9
IRL	980	6,7	1.234	4,4	441	1,7
I	2.374	16,2	3.608	12,9	4.055	15,6
L	15	0,1	17	0,1	11	0,0
NL	163	1,1	436	1,6	372	1,4
P	1.892	12,9	2.940	10,5	2.718	10,4
UK	1.066	7,3	2.164	7,7	2.216	8,5
A			316	1,1	210	0,8
FIN			331	1,2	258	1,0
S			261	0,9	264	1,0
EU 12/15	14.667	100,0	27.931	100,0	26.065	100,0

und relativ wohlhabende Länder wie Belgien, Dänemark, die Niederlande, Österreich und Finnland. Mehr Strukturfondsmittel als in der Vorperiode bekommen hingegen Deutschland, Griechenland, Italien und das Vereinigte Königreich. In Deutschland ist dies auf die anhaltenden Wirtschafts- und Arbeitsmarktprobleme der neuen Länder zurückzuführen. In Griechenland war der bisherige Strukturwandel zu gering, um die wirtschaftliche Situation nennenswert zu verbessern. Eine ähnliche Stagnation zeigt sich, wie schon in den vergangenen Jahrzehnten, im Süden Italiens, wo der wirtschaftliche und soziale Abstand zum Norden und zum übrigen Europa kaum verringert werden konnte (vgl. Europäische Kommission 1999).

Wie in der Vorperiode (1994–99) unterstützt der *Kohäsionsfonds* Investitionen in den vier Kohäsionsländern Spanien, Portugal, Griechenland und Irland. Es werden wie bisher Investitionen in den Umweltschutz und in die Verkehrsinfrastruktur unterstützt. Da das ursprüngliche Abgrenzungskriterium (Pro-Kopf-BIP unter 90% des EU-Durchschnitts) für einzelne Länder offensichtlich nicht mehr zutrifft (Irland z.B. liegt bereits darüber), soll die Förderfähigkeit Ende 2003 überprüft werden.

Tabelle 10.9: Verteilung der Mittel (Mio. Euro) aus den Strukturfonds nach Zielen und Ländern 2000–2006. Quelle: Europäische Kommission 2001c

	Ziel 1	ÜZ1[a]	Ziel 2	ÜZ2/5b[b]	Ziel 3	Gesamt
B	0	625	368	65	737	1.795
DK	0	0	156	27	365	548
D	19.229	729	2.984	526	4.581	28.049
GR	20.961	0	0	0	0	20.961
E	37.744	352	2.553	98	2.140	42.887
F	3.254	551	5.437	613	4.540	14.395
IRL	1.315	1.773	0	0	0	3.088
I	21.935	187	2.145	377	3.744	28.388
L	0	0	34	6	38	78
NL	0	123	676	119	1.686	2.604
A	261	0	578	102	528	1.469
P	16.124	2.905	0	0	0	19.029
FIN	913	0	459	30	403	1.805
S	722	0	354	52	720	1.848
UK	5.085	1.166	3.989	706	4.568	15.514
EU 15	127.543	8.411	19.733	2.721	24.050	182.458

[a] Übergangsunterstützung Ziel 1
[b] Übergangsunterstützung für ehemalige Ziele 2 und 5b

Für Regionen, die bis 1999 eine wirtschaftliche und eine soziale Situation erreicht haben, die Regionalhilfen in der bisherigen Höhe nicht mehr rechtfertigen, erhalten die Mitgliedstaaten noch bis Ende 2005 degressiv gestaffelte Übergangsunterstützungen, damit die Hilfen in den betreffenden Regionen nicht abrupt enden. Solche Übergangshilfen gibt es für frühere Ziel-1-Regionen wie etwa große Teile Irlands, Schottlands, die Region Lissabon und für Korsika. Auch viele der früheren Ziel-2- und Ziel-5b-Gebiete erhalten nur mehr Übergangsunterstützungen bis Ende 2005 (siehe auch Tabelle 10.9).

Die *Gemeinschaftsinitiativen* wurden in der aktuellen Programmperiode stark reduziert, sowohl was die Anzahl der Initiativen als was die Höhe der Mittel anlangt. Verblieben sind vier Programme, auf die nur mehr ein Betrag in der Größenordnung von 5,35% der Strukturfondsmittel (vorher 10,1%) entfällt. Diese Verringerung an Programmen ist zum einen auf den bürokratischen Aufwand einer großen Zahl kleiner Programme zurückzuführen. Zum anderen kommt darin auch ein gewisser Widerstand von seiten der Mitgliedsländer gegenüber zentral konzipierten Programmen zum Ausdruck. Verblieben sind folgende vier Gemeinschaftsinitiativen:

1. INTERREG III,
2. LEADER+,
3. URBAN II und
4. EQUAL.

INTERREG III unterstützt, ähnlich wie die vorangegangenen Programme, die Zusammenarbeit von regionalen Akteuren über die nationalen Grenzen hinweg. Dabei gibt es drei Programmschienen:

- die Zusammenarbeit von jeweils benachbarten Grenzregionen (INTERREG III A),
- jene in einem größeren zusammenhängenden transnationalen Raum (dieser umfaßt meist Regionen mehrerer Länder: INTERREG III B), und
- die Zusammenarbeit von Regionen, die in nicht benachbarten Ländern Europas gelegen sind (INTERREG III C).

Es soll mit Mitteln des EFRE eine ausgewogene Raumentwicklung überregionaler Gebiete gefördert werden. LEADER+ soll, wie sein Vorläufer, die sozioökonomischen Akteure in ländlichen Gebieten zusammenbringen, um über neue lokale Strategien für eine nachhaltige Entwicklung nachzudenken. Die Finanzierung erfolgt über den EAGFL-Ausrichtungs-Fonds. URBAN II unterstützt mit Mitteln des EFRE vor allem innovative Strategien zur Wiederbelebung von krisenbetroffenen Städten und Stadtvierteln. EQUAL schließlich wird vom ESF finanziert und soll die Ursachen für Ungleichheit und Diskriminierung am Arbeitsmarkt beseitigen (Europäische Kommission 2001a).

10.2.4 Einschätzung der EU-Regionalpolitik

Die Regionalpolitik der EU ist im wesentlichen eine ausgleichsorientierte Politik. Das heißt, sie unterstützt Regionen, die vom Integrationsprozeß bisher nicht ausreichend Nutzen ziehen konnten, sowie solche, die negativ davon betroffen sind (wirtschaftlich schwach entwickelte Regionen und Regionen im Prozeß der Umstrukturierung). In dieser Orientierung unterscheidet sie sich etwa von der Forschungs- und Technologiepolitik, die auf eine Verbesserung der technologischen Wettbewersfähigkeit der EU insgesamt gegenüber den anderen großen Wirtschaftsblöcken (Nordamerika, Fernost) ausgerichtet ist und tendenziell die europäischen Großunternehmen und Zentralräume begünstigt.

Im Gegensatz zu der auf Unternehmungen ausgerichteten allgemeinen Wirtschaftsförderung, die von den Wettbewerbsregeln stark eingeschränkt wird, gilt die Regionalpolitik als akzeptierter Politikbereich, der tatsächliche

Wettbewerbsnachteile in Problemregionen zu kompensieren trachtet. Voraussetzung ist allerdings auch hier, daß die Förderungen nicht spezifische Unternehmungen begünstigen, sondern im Wege etwa der Infrastrukturverbesserung allen Unternehmungen einer Region zugute kommen können.

Die Art der Regionalpolitik ist im Kern eine mobilitätsorientierte (s. Abschn. 9.2.1), wobei insbesondere die Mobilität des Kapitals in schwach entwickelte Gebiete durch Infrastrukturprojekte und Industrieansiedlung unterstützt wird. In dieser Orientierung unterscheidet sie sich nicht wesentlich von den Strategien, die auf Ebene einzelner Länder in den sechziger und siebziger Jahren dominiert haben und die nur als eingeschränkt erfolgreich angesehen wurden. Allerdings kombiniert die EU diese Strategie mit Elementen der endogenen Strategie, etwa wenn sie statt Einzelprojekten integrierte Entwicklungsprogramme für die Zielregionen fordert, und wenn sie die Beteiligung regionaler Akteure voraussetzt. Auch Elemente der innovationsorientierten Strategie sind zu finden, da Projekte, die auf Technologietransfer, unternehmerische Innovation und Ausbildung ausgerichtet sind, mit Priorität unterstützt werden.

Zur Frage der Auswirkungen der EU-Regionalpolitik auf die Zielgebiete hat es Untersuchungen zur Entwicklung in den Fördergebieten gegeben (z.B. Europäische Kommission 1996, 2001b; Ernst & Young 1998; Bachtler und Taylor 1999). Darüber hinaus gab es thematische Untersuchungen, etwa zum Stellenwert von Innovation in den Zielgebieten oder zur Entwicklung der KMU. Ökonometrische Analysen liegen insbesondere für die Kohäsionsländer vor, die fast zur Gänze Ziel-1-Gebiete darstellen (Europäische Kommission 1999).

Die Entwicklung in den Förderregionen zeigt für die Ziel-1-Regionen jedenfalls ein deutliches Aufholen beim Pro-Kopf-Einkommen von 63% des EU-Niveaus im Jahr 1988 auf ca. 70% im Jahr 1998 (Europäische Kommission 2001b). Da die Erwerbsbevölkerung stärker als die Beschäftigung zugenommen hat, gab es bei der Arbeitslosigkeit bis zum Jahr 1999 keine Verbesserung gegenüber 1988: Die Arbeitslosenraten betrugen in beiden Jahren ca. 16% gegenüber einem Wert von unter 10% für die EU15. Makroökonomische Analysen zeigen einen erheblichen Beitrag der Strukturfondsinterventionen zum BIP-Wachstum in den Ziel-1-Regionen (z.B. Beutel 1995). In diesen Analysen wurde versucht, die Effekte der jeweiligen gesamten Strukturfondsinterventionen (diese inkludieren auch die ko-finanzierten nationalen und privaten Mittel der Strukturfondsprogramme) auf die Kapitalstockbildung, die Beschäftigung und das Einkommenswachstum mit Hilfe von ökonometrischen Modellen abzuschätzen. Die makroökonomischen Wirkungen waren insbesondere in jenen Ländern, die zur Gänze Ziel-1-Gebiete sind (Portugal, Irland und Griechenland), sowie auch in Spanien erheblich. Nach einer Modellrechnung lag für Portugal der jährliche Beitrag zum BNP (ausgedrückt in Prozent des Schätzwertes im Fall der Nicht-Intervention) zwischen 5,8% im Jahr 1989 und 8,5% im Jahr 1999. Für Griechenland wurde der Wachstumsbeitrag ähnlich hoch geschätzt, zwischen 4,1% (1989) und 9,9% (1999). Etwas geringer wurde der Wachstumsbeitrag der Strukturfondsinterventionen für Irland (2,2% bis 3,7%) und für Spanien (0,8% bis 3,1%) eingeschätzt (Europäische Kommission 1999). In diesen beiden letzteren Ländern spielten Auslandsinvestitionen für die hohe wirtschaftliche Dynamik eine vergleichsweise stärkere Rolle als in Griechenland und Portugal.

Für die Ziel-2- und die Ziel-5b-Regionen der Programmperiode 1989–99 liegen derartige ökonometrische Analysen wegen der kleinräumigen Abgrenzung und unzureichender Daten nicht vor. Es ist jedoch davon auszugehen, daß die ökonomischen Effekte aufgrund wesentlich geringerer Mittelflüsse deutlich schwächer sind. Für die Ziel-2-Gebiete zeigt sich im Zeitraum 1988 bis 1996 jedenfalls auch eine leichte Verbesserung beim Pro-Kopf-Einkommen (von 94% des EU-Durchschnitts auf 96%; Europäische Kommission 1999). Die Arbeitslosigkeit verringerte sich im selben Zeitraum nur leicht von 12,5% auf 11,9%. Nach Ernst & Young (1998) wurden in den Ziel-2-Gebieten der Programmperiode 1989–93 ca. 500.000 Arbeitsplätze mit Hilfe der Strukturfonds geschaffen. In einer weiteren Untersuchung stellen Bachtler und Taylor (1999) darüber hinaus auch eine Verbesserung der Wirtschaftsstruktur und der Innovationstätigkeit in den Ziel-2-Gebieten als Folge der EU-Regionalpolitik fest.

Im Bereich von Forschung und Entwicklung und von Innovation sind die regionalen Disparitäten in der EU besonders groß, insbesondere die Ziel-1-Gebiete haben diesbezüglich große Schwächen (vgl. Europäische Kommission 1999). Es stellt sich daher die Frage, in welchem Maße durch die Strukturfonds Innovationsaktivitäten in den Zielgebieten unterstützt worden sind. Einschlägige Untersuchungen haben ergeben, daß in den Ziel-1-Regionen der Anteil der innovativen Maßnahmen in der ersten Programmperiode (1989–93) mit 2,7% der Gelder sehr niedrig war. In der zweiten Periode (1994–99) wurde er immerhin auf 5% angehoben. In den industriellen Ziel-2-Regionen nahmen Innovationsmaßnahmen von vornherein einen etwas höheren Stellenwert ein: in der Periode 1989–93 entfielen 9% auf diesen Bereich, und von 1994–99 waren es 12% (Bachtler et al. 1999).

Die bisher vorliegenden Ergebnisse kommen somit zum Befund, daß die Bemühungen im Rahmen der EU-Regionalpolitik insbesondere in den Ziel-1-Regionen erhebliche Effekte auf Investitionen, Wachstum und Beschäftigung gehabt haben. Nur wenig Verbesserungen gab es hingegen im Innovationsbereich. In den Ziel-2-Regionen waren die makroökonomischen Effekte wegen des niedrigeren Mitteleinsatzes zwar geringer, jedoch war der Innovationsanteil der Maßnahmen etwas höher. Über die sonstigen strukturellen und qualitativen Wirkungen der EU-Regionalpolitik (Struktur geschaffener Arbeitsplätze, Qualifikation, Technologieintensität) sowie auch über die so-

Tabelle 10.10: Finanzrahmen der EU-Regionalprogramme in Österreich 1995–99 in Mio. Euro. Quelle: Inforegio 1997, ÖROK 1999.

	EU	Gesamt
Ziel 1	166	449
Ziel 2	101	289
Ziel 3	334	779
Ziel 4	61	171
Ziel 5a	388	1.425
Ziel 5b	411	1.093
Ziele insgesamt	1.461	4.206
Gemeinschaftsinitiativen	146	296
Programme insgesamt	1.607	4.502
Pilotaktionen	16	
EU-Mittel insgesamt	1.623	

zialen und die Verteilungsaspekte ist bisher allerdings nur wenig bekannt. Schließlich ist auch festzustellen, daß Aspekte der Umwelt- und Ressourcenschonung im Sinne einer nachhaltigen Regionalentwicklung bislang nur wenig berücksichtigt wurden. Erst in der neuen Programmperiode haben diese letzteren Aspekte einen höheren Stellenwert erhalten.

10.3 Die Beteiligung Österreichs in den Strukturfonds

Wie hat sich nun die EU-Regionalpolitik auf ein Mitgliedsland wie Österreich ausgewirkt? Die wichtigste Veränderung für die österreichische Regionalpolitik war die Möglichkeit der Beteiligung an den EU-Strukturfonds ab 1995. Diese stellen neben der Agrarförderung eine der wichtigsten Quellen dar, aus welchen Österreich als „Nettozahler" Gelder von der EU wieder zurückerhalten kann.

10.3.1 Programmperiode 1995–1999

Insgesamt wurden für Österreich für die Periode von 1995 bis 1999 1,6 Mrd. Euro aus den Strukturfonds bereitgestellt. Für die einzelnen Ziele waren die in Tabelle 10.10 zusammengestellten Werte festgelegt worden.

Diese Mittel wurden jeweils als Zuschüsse zusätzlich zu den von Bund, Land und allenfalls auch Gemeinden vergebenen Investitionen und Förderungen gewährt, wobei eine Reihe von Voraussetzungen zu erfüllen waren.

Hinsichtlich der *regionalen Verteilung* der Mittel war im Rahmen der ÖROK ein Vorschlag für die regionalen Förderungsgebiete, Zielgebiete gemäß EU-Strukturfonds, ausgearbeitet (ÖROK-Empfehlung Nr. 39, Beschluß vom 25. 3. 1993) und in modifizierter Form von der EU-Kommission beschlossen worden. Diese Fördergebiete enthielten das Burgenland als Ziel-1-Gebiet mit einem Einwohneranteil von 3,5%. Hier war die Beteiligung der EU-Strukturfonds an staatlichen Investitionen in Infrastruktur und Wirtschaftsförderung am höchsten. Knapp 25% der regionalen Strukturfondsmittel entfielen auf das Burgenland. Auf die Regionen mit „rückläufiger Industrie-Entwicklung" (Ziel 2) entfielen 8,2% der Bevölkerung und etwa 15% der regionalen Strukturfondsmittel. Vom Umfang her die weitaus größte Bedeutung hatten in Österreich 1995–99 allerdings die ländlichen Ziel-5b-Gebiete. Auf sie entfielen 29,2% der Bevölkerung und etwa 60% der regionalen Strukturfondsgelder. Insgesamt umfaßte diese Fördergebietskulisse 40,8% der Wohnbevölkerung Österreichs.

Auf die Gemeinschaftsinitiativen entfielen folgende Finanzierungsquoten (in Mio. Euro, Quelle: Inforegio 2001a):

INTERREG	42,7	29%
LEADER	23,3	16%
BESCHÄFTIGUNG	23,0	15%
ADAPT	15,0	10%
URBAN	9,8	7%
INDUSTRIELLER WANDEL	9,5	6%
KMU	8,7	6%
Reserve	17,5	12%
Gesamt	149,5	100%

Die INTERREG-Mittel waren für grenzüberschreitende (II A) und transnationale (II C) Projekte vorgesehen. Im Falle von II A entfielen die größten Anteile auf die Grenzregionen mit Ungarn (26% der Mittel), Slowenien (21%), der Slowakischen Republik (13%) und der Tschechischen Republik (11%).

Wegen der im Rahmen der EU-Regionalpolitik notwendigen Programmplanungen (s. Abschn. 10.2.1) stand die Raumplanung und Regionalpolitik in Österreich erstmals vor der Aufgabe einer integrierten Darstellung aller raumwirksamen Finanzierungsvorhaben der Gebietskörperschaften und ihrer Fachressorts für einen Zeitraum von fünf Jahren. Von Gutachtern ausgearbeitete regionale Entwicklungsprogramme bildeten großteils die Basis für die Aufstellung der Programmplanungsdokumente für österreichische Regionen durch die Länder, welche schließlich mit der Kommission der EU verhandelt wurden.

Tabelle 10.11: Strukturfondsmittel 2000–2006 für Österreich. Quelle: Inforegio 2001b

	Mio. Euro	%
Ziel 1 Burgenland	271	14,8
Ziel 2	600	32,8
Übergangshilfen für ehemalige Ziel-2- und Ziel-5b-Gebiete	103	5,6
Ziel 3	495	27,0
Summe Zielförderung	**1.469**	**80,2**
Interreg III	183	10,0
Urban II	8	0,4
Leader+	71	3,9
Equal	96	5,2
Summe Gemeinschaftsinitiativen	**358**	**19,6**
Fischereifonds	4	0,2
Strukturfondsmittel gesamt	**1.831**	**100,0**

Tabelle 10.12: Strukturfondsmittel 2000–2006 nach Bundesländern. Quelle: Inforegio 2001b

		Mio. Euro	%
Ziel 1	Burgenland	271	28,0
Ziel 2	Kärnten	85	8,8
	Niederösterreich	177	18,3
	Oberösterreich	121	12,5
	Steiermark	215	22,2
	Salzburg	18	1,9
	Vorarlberg	23	2,3
	Tirol	45	4,6
	Wien	13	1,4
Summe		968	100,0

10.3.2 Programmperiode 2000–2006

In der laufenden Programmperiode sind für Österreich insgesamt 1831 Mio. Euro vorgesehen. Davon sind 1469 Mio. Euro oder 80% für die Ziele 1–3

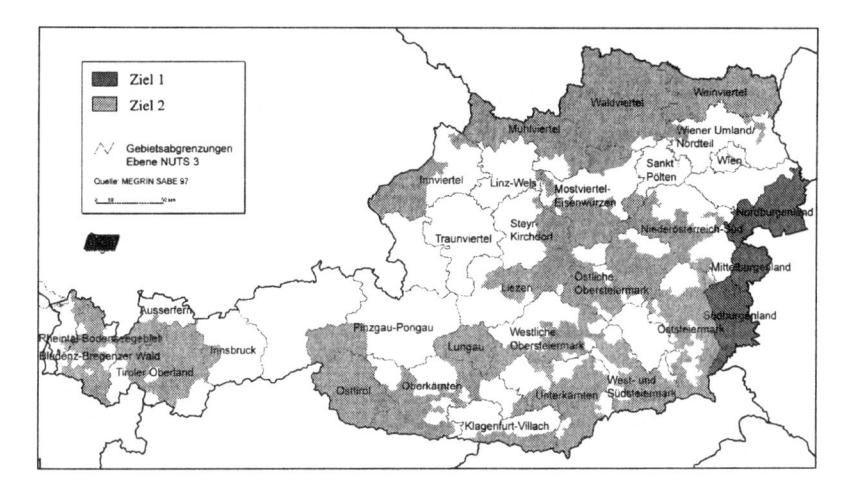

10.3 Beteiligung Österreichs in Strukturfonds

Abbildung 10.3: EU-Regionalförderungsgebiete in Österreich. Ziel-1-Gebiet: Burgenland; Ziel-2-Gebiete in Kärnten, Niederösterreich, Oberösterreich, Steiermark, Salzburg, Tirol und Vorarlberg. Quelle: Inforegio 2001b

reserviert, und 358 Mio. oder etwa 20% für die vier Gemeinschaftsinitiativen (Tabelle 10.11). Der von den Zielgebieten erfaßte Bevölkerungsanteil wurde von 41% auf 28,5% reduziert.

Auf die *Ziel-1-Region Burgenland* entfallen bei einem Bevölkerungsanteil von 3,4% 271 Mio. Euro, das sind ca. 15% der gesamten und 28% der regionalen Strukturfondsmittel (siehe Tabelle 10.12). Das Burgenland hat in den 90er Jahren nicht zuletzt auf Grund der Ziel-1-Förderung der vergangenen Programmperiode stark aufgeholt, und es konnte sein BIP pro Kopf von 61% des EU-Durchschnittes im Jahr 1988 auf 69% im Jahr 1998 steigern. Mit Hilfe der neuen Strukturfondsgelder soll das Land weiter modernisiert und auf die EU-Osterweiterung vorbereitet werden. Auch sollen die Disparitäten innerhalb des Burgenlandes (zwischen Nord und Süd) reduziert werden. Die regionale Entwicklungsstrategie ist stärker als in der Vorperiode am endogenen Potential der Region ausgerichtet, wobei insbesondere der KMU-Sektor und Gründungen, Innovation und Technologietransfer sowie Unternehmensnetzwerke unterstützt werden sollen. Mit den EU-Geldern werden Maßnahmen in folgenden Schwerpunktbereichen finanziert:

- Unternehmen und Industrie (33%)
- Forschung und Technologie-Entwicklung (11%)
- Tourismus und Kultur (19%)
- Land- und Forstwirtschaft, Naturschutz, Fischerei (15%)
- Verbesserung der Humanressourcen (20%)

Die *neuen Ziel-2-Regionen* (Abb. 10.3), sind industrielle, ländliche und städtische Gebiete mit Umstrukturierungsproblemen. Sie sind mit 25% der österreichischen Bevölkerung begrenzt worden und erhalten mit 600 Mio. Euro 33% der gesamten und 72% der regionalen Strukturfondsgelder. Weitere 103 Mio. Euro (5,6%) sind als Umstellungshilfen für vormalige Ziel-1- und Ziel-5b-Gebiete vorgesehen. Die höchsten Ziel-2-Förderungen entfallen auf die Steiermark (215 Mio. Euro), Niederösterreich (177 Mio.) und Oberösterreich (121 Mio.); Wien erhält mit 13,3 Mio. Euro nur eine relativ kleine Zielgebietsförderung (Tabelle 10.12).

Für die vier *Gemeinschaftsinitiativen* sind 358 Mio. Euro vorgesehen, also mehr als das Doppelte als in der Vorperiode (150 Mio. Euro). Der Anteil der GI beträgt damit fast 20% der für Österreich vorgesehenen EU-Gelder, ein im EU-Vergleich stark überdurchschnittlicher Wert. Dieser ergibt sich insbesondere aus der starken Bedeutung von INTEREG III, auf das 183 Mio. Euro oder etwa die Hälfte der GI-Gelder entfallen. Darin kommt nicht zuletzt die Grenzlage Österreichs und eine besondere Schwerpunktsetzung in diesem Bereich zum Ausdruck. Weitere 71 Mio. Euro kommen mit LEADER+ den ländlichen Regionen zugute.

10.3.3 Einschätzung der EU-Regionalpolitik für Österreich

Als erste und offensichtlichste Auswirkung der Integration der österreichischen Regionalpolitik mit jener der EU ist zunächst die Verfügbarkeit von wesentlich mehr Mitteln für Zwecke der Regionalpolitik zu nennen. So wurden im Zeitraum 1995 bis 1999 für die Zielgebiete Österreichs (Ziele 1, 2 und 5b) von der EU im Schnitt 1,8 Mrd. öS pro Jahr bereitgestellt (zu Preisen von 1995). Dazu sind noch weitere 3 Mrd. öS pro Jahr an öffentlichen Mitteln aus Österreich gekommen. Inklusive der privaten Investitionen belief sich der Umfang der Zielgebietsprogramme auf ca. 11,4 Mrd. öS pro Jahr. In der aktuellen Programmperiode erhalten die verkleinerten Zielgebiete aus den Strukturfonds pro Jahr immerhin etwa 2 Mrd. öS (zu Preisen 1999). Inklusive der nationalen Kofinanzierng und der privaten Investitionen ergibt das in Summe etwa 9,5 Mrd. öS pro Jahr. Die Mittel, die für Regionalpolitik seit 1995 zur Verfügung stehen, sind somit erheblich höher als in den Jahrzehnten davor.

Weitere Auswirkungen betreffen die Abläufe und den Prozeß der Regionalpolitik. Die mit der EU-Regionalpolitik verknüpfte Notwendigkeit der Erstellung mehrjähriger regionaler Entwicklungsprogramme hat seit den 90er Jahren jedenfalls eine stärkere Auseinandersetzung verschiedener Verwaltungsstellen und Interessensgruppen mit regionalen Entwicklungsproblemen und stärkere Anstrengungen im Bereich der Konzept- und Projektentwicklung zur Folge gehabt. Einen wichtigen Beitrag zur Projektgenerierung lieferten in diesem Zusammenhang die aus EFRE-Mitteln kofinanzierten

Einrichtungen des Regionalmanagements. Dieser Prozeß hat die Beteiligten einerseits vor hohe Anforderungen und neue bürokratische Hürden gestellt. Andererseits wurden dadurch die Abläufe der Regionalpolitik auch verbessert und rationaler gestaltet.

Weiters ist festzustellen, daß auf Grund der mehrjährigen Programmplanung ein stärkerer Anreiz zur horizontalen und vertikalen Koordination im Rahmen der Regionalpolitik entstanden ist. Dies hat zumindest für die Zielgebiete eine bessere Abstimmung von sektoralen Instrumenten (Wirtschafts-, Arbeitsmarkt- und Infrastrukturpolitik) und auch eine bessere Koordination der verschiedenen Ebenen (EU, Bund, Bundesland, Gemeinde) im Rahmen der Erstellung der mehrjährigen Finanzpläne erforderlich gemacht.

Schließlich ist auch auf Grund der EU-Beihilfenkontrolle für große Bereiche des Förderungswesens implizit ein Druck zur Regionalisierung entstanden. Abzubauen waren insbesondere jene Förderungen, die einzelne Unternehmungen begünstigt haben (etwa Subventionen, Investitionszuschüsse). An Bedeutung zugenommen haben daher standortbezogene Maßnahmen wie etwa Qualifizierung, Infrastrukturausbau, Innovationsförderung und Technologietransfer.

Die Teilnahme Österreichs an der EU-Regionalpolitik hatte aber nicht nur positive Effekte. Kritisiert werden in der Fachwelt insbesondere der große bürokratische Aufwand und das z.T. starre und unflexible Regelungssystem (z.B. hinsichtlich der Zielgebietsabgrenzung in den vergangenen Programmperioden). Auch hatte die Verfügbarkeit von reichlich Geld nicht nur positive Konsequenzen. Insbesondere im Ziel-1-Gebiet Burgenland wurde wieder verstärkt auf kapitalintensive Großprojekte und auf Betriebsansiedlung gesetzt. Die Unterstützung von KMUs und von Innovation hatte nur einen relativ geringen Stellenwert. Nicht zuletzt auf Grund solcher Kritik hat es in der neuen Programmperiode (2000-2006) von seiten der Kommission wiederum eine Vereinfachung der Strukturfondsregelungen gegeben und eine höhere Flexibilität insbesondere in der Abgrenzung der neuen Ziel-2-Gebiete. Auch scheint dem Innovationsaspekt in einzelnen regionalen Entwicklungsprogrammen, etwa auch jenem des Burgenlandes, jetzt ein höherer Stellenwert zuzukommen.

10.4 Zusammenfassung

Nach den theoretischen Grundlagen sind wir am Beispiel Österreichs und der Europäischen Union auf die Praxis der Regionalpolitik eingegangen. Die Entwicklung der Regionalpolitik in Österreich spiegelt bis zu einem gewissen Grad sowohl die Veränderung theoretischer Konzeptionen als auch die Erfahrungen anderer Länder wider.

Die Anfänge der Regionalpolitik liegen in Österreich in den fünfziger

Jahren. Die vordringlichen Probleme lagen im starken West-Ost-Gefälle des Entwicklungsstandes sowie in der Wirtschaftsschwäche peripherer Regionen. Man stützte sich auf die neoklassische Strategie und förderte insbesondere die Mobilität von Kapital und Arbeit. In den siebziger Jahren wurden bestimmte Industriereviere zu vordringlichen Problemfällen, und es wurden in der Ära einer sozialistischen Alleinregierung umfassendere und stärker interventionistische Konzepte entwickelt. Man orientierte sich am Wachstumspolkonzept und setzte auf Infrastrukturausbau (Verkehr, Ausbildung) und Betriebsansiedelung.

Die Erfolge dieser mobilitätsorientierten Strategien waren allerdings nicht zufriedenstellend, u.a. wegen ungünstiger Struktureffekte und auch wegen einer generellen Abnahme des Potentials an mobilen Betrieben. Seit den achtziger Jahren ist man daher zunehmend auf endogene Ansätze umgestiegen. Bei der eigenständigen Regionalentwicklung hatte Österreich international eine Vorreiterrolle inne. Die Entwicklung des endogenen Potentials, ansässige Unternehmen und lokale Initiativen, standen hier im Vordergrund. Es wurde eine große Zahl von Projekten unterstützt, aber die eingesetzten Mittel und die quantitativen Wirkungen blieben gering. Ende der achtziger Jahre rückten, wie in anderen Ländern auch, Probleme der Innovation und der Technologie stärker in den Vordergrund, die regionalpolitischen Mittel wurden zunehmend zur Innovationspolitik umgeschichtet. Seit Anfang 1995 ist Österreich Mitglied der Europäischen Union und damit auch den Spielregeln der EU und ihrer Regionalpolitik unterworfen.

Auf Grund der starken wirtschaftlichen Unterschiede innerhalb der EU nimmt hier die Regionalpolitik eine wichtige Rolle ein, neben der Agrarpolitik ist es der bedeutendste Politikbereich. Wesentliches Ziel ist die Verringerung regionaler Disparitäten, wobei die EU für dieses Ziel mittlerweile erhebliche Mittel einsetzt. Kern der EU-Regionalpolitik sind die Strukturfonds, für die derzeit ca. 1/3 der Haushaltsmittel aufgewendet werden. Der größte Teil dieser Mittel fließt in entwicklungsschwache Regionen der europäischen Peripherie (Ziel-1-Regionen), daneben wird auch die Umstrukturierung in ländlichen Gebieten und in Industriegebieten (Ziel-2-Regionen) unterstützt. In den Ziel-1-Regionen steht der klassische Infrastrukturausbau (Verkehr, Kommunikation, Ausbildung) und die Betriebsansiedelung im Vordergrund, also eine herkömmliche mobilitätsorientierte Strategie. In zunehmendem Maße gibt es auch, insbesondere bei den Gemeinschaftsinitiativen, Elemente einer endogenen und innovationsorientierten Politik.

Die EU beeinflußt auch den Ablauf und Prozeß der Regionalpolitik. So kontrolliert sie die in den Mitgliedsländern eingesetzten Instrumente und Gebietsabgrenzungen. Weiters erfolgt die Förderung über die Strukturfonds im Wege einer mehrjährigen Programmplanung. Diese Anforderung hat in nicht unbeträchtlichem Ausmaß konzeptive Arbeiten und Planungen in den betroffenen Regionen und Mitgliedsländern ausgelöst und dadurch sowohl

Initiativen stimuliert als auch dazu beigetragen, die Politik transparenter zu machen. Diesen positiven Aspekten steht ein nicht unerheblicher bürokratischer Aufwand gegenüber, den diese zusätzliche Politikebene mit sich bringt. Auf Grund des erheblichen Mitteleinsatzes im Rahmen der EU-Regionalpolitik stellt sich weiters die Frage der Effizienz und der Wirkungen dieses Instrumentariums. Dieser Aspekt wurde bislang zwar in einzelnen Studien untersucht, es bleiben aber noch viele Fragen offen.

10.5 Übungsaufgaben und Kontrollfragen

1. Wer betreibt in Österreich Regionalpolitik? Nennen Sie die wichtigsten Akteure.
2. Beschreiben Sie die wichtigsten Phasen der Regionalpolitik in Österreich.
3. Nennen Sie einige typische regionale Problemgebiete in Österreich und beschreiben Sie die wesentlichen Ursachen ihrer jeweiligen Probleme.
4. Beschreiben Sie die wichtigsten Institutionen und Instrumente der Regionalpolitik der Europäischen Union.
5. Welche expliziten Ziele verfolgt die Europäische Union mit ihrer Regionalpolitik?
6. Diskutieren Sie die Beziehung zwischen Regionalpolitik und Wettbewerbspolitik der EU.
7. Welche sind die typischen Empfängerländer der Förderungen der EU-Regionalpolitik?
8. Skizzieren Sie die Entwicklung der EU-Regionalpolitik in den letzten Jahren.
9. Was versteht man unter Gemeinschaftsinitiativen und welche Aufgabe erfüllen sie?
10. Wie läßt sich die EU-Regionalpolitik in die theoretischen Vorstellungen von Regionalentwicklung einordnen?
11. Diskutieren Sie die Beziehung zwischen der nationalen Regionalpolitik eines Mitgliedstaates und der EU-Regionalpolitik.

Literatur

Aghion, P., P. Howitt, 1990. *A Model of Growth through Creative Destruction*, NBER Working Paper Nr. 3223, Cambridge, Mass.

Aiginger, K., G. Hutschenreiter, N. Geldner, H. Jeglitsch, G. Palme, P. Szopo, 1989. *Die gemeinsamen regionalen Sonderförderungsaktionen des Bundes und der Länder*, Gutachten des Österreichischen Instituts für Wirtschaftsforschung, Wien.

Aldenderfer, M.S., R.K. Blashfield, 1984. *Cluster Analysis*, Quantitative Applications in the Social Sciences Series, Nr. 44, Beverly Hills: Sage.

Amin, A., K. Robins, 1990. The Re-emergence of Regional Economies? The Mythical Geography of Flexible Accumulation, *Environment and Planning D: Society and Space*, Jg. 8, S. 7-34.

Andrews, R.B., 1953. Mechanics of the Urban Economic Base: Historical Development of the Base Concept, *Land Economics*, Jg. 29, S. 161-167.

Armstrong, H., J. Taylor, 1993. *Regional Economics and Policy*. New York, London: Harvester Wheatsheaf.

Arrow, K.J., 1962. Economic Welfare and the Allocation of Resources for Inventions. In: R.R. Nelson (Hrsg.), *The Rate and Direction of Inventive Activity*, Princeton: Princeton University Press.

Arthur, W.B., 1994. *Increasing Returns and Path Dependence in the Economy*, Ann Arbor: University of Michigan Press.

Asheim, B.T., 1992. Flexible Specialisation, Industrial Districts and Small Firms: A Critical Appraisal. In: H. Ernste, V. Meier (Hrsg.), *Regional Development and Contemporary Industrial Response: extending Flexible Specialisation*, London, New York: Belhaven Press.

Bachtler, J., 1993. Regional Policy in the 1990s – The European Perspective. In: R. Harrison, M. Hart (Hrsg.), *Spatial Policy in a Divided Nation*, London: Jessica Kingsley Publishers.

Bachtler, J., S. Taylor, 1999. *Objective 2: Experiences, Lessons and Policy Implications*, European Policies Research Centre, University of Strathclyde, Glasgow.

Bade, F.J., 1984. *Die funktionale Struktur der Wirtschaft und ihre räumliche Arbeitsteilung*, Berlin: Deutsches Institut für Wirtschaftsforschung.

Barro, R.J., 1990. Government Spending in a Simple Model of Endogenous Growth, *Journal of Political Economy*, Jg. 98, S. S103-S125.

Barro, R.J., 1991. Economic Growth in a Cross Section of Countries, *The Quarterly Journal of Economics*, Jg. 106, S. 407-443.

Barro, R.J., X. Sala-i-Martin, 1991. *Convergence across States and Regions*, Discussion Paper Nr. 629, Economic Growth Center, Yale University, New Haven, Conn.

Batt, H.L., 1994. *Kooperative regionale Industriepolitik*, Beiträge zur Politikwissenschaft, Band 57, Frankfurt am Main: Peter Lang Verlag.

Beirat für Wirtschafts- und Sozialfragen, 1984. *Regionale Strukturpolitik*, Wien: Carl Ueberreuter.

Beutel, J., 1995. *The Economic Impacts of the Community Support Frameworks for the Objective 1 Regions 1994-99*, Final Report to the Directorate-General for Regional Policies, Commission of the European Communities, Brüssel.

Borts, G.H., J.L. Stein, 1964. *Economic Growth in a Free Market*, New York: Columbia University Press.

Bosch, K., 1989. *Mathematik für Wirtschaftswissenschaftler*, 5. Auflage, München, Wien: Oldenbourg.

Boyer, R., 1986. *La théorie de la régulation: une analyse critique*, Paris: La Decouverte.

Bröcker, J., 1994. Die Lehren der neuen Wachstumstheorie für die Raumentwicklung und die Regionalpolitik. In: U. Blien, H. Herrmann, M. Koller (Hrsg.), *Regionalentwicklung und regionale Arbeitsmarktpolitik, Konzepte zur Lösung regionaler Arbeitsmarktprobleme?*, Beiträge zur Arbeitsmarkt- und Berufsforschung Nr. 184, Nürnberg: Landesarbeitsamt Nordbayern.

Brown, L.A., 1981. *Innovation Diffusion: A New Perspective*, London, New York: Methuen.

Brugger, E.A., 1985. *Regionalwirtschaftliche Entwicklung: Strukturen, Akteure und Prozesse*, Bern: Haupt Verlag.

Buckley, P.H., 1992. A Transportation-Oriented Interregional Computable General Equilibrium Model of the United States, *The Annals of Regional Science*, Jg. 26, S. 331-348.

Bundeskanzleramt, 1981. Sonderaktion des Bundeskanzleramtes zur Stärkung entwicklungsschwacher ländlicher Räume in Berggebieten Österreichs: Erfahrungsbericht, *Raumplanung für Österreich*, Nr. 2, Wien: Bundeskanzleramt.

Buttler, F., K. Gerlach, P. Liepmann, 1977. *Grundlagen der Regionalökonomie*, Reinbeck: Rowohlt.

Camagni, R., 1991. Space, Networks and Technical Change: An Evolutionary Approach. In: Camagni, R. (Hrsg.), *Innovation Networks*, London: Belhaven Press.

Capellin, R., W.T.M. Molle, 1988. The Coordination Problem in Theory and Policy. In: W.T.M. Molle, R. Capellin (Hrsg.), *Regional Impact of Community Policies in Europe*, Aldershot: Avebury.

Castells, M., P. Hall, 1994. *Technopoles of the World: The Making of Twenty-first-Century Industrial Complexes*, London: Routledge.

Cecchini, P. 1988. *Europa '92: der Vorteil des Binnenmarktes*, Baden-Baden: Nomos.

Cooke, P., K. Morgan, 1993. The Network Paradigm – New Departures in Corporate and Regional Development, *Environment and Planning D: Society and Space*, Jg. 11, S. 543-564.

Coombs, R., P. Saviotti, V. Walsh, 1987. *Economics and Technological Change*, London: Macmillan.

Davelaar, E.J., 1991. *Regional Economic Analysis of Innovation and Incubation*, Aldershot: Avebury.

Davelaar, E.J., P. Nijkamp, 1987. *The Urban Incubation Hypothesis: Old Wine into New Bottles?*, Mitteilungen des Arbeitskreises für Neue Methoden in der Regionalforschung, Bd. 17, Wien.

DeBresson, C., R. Walker, 1991. Network of Innovators, *Research Policy* (Special Edition), Jg. 20, Nr. 5.

Derwa, L., 1957. Analyse input-output de la région Liègeois, *Révue du Conseil Économique Wallon*.

Dirmoser, D., R. Gronemeyer, G. Rakelmann (Hrsg.), 1991. *Mythos Entwicklungshilfe*, Gießen: Focus.

Dixit, A.K., J.E. Stiglitz, 1977. Monopolistic Competition and Optimum Product Diversity, *American Economic Review*, Jg. 67, S. 297-308.

Dornbusch, R., S. Fischer, 1981. *Macroeconomics*, Auckland: McGraw-Hill.

Dosi, G., 1988. The Nature of the Innovative Process. In: Dosi, G., C. Freeman, R. Nelson, G. Silverberg, L. Soete (Hrsg.), *Technical Change and Economic Theory*, London, New York: Pinter.

Duesenberry, J.S., 1950. Some Aspects of the Theory of Economic Development, *Explorations in Entrepreneurial History*, Jg. 3, S. 63-102.

Eltges, M., S. Maretzke, A. Peters, 1993. Zur Entwicklung von Arbeitskräfteangebot und -nachfrage auf den regionalen Arbeitsmärkten Deutschlands, *Informationen zur Raumentwicklung*, Heft 12.1993, S. 831-852.

Ernst & Young, 1998. *Ex-Post Evaluation of the 1989-1993 Objective 2 Programmes*, Synthesis Report to the Directorate-General for Regional Policies, Commission of the European Communities, Brüssel.

Europäische Kommission, 1994. *Wettbewerbsfähigkeit und Kohäsion: Tendenzen in den Regionen. Fünfter periodischer Bericht über die sozioökonomische Lage und Entwicklung der Regionen der Gemeinschaft*, Luxemburg: Amt für amtliche Veröffentlichungen der Europäischen Gemeinschaften.

Europäische Kommission, 1996. *Erster Bericht über den wirtschaftlichen und sozialen Zusammenhalt*, Luxemburg: Amt für amtliche Veröffentlichungen der Europäischen Gemeinschaften.

Europäische Kommission, 1999. *Sechster Periodischer Bericht über die sozio-ökonomische Lage und Entwicklung der Regionen der Europäischen Union*, Luxemburg: Amt für amtliche Veröffentlichungen der Europäischen Gemeinschaften.

Europäische Kommission, 2001a. *Im Dienst der Regionen*, Luxemburg: Amt für amtliche Veröffentlichungen der Europäischen Gemeinschaften.

Europäische Kommission, 2001b, *Einheit Europas, Solidarität der Völker, Vielfalt der Regionen - Zweiter Bericht über den wirtschaftlichen und sozialen Zusammenhalt*, Luxemburg: Amt für amtliche Veröffentlichungen der Europäischen Gemeinschaften.

Europäische Kommission, 2001c, *Im Dienste der Regionen*, Luxemburg: Amt für amtliche Veröffentlichungen der Europäischen Gemeinschaften.

European Commission, 1994. *The implementation of the reform of the structural funds 1992*, Fourth annual report, Luxemburg: Amt für amtliche Veröffentlichungen der Europäischen Gemeinschaften.

Ewers, H.J., J. Allesch (Hrsg.), 1990. *Innovation and Regional Development: Strategies, Instruments and Policy Coordination*, Berlin: Walter de Gruyter.

Ewers, H.J., M. Fritsch, 1989. Die räumliche Verbreitung von computergestützten Techniken in der Bundesrepublik Deutschland. In: E. von Böventer (Hrsg.), *Regionale Beschäftigung und Technologieentwicklung*, Berlin: Duncker & Humblot.

Ewers, H.J., M. Fritsch, J. Kleine, 1984. *Regionale Entwicklung durch Förderung kleiner und mittlerer Unternehmen*, Schriftenreihe 06 Raumordnung des Bundesministers für Raumordnung, Bauwesen und Städtebau, Bonn.

Fischer, M.M., G. Menschik, 1994. *Innovationsaktivitäten der österreichischen Industrie: Eine empirische Untersuchung des betrieblichen Innovationsverhaltens in ausgewählten Branchen und Raumtypen*, Abhandlungen zur Geographie und Regionalforschung, Band 3, Institut für Geographie der Universität Wien.

Freeman, C., 1982. *The Economics of Industrial Innovation*, Cambridge, Mass.: MIT Press.

Friedmann, J.R.P., 1972. A General Theory of Polarized Development. In: N.M. Hansen (Hrsg.), *Growth Centers in Regional Economic Development*, New York: The Free Press, S. 82-107.

Fruit, R., 1960. Les effets de la croissance d'un pôle sur l'environment, analyse du développement du centre et du sud de Département du Nord, *Revue Économique*.

Fürst, D., P. Klemmer, K. Zimmermann, 1976. *Regionale Wirtschaftspolitik*, Tübingen: J.C.B. Mohr.
Fujita, M., P.R. Krugman, A.J. Venables, 1999. *The Spatial Economy*, Cambridge, Mass.: MIT Press.
Gerhardter, G., M. Gruber, 2000. *Förderungsaktion eigenständige Regionalentwicklung (FER): Außenseiter oder Mitspieler in Österreichs Regionalpolitik? Evaluation der FER-Projektförderung 1979-1999*, Graz, Wien: Institut für Technologie- und Regionalpolitik, Joanneum Research.
Glasmeier, A., 1991. Technological Discontinuities and Flexible Production Networks: The Case of Switzerland and the World Watch Industry, *Research Policy*, Jg. 20, S. 469-485.
Glatz, H., F. Tödtling, 1988. *Industrieller Strukturwandel und Regionalpolitik – Unterschiede der betrieblichen Innovation und regionalpolitische Handlungsmöglichkeiten*. Raumplanung für Österreich, Nr. 15, Wien: Bundeskanzleramt.
Goddard, J., D. Charles, J. Howells, A. Thwaites, 1987. *Research and Technological Development in the Less Favoured Regions of the Community (STRIDE)*, Final report to the Commission of the European Communities, Brüssel.
Grabher, G., 1988. *De-Industrialisierung oder Neo-Industrialisierung? Innovationsprozesse und Innovationspolitik in traditionellen Industrieregionen*, Wissenschaftszentrum Berlin für Sozialforschung, Berlin: Edition Sigma.
Grabher, G., 1994. *Lob der Verschwendung*, Berlin: Edition Sigma.
Gravelle, H., R. Rees, 1981. *Microeconomics*, London: Longman.
Grossman, G.M., E. Helpman, 1991a. Quality Ladders in the Theory of Growth, *Review of Economic Studies*, Jg. 58, S. 43-61.
Grossman, G.M., E. Helpman, 1991b. *Innovation and Growth in the Global Economy*. Cambridge, Mass.: MIT Press.
Hackl, P., W. Katzenbeisser, 1995. *Mathematik für Sozial- und Wirtschaftswissenschaften*, 8. Auflage, München, Wien: Oldenbourg.
Hagedoorn, J., J. Schankenraad, 1990. Strategic Partnering and Technological Cooperation. In: B. Dankbaar, J. Groenewegen, H. Schenk, (Hrsg.), *Perspectives in Industrial Organization*. Dordrecht: Kluwer.
Hägerstrand, T., 1967. *Innovation Diffusion as a Spatial Process*, Chicago: University of Chicago Press.
Hahne, U., 1985. *Regionalentwicklung durch Aktivierung intraregionaler Potentiale*, München: Verlag Florentz.
Harborth, H.J., 1992. Sustainable Development – dauerhafte Entwicklung. In: D. Nohlen, F. Nuscheler (Hrsg.) *Handbuch der Dritten Welt: Grundprobleme, Theorien, Strategien*, Bonn: J.H.W. Dietz Nachf.

Harrigan, F., P.G. McGregor, J.K. Swales, N. Dourmashkin, 1992. Imperfect Competition in Regional Labour Markets: a Computable General Equilibrium Analysis, *Environment and Planning A*, Jg. 24, S. 1463-1481.
Harrison, B., 1992. Industrial Districts: Old Wine in New Bottles? *Regional Studies*, Jg. 26, S. 469-483.
Harvey, D., 1989. *The Condition of Postmodernity: An Enquiry into the Origins of Cultural Change*, London: Basil Blackwell.
Hauff, V., 1987. *Unsere gemeinsame Zukunft: Der Brundtland-Bericht der Weltkommission für Umwelt und Entwicklung*, Green: Eggenkamp.
Heckscher, E.F., B. Ohlin, 1991. *Heckscher-Ohlin Trade Theory*, Cambridge, Mass.: MIT Press.
Helpman, E., P.R. Krugman, 1985. *Market Structure and Foreign Trade*, Cambridge, Mass.: MIT Press.
Hewings, G.J.D., 1985. *Regional Input-Output Analysis*, Scientific Geography Series, Nr. 6, Beverly Hills: Sage.
Hirschman, A.O., 1958. *The Strategy of Economic Development*, New Haven, Conn.: Yale University Press.
Hodgson, G.M., 1988. *Economics and Institutions – A Manifesto for a Modern Institutional Economics*, Cambridge: Polity Press.
Howe, E.C., J.C. Stabler, 1992. The Regional Structure of the United States Economy. *Papers in Regional Science*, Jg. 71, S. 175-191.
Hutschenreiter, G., 1993. *Die Regionale Innovationsprämie: Eine begleitende Evaluierung*, Wien: Österreichisches Institut für Wirtschaftsforschung.
Hutschenreiter, G., 1997. *Die Regionale Innovationsprämie 1993–1995: Eine begleitende Evaluierung*, Wien: Österreichisches Institut für Wirtschaftsforschung.
Inforegio, 2001a. *Die Strukturfonds in Österreich 1995–99*, Europäische Gemeinschaften, (http://inforegio.cec.eu.int/wbover/overmap/A/ifs1_de.htm, 3.12.2001)
Inforegio, 2001b. *Die Strukturfonds in Österreich 2000–2006*, Europäische Gemeinschaften, (http://inforegio.cec.eu.int/wbover/overmap/A/Aut_de.htm, 3.12.2001)
Isserman, A.M., 1996. „It's Obvious, It's Wrong, and Anyway They Said It Years Ago"? Paul Krugman on Large Cities, *International Regional Science Review*, Jg. 19, Nr. 1&2, S. 37-48.
Iversen, G.R., H. Norpoth, 1976. *Analysis of Variance*, Quantitative Applications in the Social Sciences Series, Nr. 1, Beverly Hills, Kalif.: Sage.
Jeglitsch, H., 1989. *Volkswirtschaftliche Gesamtrechnung nach Bezirken*, Schriftenreihe Nr. 72, Wien: Österreichische Raumordnungskonferenz.

Kay, N.M., 1988. The R and D Function: Corporate Strategy and Function. In: G. Dosi, Ch. Freeman, R. Nelson, G. Silverberg, L. Soete (Hrsg.), *Technical Change and Economic Theory*, London: Pinter.

Kim, T.J., D.E. Boyce, G.J.D. Hewings, 1983. Combined Input-Output and Commodity Flow Models for Interregional Development Planning: Insights from a Korean Application, *Geographical Analysis*, Jg. 15, S. 330-342.

Klaus, J., H. Schleicher, 1983. *Räumliche Wirtschaftspolitik*, München: Vahlen.

Kline, S.J., N. Rosenberg, 1986. An Overview of Innovation. In: R. Landau, N. Rosenberg (Hrsg.), *The Positive Sum Strategy*. Washington: National Academy Press.

Kneese, A.V., J.L. Sweeney (Hrsg.), 1982a. *Handbook of Natural Resource and Energy Economics*, Bd. I, Amsterdam: North-Holland.

Kneese, A.V., J.L. Sweeney (Hrsg.), 1982b. *Handbook of Natural Resource and Energy Economics*, Bd. II, Amsterdam: North-Holland.

Kneese, A.V., J.L. Sweeney (Hrsg.), 1993. *Handbook of Natural Resource and Energy Economics*, Bd. III, Amsterdam: North-Holland.

Kommission der Europäischen Gemeinschaften, 1987. *Die Regionen der erweiterten Gemeinschaft: Dritter periodischer Bericht über die sozioökonomische Lage und Entwicklung der Regionen der Gemeinschaft*, Luxemburg: Amt für amtliche Veröffentlichungen der Europäischen Gemeinschaften.

Kommission der Europäischen Gemeinschaften, 1991. *Die Regionen in den 90er Jahren: vierter periodischer Bericht über die sozioökonomische Lage und Entwicklung der Regionen der Gemeinschaft*, Luxemburg: Amt für amtliche Veröffentlichungen der Europäischen Gemeinschaften.

Krugman, P.R., 1980. Scale Economies, Product Differentiation, and the Pattern of Trade, *American Economic Review*, Jg. 70, S. 950-959.

Krugman, P.R., 1991a. *Geography and Trade*, Cambridge, Mass.: MIT Press.

Krugman, P.R., 1991b. Increasing Returns and Economic Geography, *Journal of Political Economy*, Jg. 99, S. 483-499.

Krugman, P.R., A.J. Venables, 1990. Integration and the Competitiveness of Peripheral Industry. In: C. Bliss, J. Braga de Macedo (Hrsg.), *Unity with Diversity in the European Community*, Cambridge: Cambridge University Press.

Kuklinski, A.R., 1972. *Growth Poles and Growth Centres in Regional Planning*, Paris: UNRISD.

Läpple, D., 1989. Neue Technologien in räumlicher Perspektive, *Informationen zur Raumentwicklung*, Heft 4.1989, S. 213-226.

Lasuén, J.R., 1973. Urbanisation and Development, the Temporal Interaction between Geographical and Sectoral Clusters, *Urban Studies*, Jg. 10, S. 163-188.

Lebourgne, D., A. Lipietz, 1988. New Technologies, New Modes of Regulation: Some Spatial Implications, *Environment and Planning D: Society and Space*, Jg. 6, S. 263-280.

Leontieff, W.W., A. Strout, 1963. Multiregional Input-Output Analysis. In: T. Barna (Hrsg.), *Structural Interdependence and Economic Development*, London: Macmillan, S. 119-149.

Maier, G., 1983. *Bildungs- und altersspezifische Migration in Österreich 1966–1971*, IIR-Forschung, Nr. 4, Wien: Wirtschaftsuniversität Wien.

Maier, G., 1985. Cumulative Causation and Selectivity in Labour Market-Oriented Migration Caused by Imperfect Information, *Regional Studies*, Jg. 19, S. 231-241.

Maier, G., 2001. History, Spatial Structure, and Regional Growth: Lessons for Policy Making. In: B. Johansson, Ch. Karlsson, R.R. Stough (Hrsg.), Theories of Endogenous Regional Growth: Lessons for Regional Policies, Berlin: Springer.

Maier, G., F. Tödtling, 1992. *Regional- und Stadtökonomik: Standorttheorie und Raumstruktur*, Wien: Springer.

Maier, G., P. Weiss, 1988. Regionale Arbeitsmarktsegmentierung in Österreich, *Wirtschaft und Gesellschaft*, Jg. 14, S. 505-522.

Maier, G., P. Weiss, 1991. Segmentation, Mobility, and the Spatial Distribution of Activities, *Labour, Review of Labour Economics and Industrial Relations*, Jg. 5, S. 3-22.

Malecki, E.J., 1986. Research and Development and the Geography of High-Technology Complexes, In: J. Rees (Hrsg.) *Technology, Regions, and Policy*, Totowa: Rowan and Allanheld.

Malecki, E.J., 1991. *Technology and Economic Development: The Dynamics of Local, Regional and National Change*, Essex: Longman Scientific and Technical.

Marshall, A., 1891. *Principles of Economics*, 2. Auflage, London: Macmillan.

Martin, R., 1993. Reviving the Economic Case for Regional Policy. In: R. Harrison, M. Hart (Hrsg.), *Spatial Policy in a Divided Nation*, London: Jessica Kingsley Publishers.

Martinelli, F., E. Schoenberger, 1991. Oligopoly is Alive and Well: Notes for a Broader Discussion of Flexible Accumulation. In: G. Benko, M. Dunford (Hrsg.), *Industrial Change and Regional Development: The Transformation of New Industrial Spaces*, London: Bellhaven Press.

Massey, D., R. Meegan, 1982. *The Anatomy of Job Loss: The How, Why and Where of Employment Decline*, London: Methuen.

Meyer-Krahmer, F., 1988. *Industrielle Innovation und regionale Entwicklung in europäischen Ländern*, DIW (Deutsches Institut für Wirtschaftsforschung) 1/2-88, Berlin.

Miller, M., M. Coté, 1987. *Growing the Next Silicon Valley: A Guide for Successful Regional Planning*, Lexington, Mass.: Lexington Books.

Mills, E.S., 1972. An Aggregative Model of Resource Allocation in a Metropolitan Area. In: M. Edel, J. Rothenburg (Hrsg.), *Readings in Urban Economics*, New York: Macmillan.

Molle, W.T.M., 1991. The Economics of European Integration: Theory, Practice, Policy, Aldershot: Dartmouth.

Moritz, K.H., B. Schuknecht, A. Spielkamp, 1994. *Mikroökonomische Theorie der Unternehmung*, München, Wien: Oldenbourg.

Müdespacher, A., 1987. Adoptionsverhalten der Schweizer Wirtschaft und regionale Aspekte der Diffusion der Neuerungen der Telematik, *Jahrbuch der Regionalwissenschaft*, 8/1987, Göttingen: Vandenhoeck & Ruprecht, S. 106-134.

Myrdal, G., 1957. *Economic Theory and Underdeveloped Regions*, London: Duckworth.

Myrdal, G., 1974. *Ökonomische Theorie und unterentwickelte Regionen*, Frankfurt am Main: Fischer Taschenbuch Verlag.

Nelson, R.R., S.G. Winter, 1977. In Search of a Useful Theory of Innovation, *Reseach Policy*, Jg. 6, S. 36-76.

Nelson, R.R., S.G. Winter, 1982. *An Evolutionary Theory of Economic Change*, Cambridge, Mass.: Harvard University Press.

Nijkamp, P., A. Mouven, 1987. Knowledge Centres, Information Diffusion and Regional Development. In: J. Brotchie, P. Hall, P.W. Newton (Hrsg.), *The Spatial Impact of Technological Change*, London: Croom Helm.

Nohlen, D., F. Nuscheler, 1992. Was heißt Entwicklung? In: D. Nohlen, F. Nuscheler (Hrsg.) *Handbuch der Dritten Welt: Grundprobleme, Theorien, Strategien*, Bonn: J.H.W. Dietz Nachf., S. 55-75.

North, D.C., 1955. Location Theory and Regional Economic Growth, *Journal of Political Economy*, Jg. 63, S. 243-258.

Nurske, R., 1953. *Problems of Capital Formation in Under-developed Countries*, Oxford: Oxford University Press.

Oakey, R.P., 1984. Innovation and Regional Growth in High Technology Firms: Evidence from Britain and the U.S., *Regional Studies*, Jg. 18, S. 237-251.

OECD, 1986a. *OECD Science and Technology Indicators No.2: R&D, Invention and Competitiveness*, Paris: Organization for Economic Cooperation and Development.

OECD, 1986b. *Restructuring the Regions: Analysis, Policy Models and Prognosis*, Paris: Organization for Economic Cooperation and Development.

OECD, 1993. *Territorial Development and Structural Change: A New Perspective on Adjustment and Reform*, Paris: Organization for Economic Cooperation and Development.

Österreichische Raumordnungskonferenz (ÖROK), 1981. *Österreichisches Raumordnungskonzept*, Geschäftsstelle der Österreichischen Raumordnungskonferenz, Wien.

Österreichische Raumordnungskonferenz (ÖROK), 1990. *Sechster Raumordnungsbericht*, Geschäftsstelle der Österreichischen Raumordnungskonferenz, Wien.

Österreichische Raumordnungskonferenz (ÖROK), 1992. *Österreichisches Raumordnungskonzept*, Geschäftsstelle der Österreichischen Raumordnungskonferenz, Wien.

Österreichische Raumordnungskonferenz (ÖROK), 1999. *Neunter Raumordnungsbericht*, Geschäftsstelle der Österreichischen Raumordnungskonferenz, Wien.

Österreichisches Institut für Raumplanung (ÖIR), Joaneum Research – Institut für Technologie- und Regionalpolitik, Österreichisches Institut für Wirtschaftsforschung (WIFO), 1999. *Regionale Innovationspolitik 2000*, Gutachten im Auftrag des Bundesministeriums für Wissenschaft und Verkehr, Wien.

Ottaviano, G.I.P., D. Puga, 1997. *Agglomeration in the Global Economy: A Survey of the 'New Economic Geography'*, discussion paper no. 356, Centre for Economic Performance, London School of Economics, London.

Ottaviano, G.I.P., J.F. Thisse, 2001. On Economic Geography in Economic Theory: Increasing Returns and Pecuniary Externalities, *Journal of Economic Geography*, Jg. 1, Nr. 2, S. 155-179.

Paelinck, J., 1968. Systématisation de la théorie du développement régional polarisé. In: J.R. Boudeville (Hrsg.), *L'espace et les pôles de croissance*, Paris: Presses universitaires de France, S. 85-100.

Perroux, F., 1950. Economic Spaces: Theory and Application, *Quarterly Journal of Economics*, Jg. 64, S. 90-97.

Perroux, F., 1952. La Ruhr pôle complexe de développement, *Cashiers de I.S.E.A.*

Perroux, F., 1955. Notes sur la notion de 'pôle de croissance', *Économie appliquée*, Jg. 7, S. 307-320.

Perroux, F., 1961. *L'Économie du XXe siècle*, Paris: Presses universitaire de France.

Pfirrman, O., 1991. *Innovation und regionale Entwicklung: Eine empirische Analyse der Forschungs-, Entwicklungs- und Innovationstätigkeit kleiner und mittlerer Unternehmen in der Bundesrepublik Deutschland 1978–1984*, München: Verlag Florentz.

Polanyi, K., 1978. *The Great Transformation: politische und ökonomische Ursprünge von Gesellschaften und Wirtschaftssystemen*, Frankfurt am Main: Suhrkamp.

Polenske, K.R., 1972. The Implementation of a Multiregional Input-Output Model for the United States. In: A.P. Carter, A. Brody (Hrsg.), *Contributions to Input-Output Analysis*, Amsterdam: Elsevier-North-Holland.

Prebisch, R., 1959. Commercial Policy in the Underdeveloped Countries, *American Economic Review, Papers and Proceedings*, Jg. 49, S. 251-273.

Puga, D., 1999. The Rise and Fall of Regional Inequalities, *European Economic Review*, Jg. 43, Nr. 2, S. 303-334.

Puu, T., 2000. *Attractors, Bifurcations, and Chaos: Nonlinear Phenomena in Economics*, Berlin: Springer.

Rebelo, S., 1991. Long Run Policy Analysis and Long Run Growth. *Journal of Political Economy*, Jg. 99, S. 500-521.

Richardson, H.W., 1969. *Regional Economics: Location Theory, Urban Structure and Regional Change*, London: Weidenfeld and Nicolson.

Richardson, H.W., 1973. *Regional Growth Theory*, New York: Wiley.

Richardson, H.W., 1978. *Regional and Urban Economics*, New York: Penguin Books.

Richter, U., 1994. *Geographie der Arbeitslosigkeit in Österreich: Theoretische Grundlagen – Empirische Befunde*, Beiträge zur Stadt- und Regionalforschung, Bd. 13, Wien: Verlag der Österreichischen Akademie der Wissenschaften.

Romanoff, E., 1974. The Economic Base Model: A Very Special Case of Input-Output Analysis, *Journal of Regional Science*, Jg. 14, S. 121-130.

Romer, P.M., 1986. Increasing Returns and Long Run Growth. *Journal of Political Economy*, Jg. 94, S. 1002-1037.

Romer, P.M., 1987. Growth Based on Increasing Returns Due to Specialization, *American Economic Review*, Jg. 77, Nr. 2, S. 56-62.

Romer, P.M., 1990. Endogenous Technological Change. *Journal of Political Economy*, Jg. 98, S. S71-S102.

Rosenfeld, S., P. Shapira, J.T. Williams, 1992. *Smart Firms in Small Towns*, Washington: Aspen Institute.

Rothwell, R., W. Zegveld, 1982. *Innovation and the Small and Medium Sized Firm: Their Role in Employment and in Economic Change*, London: Francis Pinter.

Sabel, C., 1989. Flexible Specialisation and the Re-emergence of Regional Economies. In: P. Hirst, J. Zeitlin (Hrsg.), *Reversing Industrial Decline*, New York: St. Martin's Press.

Sabel, C., 1992. Studied Trust: Building New Forms of Cooperation in a Volatile Economy. In: F. Pyke, W. Sengenberger (Hrsg.), *Industrial Districts and Local Economic Regeneration*, Genf: International Institute for Labor Studies.

Sachs, W., 1989. Zur Archäologie der Entwicklungsidee, *epd-Entwicklungspolitik*, Heft 10.

Saxenian, A., 1983. The Genesis of Silicon Valley, *Built Environment*, Jg. 9, S. 7-17.

Saxenian, A., 1985. The Genesis of Silicon Valley. In: P. Hall, A. Markussen (Hrsg.) *Silicon Landscapes*, Boston: Allen & Unwin.

Saxenian, A., 1994. *Regional Advantage: Culture and Competition in Silicon Valley and Route 128*, Cambridge, Mass.: Harvard University Press.

Sayer, A., 1984. *Method in Social Science: A Realist Approach*, London: Hutchinson.

Sayer, A., 1989. Postfordism in Question, *International Journal of Urban and Regional Research*, Jg. 13, S. 666-95.

Schätzl, L., 1986. *Wirtschaftsgeographie 3: Politik*, Paderborn: Schöningh.

Schätzl, L., 1988. *Wirtschaftsgeographie 1: Theorie*, 3. Auflage, Paderborn: Schöningh.

Scheer, G., 1988. Endogene Erneuerung: ein Konzept für benachteiligte Regionen? *Berichte zur Raumforschung und Raumplanung*, Heft 3–4/1988, S. 19-25.

Scherer, F.M., 1992. *International High-Technology Competition*. Cambridge, Mass.: Harvard University Press.

Schilling-Kaletsch, I., 1976. *Wachstumspole und Wachstumszentren: Untersuchung zu einer Theorie sektoral und regional polarisierter Entwicklung*, Arbeitsberichte und Ergebnisse zur wirtschafts- und sozialgeographischen Regionalforschung, Nr. 1, Hamburg.

Schumpeter, J., 1935. *Theorie der wirtschaftlichen Entwicklung: eine Untersuchung über Unternehmergewinn, Kapital, Kredit, Zins und den Konjunkturzyklus*. München: Duncker & Humblot (erste Auflage: 1911).

Scott, A.J., 1988. *New Industrial Spaces: Flexible Production Organization and Regional Development in North America and Western Europe*, London: Pion.

Scott, A.J., M. Storper, 1992. Regional Development Reconsidered. In: H. Ernste, V. Meier (Hrsg.), *Regional Development and Contemporary Industrial Response: Extending Flexible Specialisation*. London: Belhaven Press.

Seers, D., 1979. The Birth, Life and Death of Development Economics, *Development and Change*, Jg. 10, S. 707-718.
Segerstrom, P.S., T.C.A. Anant, E. Dinopoulos, 1990. A Schumpeterian Model of the Product Life Cycle, *American Economic Review*, Jg. 80, S. 1077-1092.
Solow, R.M., 1956. A Contribution to the Theory of Economic Growth. *Quarterly Journal of Economics*, Jg. 70, S. 65-94.
South Commission, 1990. *The Challenge to the South*, Oxford: Oxford University Press.
Spence, M., 1976. Product Selection, Fixed Costs, and Monopolistic Competition, *Review of Economic Studies*, Jg. 43, S. 217-235.
Starrett, D., 1978. Market Allocations of Location Choice in a Model with Free Mobility, *Journal of Economic Theory*, Jg. 17, S. 21-37.
Sternberg, R., 1995. *Technologiepolitik und High-Tech Regionen: ein internationaler Vergleich*, Münster: Lit Verlag.
Stöhr, W.B., 1981. Development from Below: The Bottom-Up and Periphery-Inward Development Paradigm. In: W.B. Stöhr, D.R.F. Taylor (Hrsg.), *Development from Above or Below?: The Dialectics of Regional Planning in Developing Countries*, Chichester: Wiley.
Stöhr, W.B., 1989. Regionale Wirtschaftspolitik. In: Abele, H., Nowotny, E., S. Schleicher, G. Winckler (Hrsg.), *Handbuch der österreichischen Wirtschaftspolitik*, Wien: Manz.
Stöhr, W.B., F. Tödtling, 1982. Quantitative, qualitative und strukturelle Aspekte der Regionalpolitik aus europäischer Sicht. In: G. Fischer (Hrsg.), *Erfolgskontrolle raumwirksamer Politikbereiche*, Diessenhofen: Verlag Ruegger.
Storper, M., R. Walker, 1989. *The Capitalist Imperative: Territory, Technology and Industrial Growth*, Oxford: Basil Blackwell.
Szopo, P., 1990. *Direkte Wirtschaftsförderung in Österreich: Reformimpulse durch Budgetkonsolidierung und EG-Integration*, Gutachten des Österreichischen Instituts für Wirtschaftsforschung, Wien.
Taylor, M., 1987. Technological Change and the Business Enterprise. In: J. Brotchie, P. Hall, P.W. Newton (Hrsg.), *The Spatial Impact of Technological Change*, London: Croom Helm.
Tickell, A., J.A. Peck, 1992. Accumulation, Regulation and the Geographies of Post-Fordism: Missing Links in Regulationist Research, *Progress in Human Geography*, Jg. 16, S. 190-218.
Todaro, M.P., 1989. *Economic Development in the Third World*, 4. Auflage, New York: Longman.
Tödtling, F., 1990. *Räumliche Differenzierung betrieblicher Innovation: Erklärungsansätze und empirische Befunde für österreichische Regionen*, Berlin: Edition Sigma.

Tödtling, F., 1992. Technological Change at the Regional Level – The Role of Location, Firm Structure and Strategy, *Environment and Planning A*, Jg. 24, S. 1565-1584.

Tödtling, F., 1994. The Uneven Landscape of Innovation Poles – Local Embeddedness and Global Networks. In: A. Amin, N. Thrift (Hrsg.), *Globalisation and Changing Economic Prospects: Examples from Europe*, Oxford: Oxford University Press.

Tödtling, F., H. Tödtling-Schönhofer, 1990. *Innovations- und Technologietransferzentren als Instrumente einer regionalen Industriepolitik in Österreich*, ÖROK-Schriftenreihe Nr. 81, Wien.

Tödtling-Schönhofer, H., 1995. *Die Regionalpolitik der Europäischen Union*, unveröffentlichtes Manuskript, Wien.

Tödtling-Schönhofer, H., 1999. Impulszentren: Anstöße für regionale Erneuerungsprozesse, *Raum* Nr. 35/99, S. 29-34.

Tondl, G., 2001. *Convergence after Divergence?: Regional Growth in Europe*, Wien: Springer.

Vanhove, N., 1999, *Regional Policy: a European Approach*, 3. Auflage, Aldershot: Ashgate.

Venables, A.J. 1996. Equilibrium Locations of Vertically Linked Industries, *International Economic Review*, Jg. 37, S. 341-359.

Volk, E., 1988. *Die Innovationsaktivitäten der österreichischen Industrie: Technologie und Innovationstest 1985*, Wien: Österreichisches Instituts für Wirtschaftsforschung.

von Hippel, E., 1988. *The Sources of Innovation*, Oxford: Oxford University Press.

Wicke, L., 1982. *Umweltökonomie*, München: Vahlen.

Williamson, O., 1985. *The Economic Institutions of Capitalism*, New York: The Free Press.

Yuill, D., K. Allen, J. Bachtler, K. Clement, F. Wishlade, 1993. *European Regional Incentives, 1993-94*, London: Bowker-Saur.

Zeitlin, J., 1992. Industrial Districts and Local Economic Regeneration: Overview and Comment. In: F. Pyke, W. Sengenberger (Hrsg.), *Industrial Districts and Local Economic Regeneration*, Genf: International Institute for Labor Studies.

Zimmermann, K.F., A. Zimmermann-Trapp, 1988. Unternehmensgröße, Erfolg und Forschung und Entwicklung. In: N. Dose, A. Drexler (Hrsg.), *Technologieparks: Voraussetzungen, Bestandsaufnahme und Kritik*, Opladen: Westdeutscher Verlag.

Namen- und Sachverzeichnis

Abhängigkeit 17
Abschreibung 33f, 65
Adoption von Innovationen 96, 127, 135
Agglomerationen 96, 162, 178, 181
Agglomerationseffekte 24, 29, 96
Agglomeration Wien 17
Aghion, P. 115
Aichfeld-Murboden 204
Aiginger, K. 206
Akademikerarbeitslosigkeit 30
Akkumulationsregime 158
Akkumulation technologischen Wissens 114
Aldenderfer, M.S. 19
Allesch, J. 128
allgemeines Gleichgewichtsmodell 79, 94
alte Industriegebiete 7f
Amin, A. 168
Amsterdam 17
Andrews, R.B. 37
angewandte Forschung 127
Anstoßeffekt 88, 92
Appalachen 85
Arbeit 22, 69
Arbeitsbeziehungen 149, 158
Arbeitskräfte 24
Arbeitslosenquote 3, 5, 17
Arbeitslosigkeit 30, 85, 179, 216
Arbeitsmarkt 3, 29
Arbeitsmarktregion 17
Arbeitsökonomik 94
Arbeitsorganisation 158
Arbeitsproduktivität 150
Arbeitsteilung 160
Armstrong, H. 73, 90, 178
Arrow, K.J. 106

Arthur, W.B. 120
Asheim, B.T. 166
Ausbildung 30, 167, 170
Ausbildungseinrichtungen 186
Ausbildungssystem 129
Ausbreitungseffekt 92, 190
Ausgleichseffekt 93
Ausgleichsorientierung 190
Ausgleichstendenz des neoklassischen Modells 68
Ausgleichsziel 180, 203
Ausrichtungs- und Garantiefonds für die Landwirtschaft 214f
Austausch von Gütern, Menschen, Kapital und Wissen 15
Automobilindustrie 161
Autoritäts- und Abhängigkeitsbeziehungen 98

Bachtler, J. 184, 228f
backwash effect 92
Bade, F.J. 144
Baden-Württemberg 7, 134, 166, 172
Ballungsvor- und -nachteile 178
Baltikum 15
Barrieren, Hemmnisse 16, 128
Barro, R.J. 112, 117
basic sector 38
Basis-Innovationen 129
Batt, H.L. 177
Bayerischer Wald 17
Bayern 7
Bekleidung 142, 159
Belgien 161, 217
Beratung 182
Berufserfahrung 30
Beschäftigte 45

Betriebsverlagerung 31
Beutel, J. 228
Bevölkerungsdichte 98
Biotechnologie 129, 141, 191
Blashfield, R.K. 19
Borts, G.H. 71
Bosch, K. 48, 51
Boston 134, 165, 191
Boyer, R. 158
Brasilien 204
Bremen 7
Bremseffekt 88, 92
Bröcker, J. 104, 111, 113, 116, 122
Brown, L.A. 135
Brugger, E.A. 150, 192f
Brundtland-Bericht 22
Bruttoproduktionswert 48
Bruttosozialprodukt 20
Buckley, P.H. 79
Bundeskanzleramt 206
Bundesrepublik Deutschland 6, 15, 105, 144, 151, 153, 161, 169, 177, 190f, 217
Bund-Land-Sonderförderungen 206
Burgenland 2
BÜRGES 202
Buttler, F. 38, 71

Camagni, R. 134
Cambridge 165, 191
Capellin, R. 187
Castells, M. 191
Cecchini-Bericht 213
Chemie 141, 152
Christaller, W. 96
Cluster 19
Clusteranalyse 19
Cobb–Douglas-Produktionsfunktion 63
Computer 129, 196
Computernetze 186
Connecticut 160
Cooke, P. 163

Coombs, R. 142
Coté, M. 140
Côte d'Azur 134

Dampfmaschine 129
Dänemark 169, 191
Davelaar, E.J. 129f, 139
DeBresson, C. 133
Deregulierung 174
Derwa, L. 95
Dienstleistungen 24
Diffusion 127, 135
direkter Effekt 49
Dirmoser, D. 19
Disparitäten 180, 196, 213
Dixit, A.K. 104, 108
Dominationseffekt 99
Dornbusch, R. 30
Dosi, G. 131
Drittes Italien 134, 166, 168f, 172, 195
Dritte Welt 19, 85, 187
Duesenberry, J.S. 37
Düsseldorf 165

Economies of scope 163, 165, 174
Effizienz 27, 29, 94
EFTA 212
eigenständige Regionalentwicklung 208
Einbetriebsunternehmen 145
Einkommen 21
  Einkommenskreislauf 54
  Einkommensmultiplikator 189
  Einkommensniveau 17
  Einkommenstransfer 219
  Einkommensverteilung 23
Elektronik 196
Elektronikindustrie 131, 141, 152, 205
Elektrotechnik 152, 205
Eliten 100
Eltges, M. 7
Emilia Romagna 169

Endnachfrage 28, 50, 54
endogene Regionalentwicklung 193
endogene Wachstumstheorie 104, 111–113, 115f, 120–122
endogenes Potential 193
Energiekrise 204
England 160, 191
Entwicklung 11, 15, 19, 93, 105, 125
  Entwicklungsdeterminanten 15
  Entwicklungsindikatoren 21
  Entwicklungsprobleme 85
  Entwicklungsprozeß 24
  Entwicklungstheorie 20
  Entwicklungszentren 190
  Entwicklung von unten 23, 193
Entzugseffekt 92f
Ernst & Young 228f
ERP-Fonds 202, 206
ERP-Sonderprogramm 206
Erstrundeneffekt 42
Erwartungen 29, 33
Erweiterungsinvestitionen 125
Estremadura 6
Europäische Investitionsbank 214
Europäische Kommission 3, 6, 216–218, 220, 222, 223, 225–229
Europäische Union 3, 6, 9, 12, 177, 180, 192, 201, 211, 235
Europaregion Tirol 15
Europa unterschiedlicher Geschwindigkeiten 213
Ewers, H.J. 128, 140, 143, 150
Export 77
Exportbasis 38
  Konzeption 189
  Modell 10, 37, 53
  Multiplikator 38, 42f
  Theorie 11, 37, 43, 46
Exporte 16, 54
Exporteinkommen 39
Exportnachfrage 55
extensive Akkumulation 158

Externalität 11, 86, 121, 127
Externalitätenmodell 111
externe Effekte 31, 82, 106, 115, 121f, 161, 178, 186
externe Ersparnisse 87

Faktorpreise 74
Faktorwanderung 69, 72
Feedback-Effekte 99
Ferner Osten 212
Finanzinstrument für die Ausrichtung der Fischerei 214
Firmenübernahmen 172
Fischer, M.M. 150
Fischer, S. 30
Flexibilität 163
flexible Akkumulation 158, 163
flexible Preise 61
flexible Produktion 12, 174
Fohnsdorf 204
Ford, H. 160
Föderaktion für eigenständige Regionalentwicklung 206
Förderbarwert 206
Fördergebiet 6
Fordismus 160, 162f, 174
fordistische Arbeitsteilung 12
fordistisch-keynesianische Regulation 158
Forschungspark 191, 197
Forschungs- und Ausbildungszentrum für Arbeit und Technik 211
Forschung und Entwicklung 105, 170
Frankfurt am Main 165
Frankreich 144, 153, 161, 165, 169, 190f, 217
Freeman, C. 129
Freiheit 22
Fremdenverkehr 17
Friedmann, J.R.P. 98f
Fritsch, M. 140, 150

Fruit, R. 95
Fujita, M. 104, 108, 111
Funktionalitätskriterium 17f
Fürst, D. 178, 182

Geburtenrate 33
Gemeinschaftsinitiativen 219
   ADAPT 220
   EQUAL 222
   INTERREG 184, 220, 222
   LEADER 222
   PHARE 220
   RESIDER 222
   RETEX 222
   URBAN 222
Gerhardter, G. 207f
gesellschaftliche Prozesse 100
Gewichtung 23
Glasindustrie 142, 160
Glasmeier, A. 172
Glatz, H. 209
Gleichgewicht 11, 62, 85
Gleichheit und Gerechtigkeit 22
globaler Wettbewerb 165
Globalisierung 165, 192
Goddard, J. 150
Grabher, G. 144, 172
Granada 190
Gravelle, H. 82
Graz 161, 192
Grenoble 165, 191
Grenzen 16
Grenzprodukt 64, 179
Grenzregionen 85
Griechenland 4, 217, 228
Großbetriebe 142, 152, 163, 166, 172
Großbritannien 144, 148, 151, 153, 161, 188, 190f, 217
Grossman, G.M. 104f, 111, 115
Gruber, M. 207f
Grundbedürfnisse 22
Grundlagenforschung 127

Grundstoffindustrie 159
Grundstücksbereitstellung 184
Gründung von Unternehmen 129
Güter 24
   Güterangebot 28
   Güterexport 28
   Güterimport 28
   Güternachfrage 28

Hackl, P. 48, 51
Hagedoorn, J. 133
Hägerstrand, T. 135
Hahne, U. 193
Halbleiterindustrie 7
Hall, P. 191
Handel 72
Handelsbarrieren 93
Harborth, H.J. 22
Harrigan, F. 79
Harrison, B. 170
Hartford 160
Harvey, D. 164
Hauff, V. 22
Heckscher, E.F. 72
Helpman, E. 104f, 111, 115
Hemmnisse 128
Heuristik 131
Hewings, G.J.D. 53
Hierarchie 133
Hirschman, A.O. 88, 93
historische Gegebenheiten 121
Hodgson, G.M. 132
Homogenitätskriterium 17f
Hongkong 204
Howe, E.C. 17
Howitt, P. 115
Huelva 190
Humankapital 113
Hunger 20
Hutschenreiter, G. 209f

Imitation 147
Import 16, 54

industrial district 12, 157, 169, 174, 195
Industrieländer 20
Industrieparks 186
Industrieregionen 168
Ineffizienz 115
Inforegio 224, 230–233
Information 24, 58, 86, 99, 182
   perfekte Information 81
   vollkommene Information 61
informeller Sektor 20
Infrastruktur 5, 7f, 82, 185, 217
Infrastrukturausbau 185, 203
Innovation 87, 97, 99, 125, 128, 138, 167, 170, 185, 196
   Innovationsansatz 11
   Innovationsfinanzierung 129
   Innovationshemmnisse 137
   Innovationsmodelle 113
   Innovationsprozeß 11, 135
   Innovationszentren 171
innovatives Milieu 141
Inputkoeffizienten 49
Input-Output-Analyse 49, 95
Input-Output-Beziehungen 190
Input-Output-Modell 11, 46
   interregionales 55, 57
   multiregionales 55
Input-Output-Multiplikator 53, 55
Input-Output-Tabelle 46
   regionale 54
Input-Output-Theorie 28, 46
Institutionen 28
Instrumente der Regionalpolitik 182

integrierter Schaltkreis 129
intensive Akkumulation 158
Intermediärverflechtung 53
Internationalisierung der Märkte 163, 165
interne Arbeitsteilung 145
interne Migration 32
interregionale Güterströme 57

Invention 126
Invertierung einer Matrix 51
Investition 33, 38, 65, 93
Investitionsanreize 203
Investitionsförderung 206
Investkredit AG 202
Irland 4, 217, 228
Isar-Tal 165
Isserman, A.M. 121
Italien 15, 151
Iversen, G.R. 18

Japan 191
Jeglitsch, H. 2
Joint-venture 31
Judenburg 204
Jugendarbeitslosigkeit 219
Just-in-time Produktion 165

Kalifornien 7, 134, 191
Kanarische Inseln 6
Kapazitätsgrenze 43
Kapital 24, 69
   Abschreibung 113
   Akkumulation 65, 72, 116
   Angebot 29
   Bestand 31, 34
   Intensität 70, 73
   Nachfrage 29
   Zins 72
Karlsruhe 191
Katzenbeisser, W. 48, 51
Kay, N.M. 127
Kernkompetenz 136
Keynes, J.M. 189
Keynesianismus 165
Kim, T.J. 55
Klaassen, L. 178
Klaus, J. 178
Kleinbetriebe 152, 166
Kline, S.J. 127f
Kneese, A.V. 68
Knittelfeld 204

Kohäsionsfonds 212, 214, 216, 222, 225
Kommunalkredit AG 202
Kommunikationstechnologie 163
komparative Vorteile 78
Komplexität 10
Konkurrenz 167, 170
  atomistische Konkurrenz 61
  monopolistische Konkurrenz 104, 108, 113, 118
  unvollkommene Konkurrenz 121
Kontrollbeziehungen 167
Konvergenz 117
Kooperation 139, 143, 167, 170, 185
Korsika 6
Kreisky-Ära 204
Krugman, P. 104, 119–121
Kuklinski, A.R. 96
kurzfristige Prognosen 44

La Coruna 190
Lancashire 160, 169
ländliche Problemgebiete 218
Landwirtschaft 7, 17, 47, 51, 58, 85, 216
Langzeitarbeitslosigkeit 219
Läpple, D. 163
Lasuén, 96
learning by doing 127
learning by using 127
Lebensmittelindustrie 7
Lebourgne, D. 158
Leder- und Holzverarbeitung 142
Leitsektoren 45
Leoben 211
Leontieff, W.W. 55
Leontieff-Inverse 51f
liberale Regulation 158
Lieferverflechtungen 17
Lille 190

limitationale Produktionsfunktion 52, 58
lineares Innovationsmodell 127
Linkage effect 99
Linz 161, 192
Lipietz, A. 158
Liquidität 29
Lizenzen 106
Lohnniveau 32
Lohnsatz 72
Lokalisationsvorteile 159
Lokalisierungseffekte 31
Lombardei 169
London 165, 186, 190
Los Angeles 165
Lösch, A. 96
Lyon 190

Maastricht-Vertrag 212
magisches Fünfeck von Entwicklung 22
Maier, G. 1, 81, 91, 94, 122
Mailand 169
Makroökonomie 158
Malecki, E.J. 7, 126, 150
Marchfeld 1
marginale Importquote 38
marginale Konsumquote 38
Markt 132, 154
Marktmechanismus 85
Marktnische 148
Marktversagen 106
Marseille 190
Marshall, A. 169
Martin, R. 188
Martinelli, F. 167
Marx, K. 126
Maschinenbau 47f, 58, 141, 205
Massachusetts 160
Massey, D. 162
Matrix der Endnachfrage 46
Matrix der Primärinputs 46
Matrizenrechnung 51

Meegan, R. 162
Mehrbetriebsunternehmen 145
Menschik, G. 150
Messung von Innovation 150
Meyer-Krahmer, F. 150
Mezzogiorno 169, 217
Migration 32f
Mikroelektronik 31, 163
Militärforschung 153
Miller, M. 140
Mills, E.S. 107
Mitnahme-Effekt 185
Mittelamerika 15
Mittel- und Osteuropa 85, 142, 187
Mittelwesten 17
Mobilität 31, 85, 90, 187, 212
Mobilitätsannahme 79
mobilitätsorientierte Strategie 236
Modell 10
Modernisierungseffekt 99
Molle, W.T.M. 187, 212
Monopol 86, 189
Monopolrente 87
Morgan, K. 163
Moritz, K-H. 27
motorische Einheit 87
Mouven, A. 140
Müdespacher, A. 140
München 165
Münchner Raum 17
Murau 204
Mur-Mürz-Furche 1
Myrdal, G. 88, 92

Nachfragepotential 16, 18
nachhaltige Entwicklung 182
Nachhaltigkeit 22
Nationalstaat 168, 192
natürliche Bevölkerungsbewegung 33
Nelson, R.R. 126, 130f
Neo-Faktorproportionentheorie 142
Neofordismus 163

Neoklassik 11, 61, 85, 94, 103, 121, 135, 178, 212
Nettoinvestition 65
Netto-Regionalprodukt 2
Netzwerk 132, 134, 136, 143, 153f, 163, 171, 173f, 198
New Economic Geography 11, 86, 104, 108, 118, 120f
New England 160
New Towns 190
Nicht-Ausschließbarkeit 106, 114, 127, 179
Nicht-Rivalität 106, 114, 179
Niederlande 17, 161
Niederösterreich 204
Nijkamp, P. 139f
Nizza 134, 191
Nohlen, D. 19f, 22
nomenclature des unités territoriales statistiques (NUTS) 216
non-basic sector 38
Nordamerika 212
Nordirland 217
Nord-Süd-Konflikt 19
Norpoth, H. 18
North, D.C. 37
North Carolina 191
Norwegen 169
Nurske, R. 93
Nuscheler, F. 19f, 22
Nutzenmaximierung 61
Nyerere-Bericht 23

Oakey, R. P 140
Oberösterreich 204
Obersteiermark 1, 37, 160, 204
OECD 105, 192, 195, 201
öffentliche Infrastruktur 112, 179
öffentliche Güter 105, 179
Ohlin, B. 72
Oligopol 86, 189
Opportunitätskosten 78

Orange County 165
Österreich 12, 15, 144, 151, 160f, 177, 190f, 195, 201, 206, 211, 235
Österreichische Arbeitsgemeinschaft für eigenständige Regionalentwicklung 207
Österreichische Raumordnungskonferenz 202, 204, 207, 209, 230
Österreichisches Institut für Raumplanung (ÖIR) 211
Österreichisches Raumordnungskonzept 204
Ottaviano, G.I.P. 107, 119f
Oviedo 190

Paelinck, J. 96
Pareto-Optimum 82
Paris 165, 186
Partizipation 23
Patente 106
Peck, J.A. 158f, 166, 168
Pendeleinzugsgebiet 32
Pendelwanderung 32
Pendlerkriterium 17
Pennsylvania 171
Peripherie 92, 98, 138, 166
Perroux, F. 87, 92, 95
Persistenz der Institutionen 28
Pfirrmann, O. 150
pharmazeutische Industrie 141, 152
Phasenübergänge 12
Polanyi, K. 159
Polarisationseffekt 92
Polarisationstheorie 11, 85, 94, 103, 190, 212
Polenske, K.R. 55
Portugal 4, 217, 228
Postfordismus 158, 163, 174
Potential 194
Prato 171
Prebisch, R. 99
Primärinputkoeffizienten 49

Primärinputs 48, 54
Produkt 170
Produktinnovation 126, 139, 144
Produktion 26, 65
Produktionseffekt 99
Produktionsfaktoren 29, 86, 126, 179
Produktionsfunktion 27, 62, 135
Produktionsmodell 158
Produktlebenszyklen 196
Produktzyklustheorie 127, 139
Produzentendienste 197
Pro-Kopf-Einkommen 20
Provence 134
Prozeßinnovation 139, 151, 170
psychologischer Effekt 99
Puga, D. 120, 122

Qualifikation 30, 143, 150, 153

radikale Innovation 129
Randstad 17
Rangkorrelationskoeffizient 2f
räumliche Arbeitsteilung 145, 166
räumliche Differenzierung 81
räumliches Monopol 82
räumliche Struktur 25
Raumordnungskonzept 202
Raumordnungspolitik 177
Raumstruktur 9
Reagan, R. 188
Realismus 157
Rebelo, S. 113, 116
Rees, R. 82
Region 9, 11, 15
    sub-nationale 15
    supra-nationale 15
    trans-nationale 15
Regionalbeauftragter 207
Regionalbetreuer 207
regionale Disparitäten 3
Regionaleinkommen 40
regionale Innovationsprämie 209

regionale Institutionen 165
Regionalentwicklung 9, 11
Regionalentwicklungstheorien 24
regionale Polarisation 86, 88
regionaler Entwicklungsprozeß 10
regionale Wirtschaftspolitik 81, 93, 177
Regionalfonds 214f
Regionalisierung 18
Regionalpolitik 9, 11f, 167, 177
Regionsgrenzen 45
Regionsmarketing 178, 184
Regulation 12
Regulierungstheorie 10, 157
relative Preisvorteile 76
Research Triangle Park 191
Richardson, H.W. 71, 178
Richter, U. 3
Risikoaversion von Unternehmern 143
Risikokapital 140, 191
Robins, K. 168
Romanoff, E. 53
Romer, P.M. 104, 112–116
Rosenberg, N. 127f
Rosenfeld, S. 128, 140
Rothwell, R. 143
Rotterdam 17
Routine 131
Rückkoppelung 39
Rückkoppelungseffekte 88
Ruhrgebiet 5, 17, 37, 172

Saarland 7
Sabel, Ch. 171, 173
Sachs, W. 19
Sala-i-Martin, X. 117
Salzburg 2
San Francisco 7
Santa Clara County 7
Saxenian, A. 7
Sayer, A. 157, 168
Schankenraad, J. 134

Schätzl, L. 38, 71, 96, 178
Scheer, G. 208
Scherer, F.M. 126
Schiffsbau 85
Schilling-Kaletsch, I. 95f, 100
Schleicher, H. 178
Schoenberger, E. 167
Schumpeter, J. 125f, 142
Schweden 105, 169
Schweiz 15, 144, 151, 191
schweizerische Juraregion 172
Schwellenländer 125, 142
Schwerindustrie 1, 7, 17, 37, 47f, 58, 85
Scott, A.J. 7, 159, 161, 165
Seers, D. 22
Segerstrom, P.S. 115
Segmentationstheorie 94
sektorale Polarisation 86
Selektivität der Migration 90
Sevilla 190
Sheffield 160, 169
Sickereffekt 92
Sickerverluste 133
Silicon Valley 7, 134, 165, 168, 191
Singapur 204
Skaleneffekte 159
Skalenerträge 112
    konstante Skalenerträge 62
    wachsende Skalenerträge 11, 121f
Skalenvorteile 29, 146, 163
Solow, R.M. 62
Sophia Antipolis 191
South Commission 23
soziale Gerechtigkeit 22, 180
soziale Neuerungen 99
soziale Prozesse 99
soziale Segregation 8
soziales und politisches Umfeld 86
Sozialfonds 214f
Spanien 4, 151, 190, 217
Sparen 65

Sparneigung 29
Spence, M. 104
spezialisierte Regionalstruktur 7
Spezialisierung der Produktion 29, 78, 136
spread effect 92
staatliche Wirtschaftsplanung 93
Stabler, J.C. 17
Stahlerzeugung 129
Stahlindustrie 73
Standort 9, 145, 162
 Entscheidung 31
 Konzentration 162
 Voraussetzungen 25
Starrett, D. 107
Stein, J.L. 71
Sterberate 33
Sternberg, R. 8, 191
steuerliche Begünstigungen 184
Stiglitz, J.E. 104, 108
Stöhr, W.B. 23, 192f, 201
Storper, M. 159, 161, 165f
Straßburg 190
Strategien der Regionalpolitik 187
Strout, A. 55
Strukturfonds 214
Strukturwandel 1
Substitutionseffekte 53
Südamerika 204, 212
Süditalien 4
Südkorea 204
Süd- und Oststeiermark 192
sustainable development 22
Sweeney, J.L. 68
Szopo, P. 206

Tagespendler 32
Taiwan 204
Taylor, J. 73, 90, 178
Taylor, M. 136, 148
technische Polarisation 95
technischer Fortschritt 27, 64, 104
Technologiepolitik 153

Technologietransfer 18, 128, 134, 154, 167, 191, 197
Technologietransferzentrum 211
technologische Paradigmen 131
technologisches System 129
technologische Zyklen 129
Technopolis 191
Telekommunikation 17, 140f, 186
Textilien 142, 159
Textilindustrie 73, 160
Thatcher, M. 188
Thisse, J.F. 107, 119f
Tickell, A. 158f, 166, 168
Todaro, M.P. 21
Tödtling, F. 1, 136, 144, 146, 150, 165, 192, 209f
Tödtling-Schönhofer, H. 210, 220
Tondl, G. 117
Toskana 169
Toulouse 190
Tourismus 18
Toyota City 166
Transaktionskosten 165
Transportkosten 24
trickling-down effect 92
Turin 169

Ulm 191
Umschulungsprogramme 30
Umweltdumping 187
Umweltzielsetzung 181
Unabhängigkeit und Eigenständigkeit 23
Ungleichheit 93
Universitäten 134, 136, 139, 154
University of Utah Research Park 191
Unternehmensgröße 142
Unternehmensgründung 185
Unternehmensstrategien 147
USA 3, 7, 17, 85, 105, 144, 153, 160f, 171, 188, 191
Utrecht 17

Vanhove, N. 178, 201, 212
Varianzanalyse 18
Venables, A.J. 120
Venetien 169
Verbrennungsmotor 129
Vereinfachungen, methodische 9
Verfahrensinnovation 126, 144
Verflechtungskoeffizienten 49
Verflechtungsmatrix 46, 57
Verhaltenssteuerung 184
Vernetzung 131
Vertrag von Rom 213
Vigo 190
Volk, E. 143
volkswirtschaftliche Gesamtrechnung 20, 38
von Hippel, E. 140
Vorarlberg 2

Wachstum 21
Wachstumsorientierung 190
Wachstumspol 95f, 135, 179, 187, 190
Wachstumspolkonzept 95
Wachstumstheorie 62
Wachstumszentrum 95
Wachstumszielsetzung 203
Währungsrisiko 24
Waldviertel 17, 160
Waldviertelplan 205
Walker, R. 133, 166
Wanderungsbereitschaft 33
Wanderungsbewegungen 70
Weiss, P. 94
Werturteil 19, 21, 24
Wettbewerbsregeln 227
Wicke, L. 68
Wien 1f, 161
Williamson, O. 132
Winter, S.G. 126, 130f
Wirtschaftsförderung 16
Wirtschaftsstruktur 98
Wirtschaftswachstum 20

Wochenpendler 32
Wohlfahrtstaat 161
Worcester 191
Wr. Neustadt 211

Yuill, D. 185

Zegveld, W. 143
Zeitdimension 9
Zeitlin, J. 170f
Zentrale Orte 96, 191
Zentrum 92, 98, 138, 166
Zentrum-Peripherie-Modelle 98
Ziel-1-Regionen 6, 216, 228, 236
Ziel-2-Regionen 217, 236
Ziel-5b-Regionen 218
Ziele der Strukturfonds 216
Zielgebiete der EU 216
Zimmermann, K.F. 143
Zimmermann-Trapp, A. 143
zirkulär-kumulativer Prozeß 88, 93, 122
Zölle 24
Zuschüsse 184
Zweigbetriebe 31

SpringerWirtschaft

Gunther Maier, Franz Tödtling

Regional- und Stadtökonomik 1

Standorttheorie und Raumstruktur

Dritte, aktualisierte Auflage.
2001. VII, 199 Seiten. 58 Abbildungen.
Broschiert EUR 31,20, sFr 48,50
ISBN 3-211-83715-9
Springers Kurzlehrbücher der Wirtschaftswissenschaften

Diese Einführung in die Regional- und Stadtökonomik behandelt Fragen der Standortwahl und der Raumstruktur aus mikroökonomischer sowie aus gesamtwirtschaftlicher Perspektive. Ausgehend von einer Einführung in das Standortproblem werden unterschiedliche theoretische Ansätze behandelt. Zum einen solche, die die Transportkosten in den Vordergrund stellen (neoklassische), zum anderen auch jüngere Ansätze, die stärker die Rolle von Arbeitskräften, Information sowie von Organisation und Technologie betonen.
Im zweiten Teil des Buches wird das Zusammenwirken aller Akteure (Unternehmen, Haushalte, Staat) untersucht, wobei sowohl auf Strukturen der Bodennutzung innerhalb von Städten als auch auf das gesamte städtische System eingegangen wird.

SpringerWienNewYork

A-1201 Wien, Sachsenplatz 4–6, P.O. Box 89, Fax +43.1.330 24 26, e-mail: books@springer.at, www.springer.at
D-69126 Heidelberg, Haberstraße 7, Fax +49.6221.345-229, e-mail: orders@springer.de
USA, Secaucus, NJ 07096-2485, P.O. Box 2485, Fax +1.201.348-4505, e-mail: orders@springer-ny.com
EBS, Japan, Tokyo 113, 3–13, Hongo 3-chome, Bunkyo-ku, Fax +81.3.38 18 08 64, e-mail: orders@svt-ebs.co.jp

SpringerWirtschaft

Manfred Fuchs,
Gerhard Apfelthaler

**Management internationaler
Geschäftstätigkeit**

Mit einem Geleitwort von Ursula Schneider.
2002. IX, 228 Seiten. 38 Abbildungen.
Broschiert EUR 35,70, sFr 55,50
Springers Kurzlehrbücher der Wirtschaftswissenschaften

Im ersten Teil beschäftigt sich das Buch mit Grundfragen des internationalen Managements, im zweiten Teil werden Markteintrittsentscheidungen problem- und anwendungsorientiert diskutiert.
Die Autoren vergleichen die alternativen Markteintrittsstrategien kritisch und beschreiben die einzelnen Markteintrittsformen ausführlich.
Jedes Kapitel wird mit ausgewählten Fragen zur Überprüfung des Wissens abgerundet, die einzelnen Abschnitte mit praktischen Fallbeispielen abgeschlossen.
Das Buch ist nicht nur für Studierende interessant, sondern auch für internationale Manager/innen, die ihre bisherige Praxis kritisch reflektieren und ihr Wissen über die internationale Geschäftstätigkeit aktualisieren wollen.

SpringerWienNewYork

A-1201 Wien, Sachsenplatz 4–6, P.O. Box 89, Fax +43.1.330 24 26, e-mail: books@springer.at, www.springer.at
D-69126 Heidelberg, Haberstraße 7, Fax +49.6221.345-229, e-mail: orders@springer.de
USA, Secaucus, NJ 07096-2485, P.O. Box 2485, Fax +1.201.348-4505, e-mail: orders@springer-ny.com
EBS, Japan, Tokyo 113, 3–13, Hongo 3-chome, Bunkyo-ku, Fax +81.3.38 18 08 64, e-mail: orders@svt-ebs.co.jp

SpringerWirtschaft

Robert Hafner

Statistik für Sozial- und Wirtschaftswissenschaftler, Band 1

Lehrbuch

Zweite, überarbeitete Auflage.
2000. X, 201 Seiten. 58 Abbildungen.
Broschiert EUR 23,–, sFr 36,–
ISBN 3-211-83455-9
Springers Kurzlehrbücher der Wirtschaftswissenschaften

Rezension zur Vorauflage:

„... Viel Sorgfalt wurde auf die Formulierungen und Erklärungen gelegt; dies macht, zusammen mit den sehr geschickt ausgewählten Beispielen aus dem ‚täglichen Leben', das Buch überraschend leicht lesbar. Auch zum Selbststudium ist es hervorragend geeignet."

Internationale Mathematische Nachrichten

Robert Hafner, Helmut Waldl

Statistik für Sozial- und Wirtschaftswissenschaftler, Band 2

Arbeitsbuch für SPSS und Microsoft Excel

2001. XII, 244 Seiten. 221 Abbildungen.
Broschiert EUR 25,–, sFr 39,–
ISBN 3-211-83511-3
Springers Kurzlehrbücher der Wirtschaftswissenschaften

SpringerWienNewYork

A-1201 Wien, Sachsenplatz 4–6, P.O.Box 89, Fax +43.1.330 24 26, e-mail: books@springer.at, www.springer.at
D-69126 Heidelberg, Haberstraße 7, Fax +49.6221.345-229, e-mail: orders@springer.de
USA, Secaucus, NJ 07096-2485, P.O. Box 2485, Fax +1.201.348-4505, e-mail: orders@springer-ny.com
EBS, Japan, Tokyo 113, 3–13, Hongo 3-chome, Bunkyo-ku, Fax +81.3.38 18 08 64, e-mail: orders@svt-ebs.co.jp

SpringerWirtschaft

Gabriele Tondl

Convergence after Divergence?
Regional Growth in Europe

2001. XXII, 347 Seiten. 60 Abbildungen.
Text: englisch
Broschiert EUR 92,02, sFr 142,50
(Unverbindliche Preisempfehlung)
Dieser Euro-Preis ist empfohlen für Deutschland und enthält 7 % Mwst.
ISBN 3-211-83672-1

Als Expertin für Europäische Integration analysiert die Autorin regionales Wachstum in der EU aus einer gesamteuropäischen Perspektive und nähert sich dabei der wirtschaftlichen Entwicklung der verschiedenen Regionen der EU sowohl theoretisch als auch empirisch.
Der Widerspruch der Erhaltung der Individualität und Vielfalt der Regionen im Gegensatz zur Integration in die Europäische Gemeinschaft wird anhand verschiedenster ökonomischer Determinanten für Wachstum (Kapital, Subventionen, Technologie, Humankapital ua.) untersucht, wobei auch die EU-Regionalpolitik bzw. die bisher erreichten Ergebnisse und Erfahrungen der Entwicklungs- und Förderprogramme der EU in den einzelnen Ländern (insb. Hilfestellung entwicklungs- und strukturschwachen Regionen) analysiert und Zukunftsperspektiven aufgezeigt werden.

SpringerWienNewYork

A-1201 Wien, Sachsenplatz 4–6, P.O. Box 89, Fax +43.1.330 24 26, e-mail: books@springer.at, www.springer.at
D-69126 Heidelberg, Haberstraße 7, Fax +49.6221.345-229, e-mail: orders@springer.de
USA, Secaucus, NJ 07096-2485, P.O. Box 2485, Fax +1.201.348-4505, e-mail: orders@springer-ny.com
EBS, Japan, Tokyo 113, 3–13, Hongo 3-chome, Bunkyo-ku, Fax +81.3.38 18 08 64, e-mail: orders@svt-ebs.co.jp

SpringerWirtschaft

Gerhard Fink, Sylvia Meierewert

Interkulturelles Management

Österreichische Perspektiven

2001. X, 346 Seiten. Zahlr. Tab. und Abb.
Broschiert EUR 55,–, sFr 85,50
ISBN 3-211-83713-2
Schriftenreihe des Forschungsinstituts für Europafragen
der Wirtschaftsuniversität Wien / Research Institute for
European Affairs Publication Series, Band 17

Die Unkenntnis oder Nichtbeachtung von in anderen Regionen geltenden Gebräuchen und Gewohnheiten können Anbahnung und Abschluss von Geschäften vereiteln. Um sich daher auf dem internationalen Parkett sicher bewegen zu können, werden vermehrt interkulturelle Kompetenzen vom Manager des 21. Jahrhunderts gefordert. Erstmals können nun managementrelevante Kulturstandards aus österreichischer Sicht verglichen werden.

Insgesamt 550 Manager aus Europa und China wurden interviewt, wobei diese Ergebnisse noch durch die Erfahrungen von internationalen Kulturforschern bereichert wurden.

Mit wissenschaftlichen Methoden aus Sprachwissenschaft, Sozialpsychologie und Soziologie wurde sicher gestellt, dass die für dieses Buch ausgewählten Situationen auf kulturellen Unterschieden beruhen.

Die Untersuchung zeichnet sich durch Aktualität und Relevanz für das Geschäftsleben aus und stellt die Ergebnisse differenziert dar. Damit unterscheidet sie sich wesentlich von bisher gängigen Kulturstudien in diesem Bereich.

SpringerWienNewYork

A-1201 Wien, Sachsenplatz 4–6, P.O. Box 89, Fax +43.1.330 24 26, e-mail: books@springer.at, www.springer.at
D-69126 Heidelberg, Haberstraße 7, Fax +49.6221.345-229, e-mail: orders@springer.de
USA, Secaucus, NJ 07096-2485, P.O. Box 2485, Fax +1.201.348-4505, e-mail: orders@springer-ny.com
EBS, Japan, Tokyo 113, 3–13, Hongo 3-chome, Bunkyo-ku, Fax +81.3.38 18 08 64, e-mail: orders@svt-ebs.co.jp

*Springer-Verlag
und Umwelt*

ALS INTERNATIONALER WISSENSCHAFTLICHER VERLAG sind wir uns unserer besonderen Verpflichtung der Umwelt gegenüber bewußt und beziehen umweltorientierte Grundsätze in Unternehmensentscheidungen mit ein.

VON UNSEREN GESCHÄFTSPARTNERN (DRUCKEREIEN, Papierfabriken, Verpackungsherstellern usw.) verlangen wir, daß sie sowohl beim Herstellungsprozeß selbst als auch beim Einsatz der zur Verwendung kommenden Materialien ökologische Gesichtspunkte berücksichtigen.

DAS FÜR DIESES BUCH VERWENDETE PAPIER IST AUS chlorfrei hergestelltem Zellstoff gefertigt und im pH-Wert neutral.